야콥 뵈메의 신지학:
야콥 뵈메의 생애와 사상

야콥 뵈메의 신지학: 야콥 뵈메의 생애와 사상

2026년 1월 5일 초판 1쇄

지은이 아브라함 폰 프랑켄베르그, 프란츠 하르트만
옮긴이 김성민
펴낸이 김유빈
편집 및 디자인 김유빈
펴낸곳 도서출판 달을 긷는 우물

등록 2023년 02월 20일 제 838-06-02216호
주소 경기도 과천시 관문로 92 힐스테이트 과천중앙 101-1621호
전화 02-6012-3319
e-mail souyou67@gmail.com
홈페이지 https://blognaver.com/puitsdelalune
ISBN 979-11-91335-25-5 91360

값 25,000원

Theosophy of Jacob Boehme : The Life and Thoughts of Jacob Boehme by Abraham von Frankenberg & Franz Hartmann

야콥 뵈메의 신지학:
야콥 뵈메의 생애와 사상

아브라함 폰 프랑켄베르그, 프란츠 하르트만 지음
김성민 옮김

달을 긷는 우물

역자 서문

야콥 뵈메(Jacob Boehme, 1575–1624)처럼 신비에 쌓인 인물도 드물 것이다. 그는 정규 교육을 거의 받지 못했지만, 그가 살아 있을 때는 물론 죽은 다음에도 수많은 사람들에게 지적으로 커다란 영향을 끼쳤기 때문이다. 그의 최초의 전기 작가인 아브라함 폰 프라이베르크는 그의 부모님은 매우 낮은 계층에 속해 있는 가난하지만 정직한 사람들이었고, 그는 1575년 독일의 괴를리츠(Goerlitz)에서 15리 정도 떨어졌고, 옛날에 자이덴부르크(Seidenburg)라고 불렸던 오트-루사스(Haute-Lusace)에서 태어났다고 하였다. 그는 어릴 때 몸이 아주 약해서 그의 아버지는 그가 농사를 짓기 어렵다고 생각하여 이웃에 살던 제화공(製靴工)에게 도제(徒弟)로 보내서 평생 제화공으로 살았다. 그러나 그는 어릴 때부터 설교 듣기를 아주 좋아하였고, 몇 차례 신비체험을 한 다음 커다란 깨달음을 얻었다. 그래서 그는 그런 깨달음을 바탕으로 하여 독일의 신비주의와 낭만주의에 커다란 영향을 끼쳤다. 특히 헤겔(G. W. F. Hegel, 1770–1831)과 F. 프리드리히 셸링(F. Schelling, 1775–1854) 같은 철학자들이나 블레이크(William Blake, 1757–1827)와 괴테(Johann Wolfgang von Goethe, 1749–1832) 등 문학가들도 그의 영향을 받았고, 분석심리학자 칼 융(C. G. Jung)은 그의 저술에서 뵈메에 대해서 많이 언급하였다.

그는 세 차례 신비체험을 했는데, 첫 번째 체험은 그가 구두점의 견습공으로 있었을 때였다. 어느 날 뵈메의 주인과 아내가 외출했는데 어떤 귀티가 나는 손님이 와서 신발을 사려고 하였다. 그때 마침 주인이 출타중이라 그는 구두를 팔지 않으려고 일부러 비싼 값을 불렀는데 손님은 그 값을 치르고 사서 나갔다. 그러더니 얼마 가지 않아서 큰 소리로 "야콥아, 야콥아,

이리로 와라"라고 하면서 "야콥아, 너는 지금 보잘것없지만, 앞으로 위대하게 될 것이다. ... 너는 고통을 많이 당할 것이고, 가난과 비참함과 박해를 견뎌야 할 것이다. 그러나 용기를 잃지 말고, 꾸준히 나아가라. 하느님께서 너를 사랑하고, 지켜주실 것이기 때문이다"라고 하였다. 그 소리를 듣고, 뵈메는 매우 이상하게 생각하였다. 그 소리가 실감이 나지 않았기 때문이다. 두 번째 체험은 그가 스물다섯이 되는 1600년에 이루어졌다. 그는 어느 날 일을 하고 있는데, 몽롱한 정신 상태 속에서 중석(重石)으로 만든 그릇의 깊은 바닥 속을 들여다보는데 신비한 자연의 중심 속을 비치는 듯한 신적인 빛에 사로잡혔다. 그때 그는 이상한 생각이 들어서 그의 마음에 떠오른 의심스러운 생각을 떨쳐버리려고 하였지만 그의 마음 속에서 황홀한 색깔과 모양의 상들은 더 뚜렷해졌다. 그리고 그 다음부터 그는 모든 피조물들의 가장 비밀스러운 내면과 본성을 꿰뚫고 들어갈 수 있게 되었다. 세 번째 체험은 그 10년 후에 있었는데, 그 내용은 정확하지 않다. 나만 프랑켄베르크는 그 체험의 자세한 내용을 밝히지 않고, 단지 그가 하느님의 의지와 가르침을 따라서 부르심을 받아서 성령의 영감을 받았으며, 새로운 은사와 빛을 받고, 강하게 되었다고만 하였다. 그래서 그는 이 체험을 한 다음 하느님으로부터 받은 커다란 은혜를 잊지 않으려고 1612년부터 그의 내면에서 떠오르는 것들을 글로 썼다. 그러나 그것들은 초등학교밖에 나오지 않은 가난한 제화공의 글이라고는 믿을 수 없을 만큼 심오한 것이었고, 그 당시 교회에서 용납할 수 없는 선구적인 내용들이었다.

그래서 그는 그의 전기를 쓴 독일의 신비가이며 시인인 A. 폰 프랑켄베르크와 의사인 발타자 발터와 의사이며 연금술사인 안젤루스 실레시우스 등은 그에게 글을 얻으려고 하였다. 그러나 괴를리츠의 사제 그레고리우스 리히터는 그의 글들이 온당치 않다고 하면서 그를 몹시 박해하였다. 그러면서 그는 뵈메를 추방하였고, 책을 쓰지 못하게 하였다. 그가 주장하는 만물의 단일성, 내적 체험과 깨달음의 중요성, 내면에서의 신의 탄생 등을 받아들일 수 없었기 때문이다. 그는 만물은 하느님으로부터 창조되었기 때문에 단일하여 만물은 그리스도 안에서 한 몸이고, 선과 악, 천국과 지옥, 빛과 어둠도 모두 하나인 하느님 안에 있으며, 그런 하느님을 인간의 내면에서 체험할 수 있고, 하느님과 인간이 하나가 될 때 인간의 내면에서 하느님이 탄생한다고 강조했는데, 그런 사상은 교회 조직을 이끌어가는 교구 목사에게 위험하기 짝이 없었던 것이다. 그래서 그는 7년 동안이나 글을 쓰지 못하였다. 하지만 그는 그의 내면에서 올라오는 충동이 너무 강렬하여 1619년부터 다시 쓰기 시작하였다. 그의 글들은 단편적인 노트, 서간문, 논문, 저서 형태로 되어 있는데, 저서로 편집된 것들은 『새벽빛』(*Aurora*, 1600년), 『세 가지 신적 원리』(*The Three Principles of the Divine Essence*, 1612년), 『신적 지혜의 위로』(*Consolations of Divine Wisdom*, 1622년), 『커다란 신비』(*Mysterium Magnum*, 1623년), 『사물의 징표』(*De Signatura Rerum*, 사후 출판), 『영혼에 관한 40개의 질문』(*Forty Questions on the Soul*, 사후 출판) 등이다.

뵈메의 사상은 만물의 단일성이나 영혼의 근저, 내면에서의 신의 탄생 등을 주장하는 점에서 그보다 300여 년 전에 살았던 신비사상가 마이스터 에크하르트의 사상과 많은 점에서 비슷하다. 그러나 에크하르트의 저서들이 오랫동안 금서로 분류되었고, 뵈메가 교육을 거의 받지 못했다는 점에서 에크하르트의 영향을 직접적으로 받았던 것 같지는 않다. 다만 그들이 연금술을 직접 행하지는 않았지만 똑같이 내향적이고, 신비주의적 성향을 가지고 있어서 그 당시 행해졌던 연금술 사상에 영향을 받았을 가능성은 충분하다. 그들은 모두 물질의 변환을 추구했던 연금술사들처럼 영혼의 변환을 추구하려는 생각에서 내면 깊은 곳에서의 신의 탄생을 바랐던 것이다. 하지만 가난했던 제화공 뵈메가 도미니크회 수도사 에크하르트와 달랐던 점은 뵈메가 생각했던 신은 그 자신을 계시하려는 의지를 가지고 있었고, 좀 더 인격적이었던 점에서 에크하르트의 신보다 더 따뜻했던 것 같다.

뵈메에게서 특이한 것은 그가 하느님 안에 선과 악이 동시에 들어 있다고 생각했던 것이다. 그는 하느님을 진노의 하느님이면서 동시에 사랑의 하느님으로 보았던 것이다. 인간은 그의 죄와 타락 때문에 하느님의 진노를 피할 수 없지만, 그리스도는 인간 영혼이 하느님의 진노 속에서 깨달음을 얻을 수 있도록 회복과 구원으로 나아가게 하려고 사랑으로 하느님의 진노를 가려준다고 강조한 것이다. 그러므로 하느님의 진노는 단순한 처벌이 아니라, 인간과 우주의 내적 균형을 회복하기 위한 힘일 수 있다. 그리고 인간의 내면에서 하느님의 두 측면이 통합될 때 진정한 하느님이 탄생할 수 있다. 또한 뵈메에 의하면, 하느님은 언제나 인간의 내면에서 이렇게 탄생하려고 하신다. 놀라운 생각이 아닐 수 없다. 이러한 뵈메의 사상은 현대 사회에서 새로운 신을 찾는 사람들에게 하나의 대안이 될 수 있지 않을까 하는 생각이 든다.

우리나라에 야콥 뵈메가 지은 책이나 야콥 뵈메에 관한 책은 거의 출판되지 않았고, 출판되었던 것들도 지금은 절판되었는데, 그것은 그의 사상이 사람들에게 끼쳤던 영향에 비해서 놀라운 일이 아닐 수 있다. 본서는 아브라함 폰 프랑켄베르그가 쓴 그의 전기와 그의 사상을 정리한 프란츠 하르트만의 『야콥 뵈메의 신지학』을 묶어서 펴낸 것인데, 하르트만의 책은 뵈메의 사상을 일목요연하게 살펴보아서 뵈메에 대해서 연구하기에 좋은 안내서가 될 수 있으리라는 생각이 든다.

2025. 12. 25.

月汀.

차례

제1부
야콥 뵈메의 생애

야콥 뵈메의 생애

야콥 뵈메처럼 깊이 있고 하느님으로부터 심오한 영감을 받은 사람의 생애를 제대로 쓰려면 나보다 훨씬 더 성숙하고 글 솜씨도 좋은 사람이 써야 하지만, 그의 동향인들 가운데서 그 어떤 사람도 여태까지 감히 붓을 들지 못하였다.[1] 그래서 그의 이웃이며, 1623년부터 1624년까지 그와 깊은 교제를 나누었던 내가 감히 이 작업을 시작하려고 하였다. 나는 내가 그에 대해서 아는 것들을 간략하고, 단순하게 기록하려고 하지만 순수한 진실에 대해서는 충실하게 임하려고 한다.

야콥 뵈메는 1575년 괴를리츠(Goerlitz)에서 15리 정도 떨어졌으며, 옛날에 자이덴부르크(Seidenburg)라고 불렸던 오트-루사스(Haute-Lusace)에서 태어났다. 그의 부모님은 아주 낮은 계층에 속해 있었고, 가난했지만 정직한 사람들이었다. 그들은 뵈메가 조금 자라자 그 지역의 다른 아이들처럼 가축들을 돌보게 하였다.

어느 날 그는 친구들과 상당히 멀리 떨어져서 혼자 한 시간 반 동안 란데스크론(Landeskrone)이라고 부르는 높은 산에 올라갔다. 산 꼭대기에 도착했을 때 그는 깜짝 놀랐다. 거기에 일종의 동굴 같은 것이 있었고, 입구가 붉은색 돌더미로 막혀 있었기 때문이다. 그는 그의 매우 단순한 성격대로 동굴에 들어갔는데 커다란 돈 더미가 있었다. 그는 그 광경을 보고 너무 두려워서 아무것도 건드리지 않고 황급히 그곳을 빠져나왔다. 그런 다음에 그는 어느 날 우리를 그 장소에 데려가서 보여 주었다. 그러나 이상한 것은 그가 그 다음에 그의 친구들과 같이 여러 번 그 산에 올라갔지만 그 동굴을 찾지 못하였다. 그것은 어쩌면 하느님과 자연에 대한 지식과 감춰져 있는 신비한 보물 속으로 들어가는 그의 영적인 문(門)에 대한 예시

였는지도 모른다. 그는 몇 년이 지난 다음 어떤 알지 못하는 사람이 그 보물을 다 가져갔다고 말했는데 그 보물은 어쩌면 그 소유자에게 불길한 죽음을 초래하는 저주였는지도 모른다.

다른 많은 사람들도 이와 비슷한 놀라운 산들에 대해서 말하기 때문에 우리는 뵈메가 이 산에서 보았다는 움푹 파인 동굴의 문 이야기에 놀라지 말아야 한다. 그 가운데서 가장 잘 알려진 것은 레오나르드 턴하이써의 이야기와 스타멜만이 그의 홀스타인 연대기에서 말한 이야기 및 테오프라스테 파라셀수스, 아그리콜라, 마테시우스, 알드로반두스, 테오발데, 자일러 등의 이야기들이 있다. 실레지아에는 이와 비슷한 산들이 많은데, 특히 아벤트로트 위에 있는 7각형 모양의 바위 아래와 그 밖의 다른 곳들에도 많이 있다. 쉬바이드니츠에 살던 경건하고 박식했던 장 베르(Jean Beer)는 하느님의 특별한 은혜로 조텐베르크에 있는 동굴 속에 들어가서 깜짝 놀랄 만한 것들과 땅속에 파묻혀 있는 보물들을 보았고, 그 산으로 쫓겨난 세 영(靈)들과 대화한 적이 있다. 이 이야기는 장 베르가 썼고, 암스테르담에서 출판된 작은 책『영적 보화와 현세적 보화의 이익과 손실』에서 확인할 수 있다.

다시 뵈메의 이야기로 돌아오자. 그의 부모님은 그에게 특별한 소질이 있다는 것을 발견하여 그를 학교에 보냈고, 그는 학교에서 읽고, 쓰는 것을 배웠다. 그 다음에 그의 부모님은 그에게 구두제조 기술을 배우게 하였다. 그는 도제(徒弟) 기간이 끝난 다음, 여행을 갔고, 괴를리츠에서 결혼하고, 아들 넷을 두었다. 그리고 그 가운데 한 아들에게 구두제조 기술을 가르쳤다.[2]

야콥 뵈메는 어릴 때부터 아주 겸손하고, 단순한 마음으로 하느님에 대한 두려움을 가지고 있었으며, 특히 설교를 듣기를 좋아하였다. 그러면서 그는 "어떻게 하늘에 계신 아버지께서 구하는 사람에게 성령을 주시지 않겠느냐?"(누가 11:13)는 우리 주님의 위로의 약속을 내면 깊이 깨달았다. 그와 동시에 그는 진리에 대한 깨달음을 통해서 따를 수 있는 주장들과 이론들을 따르기로 하였다. 그는 그의 타고난 단순한 마음으로 열심히, 그리고 끊임없이 하느님을 구했고, 찾았으며, 놀라워했다. 그러다가 결국 그의 영혼의 여정 속에서 영(esprit)을 따라 성부께서 성자 안에 들어가시면서 주시는 거룩한 안식(Sabbat saint)과 영혼의 영광스러운 안식을 얻게 되었다. 그의 기도는 그렇게 받아들여졌다. 그 자신의 증언에 의하면, 그때 그는 신비한 빛으로 둘러싸였으며, 일곱 시간 동안이나 희열의 왕국, 말하자면 최종적인 신적 명상 속에 머물렀다.

거룩한 족장들, 왕들, 예언자들, 사도들 및 하느님의 사람들은 다른 사람들의 커다란 무지와 고약함 때문에 인정받지 못하기도 하지만 언제나 하느님의 성령의 이런 참다운 묵시록적 수련 속에서 연마되었다. 그리고 그것들을 통하여 하느님 나라의 신비와 최후의 심판과 그리스도(그리스도는 하느님 자신의 영원한 지혜라는 사실)를 찾을 수 있었다. 그들은 여러 가지 비유와 도형, 문장, 심오하고 숭고한 언설은 물론 증언과 기적들을 가지고 설명하였으며, 그들 자신의 몸과 생명을 바치고, 희생하면서 진지하게 그것들을 공표하기도 하였다.

그것들은 외부에서 오거나 별들의 영으로부터 올 수도 있을 것이다. 그것들은 감춰져 있는 불빛이나 타지 않는 물질처럼 사랑의 거룩한 불을 통해서 전해 듣고, 주입되었을 수도 있다. 그가 나에게 직접 말했기 때문이다. 그가 견습공이었을 때, 어느 날 그의 주인과 아내가 외출한 적이 있었다. 그때 아주 검소한 옷을 입었지만 얼굴이 점잖게 생겼고, 귀티가 나는 낯선 사람이 구둣방에 들어와서 신발 한 켤레를 사려고 하였다. 그러나 그는 주인이 없었기 때문에 감히 그것을 팔려고 하지 않았다. 그러나 그 사람은 사려고 고집하였다. 그래서 그는 아주 비싼 값을 불렀다. 한편으로는 주인에게 꾸중을 듣지 않으려는 것이었고, 다른 한편으로는 그 사람이 사지 않기를 바라서였다. 하지만 그 사람은 그 값을 치렀고, 신발들을 들고 나갔다. 그리고 그 사람은 구둣방에서 몇 발자국 떨어진 곳에 멈춰서, 높고 단호한 목소리로 "야콥, 야콥, 이리로 와라"라고 외쳤다. 그는 처음에는 전혀 모르는 낯선 사람이 그의 이름을 부르는 것을 듣고 놀라면서 두려워하였다. 그러나 곧 안정을 찾고, 그에게 갔다. 그 낯선 사람은 진지하지만 다정한 기색으로 그와 눈을 맞추면서 불이 타오르는 듯한 눈길로 그를 바라보면서 그의 오른손을 잡고, 다음과 같이 말하였다. "야콥아, 너는 지금은 보잘것없지만, 위대하게 될 것이다. 너는 다른 사람이 되어 세상 사람들을 놀라게 하는 사람이 될 것이다. 그러므로 경건하고, 하느님을 두려워하며, 그 말씀들을 경외하여라. 특히 성경을 진지하게 읽으라. 너는 성경 속에서 위로와 가르침을 발견하게 될 것이다. 너는 고통을 많이 당할 것이고, 가난과 비참함과 박해를 견뎌야 할 것이기 때문이다. 그러나 용기를 잃지 말고, 꾸준히 나아가라. 하느님께서 너를 사랑하고, 지켜주실 것이다." 그 낯선 사람은 그 말을 하고, 야콥의 손을 잡으며, 다시 그의 눈을 꿰뚫어지게 본 다음 가버렸다. 그 다음에도 그가 다시 찾아왔었다는 흔적은 하나도 없다. 야콥 뵈메는 이 예언과 권면에 전혀 놀라지 않았다. 이 낯선 사람의 용모는 언제나 그의 눈앞에 어른거렸다. 그 다음부터 야콥은 더 엄격하게 되었고, 모든 행동을 더 주의 깊게 하였다. 위에서 말했던 이 영적 외침과 안식일이 곧 그 뒤를 따르게 되었다.

야콥의 이야기로 다시 돌아와서, 그는 교회에 가는 것을 게을리 하지 않았으며, 어렸을 때부터 까불고 놀면서 즐기는 것들에서 점점 더 벗어났다. 그는 성경을 열심히 읽었을 뿐만 아니라 언제나 설교를 열심히 들었고, 종종 성찬식에 참석하였다. 그리고 하느님에 대한 열정 때문에 그는 사람들이 흔히 하는 빈정거리는 말이나 그와 비슷한 말들, 특히 신성모독적인 이야기나 맹세들을 입에 담지 않았고, 그런 말들이 들려오면 괴로워하였다. 심지어 그는 그가 일하는 곳의 주인이 그런 말을 했을 때도 그를 심하게 나무랐다. 그는 진정한 경건과 덕성에 대한 사랑 때문에 세상과 떨어진 정직한 삶을 살았고, 모든 쾌락과 그런 모임들을 멀리 하였다. 그것이 세상의 관습과 정반대되었기 때문에, 그는 많은 사람들과 적이 되었고, 그가 일하던 구둣방을 떠날 수밖에 없었다. 그 주인은 자신의 구둣방에 그와 같은 예언자를 두면서 고통 받으려고 하지 않았기 때문이다.

그는 17세기가 시작되는 1600년, 그의 나이가 스물다섯 살이 되는 해에 다른 노동자들이 그렇듯이 이마에 땀을 흘리면서 삶을 꾸려나가던 가운데,

어느 날 아스트랄적인(astral의 어원은 그리스어 ἄ'στήρ로서 "별", "별 모양의", "환상적인"이라는 의미로, 의식적인 눈으로 보이지 않는 세계, 즉 물질계와 평행을 이루면서 상호작용을 하는 에테르 영역, ethereal realm을 말한다. 연금술사들은 아스트랄계가 인간의 외부는 물론 내부에도 존재한다고 믿었다—역자 주) 정신 상태 속에서, 다시 말해서 유쾌하고 기분 좋은 상태에서 중석(重石)으로 만든 그릇의 가장 깊은 바닥 속이나 신비한 자연의 중심 속에 비치는 신적인 빛에 사로잡힌 적이 있다. 그때 그는 그의 마음에 떠오른 의심스러운 생각을 떨쳐버리려고 그의 집 근처에 있는 괴를리츠 다리를 건너서 녹지로 뒤덮인 들판에 가서 마음을 식히려고 하였다. 그러나 그는 점점 더 그의 내면을 꿰뚫고 들어오는 광경에 잠기게 되었다. 그 다음에 그는 그 색깔과 길게 늘어진 모양과 자연적인 형상을 떠올리면서 다른 모든 피조물들의 가장 비밀스러운 마음과 본성을 꿰뚫고 들어갈 수 있었다. 그가 쓴 책 『사물의 징표』에서 그는 그의 내면에서 생겼던 이 인상에 대해서 자세하게 설명하고, 발달 과정에 대해서 말한다. 그것은 그에게 기쁨을 가득 채워주었고, 침묵하게 했으며, 하느님을 찬양하고, 가장으로서의 의무를 충실하게 해주었다. 그래서 그는 자녀 교육에 힘썼고, 모든 사람들과 평화롭게 지내면서 우정을 나누었다. 그는 그가 받았던 그 빛과 하느님과 자연에 대한 그의 깊은 인식에 대해서는 어느 누구에게도 말하지 않았다.

그러나 10년이 지난 다음, 그는 세 번째로 하느님의 의지와 가르침을 따라 부르심을 받았다. 그는 성령의 영감을 받았으며, 새로운 은사와 빛을 받았고, 강하게 되었다. 그래서 그는 그가 받은 커다란 은혜를 잊지 않고, 매우 거룩하고 위로를 주는 주인의 명령을 어기지 않으려고 1612년에 글을 쓰기 시작하였다. 하지만 그는 부유하지 않아서 다른 책은 하나도 없었고, 오직 성경책만 가지고 있었다(그 무렵 그에게는 성경밖에 없었는데, 그는 그 전에 많은 책들을 읽었다. 그의 책 『떠오르는 새벽빛』(*Aurora naissante*)의 "신성한 존재의 세 가지 원리"(*De Trebus Principiis*)에는 이런 말이 나온다. "나는 인간의 심층에 있는 진주를 찾으려고 수많은 대가들의 책들을 읽었다. 그러나 나는 나의 영혼이 원하는 것을 그 책들 속에서 발견하지 못하였다."

그의 첫 번째 저서의 제목은 『떠오르는 새벽빛』인데, 발타자 발터(Balthasar Walter) 박사에 의해서 『오로라』로 개명되었다.[3] 그는 그 책을 그가 잘 아는 신사 한 사람이 우연히 보게 된 것을 제외하고는 아무에게도 보여 주지 않았다. 그 사람은 그 책을 보여 달라고 끈질기게 졸랐고, 결코 그것을 세상에 보이거나 절대로 인쇄하지 않겠다고 하였다. 그러나 그 감춰진 보물이 간직되기를 바랐던 그 신사는 그 책의 여러 쪽들을 나누어서 그의 친구 몇 사람들과 함께 밤낮으로 복사하기 시작하였다. 그렇게 해서 그 소리는 공중에 울려 퍼졌고, 괴를리츠의 수석 목사 그레고리우스 리히터(Gregorius Richter)의 귀에까지 들어가게 되었다.[4] 리히터 목사는 그 당시 관습대로 뵈메의 얼굴을 보거나, 조사 한 번 하지 않고, 강단 위에서 그를 정죄하였다. 그리고 기독교적 자비를 망각하고 그를 중상하고, 모욕하였으며, 괴를리츠의 치안판사로 하여금 그가 그의 글들을 가지고 출두하도록 하였다. 그리고 그가 더 이상 아무것도 쓰지 말고, "제화공이여, 신발만 만들라"(*Sutor ne ultra crepidam*)는 속담대로 자제하도록 하였다. 야콥 뵈메는 아주 체념하면서 그 명령에 복종하였다. 그래서 그 책의 초고는 27년 동안이나 시청의 문서고에 보관되었다. 그것은 1641년 뵈메의 보호자이며, 드레스덴 지방법원의 보안관 조지 프뤼거(G. Pflüger)의 손에 들어갔고, 프뤼거는 그것을 암스테르담의 중개상인 M. A. W. 드 베예르란드(Beyerland)에게 넘겼다.

여기에서 우리는 하느님의 참된 빛의 원수인 어둠의 왕자가 어떻게 점점 더 그들의 지체들과 수단들 속에서 드러나는 사악함의 비밀을 가지고 하느님이라고 불리는 모든 것들과 하느님으로부터 오는 모든 것들에 대적하는지를 본다. 그리고 그것이 어떻게 살아 있는 본질적인 말씀인 그리스도와 대적하고, 그리스도에 대항하여 일어나는지도 본다. 그는 그의 주님인 하느님에게 고약하고, 맹목적으로 대적하는데, 순수해져야만 휴식을 누릴 수 있다. 그러나 그렇게 하기 위해서 그는 지옥의 불 안에서 영원한 진노의 고통을 받아야 한다. 그에게는 영원 전부터 축복 받은 빛과 하느님의 얼굴이 없었을 것이기 때문이다. 그는 얼마나 가련하고, 지옥의 자식들은 또 얼마나 가련한가! 참소하고, 화해할 수 없는 뱀의 혀는 얼마나 가련하고, 호랑이의 마음은 얼마나 가련한가!

인내심이 많고, 거룩한 사람은 이렇게 그보다 높은 사람에게 순종하면서 7년 동안 손에 붓을 들지 않고 완전한 안식 속에서 지냈다.[5] 그러나 그는 그의 내면 깊은 곳으로부터 온 네 번째 충동에 의해서 깨어나고, 강화되는 한편, 하느님을 두려워하는 사람들로부터 자극받고, 자연에 대한 지식을 얻어서 빛을 말 아래 두지 않고 점점 더 널리 퍼지게 하려는 생각에서 붓을 다시 들기로 결심하였다. 그리고 다음과 같은 저술들을 하였다.

그는 1619년에 "신성한 존재의 세 가지 원리"(*De Trebus Principiis*)를 인간의 삼중적인 삶에 대한 부록과 함께 저술하였다.

1620년에는 "인간의 삼중적인 삶"(*De Triplici Vita Hominis*), "영혼에 대한 마흔 가지 질문에 대한 대답"(*Psychologia Vera*), "그리스도의 성육신"(*De l'Incarnation du Christ*), "그의 수난, 죽음, 부활: 그리고 신앙의 나무에 대하여", "신지학의 여섯 개의 점"(*Sex Puncta theosophica*), "하늘과 땅의 신비"(*Mysterium Pansophicum*), "마지막 날"(*Informatorium Novissimorum*)을 저술하였다.

1621년에는 "사물의 징표"(*De Signatura Rerum*), "네 가지 성격"(*De quator Complexion- ibus*), "발타자 틸켄의 변증"(*Libri Apologetici*), "이사야의 다발에 대한 반성"(*Antistie- felius*)을 저술하였다.

1622년에는 "진정한 회개"(*De Poenitentia Vera*), "진정한 체념"(*De Aequanimitate*), "고백"(*De Poenitentia Lib* 2)을 저술하였다.

1623년. "섭리와 은혜의 선택"(*De Electione Gratiae*), "위대한 신비, 창세기"(*Mysterium Magnum*)를 저술하였다.

1624년에는 "신성한 계시"(*Tabulae Principiorum*), "정신적인 삶"(*De Vita Mentali*), "신적 명상"(*Theoscopia*), "그리스도의 언약"(*De Testamentis Christi*), "생명에 관한 영혼의 대화"(*Colloquium*

Viatorum), "그레고리 리히터에 대한 반박"(*Apologia contra Gregorium Richter*), "신지학에 대한 177개의 질문"(*Questione Theosophicae*), "위대한 신비에 대한 해설"(*Anfang des Mysterii Magni*), "작은 기도서"(*Suspiria Viatorum*), "세 개의 세계에서의 신적 출현과 도표"(*Tabula*), "에제키엘 메뜨의 오류"(*Anti-Stiefelius*), "최후의 심판과 죽은 자의 부활과 영생에 관하여"(뵈메 전집에는 없고, 개인적인 서신에 있는 듯하다), "신지학적 서신들" (*Epistolae Theosophicae*) 등을 저술하였다.

우리는 실레시아의 그로스-글로가우에서 태어난 유명한 여행가였으며 의사이자 화학자였던 발타자 발터(Balthasar Walter)를 잊지 말아야 한다.[6] 그는 뵈메의 집에서 석 달 동안 뵈메와 함께 지내면서 우정을 나누었고, 뵈메와의 대화를 토대로 하여 우주와 인간의 기원, 본질, 존재, 영혼의 특성 등에 대해서 정리한 『신지학에 관한 40개의 질문들』을 펴냈다. 그 책은 뤼엔부르(Luenebourg) 왕자의 법률 고문이며 조언자였던 장-앙주 베르덴하겐(Jean-Ange Werdenhagen)이 라틴어로 번역하여 1632년 『진정한 심리학』(*Psychologia vera*)이라는 이름으로 암스테르담에서 출판되었고, 10명의 장관에게 헌정되었다. 그리고 1650년 암스테르담에서 독일어로 출판되었다.

발타자 발터는 1625년 파리에서 죽었는데, 그는 그 책을 통하여 그 당시 식자(識者)들에게 뵈메의 저술들을 알게 하였고, 그의 사상이 전파되게 하였다. 그는 종종 그가 6년 동안이나 숨겨진 지혜를 얻으려고 아랍, 시리아, 이집트 등지를 오랫동안 힘들게 다녔노라고 술회하였으며, 그 숨겨진 지혜를 보통 마법(magie), 카발라, 화학이라고 불렀다. 또한 제대로 된 의미로 신지학(theosophie)이라고 부르기도 하였다. 그는 이 지식의 단편들을 여기저기서 올바르게 찾으려고 했지만, 그 어디에서도 이 단순한 사람, 즉 변증적인 학자들과 교회의 형이상학 박사들로부터 버림받았지만 모퉁이 돌이 된 사람에게서처럼 그렇게 심오하고, 숭고하며, 순수한 가르침의 형태로 찾지 못하였다. 오히려 그의 가르침은 그들에게 의심할 나위 없이 커다란 불쾌감을 주었을 것이다. 그것은 정말 커다란 스캔들이었다. 발터 박사가 그를 가리켜서 "독일의 신지학자"나 "독일의 철학자"라고 부른 것은 그가 언제나 모든 행동에서 엄격하였고, 언제나 기독교적이고 겸손하며 체념적인 삶을 살아서 그의 두드러진 특성을 다른 독일 사람들 가운데서 부각시키려고 했을 뿐만 아니라 세상의 다른 나라 사람들로부터 구별하기 위해서였을 것이다.

하늘의 거룩한 은혜의 빛이 없이 본성적이고 인위적이기만 빛은 내적이고, 부드러우며, 자비롭고, 보편적이다. 그리고 복음적인 빛보다 언제나 더 외적이고, 신랄하고, 부분적이며, 문자적이다. 그렇기 때문에 성령의 은사(恩賜)를 모든 것을 오직 하나의 무게와 척도만 가지고 재려고 했던 바벨(Babel)처럼 하지 말아야 한다. 오히려 그 본래적인 바탕과 최초의 기원의 차이에 따라서, 그리고 그 열매와 뻗어나가는 가지를 따라서 정확하고 신중하게 구분하고, 각각의 것들을 그것들에 맞게 돌려주어야 한다. 다시 말해서, 우리의 "독일의 신지학자"가 그의 저작들 속에서 충분히 입증하고, 설명했듯이, 그의 말에 즉시 동의하지 않는 사람을 이단으로 여기고, 정죄해야 하는 것이다.

우리는 뵈메가 썼던 라틴어 표현들과 기술적 용어 — 특히 그의 말년의 저서들 — 들은 그 자신으로부터 비롯된 것이 아니라는 사실에 주목해야 한다. 그는 그것들을 여러 학자들 — 주로 의사나 화학자들이나 철학자들 — 과의 대화와 그가 나누었던 서신들을 통해서 얻은 것이다(그의 전집 11권에는 특히 신비가들이 사용하는 기술적 용어들이 많이 들어 있다). 그는 종종 나에게 그가 라틴어를 배우지 못해서 그의 모국어로는 그의 눈앞에 어른거리는 수많은 굉장한 것들을 표현할 수 있는 적당한 말들을 충분히 찾지 못하는 것이 매우 안타깝다고 말한 적이 있다(그것은 막시밀리언 1세 황제에게서도 마찬가지였다).[7] 그래서 그는 본성의 언어의 도움을 받았다. 그는 다른 사람들에게 그의 생각을 이해하기 쉽게 전하는 방법을 배운 것이다. 그런 이유 때문에 그는 내가 그에게 전해 주었던 그리스 어 "이데아"라는 단어를 즐겨 사용하였다. 그의 말에 의하면, 그 단어는 아름답고, 순수한 천상의 동정녀 같고, 고상한 신체를 가지고 있는 영적인 여신 같았다.

그는 글을 매우 느리게 썼지만 읽기 쉽게 썼다. 그러나 그는 단어를 교정하거나 삭제하려고 하지 않았음을 강조해야 한다. 그것은 하느님의 성령이 그에게 그런 영감을 주었기 때문에 그가 그것을 받아서 적었고, 그것을 고치지 않았다고 해야 한다. 그러나 식자들에게는 그런 혜택이 없으니 얼마나 애석한가! 우리 박사들, 다른 사람들에게 지시하는 사람들에게 성령과 신적 진리와 지혜의 위로가 얼마나 중요한가? 그러나 그런 사람들은 그것을 거의, 또는 전혀 이해하고, 믿거나, 알려고 하지 않는다. 그런 이유 때문에 그들은 정말 심오한 인식, 즉 비밀스러운 지혜와 감춰진 진리에 대해서는 알지 못한다.

아는 것은 여전히 중요하다. 어느 날 그는 그의 집 문 앞에서 키가 작지만, 눈에 두드러지고, 영적인 분위기가 풍기는 사람을 보았다고 이야기했다. 그는 뵈메에게 공손하게 인사한 다음에 뵈메가 다른 사람들에게서 볼 수 없는 특별한 정신을 타고났다고 말하였다. 그리고 사람들은 보통 자신이 받은 것을 이웃 사람들과 나누어야 하기 때문에 자기는 뵈메가 이 특별한 영을 그냥 줄 것인지 아니면 마술사 시몬이 그렇게 했듯이 팔 것인지 물러보려고 왔다고 하였다. 거기에 대해서 뵈메는 그가 그렇게 제안한 것을 감사하면서, 자기는 그런 선물과 기술을 받기에 전혀 자격이 없으며, 그 낯선 사람이 생각하는 것을 가지고 있지도 않다고 말하였다. 그가 아는 모든 것은 믿음과 하느님에 대한 공통된 신뢰 안에서 살고, 단순하게 나아가며, 이웃 사람들에게 자비를 베푸는 것이라고 하였다. 그 밖의 것에 대해서는 아는 것이 없고, 특별하거나 익숙한 영에 대해서 믿지 않는다고 하였다. 그러나 그 낯선 사람이 어떤 영을 가지고 있다면, 그도 뵈메처럼 하기만 하면 된다고 하였다. 다시 말해서 진심으로 회개하고, 하늘에 계신 아버지 하느님께 은혜의 거룩한 영을 보내 주십사고 열심히 기도하면, 그도 진리 안에서 행동하도록 그 영을 받을 것이라고 하였다. 그러나 그 사람은 뵈메의 말에 만족하려고 하지 않았고, 거짓된 마술적 주문을 가지고 뵈메를 압박하면서 그에게서 친숙한 영을 강제로 빼앗아가려고 하였다.

그러자 뵈메는 짜증이 나서 그를 똑바로 쳐다보면서 그의 타락한 영혼에 저주가 임하기를 바라며 손을 세게 잡았다. 그러자 그 사람은 공포에 질려서 몸을 부들부들 떨었고, 뵈메에게 용서해 달라고 빌었다. 그의 그런 행동은 뵈메를 누그러뜨렸다. 그래서 뵈메는 그에게 이 성직매매와 악행을 진지하게 포기할 것을 권유하였다. 그 다음에 그 사람은 인사를 하고 떠나갔다.

우리는 그의 지극한 부드러움, 인내심, 겸손, 다른 사람의 마음을 꿰뚫어 보는 은사, 그의 가슴 깊은 곳에서 대답을 찾는 은사에 대해서 침묵해서는 안 된다. 우리는 거기에 대한 것을 다음 이야기를 통해서 입증하려고 한다. 야콥 뵈메는 어느 날 어떤 신사의 집에 다비드 드 슈바이드니츠 및 다른 사람들과 함께 있었는데, 슈바이드니츠는 유명한 자문관이었으며, 나중에 리그니츠 법원의 판사가 되었다. 그는 뵈메의 친구이자 제자였고, 영성에 관한 여러 책들을 저술하였다. 슈바이드니츠는 떠날 무렵이 되자 그 신사에게 이 비범한 사람을 자이페르스도르프에 있는 자신의 집에 보내 달라고 간청하였고, 그는 그렇게 하였다. 그런데 그 의사는 뵈메가 그의 집에 더 머무르기를 바라서 안내인에게 돈을 쥐어 주면서 슈바이드니츠의 집으로 가는 길에 있는 진흙탕에 뵈메가 빠지게 하라고 부탁하였고, 그 안내인은 그 말을 충실하게 들었다. 슈바이드니츠의 집으로 가려면 진흙탕을 반드시 거쳐 가야 했는데, 그 안내인은 뵈메가 진흙탕에 빠지게 해서 뵈메의 옷이 굉장히 더럽혀졌을 뿐만 아니라 돌에 머리를 부딪쳐서 커다란 부상을 입게 하였다. 그 안내자는 뵈메의 머리에서 피가 흐르는 것을 보고 겁을 집어 먹고 슈바이드니츠가 사는 성(城)으로 달려가서 자초지종을 보고하였다. 슈바이드니츠는 그 소식을 듣고, 뵈메를 데리러 사람을 보내서 그 성에서 조금 떨어진 곳에 머무르게 하면서 그를 치료하게 하였고, 옷도 갈아입게 하였다. 그런 다음에 뵈메는 응접실에 도착하여 모든 사람들에게 인사하였다. 그 성의 주인의 자녀들은 나란히 서 있었고, 그는 그의 딸들 가운데 하나의 앞으로 가서 손을 내밀면서 “여기에 그 지역에 사는 모든 사람들 가운데서 가장 경건한 사람이 있다”고 하였다. 그리고 그는 그의 손을 그 아이의 머리에 얹고 특별한 축복을 해주었다. 그 아이의 아버지는 그 행동은 그의 아이들을 위해서 가장 현명한 것이었다고 고백하였다. 그 날 슈바이드니츠의 집에는 그의 동서와 부인과 아이들이 같이 있었는데, 그의 동서는 뵈메를 매우 싫어했던 사람이었다. 그는 뵈메를 예언자라고 부르면서 아주 조롱하였고, 그에게 몇 가지 예언을 하라고 놀렸다. 거기에 대해서 뵈메는 그는 예언자가 아니라 단순한 사람이며, 결코 점을 쳐본 적이 없다고 하였다. 그리고 그에게 그런 별명을 붙이지 말아달라고 계속해서 사정하였다. 그러나 그 귀족은 계속해서 뵈메를 괴롭혔고, 그에 대해서 예언을 해 달라고 고집 부렸다. 슈바이드니츠도 많이 끼어들면서 뵈메를 가만히 두라고 부탁했지만 소용이 없었다. 그러자 뵈메는 쉬지 못했고, 화가 나서 그 귀족에게 이렇게 말하였다. "당신이 내가 어떤 말을 하기를 몹시 바라고 있어서 나는 어쩔 수 없이 당신이 듣기에 거북한 말을 하려고 합니다." 그 말을 듣자, 그 귀족은 안색이 창백해져서, 자신은 다만 그가 알고 있는 것을 말해 달라고 했을 뿐이라고 대답하였다. 거기에 대해서 뵈메는 그 귀족이 여태까지 살아 왔던 경건하지 못하고 추문에 휩싸였던 삶과 그가 그의 행동을 변화시키지 않으면 앞으로 그에게 다가올 것과 그 끝이 아주 가까울 것이라는 사실을 말하기 시작하였다. 그러자 그 귀족은 거기에 대해서 너무 부끄러워했고, 화가 나서 몸을 던져 뵈메를 때리려고 하였다. 슈바이드니츠는 그것을 제지하였고, 뵈메를 그 지역의 사제 집에 가서 지내게 하였다. 그리고 그 다음 날 그를 괴를리츠에 데려다 주려고 하였다. 그런데 부끄러움과 혼란에 빠졌던 귀족은 마음속에 격분과 분노가 가득 차서 거기에 더 이상 오래 머물고 싶지 않다고 하면서 말을 타고, 자신의 집으로 돌아가려고 하였다. 그리고 그 다음날 집으로 가는 길에 말에서 떨어져서 허리가 다쳐서 죽었다.

뵈메의 일반적인 인장(印章)은 세 송이 백합꽃이 달린 가지를 든 손, 즉 아론의 꽃으로 장식된 황홀한 지팡이였는데, 뵈메에게 백합은 천상의 순수성의 상징이었다. 하느님의 정원에서 피는 백합은 끝이 시작으로 돌아가며, 원이 닫힐 마지막 날 드러난다. 또한 그 장식에 있는 평화의 올리브

가지를 입에 문 노아의 비둘기는 영적 홍수가 지난 다음 나타난다. 아이네이아스의 황금가지와 헤라클레스가 헤스페리데스의 정원에서 용을 정복한 다음 가져온 황금 사과가지는 영혼의 특별한 전투에서 획득한 승리와 인장을 증언한다. 이 고귀한 가지를 따는 것은 신비철학에서 진주의 왕관으로 많이 언급되며, 뵈메도 그의 『고백』과 『그리스도께 가는 길』과 다른 저서들에서 신비한 방식으로 언급한다(진주는 아마 뵈메에게 자주 언급되는 상징일 것이다). 그것은 영적 전쟁에서 왕관을 차지하고 축복을 얻은 사람들이나 야곱에게도 알려져 있다.[8]

그의 신조나 그가 특히 그의 편지에 쓰는 일반적인 서명은 "우리 안에 계신 예수 그리스도의 삶 안에서의 인사"였는데, 그것은 예수 그리스도의 사랑 안에서 믿음을 통한 하느님과 인간의 숭고한 재연합을 표시하기 위한 것이었다. 거기에는 영원한 평화와 말로 다 표현할 수 없는 환희와 함께 신실한 영혼의 가장 완전하고 지극한 위로와 본래적인 진정한 고귀함이 담겨 있다.

그는 그의 친구들에게 보내는 편지에 "시간이 영원 같은 이에게", "영원이 시간 같은 이에게"라고 썼는데, 그 말은 모든 분쟁에서 벗어났다는 의미이다.

그의 외모는 볼 품 없었고, 키도 작았다. 그는 평범한 인상이었으며, 이마가 평평하였고, 관자놀이가 튀어나왔다. 더구나 그의 코는 어느 정도 매부리코였다. 그러나 그의 눈은 빛나는 하늘색이 도는 회색이었고, 수염은 짧고 가늘었으며, 목소리는 거칠지만 유쾌하였다. 그의 성품은 절제되었고, 말이 온화했으며, 행동은 겸손하였다. 그는 고통을 인내하였고, 마음은 부드러웠다. 그리고 사람들은 그가 남겨 놓은 저작들을 통해서 그의 모든 성격과 정신이 하늘나라의 은사를 받았다고 판단할 수 있을 것이다.

그의 행복한 죽음은 다른 곳에서 매우 자세하게 기록되었기 때문에, 여기에서는 우리에게 가장 주목할 만한 것들만 말할 것이다.

야콥 뵈메는 1624년에 몇 주 동안 실레지아의 우리 집에서 보내면서 하느님과 성자에 대한 숭고한 지식에 관한 담론들, 특히 드러나고, 비밀스러운 자연의 빛 이외에도 장 시지스몬드 드 슈바이니츠와 나 아브라함 프랑켄베르그를 위하여 『신성한 계시』를 다시 집필하였다. 그러다가 그는 위험한 병에 걸려서 고열 때문에 물을 마시기도 어려울 정도로 목이 부어올랐다. 그래서 그는 자신을 고향인 괴를리츠로 보내달라고 하도 재촉해서 우리는 그를 그곳으로 보냈다. 그는 괴를리츠에서 복음적 신앙고백을 한 다음 은혜의 서약을 받고, 11월 7일 일요일에 죽었다. 그의 큰 아들이 불려왔을 때 그는 음악을 좀 들려 줄 수 있느냐고 했는데, 그의 아들이 여건이 그렇지 못하다고 하자 뵈메는 아름다운 노래를 더 잘 들을 수 있도록 방문을 열라고 하였다.[9] 그 다음에 그는 몇 시냐고 물었고, 누군가가 이제 방금 세 시 종을 쳤다고 대답하였다. 그러자 그는 내가 갈 시간이 아직 되지 않았고, 세 시간이 남았다고 말하였다. 그러면서 그는 다음과 같은 말을 한 차례 하였다. "강하신 하느님, 여호와 하느님, 당신의 뜻을 따라서 저를 구원하여 주소서. 십자가에 못 박히신 예수 그리스도여, 저를 불쌍히 여기사 저를 당신의 나라에 받아주소서." 그리고 여섯시 종이 치자마자, 그는 그의 아내와 아들들에게 작별 인사를 하였고, 그들을 축복하였다. 그리고 이렇게 말하였다. "이제 나는 낙원으로 떠난다." 그리고 그의 아들에게 몸을 돌리라고 하고, 깊은 숨을 내쉰 다음 주님의 품 안에서 잠들었다.

우리는 여기에서 카메라리우스라고도 부르는 의사 장 뤼드(Jean Rud)[10]가 노르드워과 카텐딕의 영주였던 야누스 두사(Janus Dousa)[11]의 죽음에 대해서 언급한 것을 말할 필요가 있다. 야누스 두사가 죽을 무렵, 그의 몸은 아직 온전했지만, 그는 엑스타시 상태 속에서 영혼의 비밀스러운 장소에 받아들여져서 저승의 복락을 맛볼 수 있었다. 다시 말해서, 그는 그가 죽는 순간을 경건하게 준비할 수 있었고, 오직 죽은 이들에게만 허락되는 불사(不死)의 열락을 미리 보고, 느꼈던 것이다. 왜냐하면 이 복 받은 사람이 아무 고통 없이 마지막 순간에 다가갈 때, 이 거룩한 사람은 그의 곁에 있는 수많은 사람들에게 느닷없이 "내가 무슨 소리를 듣는 것이냐? 아니, 나에게만 이 소리가 들리는 것이냐? 이것이 어떤 소리냐? 얼마나 황홀한 소리인가!"라고 소리 질렀던 것이다. 그의 곁에 있는 모든 사람들은 그 어떤 소리도 듣지 못해서 매우 놀라면서, 하느님의 사랑을 받고, 신적 경이와 신비가 허락된 이 사람이 이제 더 이상 인간적이거나 세속적인 방식으로 존재하는 것이 아니라 천상적인 방식으로 존재한다는 사실, 즉 그 옛날 아담의 시대에 잃어버렸던 영원한 안식처에서 살 것이라는 사실을 알 수 있었던 것이다.

평안한 죽음과 불멸(*Euthanasia cum Athanasia*)은 이 세상의 쓸데없는 지식들과 경박함밖에 가지고 있지 않은 현대 사회의 그리스도인들보다 경건하고, 단순했던 고대 세계의 그리스도인들에게 더 보편적으로 잘 알려져 있었다. 거룩한 안식 가운데 있는 주님과 여호와 안에서 죽은 성인들과 다른 사람들에 대한 이야기는 우리에게 그런 종류의 엑스타시에 대해서 수많은 예증을 들려준다.

그 다음에 우리는 뵈메를 매장해야 했는데, 거기에서도 우리는 그 지역의 수석 사제의 미움과 커다란 반대에 부딪히지 않을 수 없었다(그때는 수석 사제가 그레고리우스 리히터에서 니콜라우스 토마스로 바뀌었다). 그 다음에 우리는 야콥 뵈메의 무덤에 실레지아에서 운반해 온 기념물인 묘비를 세웠는데, 그것은 얼마 가지 않아서 악마의 사주를 받아서 곧 파괴되었다.

그 기념물은 예수의 이름을 히브리어로 쓰고 금으로 된 열 두 줄기의 햇빛이 있는 검은색 나무 십자가였는데, 십자가 아래에는 그의 팔과 머리를 "우리 안에 있는 예수 그리스도의 생명 속에 구원이 있다"(U. H. I. L. C. I. U)는 글자가 새겨진 뵈메의 머리에 기댄 작은 아이가 있다.

커다란 타원형으로 된 벌판에 다음과 같은 말들이 적혀 있다: 하느님으로부터 태어났고, 성령으로 인쳐서 예수 안에서 죽은 야콥 뵈메가 여기서 안식을 취한다. 그는 옛 자이덴부르그에서 태어났고, 그의 나이 쉰 살인 1624년 11월 17일 아침 6시에 죽었다.

오른편 중앙에는 산 위에서 그의 왼쪽 발톱으로 비틀어진 커다란 뱀의 머리통을 깨부수고, 오른쪽 발톱으로 종려나무 가지를 잡고 있으며, 부리에는 "보았노라"(*veni*)[12]라는 표어가 새겨진 백합의 가지를 태양으로부터 받은 검은 독수리가 십자가 위에 그려져 있었다.

십자가의 왼쪽 위에는 십자가 위로 올라온 왕관을 쓴 사자가 있었는데, 그의 오른쪽 뒷다리는 정사각형 통 위를 딛고 있으며, 그의 왼쪽 앞다리는 뒤집어진 제국의 공 모양을 한 사과 위에 있다. 그리고 오른쪽 앞다리로는 화염검[13]을 들고, 그 왼편에는 "이겼노라"(*vici*)라는 표어가 새겨진 불타는 심장이 있다.[14]

그러나 십자가의 가운데와 타원 아래에는 다음과 같은 구절로 된 비문(碑文)이 새겨져 있다. 그리고 십자가의 막대기에는 솟아오르는 샘 옆에 있는 종려나무 아래서 풀을 뜯어 먹는 머리가 삐죽 나온 (우리가 파라셀수스의 마술적 형상 29번과 33번에서 보는 것과 비슷한) 어린양이 꽃들이 피어 있는 푸른 벌판에서 풀을 뜯어 먹고 있는데 거기에 "왔노라"(*veni*)라는 표어가 새겨져 있다. 이 세 가지 표어들은 다음과 같은 방식으로 그리스도에 관한 독특한 동사들로 이해되어야 한다.

In mumdum VENI! Sathanam descendere VIDI!infernum VIGI! VIVITE magnanimi.

이 세상에 왔노라! 사탄이 떨어지는 것을 보았노라! 지옥을 정복했노라! 마그나니미 만세!

십자가 아래, 위를 향해서 올라가는 마지막 말씀이 있는데, 그것은 "지금 나는 낙원으로 떠난다"는 말이다. 거기에서 그는 하느님을 찬양하는 노래를 부른다. 우리는 뵈메의 뒤에서 그를 보고, 우리들도 예수 그리스도가 우리를 그에게 부를 때까지 우리 삶의 여정이 끝나기를 기다린다.

이것이 우리가 우리의 경건하고 단순했던 "독일의 신지학자" 자신이 말했고, 그와 가까웠던 진실한 친구들이 전한 말들 가운데서 기록할 만한 가치가 있다고 믿는 것들을 기록한 것이다.

그러나 뵈메의 이와 같은 단순성에 대해서 눈살을 찌푸리거나 그의 정체성에 대해서 의심하려는 사람들도 많이 있었다. 다시 말해서, 다른 사람이 자신의 이름을 숨기고 새롭고, 잘 알려지지 않은 원리를 제시하거나 정죄받았던 옛날 이단을 다시 주장하려고 한다고 의심하기도 했던 것이다. 그렇지 않으면 악마적인 것을 지옥의 바닥에서 파냈거나 새로 만들어서 퍼트리려고 한다는 사람들도 있었다. 그것은 오늘날에도 마찬가지라서 아리스토텔레스학파 사람들이나 고위 성직자들 가운데 이와 비슷한 논쟁을 벌이는 사람들도 많다.

우리가 방금 말했던 사람은 하느님과 영원히 존속할 그의 진리에 대해서 많이 알고 있는 사람으로 알려져 있고, 그의 현명한 뜻과 너그러운 의지를 따라서 하느님의 마음에 드는 사람이었기 때문에 사람을 선택하는데 있어서 잘못된 생각이나 중상모략에 의해서 높거나 강하거나 고귀하거나 현명하거나 부유한 사람들이나 저명한 사람들을 선택하는데 사로잡히지 않았다. 오히려 그는 높고, 강한 사람들을 꼼짝하지 못하게 하기 위하여 겸손하고, 약하며, 가난하고, 어리석으며, 세상 사람들이 보기에 아무것도 아닌 사람들을 선택하였다. 하느님은 교만한 사람들을 꼼짝하지 못하게 하시며, 권세 있는 사람들을 그들의 왕좌에서 떨어트리시기 때문이다. 하느님은 가난한 사람들을 먼지 구덩이에서 세우시고, 겸손한 사람들에게 모든 은혜를 베푸신다. 주님의 신비는 그를 두려워하는 사람들의 손에 있으며, 하느님은 그가 그들과 연합해 있는 것을 알게 하신다.

역사는 우리에게 수많은 천상의 은사의 예들을 보여 주는데, 그는 그것을 사람들에게 전하면서 하느님을 기쁘게 해드렸다. 하느님은 나라와 민족과 언어와 상태를 불문하고, 어느 누구도 예외로 두지 않는다. 누구든지 그를 두려워하고, 선을 행하는 사람은 그에게 합당하다. 그래서 하느님에게는 아모스 같은 목동을 예언자로 만들고, 다윗 같은 목동을 왕으로 만들기가 너무 쉽다. 마태 같은 세리를 복음 전도자, 베드로, 안드레, 야곱, 요한 같이 아무것도 모르는 바보나 어부를 사도로 삼거나 천막공이며 예수의 박해자였던 사울을 바울로 바꾼 것처럼 보잘 것 없던 사람을 선택된 존재로 만드는 것은 아무것도 아니다. 하느님은 가난하고, 천대받던 제화공에게도 그렇게 할 수 있었다. 그는 배교자 줄리앙의 치세 때 (기도를 통하여 산을 바다로 옮기지 않을 수 없었던) 마술사(Maxime d'Ephese 또는 Gregoire le Thaumaturge를 말하는 듯하다)처럼 부추겨졌거나, 몇 년 전 동부 프리즈의 비트문트에서 성경에 매우 정통했던 사람(여기에 대해서는 Jean Ang. Werdenhagen이 그의 *Psychologia*에서 말한다)처럼 나타났었다. 그러나 하느님은 아무것도 아닌 것으로부터 어떤 것을 만드실 수 있고, 모든 것은 그가 기뻐하시는 대로 된다.

전능하신 하느님은 그에게 속한 것들을 그가 기뻐하는 대로 처분할 수 있지 않을까? 교만한 바리새인들과 야심적인 대제사장들, 잘난 체하는 율법박사들이여, 우리 아버지이신 우리 주님, 사랑이 많으신 우리 하느님이 그의 자녀들에게 그렇게 잘해 주시는 것에 화가 나지 않는가? 분노와 화로 그대의 혀를 깨물고, 이를 갈라. 그리고 그대의 질투심 많고 불경건한 마음을 뽑아서 삼키라. 그것을 통해서 옛 뱀과 응분의 지옥이 그대를 낳았고, 그대가 가는 모든 길과 재주들이 지옥에서 비롯된 것으로서 결코 그리스도 안에 계신 하느님과 성령이나 은혜와 진리의 말씀에서 비롯된 것이 아니라는 사실을 증명하라.

기독교 정신이 전복되고 파괴된 오늘날 하느님이 다른 사람을 통해서 유혹에 빠져 있고, 눈이 먼 그의 백성들에게 말씀하실 필요가 있지 않을까? 모든 육체는 주님 앞에서 그의 길을 부패시켰고, 특히 악인은 영적이고, 기독교적이라고 부르는 헌신이 육적이고 반-기독교적인 것이라고 말하며, 그 모든 악은 빛나는 외관으로 포장되었고, 그 외관의 빛나는 것 아래 그의 마음은 피에 굶주렸으며, 지옥의 복수의 칼을 품고 있다.

나는 이제 더 이상 여기 머물고 싶지 않다. 일반 민중들과 하느님을 정말 사랑하는 사람들의 슬픈 체험은 더 이상 반박할 수 없는 예들과 증언들에 대해서 입증하기 때문이다. 들을 수 있는 귀나 볼 수 있는 눈을 가진 사람은 말씀과 진리의 빛이 그것을 위해서 선택되고, 부름 받은 증언 속에서 말하며, 보여주는 것을 듣고, 본다. 그는 하늘과 땅이 지금의 인간과 싸우는 것을 볼 것이고, 그가 또 다른 시간과 자손을 준비하는 것을 볼 것이다. 그것은 온 우주에 동쪽에서부터 서쪽까지 번갯불처럼 드러날 것이다. 그리고 그것은 거룩한 예언자들과 사도들과 하느님으로부터 깨우침을 받은 또 다른 사람들이 언제나 영 안에서 보았고, 마지막 세상의 시작부터 고지하였던 일곱째 날의 안식과 마지막 심판을 가져올 것이다. 그런 까닭에 지극히 복된 사람은 주님이 오시는 때에 깨어 있는 종이 될 것이다.

마지막으로, 이 모퉁이 돌에 걸려서 넘어지지 않게 하라. 그것은 어느 누구도 상하지 않고, 곧 용기를 내며, 땅의 제일 낮은 곳에서부터 하늘의 제일 높은 곳까지 주님의 말씀에 의해서 우리가 살아 있는 이들의 나라에서 걸려 넘어지지 않고, 모든 것들이 평탄해지도록 모든 언덕들과 모든 높은 산들은 낮아질 것이고, 골짜기들은 돋워질 것이라는 것을 생각하게 하려는 것이다.

그 어떤 육체도 그 앞에서 자랑하지 못하도록 어떤 사람은 낮추고, 다른 사람은 높이며, 당신의 영을 바라는 사람들이 바라는 것을 주시는 지극히 높으신 주님을 찬양하자.

그러나 이 특별한 재능, 말하자면 모든 좋은 것들의 유일하고, 지극히 높으신 하느님이 하늘 높은 곳으로부터 용의주도하고, 교만한 세상에서 멸시받는 질그릇에 귀중한 보석과 값비싼 진주처럼 부어 주신 이 은혜의 선물은 너무 존엄하고, 선해서 내가 생각하기에 (모든 사람들이 예루살렘을 향해서 난 창을 통해서 볼 수 있다면) 사도 시대로부터 땅에 사는 거민들에게는 매우 거룩한 삼중적 일치의 하느님에 대한 본질적 인식의 그렇게 숭고하고, 심오한 기반으로 나타나고, 선포되지 않았다. 감춰져 있으면서도 드러난 빛과 그 거룩함과 은혜에 대한 본질적 인식의 숭고하고, 심오한 기반에 대해서도 마찬가지이다.

하느님께서는 어디에서 영적으로는 물론 신체적으로도 뒤집어지고, 황폐하게 된 우리나라를 그렇게 숭고한 은사를 통하여 특별히 사랑하는지 생각해 보아야 한다. 그리고 모든 것이 마치 죽음이나 깊은 잠, 또는 진흙탕에 빠져 있거나 육욕과 색다른 일들에 대한 변덕스러운 걱정으로 인한 고통에 파묻혀서 눈으로 볼 수 있는 영원한 은혜와 하느님의 나라와 그리스도를 무시하고, 의미 없는 문자들의 시시콜콜한 것들이나 따지며, 썩어버리고 말 지상의 삶과 육체에 대해서 다투는 엉망진창이 된 이 시대에 그렇게 약하고, 보잘 것 없는 사람을 통하여 역사하시는지 생각해 보아야 한다. 사람들은 지금 서로 싸우고, 서로 죽이며, 칼과 불로 모든 것을 파괴한다. 그리고 헛되고, 별로 명예롭지도 않은 스스로에 대한 명예를 위한 사랑 때문에, 그렇지 않으면 육욕과 저열한 이익 때문에 서로 고소하고, 정죄하며, 비참 속으로 가차 없이 달려간다. 그들은 이제 정의나 심판이나 축하 받을 일이나 영원한 저주도 없는 듯이, 그리고 신앙이나 깨달음도 없고, 천국이나 지옥이 없으며, 천사나 악마는 물론 삶이나 죽음도 없는 듯이 행동한다. 그렇다. 그들에게는 하느님이 있었던 적이 한 번도 없었던 듯하다. 그렇지 않으면 이 세상에 바랄 것이나 두려워할 것이 전혀 없었던 것처럼 행동한다.

뵈메는 그의 논의를 통해서 우리가 얼마나 인간의 타락과 무지에 대해서 부끄러워해야 할 것인지를 분명하게 입증하였고, 인간에 대한 하느님의 엄청난 선하심과 지혜와 전능성을 반박할 수 없을 정도로 보여 주었다. 그리고 그는 강한 어조로 어렵사리 회개에 대해서 설교하였다. 따라서 독자들은 그의 저서들을 주의 깊게 읽고, 기독교 정신의 단순성에 대해서 꿰뚫어 가면서 그것에 대해 납득하게 될 것이다.

또한 뵈메는 많은 독자들이 생각하지 못했고, 첫 눈에 제대로 파악하지 못했던 것들에 대해서도 언급했는데, 그것들은 특히 아직까지 잘 알려지지 않았던 신비들과 신과 인간 및 천상적인 것들과 세상적인 것들, 악마적인 것들, 천사적인 것들의 탄생과 그것들의 본성과 특성들이다. 우리는 이때를 위하여 앞으로 다가올 빛이 그것을 더 잘 알아보고, 그것을 알아볼 만한 사람에게 드러날 때까지 하느님의 성령에 의지해야 한다. 하느님은 그의 영원한 지혜를 따라서 그의 신비의 심층을 사람들에게 갑자기 나타나게 하시지 않고, 단지 때때로만 밝은 빛이나 광선으로 드러내시기 때문이다.

우리는 하느님의 영감에 의해서 쓰인 것들을 이교도들의 공통적인 추론으로 판단해서는 안 된다는 사실을 강조해야 한다. 그것은 마치 사람들이 일반적으로 성령의 말씀과 저작 속에 아리스토텔레스의 경건하지 못하고, 무거운 변증법과 수다스러운 수사학과 어리석은 형이상학을 뒤섞어서 그것들을 검열하고, 불경스럽게 비판하려고 하는 것과 같다. 그러나 어떻게 눈이 먼 스키티아 사람과 하느님의 빛을 구분하고, 게으른 유태인을 하느님의 살아 있는 말씀과 구분하며, 어리석은 그리스인을 영원한 지혜의 영과 구분할 수 있겠는가? 그들은 보지도, 듣지도, 깨닫지도 못하는데 말이다. 그렇게 하기 위해서는 영혼이 하느님의 현현과 성령 안에서 거듭나야 한다. 다시 말해서 하느님 나라의 출현은 물론 우리 안에 있는 하느님의 자비로운 말씀과 저 세상의 덕성을 미리 맛보고, 관찰하는 것과 함께 진리의 빛과 예수 그리스도의 감춰진 은혜가 필요한 것이다.

살아 있고, 영원한 말씀의 요체(要諦)를 체험한 기독교인, 유태인, 이교도 가운데서 깨달은 사람들은 전혀 다른 방식으로 그들의 신탁과 말씀을 연구하고, 이스라엘과 바벨의 성전이나 시나고그와 전혀 다른 방식으로 기적들을 행한다.

그것이 여기에서 필요한 것이라면, 우리는 다른 더 많은 예들을 들 수도 있었을 것이다. 그러나 우리는 다음과 같은 저서들만 살펴보아도 될 것이라고 생각한다. 『신비한 삼중성』(*Triade mystica*), 『고대 현자의 길』(*Via veterum sapientum*), 『알기 쉬운 복음서』(*Evangelio exulantum*), 『신론적 판단』(*Judicio theomantico*), 『라파엘』(*Raphaele*), 『비탄의 공포』(*Horreur de la désolation*)의 복사본 등이 그것이다.

제2부
야콥 뵈메의 사상

제1장
서문

"우리의 모든 교리는 다른 것이 아니라 인간이 그 자신의 내면에 빛의 왕국을 건설하는 방법을 가르치려는 것이다. … 그의 안에서 이 신적인 능력이 샘솟아 흐르는 그분은 자신 안에 하느님의 형상과 천국의 실재성을 지니고 있다. 그분 안에는 동정녀로부터 태어난 예수가 있는 것이다. 그분은 영원히 죽지 않을 것이다"(*Six Points*, vii, 33).
"나 자신인 나는 이것들을 알지 못한다. 하느님이 내 안에서 그것들을 아신다"(*Apology, Tilken*, ii, 72).
"과학이 하느님 대신 눈먼 지성을 숭배하지 않는 한, 모든 것을 보시는 하느님에 대한 신앙을 없앨 수는 없다."
"진정한 신앙은 영혼 안에 있는 영이 자신의 의지와 욕망을 가지고 그가 보지도, 느끼지도 못한 것 속으로 들어가는 것이다"(*Four Complexions*, 85).

우리가 신적이고 영원한 것을 관조하려면, 우리는 무엇보다도 먼저 어떤 신적이고 영원한 것이 존재한다는 사실은 물론 그것이 그 자신을 인간의 내면에 당연히 계시할 것이라는 가능성에 대한 믿음을 배제하지 않아야 한다. 사람 속에 있는 이 영적인 원리는 동물이나 이성을 가진 인간보다 더 위에 있다. 물질로 된 몸과 논쟁하는 지성보다 더 높은 것이다. 그것은 추론하거나 추측할 필요가 없다. 그것은 지각되고, 앎의 대상이 된다. 그것은 지성보다 위에 있기 때문에 지적으로 사고될 수 없다. 그것은 사람이 동물적이고 지적인 수준을 넘어서 그 자신의 신적인 영을 의식하면, 사람들에 의해서 지각될 수 있다. 야콥 뵈메의 언어로 표현하자면, 사람이 그리스도 안에 있는 자기-인식에 도달하면 지각되는 것이다. 인간의 동물적 본능은 사람 속에 있는 동물적 본성에 속해 있고, 인간의 지적 기능은 지적 본성에 속해 있다. 그리고 신적인 것은 그의 하느님, 다시 말해서 그 자신의 진정하고, 실제적이며, 영원한 자기(自己)에 속해 있다.
그러므로 사람 속에 있는 성령에 속한 것들을 이론적 사변만 가지고 이해하려는 것은 전혀 가능하지 않다. 그것은 신적 지혜에 대한 태도가 아니다. 그것은 단지 그것이 이렇다거나 이렇지 않다고 하는 등 그것들에 대한 이론이나 견해를 만드는 데 그칠 뿐, 진정한 지식으로 이끌지 못한다. 하지만 진정한 지혜는 오직 신적인 상태에 진입해서 도달할 수 있는 실제적 체험의 결과이다. 말하자면, "사람" 속에 있는 하느님이 그 자신의 자기에 대해서 파악하는 지식인 것이다.
이렇게 신적인 상태에 도달하는 것은 상상력이 그 자신으로부터 멀리 떨어지게 하거나 경건한 꿈을 꾸거나 공상적으로 비상(飛翔)한 결과 파생된 것이 아닌 것이 틀림없다. 인간으로서의 의식을 갖추고, 진정한 인간성으로부터 나오는 위엄(威嚴) 안에서 그 자신의 무게 중심을 발견하는 것보다 더 긍정적이고, 실제적이며, 실천적인 것은 아무것도 없다. 다시 말해서, 그 안에 그 자신의 불멸의 자기(self)가 머무는 살아 있는 사원(寺院)이 되는 지식이 가장 중요한 것이다.
모든 지식은 그것이 속해 있는 영역에서 쓰임새가 있지만 다른 곳에서는 그렇지 않다. 거기에 대해서 야콥 뵈메는 이렇게 말하였다.

> "나는 사람들이 자연과학에 관심을 가지고, 외적인 것들에 대한 경험을 쌓지 말라고 하는 것이 아니다. 그런 연구는 그에게 틀림없이 유용할 것이다. 그러나 인간의 추론이 그의 지식의 기반이 되어서는 안 된다. 사람들은 오직 외적인 것들을 추론한 바탕에 이끌려서 행동해서는 안 된다. 오히려 사람들은 그들의 모든 추론과 전 존재를 하느님 앞에서 겸손하게 경배 드려야한다"(*Calmness*, i. 35).

사람들이 자신 안에 신적인 원리가 존재한다는 사실을 인식하지 못하는 한, 우주에 있는 신성의 속성에 대해서 철학적으로 생각하고 사변하는 것은 아무 소용이 없다. 거룩한 영이 그의 내면에서 작용하지 않는 한, 그는 성령(Holy Ghost)에 대해서 알 수 없다.

> "하느님의 뜻과 속성에 대해서 매일 논박하지만 그들 자신의 영혼 속에서 말하는 하느님의 말씀을 들으려고 하지 않아서 정작 하느님에 대해서 알지 못하는 철학자들이 말하듯이 자연인은 신성의 상태 안에 있지 않고 바깥에 있기 때문에 하느님 나라의 신비에 대해서는 아는 것이 하나도 없다."

외적인 인간은 그의 외적 추론을 따라서 판단한다. 전적으로 자신의 외적 지각에 의존하며, 그의 신체적인 눈으로 보는 것 이외에 그 어느 것도 믿지 않는다. 그 어떤 믿음도 가지고 있지 않는 사람은 오직 자신의 눈으로 본 것만 알고, 그것보다 더 높은 어떤 것이 있다는 사실을 깨닫지 못한다.

> "이성을 통해서 이 세상에 있는 외적인 것들만 보면서 하느님 없이 사는 사람뿐만 아니라 경건한 사람에게도 불운이 찾아오고, 모든 것들이 죽고 파괴될 수밖에 없다는 것을 볼 뿐만 아니라, 더 나아가서 의로운 사람을 곤경과 슬픔에서 구해 주지 못하고, 악인과 똑같이 애달프게 죽음의 골싸기로 들어갈 수밖에 없는 사실을 보면, 인간의 이성은 모든 것들이 우연에 불과하고, 고통당하는 이들을 돌봐줄 하느님은 없는 듯하다고 생각할 것이다"(*Contemplation*, i. 1).

현상계 속에서 자애로운 하느님의 존재를 발견할 수 있는 그 어떤 증거도 찾아볼 수 없다면, 성경을 겉으로 연구하거나 피상적으로 읽는 것을 통해서는 물론 그 내용을 역사적인 관점에서 아무리 숙고할지라도 하느님에 대한 자기 인식은 이루어지지 않는다. 더구나 설교하는 사람이나 설교를 듣는 사람의 내면에 진리의 영이 살아 있지 않다면, 설교를 듣는 것 역시 자기 인식에 아무 도움이 되지 않을 것이다.

> "하느님의 신비에 도달하거나 그 신비에 관해서 말하기를 바라는 모든 사람들은 하느님의 성령에 사로잡혀야 한다. 인간의 내면에는 하느님의 진리의 빛이 있으며, 그 빛 속에 그가 진리라고 말하려는 것이 들어 있다는 사실을 깨달아야 한다. 그는 그런 신적 자기 인식 바깥에 머물러서는 안 된다. 더구나 그의 견해

를 단지 외적 세계에 대한 추론이나 성경을 문자적으로 해석하는 것에 몰두해서는 안 된다"(*Menschwerdung*, i. 1, 3).

"내가 아무리 끊임없이 성경을 인용하고 가슴으로 그 내용들을 알고 있을지라도, 성경을 기록한 성인들에게 영감을 주었고 그들의 지식의 원천인 성령에 대해서 알지 못한다면, 그것은 무슨 소용이 있을 것인가? 나에게 그들과 똑같은 영이 존재하지 않는다면 내가 어떻게 그들을 진실로 이해할 수 있을 것인가?"(*Tilk*, ii. 55).

영적 진리는 지적 추론보다 위에 있으며, 그것을 넘어선다. 그러므로 지적으로 설명할 수 없다. 그 진리들은 사람들을 더 고양된 생각으로 이끌어가고, 더 높은 지각의 상태를 얻게 하는 상징들과 그림들로 나타날 수 있다.

"하느님의 자녀들은 그들이 마치 성령에 의해서 말하도록 만들어진 것처럼 말합니다. 따라서 그들이 하는 말은 일반 사람들에게 신비하게 들립니다. 일반 사람들이 그 말을 이해한다고 생각할지라도 그들은 단지 그 말의 외적인 의미만 알 수 있을 뿐입니다"(*Letters*, xi, 26).

"자기 스스로 지각하지 않고 단지 다른 사람들에게서 들은 것들 속에도 그가 정말 진리를 들을 수 있지 않을까 하는 의구심이 있을 수 있다. 그러나 눈으로 보고, 마음으로 이해한 것들만이 확신을 가져온다"(*Three Principles*, x. 26).

사변철학과 신지학(theosophy)이 정반대되지는 않더라도 서로 완전히 다르다는 것을 잊어서는 안 된다. 또한 지적 추론을 뛰어넘는 영적 진리를 지적으로 설명해야 한다고 강변하는 사람들은 "신지학"이 무엇인지 전혀 모르는 사람들이라는 것도 잊어서는 안 된다.

"진정한 이해는 내적 원천에서 나오고 영혼 안에 있는 하느님의 살아 있는 말씀에서 마음속으로 들어갑니다. 이렇게 되지 않는다면 신적인 것에 대한 모든 가르침들은 아무 소용이 없고, 아무 가치도 없습니다"(*Letters*, xxxv. 7).

"나는 사람들을 말씀이 쓰여지고 가르쳐진 것으로부터 다른 곳으로 돌리려고 하지 않는다. 오히려 내가 쓴 것들은 그들을 단지 역사적인 믿음으로부터 살아 있는 신앙, 더구나 빛과 진리인 예수 그리스도 자신에게 이끌어가려고 한다. 모든 설교와 가르침들이 단지 말뿐이고, 설교자나 교사에게 그리스도의 능력이 담겨 있지 않으며, 가르치는 사람과 그것을 듣는 사람 속에서 그리스도 자신이 말씀에 의해서 활동하지 않는다면 아무 소용이 없을 것이다"(*Richter*, 45).

우리가 책을 연구할 때는 기껏해야 저자가 무슨 생각을 하는지 알 수 있을 뿐이다. 그러나 그런 상상적 인식은 자기 인식이 아니다. 진정한 영적 인식은 오직 영의 깨달음으로부터 온다.

"나는 나의 지식을 편지들이나 책들을 통해서 얻지 않고, 나 자신 안에 가지고 있다. 사람 안에 하늘과 땅, 거기에 사는 모든 사람들, 심지어 하느님 자신이 있기 때문이다"(*Tilk*, 11. 297).

본질적 인간은 그의 물질적 육신의 눈에 보이는 물리적 형태에 의해서 제한받지 않는다. 그의 영적 실체는 별에까지 확장된다. 그의 진정한 자기(self)는 그의 안에 모든 세계가 들어 있는 하느님의 성령이다.

"사람의 영은 단지 별로부터 오거나 원소들로 이루어진 것이 아니다. 그의 내면에는 빛의 불꽃과 하느님의 능력이 감춰져 있다. 창세기 1장에서 하느님이 인간을 그의 형상대로 창조하셨다고 했다면, 이 말은 괜한 말이 아니다. 하느님은 인간을 그 자신의 형상대로 창조하셨다"(*Aurora*, Preface, 96).

인간의 의식 안에서 성령이 일단 깨어나면 성령은 그 자신에 대한 인식에 의해서 모든 것을 알게 된다.

"영혼은 신성(Godhead) 속을 탐색하고, 자연의 심층 속을 탐색한다. 영혼이 자신의 원천과 기원(origin)을 신적 존재 전체에 두고 있기 때문이다"(*Aurora*, Preface, 98).

"사람의 눈길이 그의 본래적 기원(起源)인 별에까지 가는 것처럼, 영혼도 그가 사는 존재의 신적 상태 속을 꿰뚫어 들어가고 거기 닿는다"(*Aurora*, Preface, 99).

"하느님은 만물과 얼마나 가까이 있는가? 그럼에도 불구하고 그 어느 것도 그 자신의 의지를 고요히 하고 그에게 복종하지 않으면 그를 이해할 수 없다. 그렇게 되면, 하느님의 의지는 마치 태양이 온 세상에 그렇게 하듯이 만물을 도구로 삼아서 작용한다"(*Mystery*, 45).

"우리는 왜 하느님을 볼 수 없을까? 우리가 하느님의 눈을 가지고 볼 수 없는 이유는 하느님의 진노 안에 있는 이 세상과 (선이 왜곡된) 악마 때문이다. 다른 방해물은 하나도 없다. 어떤 이가 '나는 신적인 것을 전혀 볼 수 없습니다'라고 말한다면, 그에게 살과 피와 악마(비뚤어진 욕망)의 간사함이 그에게 그런 장애물과 방해가 된다는 것을 이해하게 하라. 그가 새롭게 살기 시작하고, 그리스도의 십자가 아래 걸어간다면, 그는 틀림없이 성부와 그의 구속자 그리스도, 그리고 성령을 보게 될 것이다"(*Menschwerdung*, ii. 7).

하느님과 신적인 것을 거부하는 철학자가 되려는 사람에게 신적인 것 없이는 그 어떤 신적 지혜도 있을 수 없고, 사람이 신성의 능력을 통해서 밖에는 신적으로 될 수 없다는 것을 상기하도록 하시오.

"하느님이 없는 사람 속에는 그 어떤 신적 불꽃도 있을 수 없다. 이 문제에서 비난 받아야 할 것은 하느님이 아니라 사람 자신이다. 그런 사람들은 그들 자신의 의지로 그런 상태에 들어갔으며, 그들의 더 높은 의식을 익사시켰다. 그러나 그들은 알지 못하지만 값비싼 보석은 아직도 그들의 중심에 감추어져 있다. 그러므로 그들이 의지를 발동하여 일부러 모르는 척하거나 고약하게 구는 것으로부터 다시 나오게 하고, 다시 하느님의 의지 안으로 들어오게 하시오"(*Menschwerdung*, 3, 5).

이 모든 것들은 우리가 우리 내면에 있는 자기(自己) 속에 담긴 진리를 깨닫지 못한다면 우리가 하느님의 지혜를 추구하는 것, 즉 영원한 진리를 외부에 있는 것들과 외적인 관찰이나 독서 또는 지혜로운 말 안에서 실제로 실현시키려는 것이 아무 쓸모가 없고, 헛된 일이라는 사실을 보여 준다. 외부에 있는 사물과 사람, 그리고 우리 자신의 진정한 자기 바깥에 있는 신들에게 의존하는 것은 우리가 우리 자신 안에 있는 하느님을 인식하지 못한다면 단지 우상-숭배일 뿐이고, 그 자체로 기만적인 것이다. "너는 다른 신이나 우상을 섬기지 말고, 오직 하느님만 섬기라"는 말씀의 의미는 당신이 그의 성전이고, 당신 자신 안에 있는 바로 그 신을 믿고, 의지하며, 신뢰하라는 것이다.

뵈메에 의하면 "하느님"은 "영원한 지혜를 가진 의지"이다. 하느님 안에서 굳건해지는 것은 사람들을 현명하게 하는 그 의지 안에서 굳건해지는 것이다. 이것이 뵈메가 "그것은 단지 어떤 사고방식이나 어떤 역사적 사건에 대한 믿음이 아니라 그 사람의 자기 안에 있는 그리스도의 영과 능력을 받는 것입니다"(*Letters*, xlvi. 39)라고 말한 진정한 신앙이다.

> "그리스도의 이 빛과 능력은 그의 자녀들의 내적 기반 안에서 솟아나고, 그들의 삶 전체를 비춘다. 그 기반 안에 사람 속에 있는 하느님의 나라가 있다"(*Communion*, v. 18).

그러나 사람이 그 자신의 자기(self) 안에 있는 하느님을 깨닫지 못하도록 하는 것은 무엇인가? 어떤 것이 그가 진리의 빛을 보지 못하게 하고, 신성의 목소리를 듣지 못하게 하는가? 여기에 대해서 야콥 뵈메는 이렇게 대답한다. "당신 자신이 듣고, 마음 먹으며, 보는 것들이 하느님을 보지 못하게 하고, 듣지 못하게 합니다. 당신의 욕망이 당신의 귀를 세상과 물질적인 것들에 의해서 막히게 함으로써 당신의 청각을 방해하는 한편, 당신이 당신의 의지를 단련함으로써 당신을 하느님의 의지로부터 분리시키고, 당신의 시각을 단련시킴으로써 오직 당신이 바라는 것들만 보게 될 것입니다. 그것은 당신에게 그림자를 드리울 테고, 당신은 당신 자신의 인간적 본성을 뛰어넘고, 초감각적인 것들을 볼 수 없을 것입니다. 그러나 당신이 고요하고, 당신의 개인적 자기성(selfhood)을 가지고 생각하고, 느끼는 것에서 벗어나면, 당신에게는 영원한 소리와 광경과 말씀들이 계시되고, 하느님은 당신을 통해서 보고, 듣고, 지각하게 될 것입니다"(*Supersensual Life*, 1-5).

여기에서 어떤 이는 이렇게 질문할지도 모른다. "우리가 신적 지혜를 얻으려면, 우리는 앉아서 생각하고 느끼면서 아무것도 하지 말아야 합니까?" 그런 질문을 하는 사람은 사람에게 동물과 비슷한 영역이 존재하듯이 모든 감정과 사고 아래 그것이 비록 신체적인 것은 아닐지라도 모든 사변적 사고를 뛰어넘는 또 다른 상태인 신적 존재의 상태가 존재한다는 사실을 알지 못하는 사람이다. 그 상태는 사람이 스스로를 신으로 생각하는 상태가 아니라 세상적인 것들로부터 벗어나서 인간의 의지가 신적 의지로 되고, 자기-의식이 신성 안에 흡수되는 상태이다.

> "하느님이 그의 말씀과 본질과 의지 안에서 지각될 수 있는 유일하고, 진정한 길은 사람이 그 자신과 하나가 된 상태에 도달하는 것이다. 그리고 그는 단지 그의 상상 속에서가 아니라 그의 의지 안에서 그의 개인적이거나 그에게 속한 모든 것들, 말하자면 돈과 물질들과 어머니와 아버지, 형제와 자매, 아내와 자식, 몸과 생명으로부터 떠나야 하고, 그 자신의 자기가 그에게 아무것도 아니게 되어야 한다. 그는 모든 것들을 버려야 하며, 둥지 하나밖에 없는 공중의 새보다 더 가난해져야 한다. 그는 이 세상에서 그의 마음의 둥지를 가져서는 안 된다. 그가 그의 집을 떠나고, 그의 아내와 자녀와 친척들을 버리거나 자살하거나 그의 재산들을 버려서 그의 안에 물질적인 것들이 하나도 남지 않게 되는 것이 아니다. 오히려 그가 그의 자기-의지(self-will)를 죽이고, 무화시키는 것이다. 그 의지는 이 모든 것들을 자신의 소유라고 주장하는 의지이다. 그는 이 모든 것들을 그의 창조주에게 바치고, 마음으로 전적으로 동의하면서, '주님, 이것들은 모두 당신의 것입니다! 저는 이것들을 주재할 수 없습니다. 당신께서 저

를 이 안에 두셨으니, 저는 저의 의지를 전적으로 당신께 바침으로써 저의 의무를 다하겠습니다. 당신의 뜻이 만물 안에서 이루어지고, 제가 부르심을 받은 모든 것들이 저의 형제들을 위하여 이루어지도록 저를 통하여 과감하게 행하소서. 저는 당신의 명령을 따라서 행할 따름입니다'라고 말한다. 이렇게 지고의 겸양(謙讓) 상태에 들어간 사람은 그리스도와 함께 신적 연합 속으로 들어간다. 그래서 하느님 자신을 보게 된다. 그는 하느님과 함께 말하고, 하느님은 그와 함께 말한다. 그러므로 그는 말씀과 본질과 하느님의 의지가 무엇인지 알게 된다"(*Mysterium*, xli. 54-63).

"나의 충고를 따르고, 당신의 이기적인 의지와 추론을 가지고 하느님에 대한 지식을 구하려는 어려운 추구에서 벗어나라. 그리고 죽을 수밖에 없는 당신의 자기가 가지고 있다고 생각하는 그런 몽상적인 이성을 버리라. 그러면 당신의 의지는 하느님의 의지로 될 것이다. 하느님이 당신의 의지가 하느님 안에서 당신의 의지로 되었다는 것을 안다면, 하느님의 의지는 그 자신의 소유인 것처럼 당신의 의지 안에서 드러나게 될 것이다. 그는 만유(萬有)이다. 당신이 만유 안에서 알려고 하는 것들은 모두 그의 안에 있다. 그의 앞에 감추어진 것들은 하나도 없고, 당신은 그 자신의 빛 속에서 볼 것이다"(*Forty Questions*, i. 36).

"우리가 이기적인 마음으로 하느님의 신비를 찾고 살펴보는 모든 것들은 아무 소용이 없고, 헛된 일이다. 자기-의지는 하느님에 관해서 그 어떤 것도 이해할 수 없다. 그것이 하느님 안에 있지 않고, 하느님의 바깥에 있기 때문이다. 하지만 신적 평안 안에 있는 의지는 신적인 것을 이해할 수 있다. 그것이 성령의 도구이기 때문이다. 그리고 영(靈) 안에는 그런 것을 아는 기능이 들어 있다. 이기적인 사람도 의심할 나위 없이 많은 것들을 조사하고, 배우고, 이해한다. 그러나 마음에 의해서 그렇게 만들어진 개념은 단지 외양적일 뿐이라서 본질적 기반에 대해서는 전혀 이해하지 못한다"(*Signature* 15, 33).

위에서 말한 것들을 다른 방식으로 말하자면, 우리는 한계가 있는 인간의 이기적 의지는 하느님의 보편적 의지에 대해서 상상도 하지 못한다고 말할 수 있다. 하느님의 성령과 하나가 되고, 그 자신의 자기를 알기 위해서는 우리의 이기심과 한계에서 벗어나야 한다. 하느님은 하나이고, 통일체이며, 부분들로 파악될 수 없기 때문에 자기-의지는 하느님의 한 부분이라도 결코 알 수 없다.

> "의지는 그리스도 안에 있는 하느님의 자비 이외에 그 어느 것도 추구하거나 바라지 않아야 한다. 의지는 끊임없이 하느님의 사랑 안에 들어오고, 그것을 대상으로부터 멀어지게 하는 그 어떤 것도 용납하지 말아야 한다. 이성(理性)이 기고만장해져서 '내가 진리를 안다'고 말하면, 의지는 이성이 땅에 머리를 숙이고 제일 겸손한 상태에 들어가게 해서 언제나 '너는 어리석다. 너에게는 하느님의 자비밖에 그 어떤 것도 가진 것이 없다'라고 반복해서 말해야 한다. 당신은 자비 속을 꿰뚫고 들어가서 당신 안에 그 어떤 것도 지니려고 하지 말고, 당신 자신의 이기적인 지식과 욕망이 아무짝에도 쓸모없는 것이라고 생각하면서 그것들로부터 나와야 한다. 그러면 인간의 본성적인 자기-의지는 무력 상태에 빠지게 되고, 하느님의 성령이 당신 안에서 살아나서 영혼을 하느님의 사랑의 불꽃으로 타오르게 할 것이다. 이렇게 해서 만유의 중심에 대한 높은 지식과 앎이 떠오르고, 드러날 것이다. 그때 인간의 자기성(selfhood)은 하느님의 성령을 지각하여 겸손한 기쁨 속에서 떨면서 성령을 따르고, 시간과 영원 속에 어떤 것이 들어 있는지 알게 될 것이다. 그런 상태에서 모든 것들은 영혼에 가까이 있다. 영혼은 이제 더 이상 자신의 소유가 아니라 하느님의 도구이기 때문이다. 그러면 영혼은 그런 고요와 겸손의 상태 속에서 마치 샘물이 그 원천과 닿아 있는 것처럼 머물러 있게 된다. 그리고 이제 더 이상 하느님의 길에서 떠나지 않으려고 할 것이다"(*Calmness*, i. 24).

인간의 자기-의지적 사고는 땅의 먼지 속에서 기어가는 애벌레가 구름 위를 나르는 독수리처럼 일어날 수 없듯이 서로 다른 견해들의 미로 속을 헤매면서 영원한 진리의 영역 안에 들어오지 못한다. 그러나 사람이 자기-의지와 이기적 욕망을 포기하여 자유를 얻을 때, 다시 말해서 영원한 빛과 진리인 그리스도에 의하여 자유를 얻을 때, 그의 영혼이 하느님과 똑같이 신적으로 되는 '하느님과 하나가 된 상태'(救贖된 상태, atonement)에 있게 된다. 그때 그는 그리스도 안에서 하느님과 자연에 대해서 참되고, 본질적인 지식을 얻게 된다.

> "새로 거듭난 사람이 나타나자마자, 그는 진정한 지식을 얻을 것입니다. 외적인 사람이 외적 세상을 보는 것처럼 거듭난 사람은 그의 안에서 사는 신적인 세계를 봅니다"(*Letters*, xxvii. 39).

거듭난 사람들이 의식에서 사는 이 영적인 세계는 상상이거나 환상적인 세계가 아니라 완전히 진정한 세계이다. 그 세계는 순전히 공상(空想)의 산물인 하늘나라에 대한 세속적 관념과 그 어떤 점에서도 공통되는 것이 없다.

> "눈먼 사람들에게 어리석게 이끌려 나니고, 외적인 상들과 형태들만 보느리고 진리에 대한 우리의 관념이 그 영광과 순수함을 다 드러내지 못하는 것은 안타까운 일이다. 그 모든 찬란함 속에 있는 하느님의 능력이 영혼의 내적 기반 안에서 드러나고, 활성화될 때 사람들은 하느님 없이 살던 길에서 떠나고, 그의 전 존재를 하느님께 바치려고 해서 삼위일체 하느님의 모든 것들이 삶 속에서 드러나게 된다. 그 안에 하느님이 깃들어 있는 영혼과 하늘의 뜻이 영혼에게 열려져 있기 때문이다"(*Mystery*, lx. 43).

이것이 하느님에 대한 지식에 도달할 수 있는 유일한 길이고, 다른 길은 없다.

> "그리스도는 이렇게 말한다: 사람의 아들은 성부가 하시는 것을 본 것 이외에 다른 것은 하지 않는다. 사람의 아들이 우리 몸으로 되고, 그의 영이 우리 영으로 되면, 우리는 하느님을 알 수 있지 않을까? 우리가 그리스도 안에서 산다면, 그리스도의 영은 우리를 통해서 보고, 우리 안에서 그가 바라는 모든 것들을 보

게 될 것이다. 그리고 우리는 그의 안에서 그리스도가 바라는 것들을 보고, 알게 될 것이다. 거듭난 사람들은 땅 위의 세상보다 천사들의 세계를 더 쉽고, 분명하게 알 수 있을 것이다. 또한 그는 하늘나라를 꿰뚫어 보고, 하느님과 영원을 안다"(*Menschwerdung*, ii. 7, 3).

"우리가 보고, 아는 것은 하느님 안에서이다. 하느님은 그가 원하는 만큼 이 세상에 있는 모든 사람들에게 계시하시고, 그가 아는 만큼 사람들에게 유용할 것이다. 우리는 우리 자신이 가지고 있는 것 안에 있지 않다. 우리는 하느님에 대해서 아무것도 모른다."

"하느님 자신은 우리가 알고, 보는 그대로이다. 우리는 아무것도 아니다. 그래서 그는 우리 안에 있는 모든 것이다. 우리는 눈이 멀고, 귀가 들리지 않으며, 벙어리가 되고, 아무것도 모르며, 우리 자신의 생명에 대해서도 알지 못해야 한다. 그래야 하느님이 우리의 생명과 영혼으로 되고, 우리가 하는 것들은 그의 것이 된다"(*Menschwerdung*, ii. 7, 9).

이 참된 빛 안에서 볼 때, 하느님의 빛이 없이 자신의 사변과 정신적 노력만 가지고 영적인 능력과 위대성을 얻으려는 사람들이 하는 것은 얼마나 어리석게 보이는가? 햇빛은 우리가 그것이 비춰지기를 바라기 때문에 땅 위에 비춰지는 것이 아니다. 우리는 햇빛을 우리에게 끌어올 수 없다는 사실을 잘 알고 있다. 우리가 할 수 있는 것들은 고작해야 어둠으로부터 걸어 나오거나 구름 위에 솟아 있는 산꼭대기에 올라가는 것뿐이다. 마찬가지로 신적 지혜의 햇빛은 우리가 그것이 들어오기를 바란다고 해서 마음에 들어오지 않는다. 그러나 우리 영혼이 두려움과 미신, 게으른 사변과 갈등 속에 있는 견해들의 구름 위에 있는 참된 신앙의 산 꼭대기에 떠오를 때, 그 빛은 우리 편에서 그것을 끌어들이려는 그 어떤 공적과 노력 없이도 그 자체의 달콤한 은혜에 의해서 우리에게 다가올 것이다.

낮은 것은 높은 것을 만들 수 없다. 그리고 그 어떤 것도 그 자신이 간직한 것보다 더 높은 어떤 것을 나을 수 없다. 동물은 물론 이성을 가진 사람도 하느님을 창조할 수 없다. 그러나 신성(神性)의 백합 꽃봉오리는 그 자신의 능력으로 사람 안에서 스스로를 피워낼 수 있다. 신적인 인간은 인간의 의지 바깥에서 그 자신을 창조하는 것이다. 그는 신(神)이다. 따라서 스스로 창조되었고, 스스로 존재한다. 그는 더 커지지도, 더 작아지지도 않는다. 그는 그 자신이다. 그가 요청하는 모든 것들은 그가 자신을 계시하는 데 필요한 조건들이다. 이 조건은 순수한 의지, 열정이나 게으른 생각에 의해서 방해 받지 않는 마음, 마음 가득한 고요와 평화이다.

사실 이기적인 생각들과 욕망들에 의해서 왜곡되지 않고, 그들 속에 신적이고 영원한 진리가 그 자체를 드러낼 수 있는 그와 같은 겸손한 상태 속으로 들어갈 수 있는 사람은 거의 없다. 모든 사람들이 자신의 내면에 있는 하느님의 이미지를 볼 수 있는 타고난 능력을 가지지 않은 것은 아니다. 그러나 진리는 너무 단순하고, 복잡하지 않아서 사는 방식이 복잡하여 어디서나 복잡한 것을 찾는 사람들에게는 받아들여지지 않는다.

야콥 뵈메의 천성은 단순했고, 꾸밈이 없었다. 그는 학교 공부를 거의 받지 않았기 때문에 그의 마음에서 군더더기와 같은 잘못을 없애고, 잘못된 생각이나 편견을 교정할 필요가 없었다. 그는 순수한 삶을 살아서 그의 영혼은 그 안에 비친 신성의 이미지를 지각할 수 있는 정갈한 거울 같았고, 그의 마음은 그 위에 진리의 말씀이 그대로 기록될 수 있는, 아무것도 쓰이지 않은 종이 같았다. 그럼에도 불구하고, 그는 그와 같은 상황에서 사는 사람들처럼 외적인 관찰을 통해서 들어오는 환상들과 그의 마음을 일반적으로 지배하는 생각들을 어느 정도 떨쳐버려야 했다. 그는 다음과 같이 말한다.

> "내가 지금 깊이 알고 있는 것들을 알기 전에 나는 다른 사람들처럼 별들 위에서 높이 세상을 감싸고 있는 파란 공 같은 하늘 이외에 다른 진정한 하늘은 없다고 생각하였다. 그러면서 하느님은 그 안에서 홀로 존재하고, 이 세상을 그의 성령으로 다스린다고 생각하였다. 그러나 나는 이 이론을 따르면서 수많은 장애물들을 만난 다음, 이 세상, 해와 별들, 구름, 비와 눈, 그리고 창조세계의 위대한 깊이를 보면서 깊은 우울과 슬픔의 상태로 들어가는 것을 느낀다. 나는 이 모든 것들을 '인간'이라고 부르는 작은 얼룩과 비교해 보고, 그것을 하늘과 땅

이라는 위대한 작업과 비교할 때 인간이 하느님 앞에서 얼마나 하찮은 존재인가 하고 생각한다.[15] 더 나아가서 그는 세상 만물, 즉 피조물들이나 원소들 속에도 선과 악이 들어 있고, 이 세상에서 경건한 사람이나 악한 사람들 모두가 행운과 불운을 맞는다는 것을 알았다. 또한 야만적인 사람들이 이 세상에서 제일 좋은 나라를 차지하고 있으며, 경건한 사람들보다 더 행운을 누리는 것을 보고, 나는 매우 우울하고, 낙담해져서, 내가 비록 성경을 처음부터 끝까지 모두 알고 있었음에도 불구하고 성령 안에서 위로를 얻을 수 없었다. 그것은 아마 악마가 그 모든 것들 속에서 작용하기 때문일 것이다. 왜냐하면 나 역시 때때로 고약한 생각을 하기 때문인데, 여기에서는 거기에 대해서는 언급하지 않겠다."[16]

"슬픔으로 가득 찬 나의 영이 나의 모든 생각과 의지와 함께 거대한 폭풍 속에서 움직이는 것처럼 나의 모든 마음과 심정을 가지고 하느님 안에서 솟아오를 때, 그리고 하느님의 축복이 나에게 내리지 않아서, 다시 말해서 내가 하느님의 뜻을 이해하고, 나의 슬픔을 이길 수 있도록 나의 마음에 성령이 비치지 않아서 하느님의 사랑과 은혜를 내려달라고 계속해서 싸울 때, 하느님의 빛은 구름을 꿰뚫고 들어온다. 내가 나에게 있는 힘보다 더 강력한 힘을 가지고 열심히 지옥문과 맞서 싸울 때, 그리고 내 삶의 위기에 기꺼이 맞서려고 할 때(이 모든 것들은 내가 하느님의 도움이 없다면 불가능한 일이지만), 나의 영은 어둠의 세력들과의 몇 차례 힘든 싸움을 거친 다음 드디어 지옥문을 돌파하고, 새롭게 태어난 신성의 가장 깊숙한 본질 속으로 들어갔다. 거기에서 나의 영은 마치 사랑하는 신부를 환영하면서 맞는 신랑의 커다란 사랑으로 영접 받는다."

"그때 내가 체험했던 커다란 기쁨과 승리감은 그 어떤 말로도 표현할 수 없다. 그리고 나는 그 기쁨을 죽음의 한복판에서 생명이 새롭게 태어난 것 같은 상태나 죽은 자들 가운데서 부활했다는 것으로 밖에는 비교할 수 없다. 그런 상태 속에서 나의 영은 즉시 모든 것을 통하여 만유 안에서 하느님을 보았고, 하느님을 인식하였다. 심지어 풀과 잡초들 속에서도 영은 하느님이 어떻고, 그의 뜻이 어떤 것인지 알았다. 그때 나의 의지는 곧 이 빛 속에서 자라났고, 신적인 상태를 묘사하려는 커다란 충동을 느꼈다"(*Aurora*, xix. 4).[17]

진실로, 성령 안에서 거듭나지 않은 사람은 어느 누구도 하느님의 나라(영적인 자기-인식과 말로 표현할 수 없는 기쁨)에 들어올 수 없다. 그리고 그가 자기-의지라는 감각에서 완전히 죽어서 개인으로 존재하기를 그치고, 순수한 기쁨으로 되지 않는 한 어느 누구도 거듭날 수 없다.

이런 진리가 일단 이해되면, 다시 말해서 시간과 공간이라는 조건 아래 있는 한정된 인격이 무한한 지혜와 기쁨을 다 품을 수 없다는 사실을 알게 되면, 신적 지혜에 도달하려는 모든 시도들은 사람이 자기에게 집착하는 한 필연적으로 실패할 수밖에 없다는 것이 분명하다. 사실, 어느 누구도 그 자신이 알고, 현명해지려는 목적으로 영적 지식을 추구해서는 안 된다. 오히려 그는 그리스도 안에서 죽으려고 해야 한다. 다시 말해서, 신적 진리와 완전히 하나가 돼서 "그"가 사는 것이 아니라 진리가 그의 안에서 살도록 해야 한다. 그는 유명해지거나, 명성이 높아지거나, 자기-만족을 위해서 현명해지려고 하지 말고, 그의 지식이 그의 안에서 하느님의 영광으로 이끌지 않는 한 그로부터 떠나가게 해달라고 기도해야 한다. 간단하게 말해서, 그는 그 어떤 존재가 되기를 바라지 말고, 모든 지식, 기쁨, 지혜, 그리고 영광 자체가 되어야 한다. 뵈메는 이렇게 말한다.

> "나는 신적 신비에 관해서 그 어느 것도 알려고 하지 않았습니다. 더구나 나는 그것들을 찾거나, 발견하는 방법도 알지 못했습니다. 나는 내가 그 안에 숨고, 그 안에서 하느님의 무시무시한 진노로부터 보호 받을 수 있는 예수 그리스도의 마음(진리의 중심) 이외에 그 어떤 것도 찾지 않았습니다. 그리고 하느님에게 열심히 그의 성령과 자비를 구하였으며, 그가 나를 축복하고, 이끌며, 나를 그로부터 떼어내는 모든 것에서 벗어나게 해달라고 구하였습니다. 그것은 내가 나 자신의 의지 속에서가 아니라 그의 의지 속에서 살기 위해서였습니다. 내가 그렇게 열심히 구하고 찾았을 때, 나에게 문이 열렸고 얼마 후 나는 내가 대학교들에서 수년 동안 배울 수 있었을 것보다 더 많은 것을 보았고, 배웠습니다"(*Letters*, xii. 6, 7).
>
> "나는 이 세상에 속한 문학의 대가도 아니고 예술의 대가도 아니다. 오히려 어

> 리석고 단순한 사람이다. 나에게는 그 어떤 학문을 배우려는 욕심도 없었지만, 어릴 때부터 내 영혼을 구원하려고 애썼고, 하느님의 나라를 물려받고 소유할 수 있는지를 생각하였다. 나는 나 자신 안에서 강력한 모순, 즉 육신과 피에 속한 욕망들이 있다는 사실을 발견하고, 나의 부패한 본성과 대항해서 열심히 싸웠고, 하느님의 도움을 통해서 물려받은 악한 의지를 극복하고, 그것을 분쇄하며, 온전히 그리스도 안에 있는 하느님의 사랑 속으로 들어가려고 결심하였다. 그러므로 나는 그때, 거기서 하느님의 성령이 내 안에서 형체를 갖추고, 내가 나의 삶을 하느님 안에서, 하느님을 통하여 운행하게 될 때까지 나 자신을 내가 타고난 형태 안에서 죽은 것으로 마음먹었다. 하지만 내가 이것을 완수하기는 불가능하였다. 그러나 나는 굳은 결심을 가지고 버텼으며, 나 자신과 치열한 싸움을 벌였다. 내가 하느님의 도움을 받아서 싸우고 전투를 벌일 때, 내 영혼에서는 놀라운 빛이 솟아났다. 그것은 나의 휘어잡을 수 없는 본성과 아주 다른 빛이었다. 그러나 나는 하느님과 인간의 진정한 본성과 그 둘 사이의 관계에 대해서 알게 되었다. 그것은 내가 지금까지 전혀 이해하지 못했으며, 전혀 구하지 않았던 것이다"(*Tilk*, ii. 20-26).

우리는 아무것도 아니지만 하느님이 모든 것이라는 깨달음은 진정한 지식과 영적 발달로 나아가는 첫 번째 발걸음의 기반이 되는 진정한 신앙의 시작을 알린다.
하느님이 사람 안에서, 그리고 사람을 통해서 욕망하고, 뜻을 두고, 바라고, 알거나 하려는 것 이외에 그 어떤 것도 바라고, 뜻을 두고, 욕망하고, 알고, 하려고 하지 않는 것이 진정한 순종이다. 그것이 세상을 사는 사람이 가질 수 있는 가장 깊은 겸손이다. 그와 동시에 사람 안에서 하느님을 영광되게 하고, 가장 높이 도달할 수 있는 상태이다.

> "나는 하느님이 그 어떤 것을 하실지라도 나를 온전히 그에게 바치려고 끊임없이 나의 구속자(Redeemer)를 기다립니다. 내가 어떤 것을 아시기를 그가 바라신다면, 그때 나는 그것을 알기를 바랍니다. 그러나 그가 그렇게 하지 않으신다

면, 나는 그것을 알기를 바라지 않을 것입니다. 나는 그에게 나의 의지와 지식, 앎과 욕망, 행함을 맡깁니다"(*Letters*, vii. 60).

"나는 수백 번이나 그것이 하느님의 영광을 위해서 아무것도 할 수 없고, 나의 형제들을 더 낫게 하는데 아무 쓸모도 없는 것이라면 그 모든 지식을 없애주시고, 나를 그의 사랑 안에 거두어 주시기를 빌면서 하느님께 기도 드렸습니다. 그러나 내가 기도를 드리면 드릴수록 내 안에서 내적인 불이 타올랐고, 나는 그와 같이 불타는 상태에서 이 글을 썼습니다"(*Letters*, xii. 60).

그 어떤 다른 상태나 조건이 아니라 오직 영원한 진리의 빛에 의한 마음의 이런 내적 조명만이 진정한 신지학(神智學)을 가져다준다. 그러므로 진정한 신지학은 그 어떤 종류의 지적 학습, 도덕성, 경건하거나 덕스럽게 되는 것, 그 어떤 교회나 단체에 가입하는 것, 인도주의를 실천하는 것, 그렇지 않으면 사람이 할 수 있는 그 어떤 것에도 있지 않다. 신지학은 사람 안에 있는 하느님에 대한 자기-인식, 말하자면 영원한 진리 자체인 그리스도의 빛에 의한 마음의 조명(照明) 있다. 그런 신지학은 어떤 사람이 주장하는 것처럼 "신학의 한 갈래"가 아니다. 그것은 알려지지 않았지만 이제부터 드러나는 그 어떤 사상이나 학파의 어떤 체계도 아니며, 그 어떤 다른 특질도 없는 신적 지혜 자체이다. 그것은 추론적 지성으로는 도저히 알 수 없는 순전히 인간적인 모든 관념을 뛰어넘어 있어서 설명될 수 없다. 그것은 그 자체로 가장 비밀스러운 것이라서 그것을 체험해 본 사람밖에는 어느 누구도 알 수 없다. 완전히 동물성의 영역이나 사변적 지성의 영역 안에서 사는 사람은 그런 상태가 가능하다고 믿지 않는다. 사실 그 상태는 그 어떤 사람도 도달할 수 없는 상태이다. 그 상태 속에 들어간 사람은 그의 외모와 형태를 제외하고는 사람이기를 그치기 때문이다. 다른 말로 해서, 그는 그의 인간적인 감각을 모두 잃어버리고, 그의 내적 의식의 장(場)에서 존재하기를 그친다.

그러므로 동물적인 사람이 자기-의지를 훈련함으로써 이런 상태에 들어올 수 없다는 것을 반복해서 말할 필요는 없다. 또한 그가 그 어떤 지적 연구를 함으로써 만들 수도 없고, 그의 사회적 조건, 교육, 직업, 삶의 외적 특성에 의존되어 있지도 않다. 오히려 그것은 오직 하느님의 은혜와 자비에 의해서만 사람에게 온다. 그것은 신적인 빛의 현존을 의미하며, 그 현존은 그 어떤 것보다 현존 자체에 의존하고 있다. 거기에 대해서 뵈메는 이렇게 말한다.

> "지극히 높으신 하느님은 세상 사람들이 아무것도 아닌 사람으로 보는 어리석은 자를 통해서 그의 비밀을 계시하기를 기뻐하십니다. 따라서 그들의 지식은 이런 어리석음으로부터 나오는 것이 아니라 하느님으로부터 오는 것이라는 것이 분명합니다. 그러므로 내가 쓴 것들은 모두 하느님께서 당신의 능력을 나타내신 어린이가 쓴 것이라고 보기를 바랍니다. 그 안에 그것들이 들어 있어서 그 어떤 종류의 논증이나 추리로도 알 수 없으며 아무리 많은 논증이나 추리를 통해서도 이해하거나 파악할 수 없습니다. 그러나 성령의 조명을 받은 사람들은 쉽게 이해하며, 그것은 단지 어린아이들의 놀이 같을 것입니다"(*Letters*, xv. 10).
>
> "이해는 하느님으로부터 온다. 그것은 인간의 지식을 가르치는 학파의 산물이 아니다. 나는 지적인 가르침을 경멸하지 않는다. 내가 만일 더 정교한 교육을 받았다면, 나의 마음은 하느님의 선물을 받았을 테고, 그것은 틀림없이 나에게 이득을 주었을 것이다. 그러나 하느님은 이 세상의 지혜를 어리석게 만들고, 그의 강한 능력을 약자들에게 주어서 모든 사람들이 하느님께 고개를 숙이게 하는 것을 기뻐하셨다"(*Forty Questions*, xxxvii. 36).

추리적인 지성은 본래적인 지각들과 아무 상관이 없지만, 진리의 명확한 지각으로부터 얻어진 생각들을 필요한 형태로 만드는데 사용된다. 그러면 마음은 정상적인 조건보다 더 높기 때문에 종종 다시 낮은 상태로 되돌아와서 그때 그것이 말하는 생각들을 이해하지 못하고, 심지어 기억하지 못하는 경우도 생긴다.

> "나는 하느님 앞에서 말합니다. 그리고 세상의 모든 것이 드러날 수밖에 없는 그의 심판장에서 나의 인간적인 자기(self)는 내가 무엇을 써야 할지 모른다고 증언합니다. 그러나 내가 써야 할 것을 성령이 불러주시고, 그렇게 놀라우리만큼 명료하게 보여 주실 때마다 나는 종종 내가 이 세상에 속한 나의 의식을 가지고 있는지 어떤지 알지 못합니다. 내가 하느님을 더 많이 찾을수록 나는 더 많이 발견하고, 계속해서 더 깊이 들어갑니다. 그래서 나에게는 종종 나같이 죄 많은 인간이 그렇게 높고, 굉장한 신비에 대한 지식을 받기에는 너무 낮고, 무가치한 존재인 것 같다는 느낌이 듭니다. 그러나 그런 순간 성령은 그의 기치(旗幟)를 흔들어 보이시면서 나에게 '보아라! 너는 여기서 영원히 살고, 그 왕관을 쓰라. 너는 왜 두려워하느냐?'라고 하십니다"(*Letters*, ii. 10).
>
> "어쩌면 나는 때때로 더 우아하게 글을 쓰고, 문체도 더 좋을지 모릅니다. 그러나 내 안에서 타오르는 불은 나를 몰아댑니다. 그러면 나의 손과 붓은 그 생각들이 하는 대로 따르려고 합니다. 영감은 마치 소나기처럼 다가옵니다. 그때 나는 내가 잡는 것을 가지고 있습니다. 내가 지각하는 모든 것을 붙잡고, 묘사할 수 있다면, 나의 글은 좀 더 설명적으로 될 수도 있을 것입니다"(*Letters*, x. 45).

이것으로 볼 때, 정말 영감을 받아서 쓰는 것들은 일반적인 영매에 의한 기록들과 전혀 다른 것 같다. 정말 영감을 받은 사람은 그가 표현해야 하는 진리를 지각하는데 반해서 영매인 경우 그는 무의식 속에서 지각하거나 영감이 어디서 오는지 그 원천을 알지 못하면서 그것을 느낀다.

또한 어떤 사람이 육신적인 몸 안에서 살고 어느 정도 외적 조건에 의존하고 있는 한, 언제나 하느님의 영원한 영광을 온전히 깨닫는 데 필요한 더 높은 영적 상태에 있다고 생각해서는 안 된다. 그러나 의식의 낮은 상태로 되돌아갈 필요가 있다. 뵈메는 다음과 같이 말하였다.

> "번갯불이 중심에서 일어났다가 곧 사라지듯이 영혼에서도 그렇다. 영혼은 투쟁 가운데서 죄의 구름을 꿰뚫고 들어오는 신성(Godhead)을 번갯불처럼 보지만 죄의 구름이 영혼의 둘레에 다시 모여서 곧 영혼의 시야를 가린

다"(*Aurora*, xi. 76).

> "영혼은 그의 원천을 부분적으로는 자연, 부분적으로는 하느님에게 둔다. 자연에는 선과 악이 있고, 인간은 그의 죄 많은 경향에 의하여 본성적으로 자연에 있는 맹렬한 것에 굴복하도록 되어 있어서 그의 영혼은 매일 매 순간 죄에 물든다. 그러므로 영원한 진리를 깨닫는 영혼의 힘은 완전하지 않다"(*Aurora*, Preface, 100).
>
> "하느님이 그의 보호하는 손으로 나를 지켜보시는 한, 나는 내가 쓴 것들을 이해합니다. 그러나 그가 나에게 숨으시면, 나는 이제 더 이상 내가 쓴 것들을 깨닫지 못합니다. 이것은 내가 그의 성령의 도움이 없다면 하느님의 신비 속으로 꿰뚫고 들어갈 수 없다는 사실을 말해 줍니다"(*Letters*, x. 29).

육신의 마음이 성령의 언어를 이해할 수 없다면, 그 마음이 어떻게 자신의 추리를 통하여 진리에 대한 진정한 깨달음에 도달할 수 있을까? 그런 추리는 기껏해야 진리가 될 수 없는 단순한 견해로 이끌 뿐, 그것이 무엇인지 전혀 알지 못하는 데도 말이다. 그런 글들을 이해하려는 사람들은 저자의 정신 속으로 들어가야 한다. 단순한 추리만 가지고서는 목적을 이룰 수 없다.

> "이런 글들은 지적 추리의 지평을 뛰어넘고, 그것들의 내적 의미는 사변이나 논쟁을 통해서는 파악될 수 없습니다. 오히려 그것은 마음이 하느님처럼 되기를 바라고, 진리의 영에 의해서 조명되기를 요청합니다"(*Letters*, xviii. 9).
>
> "내가 쓴 것들에 대한 지식 속에서 나를 따르려는 사람이 있다면, 그는 내가 글로 쓴 것보다는 내 영혼의 비행(飛行)을 따라가야 한다"(*Three Principles*, xxiv. 2).

영원한 자유의 영역을 나르는 이 비행은 "자기"의 환상에 의하여 단련되고, 사슬에 묶인 사람들에게는 불가능하다. 따라서 자신의 호기심을 만족시키려는 목적이나 그밖에 이기적인 목적에서 나온 관점으로 하느님에 대한 지식을 구하려는 사람들은 결코 도달할 수 없다.

> “무엇보다도 먼저, 당신이 어떤 목적을 가지고 하느님의 신비에 대해서 알려고 하며, 당신이 하느님으로부터 받은 것을 가지고 하느님의 영광과 이웃의 이득을 위해서 사용할 준비가 되어 있는지 당신 자신을 검토하시오. 당신은 당신 자신의 이기적이고, 세속적인 의지에서 완전히 죽을 준비가 되어 있고, 열심히 성령과 하나가 되려고 하는가? 그런 높은 목적을 가지고 있지 않고, 단지 자신의 만족을 위해서 지식을 구하거나 세상 사람들에게 존경 받으려고 지식을 구하려는 사람에게는 그런 지식이 맞지 않는다”(*Clavis*, ii. 3).
> “당신이 일단 내가 쓴 것들의 의미를 이해한다면, 당신은 견해들의 갈등으로부터 풀려나고, 자기-인식을 가지게 될 것이다. 그러나 이것은 당연히 문자들을 단순히 읽는 것으로부터 생기는 것이 아니라 그리스도의 영의 살아 있는 능력에 의해서 생긴다”(*Apologia*).

이런 상태는 어둠의 세력과의 어려운 싸움 없이는 결코 얻어질 수 없다.

> “어떤 사람이든지 나를 따르려면, 세속적인 생각들과 욕망들에 중독되지 않고, 성령의 검으로 무장되어 있어야 한다. 그는 무시무시한 심층, 심지어 지옥의 왕국의 한복판으로까지 내려갈지 모르기 때문이다. 악마는 강력한 주인이라서 천국과 지옥 사이에서 악마와 싸우는 것은 어려운 작업이다. 그런 싸움을 하는 동안 나는 종종 내 마음을 슬픔으로 가득 채우는 쓰라린 경험들을 많이 하였다. 때때로 해가 내 시야에서 사라졌다가 다시 떠올랐고, 해가 진 다음에 더 아름답고, 밝으며, 장엄한 일출을 맞고는 하였다”(*Aurora*, xiii. 76).

자기 자신을 위해서 아무것도 하려고 하지 않는 사람에게는 모든 것이 주어질 것이다. 무한한 것은 계약에 의해서 만들어지지 않고, 인간의 유한한 마음에는 납득되지 않는다. 그러나 인간의 마음을 성령의 능력으로 넓히라. 그러면 그 무한성을 의식하게 되고, 마음은 무한한 진리를 품게 될 것이다.

“영적 지식은 하나의 지성에서 다른 지성으로 옮겨질 수 없으며, 하느님의 성령 안에서 추구되어야 합니다. 진실로, 신지학적인 글들은 심지어 지성적인 사람들에게도 여기저기서 깨달음의 광선을 전해줍니다. 그러나 하느님이 독자의 영혼 속에서 신적인 빛으로 밝혀질 만하다는 것이 발견되면, 하느님의 다 설명할 수 없는 단어들이 그에게 들려질 것입니다”(*Letters*, lv. 8).

“이 글들을 읽었지만 이해하지 못하는 사람은 그것들이 도무지 이해되지 않는다고 옆으로 밀어 놓지 마시오. 그는 자신의 의지를 변화시키려고 하고, 하느님께 은혜와 이해를 구하면서 그의 영혼을 하느님께 올리고, 다시 읽으시오. 그러면 그는 그 전보다 더 많은 진리를 지각하게 될 것이다. 하느님의 능력은 결국 그의 안에서 드러나게 되고, 그는 심층, 말하자면 초자연적인 기반으로 끌려 내려갈 것이다. 다시 말해서, 하느님과 영원히 하나가 될 것이다. 그때 그는 사실을 말하지만 하느님의 무엇이라고 표현할 수 없는 말씀을 들을 것이다. 그 말씀은 땅에 있는 물질적인 것들의 가장 조잡한 형태 속에서도 하늘에 있는 신적인 빛이 퍼져나가는 것을 통하여 그를 움직이고, 그것으로부터 다시 하느님께 돌아갈 것이다. 그리고 하느님의 성령은 모든 것들을 그의 안에서, 그와 함께 찾을 것이다”(*Clavis*, Preface, 5).

제2장
만물의 단일성

"우리 모두는 그리스도 안에서 하나의 몸이고, 우리가 닿는 것 안에서 모두 그리스도의 성령을 지니고 있다. 그래서 우리가 그리스도 안으로 들어가면, 우리는 그의 성령의 능력에 의하여 모든 것을 보고, 알게 된다"(*Forty Questions*, xxvi. 36).

유한한 것은 무한한 것을 생각할 수 없다. 시작이 있는 것은 시작이 없고, 끝도 없는 것을 생각할 수 없다. 누가 우주를 재어 보았는가? 우주에 끝이 있는가? 만약 그렇다면, 우주의 극단 너머에는 무엇이 있을까? 그러나 우주에 끝이 없다면, 생각은 그 깊이를 파고들려고 해서 스스로를 잃어버리지 않을까? 우리는 무한한 우주를 생각할 수 없고, 객관적으로 주어진 한정된 형태의 우주만 생각할 수 있다. 마찬가지로, 우리는 그것들이 시간 안에 시작을 가진 것처럼 세상적 용어들을 사용해서 밖에는 하느님 안에 영원히 존재하거나 신적 생명 안에서 끊임없이 일어나는 영원한 과정들을 묘사할 수 없다. 이 모든 것들은 생각될 수 없는 것에 대한 관념을 만들어내는데 분명히 적당하지 않다. 그것이 세상적인 것들을 무한히 넘어서 있기 때문이다.

"나는 신성 전체를 마치 하나의 원 안에 들어 있는 것처럼 설명할 수 없다. 하느님을 헤아릴 수 없기 때문이다. 그럼에도 불구하고 신성은 하느님의 사랑 안에서 쉬는 영혼이 생각할 수 없는 것은 아니다. 그런 영은 영원한 진리를 하나씩 하나씩 파악하고, 그런 방식으로 영은 결국 신성 전체를 지각하게 된다"(*Aurora*, x. 26).

"내가 하느님의 영원한 발생과 전개와 발달을 하느님 자신의 자기로부터 나오는 것으로 설명하려고 할 때, 나는 하느님의 영원한 빛이 마치 어둠 속에서 밝혀졌고, 신성에 어떤 시작이라도 있는 것처럼 악마적인 방식으로, 말하자면 잘못되게 설명할 수밖에 없다. 나는 당신에게 그밖의 다른 방식으로는 설명할 수가 없다. 따라서 당신은 어렴풋이 밖에는 알 수 없을 것이다. 하느님의 발생과 발달에는 어느 것이 먼저이고, 어느 것이 나중인지 없지만, 내가 그것을 설명할 때는 어느 것을 먼저하고, 다른 것은 나중에 할 수밖에 없는 것이다"(*Aurora*, xxiii. 17-33).

"우리가 신성에 시작이 있다고 말하려는 것은 아니다. 우리는 단지 신성이 그 자신을 자연을 통해서 계시하신 방식을 보여 주려고 할 뿐이다. 하느님은 시간 안에서 시작되지 않았다. 그는 영원한 시작이고, 영원한 종말이다"(*Signature*, iii. i).

"신성은 결코 파멸될 수 없는 영원한 띠이다. 그는 그 자신을 영원에서 영원으로 산출한다. 거기에서 첫 번째는 언제나 마지막이고, 마지막은 언제나 첫 번째이다"(*Three Principles*, vii. 14).

하느님은 변하지 않는다. 하느님은 시간 안에 시작을 가지고 있지 않다. "시작"은 단지 그의 능력이 자연 속에 나타나는 것을 가리킬 뿐이다. 자연은 끊임없이 돌아가는 바퀴와 같다. 그 안에서 하느님의 능력을 나타내는 것들은 끊임없이 살고 죽는다. 하나가 죽으면 다른 것이 태어난다. 생명은 죽음으로부터 태어난다. 그러나 생명을 낳고, 죽음을 가져오는 것은 영원하다.

시간의 조건에 종속된 것은 시간적인 것들만 생각할 수 있다. 오직 사람 안에 있는 영원한 것만이 영원한 것의 실존을 이해할 수 있다.

"우리는 천사의 언어를 말할 수 없다. 우리가 천사의 말을 할지라도, 모든 것들은 이 땅에 사는 사람들에게 마치 피조물에 대해서 언급하는 것 같이 들릴 것이고, 그것은 세상 사람들 앞에 마치 세상적인 것처럼 재현될 것이다. 우리 자신은 전체의 한 부분일 뿐이고, 우리는 전체에 대해서가 아니라 단지 부분에 대해서만 생각하고, 말할 수 있다"(*Threefold Life*, ii. 66).

"나는 나의 독자들에게 내가 신성과 신성의 위대한 신비에 대해서 말할 때마다 그것을 마치 세상적인 의미에서 이해하도록 하는 것으로 생각하지 말고, 더 높은 관점, 즉 초자연적인 측면에서 바라보기를 권한다. 나는 때때로 천상적인 것에 세상적인 이름을 붙이지 않을 수 없는데, 그것은 독자들이 그것에 대한 개념을 형성하고, 그것을 묵상하면서 더 깊은 바탕 속으로 꿰뚫고 들어가게 하기 위해서이다"(*Grace*, iii. 19).

하느님은 기원을 어디에도 두지 않은 자존자(self-existence)이고, 자족자(self-sufficient)이며, 무한한 의지이다. 그 의지는 자신의 자기(its own self)를 생각하면서, 그것을 가지고 그 자신의 자기 안에 거울을 만든다. 이와 똑같은 것이 인간이라는 소우주 안에서도 일어난다. 사람은 그 자신의 자기를 생각하면서 그가 자신의 자기라고 "느끼는" 거울을 만드는 것이다. 그리고 그것을 가지고 자기-인식을 하고, 그의 실존을 개인적인 존재라고 깨닫는다.

"무근저(groundlessness, 일부 저자들이 무, Non-Being이라고 부르는 것) 안에는 아무것도 없고, 오직 정적(靜寂), 시작도 끝도 없는 영원한 휴식만 있을 뿐이다. 하느님이 거기에서도 의지를 가지고 있는 것은 사실이다. 그러나 이 의지에는 우리가 무엇인가를 탐구하려는 목적이 들어 있지 않다. 그것을 탐구하려는 것은 단지 우리 마음속에 혼돈만 낳을 것이기 때문이다. 우리는 이 의지로 신성의 기반을 만든다고 생각한다. 거기에는 그 어떤 기원도 없고, 오직 그 자신을 자기 안에서 생각한다"(*Menschwerdung*, xxi. 1).

"신적 지성은 자유 의지이다. 그것은 어디에서도 비롯되지 않았고, 그 어떤 힘에 의한 것도 아니다. 그것은 그 자체이고, 그 자체 안에서만 홀로 머물고, 그 어떤 것으로부터도 영향 받지 않는다. 그것의 바깥에는 아무것도 없고, 그것보다 앞선 것 역시 하나도 없기 때문이다"(*Mysterium*, xxix. 1).

"영원한 자유에는 의지가 있고, 그 자체로서 의지이다. 그 의지 안에는 무엇인가를 하려는 욕망이나 무엇인가를 바라는 충동이 있다. 그 의지 옆에는 그것을 향해서 충동이 지향해 나아갈 수 있는 것이 아무것도 없다. 그러므로 그 의지는 그 자체 안에서 영원을 보는 것 같다. 그것은 그 자체가 무엇인지를 보고, 그에 따라서 그 자체 안에 거울을 만든다"(*Forty Questions*, i. 13).

이 영원한 반영(mirroring), 또는 하느님이 자신 안에서 자기 자신을 보는 것에 의해서 하느님의 자기-의식, 즉 하느님의 자기-인식인 신적 지혜가 존재한다. 영원한 의지는 성부라는 측면 속에서 그 자신을 영원히 성자로 생각하고, 성령으로 다시 넓혀 나간다. 똑같은 과정이 인간이라는 소우주 안에서도 작은 규모로 발생한다. 왜냐하면 그가 그 자신을 자신 안에 있는 바닥이 없는 심연을 뚫고 들어감으로써 발견한다면, 그때 그는 그 자신의 인간성에 대한 자기-의식 안에서 그것이 확장돼서 그의 의지와 사고가 헤아릴 수 없이 멀리까지 미칠 만큼 강력한 능력과 힘을 발견할 것이기 때문이다.

그러므로 우리가 우리 자신을 더 깊이 낮추고, 그것이 너무 깊어서 우리 자신의 성격에 대한 감각까지 완전히 잃게 되는 우리 자신의 영혼의 바닥 없는 기반 속을 헤엄쳐 나가면, 우리는 신적이고 우주적인 존재의 영역에서 더 높이 고양된다.

"하느님은 영원한 진리의 의지이고, 그로부터 영원히 생성되는 지혜는 그의 계시이다. 이 계시는 삼중적 영을 통해서 일어난다. 첫째로 성부로서의 측면에서 영원한 의지에 의하여, 다음으로 성부의 중심이나 마음인 신적 사랑의 측면에서 영원한 의지에 의하여, 마지막으로 의지와 사랑으로부터 나오는 힘, 즉 성령에 의해서 일어난다"(*Mysterium*, i. 2, 4).

"성부 자신은 무근저의 의지이다. 절대인 것이다. 이 의지는 그 자신 안에서 자신을 자신에게 드러내려고 한다. 이 사랑이나 욕망은 그 자체 안에 있는 의지나 성부에 의해서 생각되는 힘이다. 다시 말해서, 성자, 마음, 또는 자리(무근저나 기반이 없는 것 안에 있는 최초의 기반), 즉 의지 안에 있는 최초의 시작이다.

> 그 의지는 그 자체를 생각하는 것에 의해서 말해지고, 말이나 숨 속에서 나오는 이 의지는 신성의 거룩한 영이다"(*Mysterium*, i. 2).
>
> "그 어떤 기원도 가지고 있지 않은 최초의 이 생각할 수 없는 의지는 그 자체 안에서 영원한 하느님을 낳는데, 그것은 생각할 수 있는 의지, 말하자면 원인이 없는 의지의 아들이지만 전자와 똑같이 영원한 의지이다. 이 다른 의지는 원초적 의지의 감수성과 사고 가능성이다. 그것에 의해서 무(無)는 그 자신이 누구인지를 안다. 그렇게 함으로써 생각할 수 없고, 원인도 없는 의지는 그가 영원히 발견했던 것으로부터 나오고, 그 자신에 대한 영원한 묵상으로 들어갈 것이다. 최초의 이 원인이 없는 의지를 성부라고 불렀다. 이 무근저에서 잉태되었고, 출생된 의지는 그가 나은 성자이다. 성자에 의해서 바닥이 없는 것으로부터 나온 의지는 성령이다. 그러므로 절대자의 의지는 최초의 영원하고, 시작이 없는 임신을 통하여 삼중적 활동을 내보이지만, 그럼에도 불구하고 단지 미분화된 의지로 남아 있다"(*Grace*, i. 5-12).

이 영원한 반영, 또는 자신 안에서의 하느님의 자기 관찰은 하느님의 상상이라고 할 수 있을 것이다. 그것은 삼위일체적인 영처럼 무한하고, 그 자신을 신적 지혜의 무한한 반영 속에서 보지만, 적극적 의지에 비하면 단지 소극적인 힘일 뿐이다. 똑같은 의미에서, 인간의 마음은 사람 그 자신이 아니며, 인간의 상상은 그의 의지에 종속되거나, 종속되어야 한다. 생각할 수 없거나 상상할 수 없는 사람을 생각할 수 없듯이 그는 인간 존재로 존재할 수 없다.

> "하느님 안에서의 최초의 활동은 하느님의 성령이 확산되려는 힘을 가지고 마치 하나의 통일된 힘으로 작용하는 신적 명상이나 지혜이다. 이 내적 상상은 크지도 않고, 작지도 않다. 거기에는 시작도, 끝도 없지만, 무한하며, 그 형성력에는 한계가 없다"(*Grace*, i. 4).

그러므로 어머니인 신적 지혜가 그녀 자신의 그 어떤 의지도 가지지 않고 전적으로 그녀 안에 있는 아버지의 의지를 따라서 행동하는 생산의 수동적 원리인데 반해서 하느님은 아버지나 창조적 의지로서의 측면 안에서 창조의 적극적이거나 남성적인 요소이다. 아버지의 의지를 그 안에서 형상화시키면서 자라나게 하는 어머니의 현존이 없다면 그 어떤 것도 생산될 수 없는 것이 틀림없다. 다시 말해서 하느님이 그 자신을 그렇게 하게 하는 지혜를 가지고 있지 않다면, 그 어떤 것도 창조할 수 없는 것이다. 또한 세상에 있는 모든 지혜도 의지에 의해서 행동하도록 되지 않으면 그 어떤 것도 창조할 수 없다.

> "지혜는 하느님 앞에 거울이나 반영처럼 서 있고, 그 안에서 신성은 시간 속에서 시작도 끝도 없지만 그 시작과 끝이 영원한 그의 자기와 영원의 모든 위대한 경이(驚異)들을 본다. 지혜는 거룩한 삼위일체의 계시이다. 그러나 이것은 지혜가 그녀 자신을 그녀 자신의 능력이나 선택에 의해서 하느님에게 자신을 계시하는 것으로 이해되어서는 안 된다. 오히려 신적 중심, 곧 하느님의 마음과 본질이 지혜 안에 계시되는 것이라고 해야 한다. 지혜는 신성의 거울과 같다. 지혜는 다른 거울들처럼 그저 가만히 있을 뿐이다. 지혜는 이미지를 만들지 않고, 단지 그것을 생각할 뿐이다"(*Menschwerdung*, i. 1, 12).

아버지가 영원히 주려고 하는 것을 어머니는 영원히 받으려고 한다.
생명은 남성이고, 땅 또는 "물질"은 여성이다. 땅은 씨앗을 자라게 하지 않는다. 땅에 심어진 씨앗이 그 안에 자라는 능력을 가지고 온다. 땅은 단지 씨앗 안에 있는 생명이 땅으로부터 추출하는 물질들을 공급할 뿐이다. 마찬가지로, 어머니는 아이를 만들지 않고, 다만 아이 속에 있는 창조의 영이 필요로 하는 물질들을 공급할 뿐이다. 그것은 아이가 태어나기 전에 아이가 필요로 하는 것을 어머니의 기관들로부터 흡수했던 것인데, 아이가 태어난 다음에도 비슷한 방식으로 아이는 그의 양분을 어머니의 가슴에서 이끌어낸다.

"지혜는 신적 권능, 지식, 존엄이 말로 드러난 것이고, 본질 안에 있는 바닥을 알 수 없는 것이 드러난 것이다. 그 안에서 성령은 무엇인가를 만들고, 상상한다. 지혜는 수동적이지만 성령은 몸에 있는 영혼처럼 활동적이다"(*Clavis*, v. 5).

영적 잠재성으로서의 측면에서 이 영원한 삼위일체를 생각하기는 불가능하다. 그것은 마치 불이 타오르지 않을 때는 그것이 불인지 아닌지 생각할 수 없는 것과 마찬가지이다. 그러나 타오르는 불이 그 자신을 빛과 열로 드러내듯이 신적 능력은 그 자신을 영원한 자연 속에서 삼중적으로 계시한다.

"삼중적인 영은 통일체, 즉 유일한 존재이다. 그렇지 않고 더 정확하게 말하자면, 하나의 존재가 아니라 영원한 이성이다. 따라서 인간의 지성으로 다 이해할 수 없는 신비와 비교될 수 있다"(*Mysterium*, i. 5).

"하느님은 그의 본래적인 측면에서 존재로 생각되어서는 안 되고, 단지 존재의 잠재성을 구성하는 힘이나 지성으로 생각된다. 그 안에 모든 것이 들어 있는 바닥을 알 수 없는 영원한 의지 같고, 그 자체로 모든 것이지만 하나이다. 그러나 그는 그 자신을 계시하려고 하며, 영적 존재 상태로 들어가려고 한다. 이것은 사랑의 욕망인 빛의 능력 안에서 일어난다"(*Mysterium*, vi. 1).

"여기서 우리는 하느님을 아직 세 인격이라고 말할 이유가 없지만, 그는 그의 영원한 발달 안에서 삼중적이다. 그는 삼위일체 안에서 그 자신을 낳는다. 그럼에도 불구하고, 그는 이 영원한 전개 안에서 성부도, 성자도, 성령도 아니고 유일한 존재, 말하자면 오직 영원한 생명, 또는 하느님이다. 삼위일체는 그가 그 자신을 영원한 자연을 통해서 계시할 때만, 다시 말해서 불에 의한 빛으로 그의 영원한 계시 속에서만 이해가 가능해진다"(*Mysterium*, vii. 9-12).

"성부는 영원한 자유의 고요 속에서 아직 아버지로 나타나지 않는다. 그는 그가 무엇인가를 창조하려고 할 때만 아버지로 나타나고, 그의 내면에서 그 자신 안에 자연을 만들려는 의지를 생각한다"(*Threefold Life*, iv. 64).

우리는 어떤 종류의 몸을 가지지 않은 사람을 생각할 수 없고, 보편적인 본성을 가지지 않은 보편적인 하느님을 생각할 수 없다. "사람"을 구성하는 본질 자체는 인간의 형태 안에서 그 자신을 나타내는 의지와 지성이다. 하느님은 그가 자연 안에서 그 자신을 드러낼 때만 존재로 존재하기 시작한다. 하느님은 영원 전부터 그 자신을 그 자신에게 계시해 왔다. 그리고 이 자기-계시의 원인은 무엇보다도 먼저 영원한 지혜에 대한 갈망과 삼위일체 안에 있는 하느님의 의지에 있다.

"모든 것들이 처음에는 영이었기 때문에 우리는 영원에 대해서는 영이라는 것 이외에 그 어떤 다른 말을 할 수가 없다. 그것은 영원 전부터 존재하도록 발달해 왔다"(*Menschwerdung*, i. 2).

"그 자체 안에 머물면서 고요하고, 존재 바깥에 있는 것에는 어둠이 없다. 그것은 조용하고, 맑으며, 투명한 행복이다. 그래서 이것은 그 어느 것도 가지지 않은 영원이고, 무엇보다도 먼저 하느님이다. 그러나 하느님이 존재를 가지지 않을 수 없기 때문에 하느님은 그 자신 안에서 의지를 생각한다. 그 의지는 사랑이다"(*Threefold Life*, ii. 75).

"신적 존재의 모든 것은 인간의 마음이 그렇듯이 계속적이고, 영원한 생성의 상태에 있다. 그러나 그것은 변하지 않는다. 인간의 마음에서는 끊임없이 생각들이 생기고, 그 생각들에서 욕망과 의지가 일어난다. 욕망과 의지로부터 행동이 나오고, 그것에 실체를 주기 위하여 손이 작업을 한다. 그러므로 그것은 영원한 발달과 함께 한다"(*Three Principles*, ix. 3, 5).

"처음에 의지는 아무것도 아닌 것처럼 얇다. 그래서 그것은 어떤 것이 되기를 바라고, 기대하며, 그 자체로 드러난다. 이 무(無)는 의지가 욕망의 상태로 들어가게 하는데, 이 욕망은 상상력이다. 의지는 그 자신을 지혜의 거울 안에서 보면서 그 자신의 이미지가 무근저(無根底) 안에서 나타나도록 한다. 따라서 그것은 그 자신의 상상 속에 기초를 만든다"(*Menschwerdung*, ii. 1).

"지혜, 말하자면 영원한 동정녀이며, 하느님의 영광과 기쁨을 위한 하느님의 동반자는 그녀의 내면에 있는 하느님의 경이를 보려는 욕망으로 가득 차 있다.

이 욕망 때문에 그녀 안에 있는 하느님의 본질은 활동하게 되고, 거룩한 힘을 끌어당긴다. 따라서 그녀는 영원한 존재 상태 속에 들어간다. 이것에 의해서 그녀는 그녀 안에 있는 그 어느 것도 생각하지 않는다. 그녀는 성령 안에 머물려고 한다. 그녀는 단지 하느님의 경이를 계시하려는 목적으로 하느님 앞에서 움직인다"[18](*Three Principles*, xiv. 87).

하느님의 그런 "외적이거나" 신체적인 계시의 가능성은 하느님의 생명 자체에 있는 신적인 마술적 능력에 있다. 그것은 그가 바라는 것을 만들려는 마술적 의지의 능력이다.

"존재하려는 성령의 능력에는 마술적인 힘이 있는데, 그것은 본질적으로 의지이다. 하지만 그것은 실존 속으로 들어오며, 가장 커다란 신비이다. 그것은 자연을 넘어서 있고, 자연이 그 자체의 뜻하는 형태를 따라서 모양을 가지게 한다. 그것은 무근저의 심연으로 기초를 들여오고, 무를 무엇인가로 변화시킨다. 그것은 영원의 어머니이고, 모든 존재하는 것들의 본질적인 어머니이다. 그 안에 존재의 모든 형태들이 들어 있다. 그것은 지성이 아니지만 지성의 의지를 따라서 행동한다. 거기에는 위엄도 없고, 능력 자체도 없지만 어두운 자연(물질) 속으로 들어가고, 어두운 자연에 의해서 불 속으로 들어가며, 그 불을 통해서 빛으로 들어가려는 욕망을 가지고 있다. 이 마술적 힘을 통하여 3이라는 숫자의 경이들은 자연에 의해서 계시된다"(*Six Mystical Points*, v. 1-11).

"하느님의 몸은 그의 본질로부터 나온다. 이 본질은 영이 아니다. 그러나 그것은 그 안에 3이 들어 있는 힘과 비교해 볼 때 무능력한 것처럼 보인다. 이 본질은 그 안에 생명이 들어 있지만 지성이 없는 하느님의 원소(元素)이다"(*Threefold Life*, v. 75).

명제는 반명제를 전제로 한다. 일자(一者) 안에는 그 어떤 관계도 없다. 의식해야 할 것이 없고, 의식되어야 할 것이 없는 데서는 그 어떤 의식도 나타나지 않는다. 본성이 없다면, 본성으로부터의 자유도 있을 수 없다. 긍정이 없다면 부정이 있을 수 없고, 불의 어두운 바닥이 없으면 빛이 있을 수 없다.

"일자에게는 그 자체 안에 욕망을 가능하게 하는 것이나 그 자신의 자기를 느낄 수 있는 그런 통일체가 전혀 없다. 이것이 가능하려면 오직 이원성의 상태가 되어야 한다"(*Theosophical Questions*, iii. 3).

"모든 것들이 오직 하나라면, 그것은 그 자신에게 드러날 수 없다. 불안이 없다면, 기쁨을 알 수 없다"(*Mysterium*, iv. 22).

"하느님은 그의 능력을 빛과 위엄 안에서 계시하고, 기쁨의 왕국을 만들기 위하여 자연 안에 도입하셨다. 영원한 통일성으로부터 유래되는 자연이 없다면 아무것도 있을 수 없고, 오직 영원한 정적만 있을 것이다. 자연은 고통의 상태 속으로 들어가고, 정적은 움직임으로 변화되며, 힘은 단어로 들을 수 있게 된다"(*Grace*, ii. 16).

"일자(the One), 즉 '긍정'(Yes)은 순수한 힘이고, 하느님의 생명이며, 진리이다. 그렇지 않으면 하느님 자신이다. 그러나 '부정'(No)이 존재하지 않는다면, 하느님은 그 자신을 알지 못할 테고, 그의 안에는 그 어떤 기쁨이나 지각도 존재하지 않을 것이다. 부정은 긍정 또는 진리의 반명제이거나 대극이다. 진리는 부정이 드러나게 한다. 이것은 그 안에서 영원한 사랑이 활동하고, 지각되도록 부정이 대극으로 존재해야만 가능한 일이다"(*Theosophical Questions*, iii. 2).

"빛이 있으려면, 불이 반드시 있어야 한다. 불은 빛을 만들고, 빛은 불이 드러나게 한다. 빛은 자신 안에 불의 본성을 받고 있으며, 불 속에 머무른다"(*Mysterium*, xl. 2).

"기쁨은 행복의 영역인 불타는 사랑을 만들어내기 위하여 욕망의 상태로 들어가는데, 그것은 정적에서 존재할 수가 없다"(*Signature*, vi. 2).

"하느님의 위엄은 욕망의 이끌림이 없을 경우 능력, 기쁨, 장엄 속에 드러나지 않았을 것이다. 이와 마찬가지로, 빛은 욕망이 들어오고, 그늘지게 하며, 불이 점화될 때까지 자라는 어둠의 상태를 만들지 않았다면, 존재하지 못했을 것이다"(*Grace*, ii. 14).

상대적인 선은 상대적인 악 없이 존재할 수 없고, 악은 선 없이 존재할 수 없다. 빛이 불 없이 존재할 수 없는 것처럼 불은 빛 없이 존재할 수 없다. 통일체가 없으면 다수성은 가능하지 않다. 각각의 것은 다른 것을 요청하고, 욕망한다.

> "빛과 어둠은 서로 반대되지만 그것들 사이에는 연계가 있다. 그래서 그것들 가운데 그 어떤 것도 상대방이 없으면 존재할 수 없다"(*Threefold Life*, ii. 86).
> "하느님 안에는 두 가지 상태인 영원한 상태와 끝이 없는 상태가 있는데, 그것은 영원한 빛과 영원한 어둠이다. 빛은 하느님이다. 빛의 현존이 없다면, 어둠 속에 고통은 없을 것이다. 빛은 어둠이 빛을 바라게 하고, 그럼으로써 불안의 고통을 당하게 한다"(*Three Principles*, ix. 30).
> "의지는 통일성의 상태로부터 (그 자신의 자기에 대한 욕망 속에서 통일성과 맞서는 자리를 차지하면서) 비롯돼서 욕망의 상태로 들어가는데, 욕망에는 자력(磁力)이 있다. 다시 말해서 잡아끄는 것이다. 그러나 그런 통일성은 흘러넘친다. 그것은 계시되기 위하여 외부로 드러나려고 하는 것이다. 의지는 통일성의 상태로부터 나와서 자신이 통일성 안에 있다는 것을 느끼려고 그 자신 속으로 들어가려고 한다. 그렇게 함으로써 통일성은 의지 안에서 자신의 감각을 느낀다"(*Theosophical Questions*, iii. 9).
> "빛-생명은 불-생명처럼 그 자신의 움직임과 충동을 가지고 있다. 그런데 불-생명은 빛-생명을 산출하고, 빛-생명은 불-생명의 주인이다. 불이 없다면, 빛과 영이 있을 수 없다. 불에 숨을 쉬려는 영이 없다면, 불은 꺼질 테고, 어둠이 지배하게 된다. 이 둘 가운데 어느 하나는 다른 것이 없으면 아무것도 아니다. 그 둘은 모두 서로에게 의존되어 있다"(*Forty Questions*, i. 62).

그러나 이 이원성에는 평등이 없다. 통일성은 다수성보다 위에 있고, 자유는 본성보다 위에 있다. 빛이 불보다 위에 있기 때문이다. 더 높은 것은 언제나 더 낮은 것을 지배한다.

"이와 같이 의지는 감각할 수 없는 생명이지만, 의지는 욕망을 발견하고, 욕망하기를 바라면서 그 자신을 존재 안에 구성한다. 의지는 욕망보다 더 위에 있다. 왜냐하면 아무리 욕망이 의지를 흥분시킬지라도 의지는 원인을 가지고 있지 않은 생명으로서, 그것 역시 지성이기 때문이다. 그러므로 의지는 욕망의 주인이다. 의지는 욕망의 생명을 지배하고, 자기 마음대로 욕망을 사용한다. 우리는 이 영원한 의지-영이 하느님이라는 것을 안다. 그러나 욕망의 활동적인 생명은 영원한 본성이다"(*Inner Mystery*, i. 1; iii. 2).

"하느님은 영원 전부터 능력과 빛이라서 하느님이라고 불리는 것이지, 그가 불-영이기 때문에 그런 것이 아니다. 불-영에 대해서 말하자면, 우리는 그것을 하느님이라고 말하지 않고, '하느님의 진노'라고 말한다. 그것은 하느님의 능력을 소모시키는 부분인 것이다. 또한 하느님의 빛에는 불과 같은 특질이 있어서 그 안에서 진노는 사랑으로 변한다. 미움과 쓰라린 고통은 부드러운 자비와 달콤한 욕망이나 만족으로 변하는 것이다"(*Menschwerdung*, i. 5-16).

"사랑의 샘은 격렬한 진노를 붙잡고, 지키며, 가혹한 권세를 극복한다. 온유함은 불의 가혹하고, 강력한 권세의 지배를 쓸어가기 때문이다. 평화의 빛은 어둠을 가두고, 그 어둠 속에 거한다. 엄격한 권세는 오직 진노와 죽음 안에서의 격리를 바란다. 그러나 부드러움은 달콤한 성장처럼 나오고, 꽃피우며, 영원한 생명을 주면서 죽음을 극복한다"(*Threefold Life*, ii. 92).

"사랑이 불에 의하여 빛 속에 계시될 때, 그것은 햇빛이 풀밭을 뚫고 들어가거나 불이 쇠 속을 뚫고 들어가듯이 본성을 넘어서 본성을 뚫고 들어간다"(*Clavis*, viii. 36).

위에 있는 것들을 이해하려면 이런 것들이 자신의 존재 속에 있다는 사실을 깨달아야 한다. 그것들은 사변적 지성에는 영원히 신비일 것이다.

비슷한 종류의 새로운 식물을 자라게 하는 씨앗을 만드는 싹은 나무 등걸이나 뿌리, 가지나 잎에서가 아니라, 식물의 꽃에서만 나온다. 마찬가지로, 자신의 불멸성을 의식하고, 새로 태어나는 존재의 싹은 사람의 열정이나 지적 획득에 있지 않고, 영혼이 영적으로 꽃을 피우는 것 속에 있다.

제3장
자연의 일곱 가지 속성이나 특성[1]

I. ♄☾ II. ☿ ♃ III. ♂♀

IV. ⊙

V. ♀♂ VI. ♃☿ VII. ☾♄

영원한 일자가 그의 삼위일체적 측면에서 신적 지혜에 관하여 그 자신을 존재의 일곱 가지 면으로 계시할 때, 이 계시는 색깔, 음조, 화학적 실체 등의 칠중적(七重的) 차원과 비교할 수 있는 일곱 가지의 서로 다른 광선이나 영원한 자연의 형태로 이루어져 있다. 그런데 그 모든 것들은 그 안에 근본적인 하나 자체가 나타난 일곱 가지 다른 형태들이다. 이 일곱 가지 형태나 영원한 자연의 근원적 상태 가운데서 첫 번째와 일곱 번째 것은 성부, 두 번째와 여섯 번째 것은 성자, 세 번째와 다섯 번째 것은 성령과 관계되고, 네 번째 것은 그 안에 정신과 물질 사이에 존재하는 분열의 균형을 나타낸다.

> "(자기-의식을 얻으려고) 자신을 그 자신에게 계시하려는 영원한 본질은 그 자신 안에서 의지를 생각해야 했다. 그러나 그 자신 안에서 고요한 영원성에서는 존재하지 않는 강력한 말씀 이외에 그의 의지나 욕망을 위한 그 어떤 대상도 없기 때문에 영원한 자연의 일곱 가지 상태는 자신의 내면에서 태어나야만 했다. 그때 이것들로부터 영원에서 영원까지 강력한 말씀, 말하자면 고요한 영원성의 말씀, 마음, 생명 및 영원한 지혜가 전개되었다"(*Threefold Life*, iii. 21).
>
> "첫 번째와 일곱 번째 특성은 하나로 간주되어야 하고, 두 번째와 여섯 번째, 세 번째와 다섯 번째 역시 마찬가지다. 그러나 네 번째 특성은 분열의 대상이다.

그러므로 첫 번째 특성은 성부, 두 번째 특성은 성자, 세 번째 특성은 성령을 가리킨다"(*Clavis*, ix. 75).

영원한 자연의 이런 일곱 가지 특성들의 현시에 의하여 신적 존재의 무한성은 결코 제한되지 않는다. 그것들은 단지 신적 능력 자체가 드러나는 일곱 가지 서로 다른 형태일 뿐이고, 이 일곱 가지 특성들의 존재들 각각은 나머지 다른 것들에 의존되어 있다.

"내가 영원한 자연의 일곱 가지 상태에 대해서 이야기할지라도, 마치 신성(Godhead)에 어떤 대상이나 측정할 수 있는 한계가 있는 것으로 이해되어서는 안 된다. 신성의 능력과 지혜에는 끝이 없고, 그것은 측정할 수 없고, 말할 수도 없다"(*Mysterium*, vii. 17).

"이 일곱 가지 영들이 마치 하늘에 있는 별들이 서로서로 그 옆에 있는 듯이 보이는 것처럼 나란히 존재하는 것으로 상상하지 말라. 그것들은 오직 하나의 영처럼 모두 일곱이다. 마찬가지로 인간의 몸에는 많은 기관들이 있지만, 각 기관들은 다른 기관들의 능력에 참여하고 있다"(*Aurora*, x. 40).

우리는 우리 몸의 뼈, 살, 대동맥, 정맥 및 신경들에 대해서도 똑같이 말한다. 그 모든 것들은 오직 하나의 유기체를 만드는 것이다. 마찬가지로, 하나의 그림은 각각의 것들이 그 자신의 독자성을 가진 수많은 다른 색깔들로 구성되어 있지만 그 전체는 하나의 개별적 그림을 구성하는데 필요하다.

"인간의 몸의 기관들이 서로를 사랑하듯이, 영들은 신적 능력 안에서 서로를 사랑한다. 거기에는 오직 바라고, 욕망하고, 채우는 것밖에 없고, 각각의 것들은 다른 것 안에서 승리하고, 기뻐한다"(*Aurora*, ix. 37).

그것들은 광선 속에 들어 있는 본래적인 색깔이 없지만 "물질"을 통해서 지나가면서 일곱 가지 다른 색조로 나누어진 일곱 가지의 살아 있고, 의식적인 광선들과 같다.

> "당신은 하나의 영이 다른 영을 낳을 수 없지만, 하나의 영의 탄생은 일곱 개의 모든 영의 협동으로부터 비롯되었다는 것을 알아야 한다. 그것들 가운데 여섯 영은 언제나 일곱 번째 영을 낳고, 그 가운데 어느 하나라도 없으면 다른 영들은 존재할 수 없다"(*Aurora*, x. 21).
>
> "하느님의 일곱 영들 모두는 다른 영(靈) 속에서 태어났다. 하나의 영이 다른 영을 낳는 것이다. 거기에는 첫 번째도 없고, 마지막도 없다. 첫 번째 영이 두 번째 영을 낳고, 세 번째 영이 네 번째 영을 낳으며, 그 다음에도 그렇게 되듯이 마지막 영이 첫 번째 영을 낳는다. 그러나 그것들은 모두 똑같이 영원한 일곱 영이다"(*Aurora*, x. 2).
>
> "내가 만일 때때로 두 번째나 세 번째 영만이 다른 영을 낳을 때 활성화된 것처럼 묘사한다면, 그것은 나의 마음이 부족해서 내가 모든 일곱 가지 영들의 작용에서 나온 인상을 완전하게 다 담지 못하기 때문이다. 나는 일곱 영들을 모두 본다. 그러나 내가 본 것들을 분석하기 시작할 때, 나는 그 일곱 영들을 모두 한꺼번에 볼 수 없고, 하나씩, 하나씩만 본다"(*Aurora*, x. 22).

이 일곱 가지 특성들은 결코 변형되지 않고, 각각의 것들은 그 나름의 본질을 유지한다. 그것들이 각각의 것들 속으로 들어가는 관계는 서로의 영광을 위한 것이다. 따라서 그것들이 하느님의 영원한 자연 안에서 달콤한 화음의 선율처럼 서로 만날 때, 그것들은 생명과 기쁨의 타오르는 빛처럼 나타날 것이다. 그러므로 물질은 영으로 변환되지 않고, 다만 영에 의해서 광채가 나고, 영광 받을 뿐이다. 마찬가지로 영은 물질로부터 그의 몸을 얻어서 드러날 수 있게 된다.

마찬가지로 무지는 지식으로 변환되지 않고, 죽음은 생명으로 변환되지 않는다. 그러나 무지한 사람은 지혜의 빛에 의해서 깨달음을 얻으면 현명해진다. 그리고 생명이 비활성화 되었던 몸은 생명의 활동이 그 안에서 분기될 때 살아나게 된다.

> "자연에는 서로 간에 반감이 전혀 없지만 이 원리들 각각은 자연에서도 마찬가지로 적용된다. 그것들 모두는 오직 하나의 정신처럼 하나님 안에서 기뻐한다. 각각의 것들은 다른 것들을 사랑한다. 그들 가운데는 오직 사랑과 행복만 있을 뿐이다. 그들은 영원히 발달하고, 결코 다른 것이 아니다"(*Aurora*, x. 51).
>
> "그들이 더 고양되고, 더 불타오를수록, 그들의 기쁨은 빛의 왕국 안에서 더 커질 것이다"(*Mysterium*, v. 6).
>
> "정신의 각각의 특성은 다른 것을 원하고, 그것이 대상을 얻으면, 그것은 마치 다른 것으로 변화된 것처럼 보인다. 그러나 그 자신의 특성을 그렇다고 해서 잃어버리는 것은 아니다. 그것은 단지 그 자신을 다른 것에 적응하는 것이고, 다른 종류의 고뇌(의식)를 나타내지만, 그 모두는 그들 자신의 특별한 특성을 유지하고 있다"(*Threefold Life*, iv. 8).

그러므로 어둠은 빛에 의해서 밝혀지지만, 어둠은 결코 빛으로 될 수 없고, 빛이 어둠으로 될 수도 없다. 빛은 영원히 어둠 속을 비추지만 어둠은 빛을 이해하지 못한다.

> "신적 생명의 이런 각각의 형태들은 다스리기를 원한다. 각각의 것들은 그 나름대로의 의지를 가지고 있는 것이다. 그것이 없으면 거기에는 감수성도 없고, 지각도 없으며, 오직 영원한 정적만 있을 것이다. 그러나 그것들 가운데 어느 것도 다른 것보다 앞서 나가서 자신을 드러내려고 하지 않고, 모든 것들은 서로 완전한 조화를 이루려고 한다"(*Stiefel*, ii. 348).
>
> "네 번째 원리가 첫 번째 원리 속으로 들어갈 때 모든 빛들은 서로의 속으로 들어가서 승리하며 즐거워한다. 그때 모든 것들은 서로서로를 일으켜 세우고, 마치 원을 그리며 움직이는 것처럼 서로를 발달시킨다. 그리고 그들 가운데 있는 빛이 비치기 시작하고, 그들을 밝게 한다. 그때 그들의 엄격한 특성은 열매 속에 있는 씨처럼 숨는다. 익지 않은 사과의 시고, 쓴 맛이 햇빛을 받아 익으면서 변하여 달콤한 맛을 내지만, 거기에 여전히 사과가 되게 하는 특성이 존재하듯이 신성에는 그의 고유한 본질적 특성이 있지만 신성은 부드럽고, 바람직한 방

식으로 드러난다"(*Aurora*, xiii. 80).

"일곱 가지 모든 원리들은 영원한 자연 속에서 영적이고, 거기에서 맑고, 영롱하며, 투명한 실체로 나타난다"(*Grace*, iii. 40).

"요한계시록에 나오는 일곱 촛대는 신성의 일곱 개의 영과 일곱 개의 별을 나타낸다. 일곱 개의 영은 성부의 중심에 있다. 다시 말해서 말씀의 능력 안에 있는 것이다. 말씀은 진노를 달콤한 기쁨으로 변화시키고, 그것을 투명한 대양(大洋)으로 만든다. 그리고 그 속에서 일곱 개의 영은 일곱 개의 밝은 횃불처럼 불타는 형태로 나타난다"(*Threefold Life*, iii. 46).

다양한 색깔들은 그림을 그리고, 어떤 생각을 표현하기 위해서 필요하다. 그런데 아무리 수많은 색깔들에 의해서 표현된 생각이 하나라고 할지라도, 각각의 색깔들은 자신의 본질적 특성을 가지고 있다. 아무리 인간의 몸을 구성하는 다양한 기관들이 하나의 생명의 표상을 나타낼지라도 그 기관들은 수많은 능력들을 구사한다. 또한 수많은 행성들이 하나의 세계를 만든다고 할지라도, 그 다양한 행성들 각각에는 그것들에게 고유한 특별한 성격들이 있다. 이와 마찬가지로, 각각의 일곱 가지 형태들은 그것들 자체로 존재하지만, 그것들은 그것들이 드러내는 수준들과 조건들에 따라서 엄청나게 다르게 표현된다.

첫 번째 특성은 하느님이 자신의 위엄을 계시하기 위하여 그의 영원한 자연을 자신 안에서 수축시키고, 그렇게 함으로써 어둠이 생기고, 실체성이 갖추어질 때 시작된다.

"첫 번째 특성은 욕망이다. 그것은 자력(磁力)과 비슷해서 의지의 이해력과도 비슷하다. 의지는 그 자체를 대단한 것처럼 생각한다. 이렇게 누르고, 수축시키는 행동을 통해서 의지는 그 자신에게 그림자를 드리우고, 그 자신을 어둡게 한다"(*Clavis*, viii. 38).

"이런 상태에서 적극적인 삶이나 지성은 불가능하다. 이것은 단지 실체성의 첫 번째 원리이거나 생성의 첫 번째 시작일 뿐이다"(*Three Principles*, vii. 11).

"자연을 뛰어넘는 영원 속에는 어둠이 존재할 수 없다. 거기에는 어둠을 만들 수 있는 것이 하나도 없기 때문이다. 의지는 욕망에 의해서 수축되고, 실체로 된다. 따라서 욕망이 없을 때는 아무것도 없고, 단지 실체성이 없는 영원한 정적만 있었는데, 어둠은 의지 안에서 만들어진다"(*Forty Questions*).

"욕망은 가혹하고, 엄하며, 잡아끄는(수축하는) 특성을 가지고 있다. 그것은 적극적인 힘이라서 욕망이 없다면 이 세상에는 아무것도 없고, 오직 정적만 있을 뿐이다. 욕망은 수축하고, 자신을 그 자신으로 채운다. 그래서 욕망이 끌어들인 것들은 어둠뿐이다. 본래의 의지보다 더 촘촘한 상태인 것이다. 그런데 그것은 아무것도 아닌 것처럼 얇지만 더 충만하고, 실질적이다"(*Threefold Life*, ii. 12).

의지에 실체와 몸을 가져다주고 무겁게 하는 욕망의 이 수축적인 능력은 그의 영혼에 부과되는 어떤 성취되지 않은 욕망에서 비롯된 슬픔의 무게를 느끼는 모든 사람에 의해서 경험된다. 그러나 욕망으로부터의 자유는 마음(의지)에 빛과 에테르 같은 것을 준다.

욕망의 출현과 동시에 두 번째 형태인 운동(motion)이 들어선다. 물질과 운동은 똑같이 영원하며, 그 가운데 어느 것도 다른 것 없이는 존재할 수 없다. 운동이 없으면 수축이 있을 수 없고, 수축에의 욕망이 없으면 그 어떤 확장도 있을 수 없을 것이다. 작용의 시작과 함께 반작용이 시작된다. 그러면서 영원한 일자의 이원성이 드러난다. 상대적인 생명은 그 원천을 일자에 두면서 작용의 이원성으로부터 나타난다.

"운동은 이끌려서 나온 욕망을 나누고, 분화를 야기함으로써 진정한 생명을 일깨운다"(*Clavis*, viii. 30).

"이것으로부터 자연에 대한 감수성이 나오고, 그 안에 분화의 원인이 들어 있다. 삶의 딱딱함(경직성)과 운동은 서로 맞선다. 운동은 경직성을 깨트리고(확장하고), 그것을 끌어들임으로써 딱딱함(수축)을 초래한다"(*Tabulae Princip.*, i. 34)

"욕망은 강한 매력이면서 동시에 에테르 같은 자유를 낳는데, 그것은 무(無)와 비교될 수 있고, 어둠의 상태로 들어간다. 본래적인 의지는 빛을 바라기 때문에 어둠으로부터 벗어나려고 한다. 그 의지는 빛에 도달할 수 없다. 그것이 자유를 더 바랄수록 욕망에서 비롯된 매력이 더 커지기 때문이다"(*Six Theosophical Points*, i. 38).

"거기에는 반대되는 것이 있다. 의지는 어두워지지 않으려고 하지만 욕망이 어둠을 야기하기 때문이다. 의지는 욕망에 의한 흥미를 원하지만 그것은 수축과 어두워지는 것을 좋아하지 않는다. 의지 자체는 어두워지지 않는데, 욕망만 그 안에 존재한다. 욕망은 어둠 속에 있고, 그에 따라서 커다란 고뇌는 의지에서 생긴다. 자유를 바라는 의지의 욕망이 크지만 이 욕망에 의해서 의지 자체는 여전히 더 거칠고 어둡게 만들기 때문이다"(*Forty Questions*).

엘리파스 레비는 이에 해당하는 진리를 다음과 같이 말하였다: "의지는 자신이 원하지 않는 것을 완수한다." 하늘나라를 위한 이기적 욕망은 그 자신의 목적을 깨뜨린다.

절대적 일자의 작용과 반작용에 의해서 실존으로 불려온 세 번째 특성은 감각을 실존에 불러온다. 다시 말해서, 절대 의식은 그 자신을 현시함으로써 상대적으로 되는 것이다. 그래서 그 어떤 새로운 것도 만들어지지 않고, 이미 시작된 것만 존재한다. 뵈메는 이 상대적 의식을 "고뇌"(anguish)라고 불렀다.

"세 번째 특성인 고뇌는 다음과 같은 방식으로 커진다. 경직된 것은 고정되어 있고, 운동은 일시적이다. 전자는 구심적(求心的)이고, 후자는 원심적(遠心的)이다. 그러나 그것들은 하나이기 때문에 서로에게서 (또는 중심으로부터) 분리될 수 없어서 돌아가는 바퀴처럼 된다. 그 안에서 전자는 위로 올라가고 후자는 아래로 내려간다. '가시'(운동 안에 있는 욕망)가 정신(자유를 향한 의지)과 일시적 생명을 일깨우는 반면, 경직된 것은 실체와 무게를 가져다준다. 이 모든 것들은 목적지가 어디인지도 모르면서 안팎으로 돌게 하는 것이다. 욕망에 이끌려 나갔다가 고착되었지만, 그것은 다시 자유를 향한 동경으로 불안정해진다. 거기에서 가장 커다란 동요가 야기되는데, 그것은 광기로 미쳐 날뛰는 것과 비슷하며, 그것으로부터 끔찍한 고뇌가 생긴다”(*Mysterium*, iii. 5).

모든 사람들은 이 진리를 그 자신의 자기 안에서 체험한다. 사람이 그의 세속적인 삶을 십자가에 못 박는 동안, 그의 내면에서는 더 높은 충동과 낮은 충동, 이상적인 갈망과 물질적인 이해타산 사이에서 끊임없는 전투가 벌어진다.

“첫 번째 원리가 두 번째 원리를 저지하려고 그의 경직성을 모을수록 그 원리의 작용은 더 커지고, 분노와 파괴 역시 더 커진다. 가시(sting)는 억누르기를 거부하지만 가시의 원천인 의지는 강하게 내재해서 가시는 그의 충동을 따를 수 없다. 그것은 위로 가려고 하고, 의지는 아래로 가려고 한다. 신랄함이 그 자신을 무겁게 하면서 안으로 끌어들이기 때문이다. 따라서 하나는 위로 올라가려고 하고, 다른 하나는 아래로 가라앉으려고 한다. 그러나 그 가운데 어느 하나도 자신의 목적을 달성할 수 없어서 영원한 자연은 회전하는 바퀴처럼 된다”(*Menschwerdung*, ii. 4).

이 대우주적 전투는 상대방을 인간의 소우주 속으로 이끈다. 사람 속에서도 물질과 정신, 욕망과 포기, 존재에 대한 욕망과 자유를 위한 의지 사이에서 끊임없는 전투가 벌어진다. 그런데 자유를 위한 의지는 자유를 위한 욕망이 잠잠해지기 전까지 발견할 수 없다.
그 안에서 성부, 성자, 성령의 활동이 나타나거나 그렇지 않으면 그것이 다른 언어로 표현된다. 그리고 그것을 통하여 의지와 지성의 특성을 나타내는 이 세 가지 첫 번째 형태(또는 특성들)는 종종 “소금”, “유황”, “수은”이라는 이름으로 암시된다.

“이 첫 번째 세 가지 원리는 하느님 자신이 아니라 단지 그의 현현이다. 이 세

가지 원리 가운데서 첫 번째 것은 모든 권능과 강함의 시작으로 성부의 특성에서 나온다. 두 번째 것은 모든 활동과 분화의 원천으로 성자의 특성에서 나온다. 그리고 세 번째 것은 모든 생명의 뿌리로 성령의 특성으로부터 나온다"(*Grace*, vi. 9).

"옛 사람들은 유황, 수은, 소금 안에 만물이 담겨 있다고 하였다. 이것은 사물의 물질적 측면에 대해서 말할 뿐만 아니라 정신적 측면에 대해서도 말한다. 말하자면 물질적인 것들을 자라게 하는 특성들의 영에 대해서 말하는 것이다. 그들은 '소금'이라는 말에서 자연에 있는 예리한 금속성의 욕망을 읽었고, '수은'은 그들에게 소금의 운동과 분화를 상징적으로 나타냈다. 그것에 의해서 각각의 것들은 객관화되고, 형체 속으로 들어온다. 세 번째 특성인 '유황'은 자연의 고뇌를 의미한다"(*Clavis*, 46).

그 안에서 하느님의 삼위일체적인 실체성이 계시되는 진정한 신적 생명은 번갯불이라고 불리는 네 번째 특성에 의해서만 주어질 수 있다. 그것의 점화(點火)는 영원한 자연의 욕망과 영원한 자유에 대한 갈망에 의해서 비롯된다.

"불은 본래 어둠, 딱딱함, 영원한 차가움과 메마름이다. 그리고 그 안에는 영원한 굶주림 이외에 아무것도 없다. 그러면 그것은 어떻게 실제로 불이 되었는가? 성령은 영원한 빛으로서의 측면 속에서 빛-굶주림을 도우려고 온다. 굶주림 자체는 빛으로부터 온다. 왜냐하면 하느님의 권능이 그 자신을 어둠에 비췄을 때, 어둠에는 빛에 대한 욕망으로 가득 차고, 이 욕망은 (영원한 자연을 위한) 의지이기 때문이다. 그러나 메마름 속에 있는 의지나 욕망은 빛에 이를 수 없고, 그 안에는 고뇌와 빛에 대한 갈망이 있다. 이 고뇌와 갈망은 하느님의 성령이 번갯불처럼 들어올 때까지 지속된다"(*Three Principles*, xi. 45).

영원히 도는 이 "익시온의 바퀴"는 십자가에 의해서 "생명나무"로 표현된다. 자유는 사람이 고통의 골짜기로 들어가기 전 인간의 정신을 차지하지만, 그가 들어간 다음 그는 그 자신의 개인적 욕망들의 십자가에 못 박힌다. 인간 자신이 "십자가"이고, 그 자신을 위해서 십자가를 만든다. 그래서 그가 불의 능력을 통하여 빛의 영역으로 들어감으로써 진정한 영적 십자가를 발견할 때까지 그에게 해방은 있을 수 없다. 그것은 그의 정신이 물질의 연쇄를 꿰뚫고 들어가고, 다시 자유로워지는 것을 의미한다.

> "자유는 영원한 의지를 통하여 어둠을 파악하고, 어둠은 자유의 빛을 향하여 손을 뻗지만, 빛에는 도달하지 못한다. 어둠은 그 자신을 그의 내면에 있는 욕망 때문에 자신을 가둔다. 이 두 가지 사실, 즉 자유를 향해서 나아가는 어두운 인상과 빛(또는 자유)을 향한 욕망으로부터 그 전의 어둠 속에 불의 본래적 조건, 즉 번갯불이 나온다. 그러나 자유는 무(無)이기 때문에 이해할 수 없고, 거기에는 그 어떤 인상(impression)도 없다. 따라서 인상은 자유에 굴복하고, 자유는 인상의 어두운 본성을 집어삼킨다. 그에 따라서 자유는 어둠을 지배하고, 어둠의 이해를 받지 못한다"(*Signature*, xiv. 22).
>
> "영원한 통일성이나 자유는 그 자체로 무한한 사랑스러움과 부드러움이지만 그 세 가지 특성은 예리하고, 고통스러우며, 심지어 공포스럽기까지 하다. 이 세 가지 특성들은 부드러운 통일성을 바라고, 그 통일성은 열정적인 기반과 감수성을 바란다. 그러므로 하나는 다른 하나 속으로 들어가고, 그것이 생길 때 부싯돌과 강철의 마찰에 의해서 일어나는 불꽃과 비교할 만한 번갯불이 나타난다. 그것에 의해서 통일성은 감수성에 이르고, 자연의 의지는 부드러운 통일성을 얻는다. 그러므로 통일성은 불의 샘물로 되고, 사랑의 샘물처럼 욕망에 의해서 돌파된다"(*Clavis*, ix. 49).

그러므로 빛은 어둠을 정복한다. 그러나 그것을 파괴하는 것은 아니다. 빛은 단지 어둠을 이기지만 음식물이 유기체에 의해서 동화되는 것과 비슷하게 소비한다. 유기체는 생명의 불을 통해서 음식물을 정복하고, 소비하기 때문이다.

"영적인 불과 빛이 어둠 속에서 점화될 때 (그러나 그것은 영원에서 이미 타오른 것이다) 신적 권능과 지식의 신비는 그 안에 영원히 계시되어 있다. 불 속에 자연의 모든 특성들이 영성 속에서 고양되었기 때문이다. 자연 자체는 그것 그대로 남아 있지만 그것의 유출, 즉 자연이 만들어내는 것은 영적으로 된다. 불 속에서 어두운 의지가 타오르고, 그렇게 함으로써 빛-영에 의하여 돌파되면서 순수한 불-영을 만드는 것이다"(*Clavis*, ix. 64).

이렇게 위대한 내적 계시가 생길 때, 내적 감각들은 영적 진리를 직접 지각하도록 열린다. 거기에서 의지는 그런 알지 못하는 것에 대해서 그 어떤 종류의 결론도 이끌어낼 필요가 없다. 영은 단지 무엇인가를 보는 사람이 외적인 어떤 것을 보는 것처럼 그 영역에 있는 것을 지각하기 때문이다.

"외부 세계에 있는 모든 생명체들이 그의 먹이를 어떻게 자기에게 이끌어오는지 살펴보라. 그러면 당신은 생명체가 어떻게 죽음으로부터 나오는지 알게 될 것이다. 생명을 산출하는 것이 그 자체의 형태를 깨트리지 않는 한 생명체는 존재할 수 없는 것이다. 깨달음을 얻으려면 모든 것들은 고뇌의 상태 속으로 들어가야 한다. 이렇게 되지 않으면 그 어떤 점화도 이루어지지 않을 것이다"(*Menschwerdung*, ii. 5).

이것이 불과 빛의 원리로서의 하느님의 시작이다. 이렇게 신성(Godhead), 즉 그 자체로 무근저(groundlessness)로부터 삼위일체로 들어가려는 삼위일체의 의지는 아직 하나의 원리가 아니고, 시작도 없지만 그 자체로서 시작 자체이다.

"만일 어떤 것이 그 전에 그것이 아니었던 것으로 된다면, 이것은 하나의 원리가 될 수 없다. 원리는 생명과 운동의 형태가 시작되는 곳에 있고, 그럼으로써 그 전에는 존재하지 않았다. 따라서 불은 하나의 원리이며, 빛은 불로부터 태어났지만 불의 성질을 가지고 있지 않고, 그 자신의 생명을 가지고 있다"(*Six*

Theosophical Points, ii. 1).

불에는 하느님이 그 자신을 드러내는 두 가지 측면이 드러나 있다. 불에는 하느님과 자연이 들어 있는 것이다. 그래서 사랑 안에서의 달콤한 삶과 진노 안에서의 삶도 들어 있을 수 있다.

> "해가 땅에서 가혹함을 조화로 변환시키듯이 하느님의 빛은 영원한 자연의 형태 안에서 똑같이 작용한다. 빛은 그것들 안에, 그것들로부터 비치는 것이다. 하느님의 빛은 그것들을 점화시킨다. 그래서 그것들은 그의 의지를 취하고, 영원히 거기에 복종한다. 그러면 그것들은 그들 자신의 의지를 포기하고, 그것들 자체로는 그 어떤 힘도 없는 것처럼 되고, 빛의 권능만 바라는 것처럼 된다"(*Six Theosophical Points*, v. 3).

불과 빛의 연합에 의하여 세 번째 원리는 실체를 가지게 된다.

> "첫 번째와 두 번째 원리를 따라서 신성이 우리가 생각할 수 없는 그 어떤 본질도 없이 오직 영으로만 이해된다고 할지라도, 그 안에는 세 번째 원리로 발달하려는 욕망이 있다. 그리고 그 안에는 처음의 두 영이 들어 있고, 그것은 그 안에서 하나의 이미지로 드러난다"(*Six Theosophical Points*, i. 25).
>
> "불은 자신 안에 욕망의 본질을 그의 음식물처럼 받으면서 불타오르고, 즐거운 영을 주며, 빛 속에서 부드러운 본질의 권능을 열어 보인다"(*Six Theosophical Points*, i. 57).
>
> "불은 자신 안에서 빛의 부드러운 본질을 끌어오면서, 그 안에서 죽음의 진노를 통하여 그 안에 갇혀 있던 부드러운 영을 내는데, 그 영 안에는 자연의 특성이 들어 있다"(*Tilk.*, i. 171).

빛의 권능이 계시될 때, 그것은 그것의 활동을 무엇보다도 먼저 다섯 번째 특성 속에서 드러내는데, 그것은 앞의 넷에 의해서 달콤한 사랑이나 빛나는 물의 영으로 발달한다.

> 처음 세 원리들은 단지 생명에 도움이 되는 원리들이고, 네 번째 원리는 생명 자체이지만 다섯 번째 원리는 진정한 성령이다. 이 권능이 불로부터 발달했을 때마다 그것은 다른 모든 것들 속에서 살고, 그것들을 모두 그 자신의 달콤한 본성 속에서 변화시킨다. 그래서 쓰라림과 적의(敵意)는 그 안에서 그 어떤 모양으로도 발견되지 않는다"(*Tabulae Principae*, i. 46).
> "다섯 번째 특성은 빛 안에서 고통스러운 불로부터 분리된 진정한 사랑-불이고, 그 안에서 신적 사랑은 실체적 존재로 드러난다. 그것은 그 안에 모든 신적 지혜의 권능을 가지고 있다. 그것은 영원한 생명나무의 등걸이나 중심이고, 성부는 그 안에서 말하는 말씀에 의하여 성자 안에서 계시된다"(*Grace*, iii. 26).

여섯 번째 특성 안에서 다섯 번째 특성과 여전히 연합돼서 미분화되었고, 아직 드러나지 않은 신적 권능은 분화되고, 들을 수 있게 된다.

> "영원한 자연의 여섯 번째 형태는 지적 생명이거나 소리이다. 그 특성들은 모두 빛(다섯 번째) 안에서 평형의 상태에 있으며, 이제 그것들은 기쁨이고, 들을 수 있다. 그것에 의해서 통일성의 욕망은 의식적 바람과 행동, 지각과 느낌의 상태 속으로 들어간다"(*Tabulae Principae*, i. 46).
> "들을 수 있는 생명, 즉 권능의 소리를 만들려면 단단함과 부드러움, 조밀함과 얇음 및 운동이 필요하다. 그러므로 여섯 번째 원리를 만들려면 자연의 다른 모든 특성들이 필요하다. 첫 번째 형태는 단단함을 제공하고, 두 번째 형태는 운동을 제공하며, 세 번째 형태에 의해서 분열이 발생한다. 불은 그것을 태움으로써 본질의 가혹함을 온화함과 부드러움을 나타내는 영적 존재로 변화시킨다. 그리고 이것은 그것을 간직한 특성을 따라서 소리로 된다"(*Mysterium*, v. 11).

물론 그 소리는 지상에서 들을 수 있는 소리와 비교할 수 없다.

> "하느님의 빛 안에 하느님의 왕국(영의 의식)이 있는데, 그 소리는 매우 미묘하고, 달콤하며, 사랑스럽다. 그래서 땅 위의 소음과 비교하면, 그것은 거의 정적(靜寂) 같을 것이다. 그럼에도 불구하고, 영광의 영역에서 그것은 정말 이해할 수 있는 소리이고, 천사들에 의해서 들리는 언어이다. 그러나 그 언어는 그들의 세계에서만 나눌 수 있다"(*Mysterium*, v. 9).

세 번째 원리는 일곱 번째 원리에서 다시 나타나고, 그 안에서 "육(肉)의 부활"이 생긴다.

> "일곱 번째 원리는 다른 특성들의 실체적 이해이다. 그것은 '본질적 지혜'나 '하느님의 몸'이라고 불린다. 세 번째 원리는 그것들이 일곱 번째 원리 안에서 이해할 수 있게 되는 한 자연의 일곱 가지 형태로 드러난다. 이 원리 또는 존재의 상태는 거룩하고, 순수하며, 선이다. 그것은 영원히 다루어지지 않은 천국이나 하느님의 나라라고 불린다. 그리고 이것은 첫 번째 원리로부터 어두운 불의 나라, 거룩한 빛으로 불타오르는 사랑의 나라라고 불린다"(*Grace*, iv. 10).
>
> "일곱 번째 형태는 마치 영혼이 몸속에서 그렇듯이 그 안에서 다른 모든 것들이 활동하는 존재의 상태이다. 그것은 자연이라고 불리고, 하느님의 영원한 본질적 지혜라고도 한다"(*Tabulae Principae*, i. 49).
>
> "하느님의 일곱 번째 영은 다른 여섯 영들로부터 태어난 존재인 몸이고, 이 몸에서 모든 하늘의 형상들이 형태를 취한다. 그것으로부터 모든 아름다움과 기쁨이 떠오른다. 이 영이 존재하지 않는다면, 하느님은 지각될 수 없을 것이다"(*Aurora*, xi. 1).
>
> "지혜는 영의 실체이다. 영은 지혜를 옷처럼 입으며, 그렇게 함으로써 계시된다. 지혜가 없다면 영의 형태는 알 수 없을 것이다. 지혜는 영의 몸체인 것이다. 그것은 인간의 몸처럼 신체적이고, 만질 수 있는 실체가 아닌 것이 틀림없다. 그럼에도 불구하고 그것은 영 자신에게는 없는 실체적이고, 눈에 보이는 특성을 가지고 있다"(*Threefold Life*, v. 50).

신적 지혜의 아름다움과 광채를 묘사할 수 있는 언어는 존재하지 않는다. 이 지상 세계에서 지각되는 웅장한 것은 무엇이든지 천상계에서 훨씬 더 나은 상태, 영원한 영적 완전성으로 존재한다.

> "땅의 언어로 하느님의 내적 경이 안에 담긴 기쁨, 행복, 사랑에 관한 것들을 묘사하기는 대단히 어렵다. 영원한 동정녀라는 말이 우리 마음에 그것들을 묘사한다고 할지라도, 인간의 체계는 그 불꽃 하나라도 말로 표현하기에는 너무 차갑고, 어둡다"(*Three Principles*, xiv. 90).

이 초세상적인 그림들도 단지 환상의 그림자이거나 산물일 뿐이다.

> "땅이 끊임없이 식물과 꽃, 나무와 광물 및 여러 가지 종류의 존재들을 낳듯이 사람은 언제나 그 나머지 것들보다 더 영광스럽고, 강하며, 아름답게 된다. 땅 위에서 끊임없이 이런 작업이 이루어지고 형태들이 발달하면서 다른 것들이 죽어갈 때 하나의 형태가 나타나는 것처럼 거룩한 신비 속에서 영원한 세대들은 위대한 권능 안에 생겨난다. 영적 권능들의 이 영원한 씨름이 행해진 결과 신적 열매들은 서로의 곁에서 차례로 나타난다. 그 모든 것들은 아름다운 색깔들의 광채 속에서 하나씩, 하나씩 나타나는 것이다. 우리를 둘러싸고 있는 지상 세계에 속한 모든 것들은 땅 위에 나타난 단지 하나의 상징이지만 그것들은 천상의 영역에서 영적인 상태로 절묘한 완성 속에서 존재한다. 그것은 거기에서 단지 하나의 영, 의지, 사고로 존재하지 않고, 신체적 실체, 본질, 권능으로 존재하며, 외적인 물질세계와 비교할 때 상상할 수 없도록 나타난다"(*Signature*, xvi. 18).

신성하고 본질적인 지혜인 아름다움, 즉 영원한 동정녀는 그녀 자신의 능력으로 산출하지 않고 그녀 안에서 작용하는 하느님의 권능으로 산출한다. 그녀 자신은 그녀 자신의 그 어떤 의지도 없는 것이다.

"중심, 즉 드러나는 것은 지혜가 아니라 하느님의 성령이다. 영혼이 육신에 의해서 몸 안에 그 자신을 드러내고, 살아 있는 영이 육신 속에 들어 있지 않다면 육신에 아무 힘이 없는 것처럼 하느님의 지혜는 성령의 몸체이고, 그것에 의해서 지혜는 낳는다. 그러나 지혜는 성령이 그녀 안에서 작용하지 않는다면 그렇게 하지 않을 것이다. 그녀는 불-생명 없이 낳는다. 그녀에게는 열렬한 욕망이 없지만 그녀의 기쁨은 그 완전을 신성의 현현 속에서 발견한다. 그러므로 그녀는 하느님 앞에서 순결하고, 깨끗한 동정녀라고 불린다"(*Tilk.*, ii. 64).

신적 지혜는 오직 삼위일체에 의해서만 존재하고, 삼위일체는 그 자체의 몸체 안에서 영원한 본성을 만듦으로써만 계시될 수 있다.

"해의 빛과 권능은 다양한 존재들을 산출하고 성장시킴으로써 영원한 세계의 신비를 드러낸다. 마찬가지로 하느님은 영원한 태양이나 영원하고 유일한 선을 나타내면서 그가 오직 그 안에서만 그의 권능을 드러낼 수 있는 그의 영원한 영적 본성 없이는 그 자신을 계시하지 않을 것이다. 하느님의 권능이 분화되고, 상대적으로 의식화될 때에만, 그리하여 사랑의 놀이를 하는 동안 서로가 씨름할 수 있는 개인적 힘으로 될 때에만 그의 내면에서는 성령의 도래에 의해서 거대하고 측량할 수 없는 사랑의 불이 열리게 된다"(*Grace*, ii. 10).

첫 번째 원리인 불을 지배하는 성부는 영원한 자연의 일곱 형태들에 의해서 빛인 성자를 영원히 낳는다. 그리고 성자는 그 자신을 두 번째 원리 안에서 빛으로 계시하면서 성부를 영원히 영광되게 한다.

"영원한 의지인 성부는 불을 가지고 그의 마음, 말하자면 그의 영원한 성자를 위대한 승리와 그의 기쁨의 왕국으로 인도한다"(*Grace*, ii. 21).

"성부가 그의 말씀을 발할 때 — 다시 말해서, 성부가 그의 성자를 낳을 때 — 그것은 영원히 계속되는 일이지만, 그 말씀은 무엇보다도 먼저 그 원천을 첫 번째 특성 또는 가혹한 성질 안에서 취한다. 그것은 거기에서 잉태되는 것이다.

그것은 두 번째 또는 달콤한 성질에서 그것의 활동을 받는다. 그 다음에 그것은 세 번째 특성에서 움직인다. 그리고 그것은 열(heat) 속에서 올라가고 권능과 불의 달콤한 흐름을 점화한다. 이제 모든 특성들은 점화된 불에 의해서 불타게 되고, 그 장식은 그것에 의해서 공급된다. 그러나 이 불은 오직 하나일 뿐, 여럿은 아니다. 이 불은 영원 전부터 계속해서 태어나는 하나님 자신의 진정한 성자(聖子)이다"(*Aurora,* viii. 81).

"성부는 무엇보다도 먼저 사고가 가능한 존재이다. 그러나 두 번째 원리가 성자의 탄생 속에서 드러나지 않으면, 그는 계시될 수 없다. 그러므로 마음, 빛, 사랑, 그리고 성부의 아름답고, 달콤한 은혜이지만 그의 개인적 측면에서 성부와 구별되는 성자는 아버지를 화해시키고, 아버지에게 사랑과 자비를 전해 준다. 성자는 불 속에서 태어나지만, 그의 인격과 이름을 부드러우며, 하얗고, 맑은 빛의 점화에 의해서 취한다. 그것이 그 자신이다"(*Three Principles,* iv. 58).

"성자는 영원 전부터 영원으로 태어나고, 그 권능이 계속해서 성자를 낳는 영원한 성부의 권능 속에서 비친다"(*Aurora,* vii. 33).

성령은 그 자신을 세 번째 원리 안에서 드러내면서 영원히 성부와 성자로부터 산출되고, 그의 안에서 그와 함께 하나님의 위엄의 광채를 발산한다.

"영원한 성부는 불 속에서 나타나고, 성자는 불의 빛 속에서 나타나며, 성령은 생명의 권능 및 불과 빛을 산출하는 운동 안에서 나타난다"(*Signature,* xvi. 34).

"성령은 신성을 자연에서 계시한다. 그는 위엄의 광채를 확장시켜서 자연의 경이 안에서 인식된다. 그는 광채 자체는 아니지만 그것의 권능이고, 그 위엄의 권능을 신성이 계시되는 실체 속에 이끌어온다"(*Threefold Life,* iv. 82; v. 39).

그러므로 거룩한 삼위일체는 영원한 자연의 일곱 특성 속에서, 그리고 그것을 통하여 드러내면서 어디에나 존재한다.

"우리 그리스도인들은 하느님은 삼중적이지만 본질적으로는 하나라고 말하는데, 이것은 무지한 사람이나 반쯤만 아는 사람들이 오해하는 것이다. 하느님은 그리스도 안에서만 인격이시기 때문이다. 그는 영원히 산출하는 권능이며 모든 존재하는 것들과 함께하는 왕국이다"(*Myst. magn.*, vii. 5).

"그는 그 자신을 삼중적 측면에서 낳는다. 그럼에도 불구하고 이 영원한 산출은 하나의 본질이고, 하나의 산출로 이해되어야 한다. 성부, 성자, 성령은 오직 하나의 영원한 생명이나 선(善)이다"(*Myst. magn.*, vii. 11).

제4장
창조

"우리가 자연에서 보는 모든 것은 진리를 드러낸다. 그러나 진리가 우리 자신 안에서 드러나지 않는 한 우리는 그것을 진리로 인식하지 못한다."

하느님은 최고의 근본적이고, 보편적이며, 자존적인 영원한 원인이다. 그는 절대적이고 상상할 수 없는 영광, 완전함, 선, 미, 장엄, 찬란함이다. 그는 그 자신밖에 그 어떤 것으로도 창조하지 않았기 때문에 그 자신의 자기로부터 만물을 창조하였다. 그러므로 하느님이 창조하셨고, 하느님에게 가장 가까운 최초의 힘들은 신적이고, 영적이었다. 그것들보다 더 낮은 모든 존재들은 그의 지고의 상태보다 더 떨어져 있고, 창조의 더 "물질적인" 조건에 속해 있었다고 가정하는 것이 논리적이다. 이와 같은 것은 인간에게서도 발견된다. 그의 생각들은 그의 근육이나 뼈보다 더 그의 신적 중심과 자기에게 더 가까이 있고, 그의 영혼의 영역은 그의 물질적인 몸보다 그의 영에 더 가까이 있다. 또한 그의 생각들이 더 거룩할수록 그것들은 그의 내면에 있는 하느님과 의사소통을 더 잘 할 수 있을 것이다. 거기에 대해서 뵈메는 이렇게 말한다.

> "하느님은 거룩한 천사들을 그 자신의 자기와 다른 어떤 실체에 의해서가 아니라 그 자신의 자기, 즉 그의 권능과 영원한 지혜로부터 창조하셨다"(*Aurora*, iv. 26).

참으로, 이 세상에는 하느님밖에 없었다. 하느님밖에 없다면, 하느님이 모든 것이고, 하느님이 아닌 것은 아무것도 없다. 그럼에도 불구하고, 어떤 의미에서 신적 중심에서 멀리 떨어져 있는 하느님의 창조는 신적인 것이 아니다. 따라서 하느님이 아니다.

> "하느님은 모든 것이고, 하늘과 땅에 계시며, 외적 세계이기도 하다. 이런 주장은 어떤 의미에서 진실이다. 모든 것들은 하느님 안에서, 그리고 하느님으로부터 비롯되었기 때문이다. 그러나 그런 교리가 종교에서 나온 것이 아니라면 그런 주장은 무슨 소용이 있겠는가? 그런 교리는 모든 것들 안에서 드러나려고 하며, 강력해지려는 악마들도 받아들인다"(*Tilk.*, ii. 64).

그런 범신론적 체계는 영적 지각 능력이 없는 합리적 추론가를 만족시킬 수 있을 테지만, 하느님에 대한 진정한 인식은 그런 범신론은 물론 합리적인 유신론과 아무 관계도 없다. 그것은 "하느님"이라는 용어와 "세상"이라는 용어의 혼동을 용납하지 않는 것이다. 우주는 하느님과 동일시될 수 없고, 인간의 정신도 그의 몸과 동일시될 수 없다. 그리스도조차 그가 인간으로 되었을 때는 하느님과 같지 않다.

> "외부 세계는 하느님이 아니며, 영원히 하느님이 될 수 없다. 세상은 하느님이 그 안에서 그 자신을 드러내는 존재 상태에 불과하다"(*Stiefel*, ii. 316).

하느님은 인간이 아니다.

> "신성과 인간성은 언제나 구별되어야 하고, 인간의 뜻과 하느님의 뜻도 언제나 구별되어야 한다"(*Stiefel*, ii. 95).

달은 발광체(發光體)가 아니라 태양의 빛을 반사할 뿐이다. 그럼에도 불구하고, 달로부터 오는 빛은 햇빛과 같지 않다. 마찬가지로 인간의 의지와 의식은 하느님으로부터 오지만 그 모든 것들은 인간적인 것이지 신적인 것이 아니다.

"어떤 사람이 그 자신에 대해서 '나는 살아 있는 하느님의 말씀으로서 나의 이 거룩한 육신과 뼈 안에서 이렇게나 저렇게 말하고 행합니다'라고 말한다면, 그는 하느님의 거룩한 이름을 더럽히는 것이다. 또한 이것은 성경의 교리와도 어긋난다. 왜냐하면 어떤 지적인 사람이 예언자로 선택되었을 때, 그 예언자는 '아무개 누구가 이렇게 혹은 저렇게 말합니다'라고 하지 않고, '주님께서 이렇게 말씀하십니다!'라고 말하기 때문이다. 이것은 주님이 그 사람 속에서, 그 사람을 통하여 말씀하시고, 그는 하느님의 매개자와 도구라는 것을 의미하기 때문이다"(*Stief*, i. 84).

사람은 결코 하느님이 될 수 없다. 심지어 인간의 측면을 가진 그리스도도 그렇게 요구할 수 없을 것이다.

"그리스도는 결코 '나는 나의 인간성 안에서 하느님의 음성이다. 나는 하느님으로서나 하느님 안에서, 그리고 하느님과 함께 말한다'라고 말하지 않았고, 단지 '내가 말하는 이 말씀은 내 안에 계신, 다시 말해서 나의 인간적인 자기나 본성적인 자기 안에 살아 계신 아버지의 말씀이다'라고 말하였다"(*Stief*, i. 94).

맹목적인 추론가에게 하느님은 우주적으로 맹목적이시고, 무의식적인 능력이시다. 그리고 마음이 좁은 종파의 상상 속에 존재하는 하느님은 똑같이 협량(狹量)하지만, 깨달은 사람에게 하느님은 개인적인(인격적인) 하느님이고, 모든 것을 사랑하시는 아버지이다. 그는 모든 것을 그의 안에 품을 수 있을 정도로 뛰어나시고, 그 자신의 거룩한 전능성 안에 계시는 존재이다.

"하느님을 마치 그가 땅과 하느님의 피조물에게 이익을 주는지 해를 끼치는지 상관하지 않고 빛과 열을 보내면서 자신의 궤도를 도는 해처럼 아무 이유도 없고, 아무것도 모르면서 존재하고, 하늘이나 하늘을 넘어서, 아니면 하늘 위에서 움직이는 맹목적인 힘으로 생각해서는 안 된다. 그렇지 않다. 성부는 그렇지 않다. 그는 전능하시고, 지극히 지혜로우시며, 모든 것을 알고 계신다. 그의 안에 선과 친절과 자비와 기쁨이 가득하고, 그는 기쁨 자체이다"(*Aurora*, iv. 26).

"당신이 하늘, 별들, 원소들과 지구의 깊음에 대해서 생각한다면, 당신은 물론 하느님이 거기에, 그리고 그 안에 계시지만 당신의 눈으로 순수하고, 맑은 신성(Godhead)은 볼 수 없을 것이다. 그러나 당신이 당신의 생각 안에서 일어나고, 당신의 마음을 자신의 거룩함을 가지고 만유 안에서 다스리시는 하느님에게 나아가면, 당신은 하늘을 꿰뚫고 나가서 하느님 자신의 거룩한 마음을 알게 될 것이다"(*Aurora*, xxiii. 26).

하느님은 진화의 법칙에 종속되어 있지 않다. 오히려 그 법칙이 하느님 안에 기반을 두고 있다. 그 자신 안에서 영원히 완전한 영으로서의 하느님은 그 자신을 완전하게 하려고 창조할 필요를 느끼지 않는다. 그 자신의 능력으로 그 자신을 완전하게 하거나, 그의 능력의 범위 안에 있지 않은 것을 자신에게 줄 수 있는 존재는 없다. 식물의 성장과 인간 영혼의 전개에는 그것보다 위에 있는 힘의 현존이 필요하다. 자라날 수 있는 신은 그가 힘을 끌어오는 그보다 더 높은 하느님을 전제로 해야 한다. 오직 위로부터 내려온 것만이 마치 두 개의 삼각형이 겹쳐진 것으로 상징되듯이 다시 위로 올라갈 수 있다.

"하늘과 별들과 원소들을 창조하기 전에, 그리고 천사들을 창조하기 전에는 그 자신을 영원히 달콤하고 사랑스럽게 다시 만들고, 그 자신의 이미지를 상상하는 신성밖에 존재하지 않았다"(*Aurora*, xxiii. 15).

"하느님은 자신을 완전하게 하려고 창조하지 않았고, 다만 자신에게 그 자신을 커다란 기쁨 속에서 장엄하게 계시하려고 하였다. 이 기쁨은 창조의 시작과 함께 시작되지 않았고, 영원 전부터 하느님의 주관적인 상태였다"(*Signature*, xiv. 2).

하느님은 세상을 무엇인가 지적으로 생각할 수 있는 것으로부터나 그 자신이 아닌 어떤 것으로부터 만들지 않으셨다. 마찬가지로 사람도 그의 생각을 구성하는 이미지들을 그 자신의 생각 밖에 있는 어떤 것으로 만들지 않는다. 창조가 이루어지기 전에 그것은 그 자신의 온전성과 완전성 안에 있는 씨처럼 주관적으로 들어 있었다. 그것은 마치 그의 마음은 평화로운 잠 속에 잠겨 있지만, 그의 안에 있는 하느님의 영은 자기-의식 속에 있는 이회토(泥灰土)의 상상과 같다.

> "우리는 진실로 이 세상이 어떤 것으로부터 만들어졌다고 말할 수는 없다"(*Signature*, xiv. 7).
>
> "우리는 영원한 일자(One)로부터, 아니면 그 일자에 의해서 무엇인가가 만들어졌거나 분화가 이루어졌다고 합리적으로 가정할 수 없다. 왜냐하면 그런 형태나 어떤 형태를 만들 수 있는 소질(素質)이 존재한다면, 거기에는 하느님 이외에 또 다른 원인이 존재했었고, 그것으로부터 형태가 만들어졌으며, 유일하고 영원한 하느님이 아닌 어떤 다른 것(다른 신)이 존재했었다는 것이 되기 때문이다"(*Baptism*, i. 1).
>
> "창조는 다른 것이 아니라 측량할 수 없는, 모든-본질적인 하느님의 계시 자체이다. 그리고 시작이 없는 그분 자신의 영원한 발달 안에 있는 것들은 무엇이든지 창조 안에 존재한다. 그러나 하느님과 발달의 관계는 사과나무에서 자라는 사과와 사과나무의 관계와 같다. 사과는 사과나무가 아니라 나무의 힘에 의해서 자란다. 이와 마찬가지로 모든 것들의 원천은 하느님의 욕망 안에 있고, 그 욕망이 그것들을 존재 속에 들어가게 한다. 태초에 그것들을 만든 것은 아무것도 없고, 오직 영원한 생성(발달)의 신비만 있었을 뿐이다"(*Signature*, xvi. 1).
>
> "그녀 안에 씨앗을 가진 어머니(자궁)를 상상해 보라. 그녀가 씨앗을 담고 있는 한, 그것은 그녀에게 속해 있다. 그러나 그 씨앗이 아이로 되면, 그것은 그녀의 것이 아니고, 그 아이의 것으로 된다. 그것은 천사들에게도 마찬가지다. 그들이 모두 하느님의 씨앗으로부터 형상을 입었지만, 일단 그렇게 된 다음에 각자는 그 나름대로 신체를 가지게 되었다"(*Aurora*, iv. 34).
>
> "영원하고, 변함이 없는 하느님이 세상을 만든 이유는 도무지 알 수 없는 신

비이다. 그것은 그가 그의 사랑 안에서 그랬다는 것으로 밖에 설명될 수 없다"(*Hamberger*).

하느님은 순수한 지(知)로서 대상에 도달하기 위하여 추론에 의지하려고 하지 않는다. 그는 그 자신으로서 그 자신의 주체이고, 대상이며, 자족적이고, 영원하다. 그러므로 우리는 마치 햇빛이 그렇듯이 그가 영원히 흐르는 사랑의 샘이기 때문에 그가 창조하였다고 말할 수 있을 뿐이다. 그는 빛의 영원한 원천이기 때문이다.

"하느님 자신은 변함없으며, 발견될 수 없고, 그렇게 하려는 시도는 단지 그의 마음에 혼란만 가져올 텐데, 어떻게 창조하려고 하셨을까?"(*Menschwerdung*, ii. 2, 5).

"우리는 하느님의 본질 안에 영원히 서 있던 것이 어떻게 움직이게 되었는지 말할 수 없다. 하느님을 움직이게 할 수 있었던 것은 아무것도 없고, 하느님의 뜻이 영원하고, 변하지 않기 때문이다. 다만 우리는 삼위(the Three)가 그 나름대로의 자녀들을 가지기를 바랐을 것이라고만 말할 수 있다"(*Forty Questions*, i. 273).

세계는 순수한 신적 존재 상태로부터 지금의 모습대로 직접 만들어질 수 없었을 것이다. 세계를 물질적 측면에서 보면, 세계는 정신적이지 않고, 물질적이다. 하느님은 변함이 없고, 외적 조건(그것은 하느님을 위해서 존재하지 않는다)과 독립적이다. 그러나 하느님의 능력의 표현은 상호관계에서 비롯된 조건에 따라서 변한다. 따라서 햇빛은 언제나 같지만, 그것은 꽃의 개인적 특질에 따라서 꽃에게 다양한 색깔들을 준다.

"그 어떤 피조물도 순전히 신적인 존재 상태로부터 나올 수 없다. 이 상태는 원인이나 시작이 아니고, 시작이 될 수도 없기 때문이다"(*Grace*, viii. 45).

"그런 하느님의 마음과 빛 안에서는 그 어떤 것도 만들어질 수 없다. 빛은 자연의 목적이고 아무 특질이 없기 때문이다. 그러므로 그것은 변하지 않고, 그 어느 것으로도 만들어질 수 없으며, 언제나 영원성 속에서 똑같은 모습으로 남을 것이다"(*Three Principles*, x. 41).

그럼에도 불구하고, 만물을 영원한 본성으로부터 창조한 것은 삼위일체 하느님이다. 우리는 우리가 아는 세계는 완전히 열, 움직임, 전자적 조건 또는 빛 등의 형태로 구성되었다고 말할 수 있을 것이다. 이 모든 것들은 그것이 우리 자신들과의 관계를 가리키는 한 진실이다. 이 모든 힘들은 단지 원초적이고 본래적인 신적 능력의 표현일 뿐이다. 말하자면 그 자신의 영원한 지혜 안에서 작용하는 하느님의 의지인 것이다.

"영원한 삼위일체 하느님은 만물을 그 자신의 자기의 영원한 말씀에 의해서, 그리고 그 말씀을 통해서, 말하자면 그의 두 가지 측면이나 특성인 그의 사랑과 분노 또는 진노로부터 창조하였다. 그것에 의해서 그의 진노나 "본성"은 달래졌다. 그러므로 그는 그것들을 창조하였고, 그것들이 실존 속으로 들어오도록 하였다"(*Stief*, ii. 33).
"본래적 의지로서 성부는 말씀으로 모든 것들을 자유의 중심으로부터 말한다. 그러나 말씀에 의해서 하느님으로부터 나오는 주제는 능력의 영이고, 이 영은 말씀된 것에 형태를 부여해서 영으로 나타나게 한다"(*Threefold Life*, ii. 63).

이 마술적인 능력이나 "말씀"은 영원 전부터 하느님 안에 있었다. 그렇게 그는 하느님이고, 순수하게 신적 측면을 가진 "그리스도"이다.
하느님이 "잠이 들거나" 그의 자기-의식을 잃는 때는 한 순간도 없다. 그리고 무엇인가를 창조하려는 생각은 바깥에 있는 어떤 것의 영향 때문이 아니다. 하느님은 거울 같은 그의 지혜안에서 영원 전부터 우주를 지켜본다. 그는 창조 행위에 의해서 그분 안에 주관적으로 존재하는 이미지에 (말하자면) 객관성을 투사한다. 그러므로 "창조의 밤" 동안 휴식에 들어간 것은 하느님이 아니라 자연이다. 그것은 그의 정신이 그 자신의 영역에서 자기-의식으로 남아 있는 동안에도 인간의 몸이 잠자는 것과 같다.

> "지혜는 하느님의 상상이다. 그 안에서 천사들의 생각과 영혼은 영원 전부터 관찰되었다. 그것은 거울 속에 있는 이미지들처럼 실체적이거나 실제의 피조물들이 아니라 비-본질적인 것이다"(*Clavis*, x. 5).
>
> "영원 전부터 하느님의 지혜 안에서 관찰되었고, 그 안에서 하느님이 인간을 창조하였던 하느님의 형상에는 이 세상에 시간이 시작되기 전 그 어떤 생명과 실체가 없었다. 그것은 단지 하느님이 그 안에서 그가 어떻게 형상을 지니게 될 것인가 하고 보았던 이미지의 반사에 지나지 않았다"(*Stief*, ii. 123).
>
> "인간은 영원 전부터 존재하지 않았다. 단지 그림자처럼 이미지가 있을 뿐이었다. 그 안에서 하느님은 그의 지혜 안에서, 말하자면 그 자신의 지혜의 거울 안에서 영원 전부터 만물들을 알았다"(*Stief*, ii. 143).

하느님의 의지는 오직 하나이다. 그러나 영원한 본성 안에 있는 그의 행동에 의해서 매우 많은 신적인 능력들이 만들어진다.
우주의 마음 안에 있는 생각들은 수도 없이 많다. 따라서 수많은 다른 행태들은 하느님의 의지적 행동에 의해서 존재하게 될 수 있다. 그러나 신성(Godhead)을 제외하고 온전히 완전한 것은 하나도 없으며, 그에 따라서 완성의 서로 다른 상태의 평범한 존재들이 존재하고, 하느님의 의지에 의해서 더 완전해질 수 있다. 그것이 발달의 법칙이다.

> "피조물들의 종류는 하느님의 지혜안에 있는 영원한 생각들만큼 다양하다"(*Three Principles*, ix. 37).
>
> "신적인 능력이 다양하고, 심지어 무수한 것처럼 생각들도 분화되었고, 천사들 사이에도 차이가 있다. 그에 따라서 어떤 것들은 왕들이나 지배자들로 나타나고, 다른 것들은 시종들로 나타난다"(*Theosophic Questions*, v. 9-12).
>
> "신적인 삼위 밖에 완전한 것은 하나도 없기 때문에 만물은 서로 다르고, 그와 같이 천사들도 서로 다른 특성을 가지고 있다"(*Threefold Life*, v. 90).

이 (선하거나 악한) 천사들은 자연 안에 있는 살아 있고, 의식적인 권능들이다. 하느님의 권능이나 천사의 권능, 또는 악마나 그 어떤 피조물도 자연을 떠나서는 존재할 수 없다. 말하자면 어두운 불-구덩이 바깥, 즉 모든 것들이 태어난 하느님의 의지 바깥에서는 존재할 수 없는 것이다.

> "그 어떤 피조된 영도 불-세계(fire-world)의 바깥에서는 존재할 수 없다. 심지어 하느님의 진노가 없었다면 하느님의 사랑도 존재할 수 없었다. 그렇지 않으면 불의 세계는 그의 안에 존재하였다. 하느님의 불이나 진노가 빛과 강함, 권능과 전능성의 원인이기 때문이다"(*Stief*, ii. 4).
> "진노(불)가 만물의 뿌리이고, 모든 생명의 기원이다. 그 안에 모든 강함과 권능의 원인이 있고, 그것으로부터 모든 경이들(힘의 표현들)이 나온다. 그 불 바깥에는 그 어떤 의식도 없고, 그 어디에나 단지 무(無)만 있을 뿐이다"(*Three Principles*, xxi. 14).
> "그 어떤 존재도 그 자체 안에 불의 삼각, 즉 최초의 세 개의 자연적 형상이 없으면 태어날 수 없다"(*Grace*, ii. 38).

모든 형태들은 그렇게 만들어진 권능의 산물이거나 표현이다. 그런 권능의 현존이 없었다면 그것의 표현도 없었을 것이다. 마찬가지로 그 어느 것도 그 안에 있는 것을 제외하고는 그 어떤 힘을 행사할 수 없고, 그 힘을 알 수도 없다.
그러므로 그 어떤 정동도 느낄 수 없는 존재는 정동의 권역보다 더 높이 일어설 수 없다. 악을 행할 수 있는 그 어떤 에너지도 없는 존재는 그 어떤 선도 완수할 수 있는 에너지를 가지지 못할 것이다.
그것으로부터 모든 권능과 생각들이 흘러나오는 기반은 영원하다. 그러나 그런 피조물들에는 시간 속에 시작을 가지고 있다.

> "모든 것들은 영원으로부터 존재하였다. 그러나 그것은 단지 생각으로서이지 실체적으로 존재한 것은 아니었다. 형체가 없는 영들만 잠재성 안에 다른 것을

포함하는 마법의 세계에서처럼 영원 속에서 (아이디어로) 존재하였다"(*Forty Questions*, xix. 7).

"천사의 창조에는 시작이 있지만, 그것들이 창조된 권능의 시작은 없다. 그 권능의 시작은 영원한 시작과 함께 영원하다"(*Mysterium*, viii. 1).

"자연은 영원히 영원한 의지 안에 있었지만, 그 안에서 영으로만 존재하였고, 그 본질은 의지의 반영, 말하자면 영원한 지혜로 밖에는 드러나지 않았다"(*Signature*, xvi. 8).

"거대한 신비는 그것으로부터 선과 악, 빛과 어둠, 생명과 죽음이 비롯되는 혼돈(chaos)이다. 그것은 영혼들이나 천사들과 다른 모든 종류의 존재들이 비롯되는 기반이나 자궁이고, 그 안에서 그것들은 하나의 공통된 원인으로 담겨 있다. 그것은 마치 예술가가 한 조각의 나무로부터 깎아낸 것 속에 담긴 이미지 같은 것이다"(*Clavis*, vi. 23).

인간의 영혼 속에는 잠재적으로 우주 전체가 존재한다 ― 천국과 지옥, 하느님과 악마, 천사들과 귀신들, 별들의 세계 전체, 세상적인 것들, 지하의 왕국들이 그 모든 권능들과 본질을 가지고 같이 있는 것이다. 그러나 이 권능들이 (영적, 천상적 또는 세상적인 면에서 피조된 존재) 형태로 드러나지 않는 한, 그것들은 그의 내적 감각에 식별될 수 있는 존재를 가질 수 없다.

창조는 하느님의 자유의지에서 나온 행위이며, 그 어떤 열등한 원인에 의해서 나온 것이 아니다. 하느님의 의지가 자유롭지 않다면, 그것은 신적인 것이 아니다. 그것은 그 자체로 법이고, 그에 따라서 "자연법"이나 역학의 법칙에 복종한다. 창조는 하느님이 그의 영원한 본성을 전개시킴으로써 이루어졌고, 그에 따라서 하느님은 그의 적극적인 사랑이나 욕망을 통하여 그의 안에 단지 (주관적으로) 영으로 존재하였던 것을 실체화시켰고, (객관적으로) 형체를 가지게 하였다.

"피조세계는 거대한 신비 이전이었다. 그때 모든 것들은 지혜 안에서 마치 계속적인 사랑 놀이나 씨름 안에서 영적 상태로 있었기 때문이다. 하나의 유일한 의지는 이 영적 형태를 말씀 안에 품고 있었고, 지성(분리된 의식, 즉 날카롭고 수렴적인 특성)이 아무 한계 없이 활동하게 한다. 그래서 각각의 권능은 그 자신의 특별한 성격을 따라서 들어가거나 그 자신을 만들 수 있었다"(*Grace*, iv. 12).

"영원한 마음은 언제나 권능을 바라며, 그 권능은 수렴성이고, 그 수렴성은 수축, 매력 또는 영원한 완료이다. 그것은 창조하고, 영원한 의지가 그 자신의 선의(善意) 안에서 바라는 형체를 준다. 그 의지는 예리한 완료를 통해서 그가 영원한 지혜안에서 본 것을 실체화한다. 객관화하는 것이다"(*Three Principles*, xiv. 74).

그러므로 사람 안에 있는 신적인 영은 그 영의 생각에 의해서 소우주에 존재하는 권능들을 객관적으로 형상화하고, 그가 사는 영혼의 세계를 만든다. 그러나 창조는 오직 일곱 가지의 신적 영들 모두의 활동에 의해서만 실제로 완전해진다. 그러므로 어떤 의미에서 세계를 직접 창조한 것은 본래적 원인인 하느님이 아니라 엘로힘들(*elohims*)이나 "권능들"이다. 그것들은 근본적인 원인으로부터 받은 능력에 의해서 그것을 만든다.

"그 모든 존재들과 함께 우주는 영원한 자연, 말하자면 영원한 자연의 일곱 가지 영들로부터 창조되었다"(*Threefold Life*, iii. 40).

"그 어떤 것이 신적 본질로부터 태어날 때마다 그것은 단지 하나의 영에 의해서가 아니라 그 모든 일곱 영에 의해서 형상을 받는다"(*Aurora*, x. 4).

"신성이 세계를 창조하려고 움직일 때 그것은 엄격한 특성 안에서 부드럽게 움직이고, 그 특성을 하느님의 소금-초석(sal-nitre) 안에 축소시킨다"(*Aurora*, xiii. 4).

존재들의 형상을 만들 때, 그들 자신의 영은 우주적 성령과 협동한다. 우주적 생명은 나무로 자라는데 필요한 특성들을 지닌 씨앗이 없다면 네 원소로부터 나무를 만들 수 없었을 것이다. 그럼에도 불구하고, "그들 자신의 영"이라는 표현 때문에 그것이 마치 이 영들이 하나님과 본질적으로 다른 것처럼 이해되어서는 안 된다. 그것들은 단지 그들의 권능을 우주적인 사랑의 기반으로부터 받은 개인적 중심일 뿐이다.

> "본래 영은 마법의 분출이나 불의 폭발이고, 실체에 대한 욕망이다. 다시 말해서, '형태'인 것이다. 그래서 이것은 그 욕망에 의해서 비롯되었고, 영의 몸체를 구성하며, 영은 창조된 존재라고 불린다"(*Tilk*, i. 186).

모든 인간 존재는 그 자신 안에 창조의 능력을 가지고 있지만 모든 사람들에게 그 능력이 발달한 것은 아니다. 모든 사람은 상상할 수 있다. 그러나 모든 사람이 그의 상상의 대상을 그림이나 조각에 의해서 외적으로 객관적인 형태로 나타낼 수 있을 만큼 예술가는 아니다. 마찬가지로, 모든 사람은 그 자신 안에 선하고, 악한 능력들을 가지고 있지만 모든 사람이 그의 영적 강함을 가지고 그 능력들로부터 살아 있고, 의식적인 형태를 창조할 만큼 발달시킨 것은 아니다.

> "각 사물의 중심은 말씀과 함께 존재하는 영이다. 사물의 분리(분화)는 그의 의지의 특성 안에 있습니다. 그리고 그것에 의해서 사물은 그 자신을 다른 것들로부터 구별합니다. 그 의지에 의하여 사물은 그 자신의 본질적 (지배적인) 욕망을 따라서 어떤 존재의 형태나 상태를 감당합니다"(*Letters*, xlvii. 5).
>
> "심지어 오늘날에도 창조 행위는 여전히 지속되고, 하나님의 심판까지 그것은 끝나지 않는다. 그러면 거룩한 생명나무에서 자란 것은 거룩하지 않은 엉겅퀴와 가시나무와 분리될 것이다"(*Three Principles*, xxiii. 25).
>
> "하느님이 이 시간의 종말 이후 그의 의지로부터 어떤 것을 더 창조하든지 창조하지 않든지 하는 것을 나의 영으로는 알 수 없다. 그것은 그 안에서 그가 사는 그 자신의 중심보다 더 깊이 꿰뚫고 들어오지 않으며, 그 안에 낙원과 하느님의 왕국이 있기 때문이다"(*Principles*, ix. 41).

제5장
천사

"당신이 다른 사람의 입에서 나오는 성령의 말씀을 들으려면, 당신은 무엇보다도 먼저 당신 자신이 당신의 영을 가지고 거룩한 영 안에 들어가야 한다."

인간의 추리력을 뛰어넘는 것에 관한 야콥 뵈메의 교리가 올바른지 아닌지를 알기 위하여 이론적으로 사변하려는 시도는 전혀 소용없는 일이다. 논리는 결코 지각을 가져다주지 않는다. 그것은 단지 우리에게 어떻게 어떤 것이 될 수 없는지를 가르칠 뿐이지, 우리에게 그것이 무엇인지는 가르쳐 주지 않는다. 우리가 존재의 신적 상태와 천상적 권능이 있다고 확신할 수 있는 유일한 방법은 하느님의 도움으로 우리 내면에서 야콥 뵈메가 묘사한 이 능력들을 찾아보는 것밖에 없다. 거기에 성공하면, 우리는 거룩한 삼위일체 하느님과 대천사들에 대해서 알게 될 테고, 그 다음에 뵈메의 교리에 대한 고려가 우리 안에 존재하는 진리를 보는 것에 방해가 되었던 잘못된 관념들을 제거하는데 도움을 줄 것이다.

하느님(신의 본래적 의지)은 그 자신에게 객관적으로 되고, 그 자신을 피조된 존재로 구성하면서 삼중적 측면을 담당하였고, 그것은 성령의 세 가지 유형을 나타내며, "대천사들"이라고 부르는 하느님의 세 가지 다른 자기-의식적 권능이 생겨나게 한다. 그 천사들이나 권능들의 이름은 미카엘(Michael), 루시퍼(Lucifer), 우리엘(Uriel)이다.

"하느님은 그 자신을 피조된 존재로 구성하면서 그 자신의 삼위성과의 관계에서 그런 존재의 측면을 취한다. 이 삼위성은 하느님 안에서 가장 위대하고, 가장 높기 때문에 하느님은 다른 모든 것들보다 더 높은 세 천사장(그 자신의 이미지의 신적 반영)들을 창조하였다"(*Aurora*, xii. 88).

"미카엘은 성부 하느님을 나타내지만 그를 성부 하느님 자신으로 이해해서는 안 된다. 오히려 피조된 존재들(천사들) 가운데 성부 하느님을 나타내는 천사가 있는 것이다. 하느님이 그의 천사들과 함께 거하는 공간이나 권역은 하느님의 나라 안에 창조되었다. 미카엘은 성부가 기뻐하시고, 하느님의 사랑받는 아들이다. 그러나 당신은 그를 성부의 전체성 안에 있으며, 하느님 자신처럼 시작도, 끝도 없는 하느님의 가슴이나 빛과 비교해서는 안 된다. 이 천사장은 피조된 존재이고, 그런 만큼 시작이 있다. 그러나 그는 성부 안에 있으며, 사랑 안에서 하느님과 묶여 있다. 그러므로 그는 머리에 영광, 권능, 강함의 관을 썼고, 하느님의 삼위성 안에 있는 하느님 자신을 제외하고는 하늘나라에서 그보다 더 밝거나 더 아름답고, 더 강력한 것은 있을 수 없다"(*Aurora*, xii. 86).

"미카엘이 성부 하느님의 형상과 아름다움을 따라서 창조되었듯이 루시퍼는 성자 하느님의 형상과 아름다움을 따라서 창조되었고, 사랑 안에서 그와 연결되어있으며, 그의 마음은 그가 마치 하느님 자신인 것처럼 빛의 중심에 머무르고 있었다"(*Aurora*, xii. 101).

"세 번째 왕인 우리엘은 성령의 형상과 성격을 따라서 창조되었다. 그는 장엄하고 아름다운 하느님의 왕자였고, 다른 왕자들과 한 마음 안에 있는 것처럼 사랑 안에서 연결되어 있었다"(*Aurora*, xii. 111).

존재의 모든 차원에서 영원히 나오는 법칙에 의하면 셋으로부터 일곱이 나온다. 하느님의 삶에 일곱 가지 특성이나 속성이 드러나는 것이다. 일곱 가지 자연스러운 특성이 있으며, 마찬가지로 처음의 세 천사 외에 일곱의 고위 천사들이 있고, 그것을 따라서 영원한 발달의 사다리에서 서로 다른 위치를 차지하는 셀 수 없이 많은 수의 천사와 영의 하위 분류들이 따라온다.

우리는 그 이름들이 서로 다르지만 힌두교 신화에서도 "천사"와 "정사"와 "권세"들을 찾아볼 수 있다. "신화"는 결코 "지어낸 이야기"가 아니라는 사실을 명심해야 한다. 신화는 우화 형태로 옷 입은 사실의 표현인 것이다.

그것을 둘러싼 껍질이 비록 환상일지라도 그 핵심은 진실이라는 말이다.

> "신적 권능 안에는 일곱 가지 주된 특성이 있으며, 그것으로부터 하느님의 중심이 비롯되고, 그와 비슷하게 창조된 강력한 천사들의 왕자들이 존재한다. 각각의 왕자들은 그들의 주된 특성을 따라서 그들이 속한 군대의 지배자가 된다. 각각의 왕자들은 왕이나 대천사들보다는 낮지만 다른 하위 천사들의 우두머리이기는 하다"(*Aurora*, xii. 7).
>
> "하느님은 일곱 영에 해당하는 가브리엘, 라파엘 등과 같은 다른 천사들의 왕자들이 존재하도록 하셨다"(*Aurora*, xii. 88).
>
> "우리는 자연의 원천에 있는 일곱 가지 특성을 따라서 특별히 세 개의 위계 안에서 일곱 가지 구분이 이루어진 것을 반드시 고려해야 한다. 그 각각의 것들은 하나의 왕좌 안에 궁극적으로 형성되어 있다"(*Grace*, x. 24).

자기-의식적인 이 권능들이나 천사들이 분화되어 있기는 하지만, 각 계급들과 개체들은 그들의 특별한 성격들을 가지고 있다. 그것들 모두가 아무리 하나의 공통된 뿌리에서 나왔고, 그들의 창조주에게 충성스러운 한 그것들은 가장 강력한 사랑과 조화에 의해서 연합되고, 창조 안에서 커다란 일치를 이루는 개별적인 음조처럼 서로에게 섞여 들어간다.

> "천사들 사이에서는 오직 하나의 사랑의 의지밖에 없다. 그들 가운데 어느 누구도 다른 천사의 미모를 시기하지 않으며, 서로를 성령처럼 대한다. 그들은 서로를 사랑하며, 어느 누구도 자신이 다른 천사보다 더 아름답다고 생각하지 않는다. 오히려 다른 천사들의 아름다움과 사랑 때문에 즐거워한다"(*Aurora*, xii. 17).
>
> "하느님의 영들이 신적 영광 안에서 일어날 때, 그들은 서로에게 뒤섞이지 않는 방식으로 묶여 있을 수 없고, 그들이 머무르는 지역들에 규제 받지 않는다. 하느님의 영들은 서로의 안에서 영원히 일어나며, 영원 속에서 끊임없이 사랑을 나눈다. 따라서 서로의 안에서 움직이고, 세 왕국 모두 같이 가며, 다른 이들

로부터 아름다움, 사랑, 덕, 행복을 받는다. 그러나 각자는 하나의 피조물로서 그 나름대로 그 자신의 특별한 성격으로 그에게 할당되어 있고, 그가 속해 있는 (중력의 중심) 자리를 지니고 있다"(*Aurora*, xii. 57).

모든 천사들은 불과 빛으로부터 창조되었다. 그러므로 그들 각자는 그들 자신 안에 일곱 가지 특성들이 다양한 단계로 펼쳐져 있으면서 하나의 완전한 존재이다. 일곱 번째 특성이 발달하는 과정에서 신체적인 몸이 형성된다. 그 이유는 세 번째 특성이 일곱 번째 특성의 형태 안에서 다시 나타나기 때문이다. 일곱 번째 특성 안에서 세 번째 특성의 재출현은 "육신에서의 부활"을 구성한다. 그 부활은 죽고, 썩는 몸 안에서가 아니라 살아있는 영혼 안에서 일어난다.

하느님이 천사들을 창조하였을 때 불과 빛의 원리가 드러났다. 그들의 영이나 삶의 불안(의식)의 기원은 불에 있다. 그것으로부터 불안은 빛을 가로질러서 사랑의 고뇌로 되었고, 그에 따라서 진노는 그치게 되었다"(*Menschwerdung*, I. 3-10).

"천사들은 첫 번째 원리로부터 창조되었고, 움직이는 성령에 의해서 형체를 입었으며, 하느님의 빛에 의해서 빛난다"(*Three Principles*, iv. 67).

"영원으로부터 하느님의 빛은 사랑스럽고, 달콤하며, 정갈하다. 그러나 하느님이 창조하려고 움직였을 때, 그 모태(기반)는 불타고, 어두우며, 매콤하고, 쓴 특성들을 드러냈다. 천사들이 그 모태로부터 빛으로 창조되었고, 움직이는 성령에 의해서 형체를 입었기 때문이다"(*Aurora*, v. 24).

"각 천사에게는 일곱 가지 원초적인 영들의 힘이 담겨 있다"(*Aurora*, xii. 8).

"천사들의 몸, 말하자면 그의 지각(知覺) 가능성은 일곱 번째 영으로부터 비롯되고, 몸의 생산력들은 일곱 가지 영들이다"(*Aurora*, xvi. 15).

"천사의 몸은 자연의 영의 형체를 입은 것이고, 그 안에는 일곱 가지 다른 영들이 담겨져 있다. 그것들은 마치 신성이 그렇듯이 그 자신을 그 몸 안에 낳는다"(*Aurora*, iii. 30).

우리가 아는 지상 세계가 영원한 지혜의 가슴 안에 존재하는 이미지들에 작용하는 신적 의지의 권능에 의하여 우리에게 객관적으로 던져진 실체라면, 그와 똑같은 의지가 똑같은 방식으로 초세상적이고, 초감각적이며, 천상적인 세계에 존재하지 말라는 이유는 없을 것이다. 그리고 그 주체들은 이 세상에 있는 대상들이 우리에게 실제적이듯이 그 거민(居民)들에게 실제적이고, 실체적일 것이다.

> "영원 속에는 이 세상에 있는 생명보다 더 뛰어난 생명이 있다. 이 세상에 있는 정신(세상에 속한 마음)은 그 본성에 대해서 상상하지도 못한다. 그것은 그 자체 안에 세상적인 생명의 모든 특성들을 가지고 있다. 참으로, 거기에는 매우 강력한 불이 있는데, 그것은 다른 방식으로 타오른다. 그것은 달콤하고, 부드러우며, 고통이 없다. 그 불은 태워버리지 않고, 위엄과 살아있는 광채를 주고, 그 정신은 순수한 사랑과 기쁨이다"(*Threefold Life*, viii. 1).
>
> "하늘의 영적인 세계에는 지상 세계에 있는 것과 같은 특성들이 있다. 그러나 그것들은 거기에서 그렇게 격렬한(거친) 형태로 드러나지 않고 더 나은 상태로 드러난다. 마치 어둠이 빛에 흡수되는 방식처럼 말이다"(*Mysterium*, x. 7).

시각장애인들의 눈이 외부 세계에 있는 대상들을 볼 수 없는 것처럼 영적 지각의 눈이 열려 있지 않은 사람들에게 내면세계에 있는 대상들은 지각되지 못할 것이다.

우리가 만든 것들이 지상 세계에 "자연스럽게" 나타나듯이 천상 세계에도 객관적인 산물들이 있을 것이다. 그러나 천상 세계가 지상 세계보다 훨씬 더 우아하고, 영광스러우며, 아름답듯이 그 세계에 있는 것들은 지구에서 발견될 수 있는 그 어떤 것들보다 더 나을 것이다.

> "천상의 권능들은 상호작용에 의해서 나무들과 숲을 만들고, 그 위에서 생명의 아름다운 열매가 자란다. 이와 마찬가지로, 이 고약하고, 어두운 지상의 계곡에 다양한 종류의 나무들, 관목들, 꽃들, 과일들이 자라고, 땅에서 아름다운 돌들

과 은과 금이 나오는 것과 같은 방식으로 이 권능들에 의해서 하늘의 아름다운 색깔들과 아주 아름다운 향기를 가진 다양한 꽃들이 피어난다. 이 외적인 모든 형태들은 하늘이 생산한 것들의 상징들이다. 자연은 천상의 형상들과 종(種)들을 산출하기 위해서 타락하고, 무기력한 지구와 함께 아주 부지런하게 일을 한다. 그러나 자연은 오직 죽고, 어두우며, 쓰고, 차며, 악한 과실들만 산출할 뿐이다. 하늘에는 지상 영역과 같이 죽고, 딱딱하며, 목재와 같은 나무들은 없고, 영적인 것만 자란다. 그럼에도 불구하고, 우리는 상징적으로 말하는 것이 아니라 실제로 존재하는 식물에 관해 말하고 있으며, 이것은 문자 그대로 받아들여야 한다"(*Aurora*, iv. 10).

이상적이기는 하지만 그래도 완전히 실제적인 세계에 존재하는 대상들은 외부 세계에 존재하는 것들보다 훨씬 더 위에 있다. 그것은 위대한 천재가 생각하는 이상적인 개념이 그가 그의 손으로 실제로 할 수 있는 것보다 더 나은 것과 마찬가지이다.

그 전에 루시퍼가 지배했던 영역은 지구와 별이 빛나는 하늘 깊은 곳에 전체를 품고 있었다. 미카엘과 우리엘의 영역들은 전자와 크기가 같지만, 별이 빛나는 하늘 너머에 존재한다.

"뵈메가 미카엘과 우리엘의 왕국의 크기에 대해서 말하는 것을 외적 영토의 의미로 받아들여서는 안 된다. 루시엘이 반란을 일으키기 전에 다스렸던 영역은 다른 것들과 마찬가지로 비물질적인 것이고, 그 다음에 와서야 비로소 물질성으로 추락하였고, 공간과의 관계에서 영토적인 것으로 되었다"(*Hamberger*).

"우리 눈으로 보이지만, 그럼에도 불구하고 우리의 감각으로 다 이해할 수 없는 이 세상의 모든 지방들, 깊은 땅 속과 땅의 위와 하늘에 이르기까지 창조된 하늘 자체는 모두 루시퍼가 타락하기 전에 다스렸던 하나의 왕국이다. 그러나 다른 두 왕국들, 즉 미카엘과 우리엘의 왕국은 창조된 하늘(우주) 너머에 존재하고, 루시퍼의 영역과 같다"(*Aurora*, vii. 7).

천사들은 하느님이 이 세상을 다스리는 도구들이고, 그러는 한 그들은 그들이 다스리는 천상의 자연을 영광스럽게 할 뿐만 아니라 지상 세계와 그 개별적 지역들까지 지배한다.
그들은 그들 안에서, 그리고 그들을 통해서 나타나는 신적 지혜의 원리를 따라서 세상을 다스린다. 그것은 자신의 개념들이나 현명함 또는 정책을 따라서 다스리는 인간과 같지 않다. 그들은 그들 자신의 의지가 아니라 하느님의 의지를 실행한다.

> "영원한 일자(一者)인 하느님은 천사들의 활동에 의해서 만물을 다스린다. 그 권능과 행동은 하느님의 것이다. 그러나 그들은 하느님의 도구들이다"(*Theosophical Questions*, vi. 7).
> "천사들이 의지하고, 바라는 것은 그들의 생각에 의해서 그려지고, 형상을 갖추게 된다"(*Theosophical Questions*, vi. 9).

그들에게는 하느님의 의지가 가득 차 있다. 그러므로 그들의 생각들은 의지에 의해서 효과적으로 되고, 인간의 상상적인 자기-의지에 의해서 자라는 피상적인 인간의 변덕처럼 사라지지 않는다.

> "천사들의 천상의 선율이 들리기 시작할 때마다 하느님의 신적인 소금-초석(sal-nitre) 안에서는 다양한 성장과 형상들과 거대한 색상들의 세계가 일어난다"(*Aurora*, xii. 24).
> "모든 나라에는 그의 영역을 가진 왕자 같은 수호령이 있다. 마찬가지로 불, 물, 바람, 흙 등 네 가지 원소들을 다스리는 천사들이 있다"(*Mysterium*, viii. 9).

한 사람이 그를 둘러싸고 있는 영적 세계의 아름다움에 대해서 알고, 그의 영이 자기-의식에 의해서 외적인 삶에 대한 꿈으로부터 깨어나 그 세계를 본다면, 세속적인 실존에서의 일들에 대한 그의 관심은 아주 작게 될 것이다. 하지만 그런 지식은 오직 내면의 상태에 들어갈 수 있는 사람에게만 가능할 수 있고, 그 자신의 상상의 산물을 즐기는 몽상가의 꿈들과는 아무 상관이 없다.

성 마틴은 다음과 같이 말하였다. "그곳(더 높은 세계)에서 나오는 소리는 오직 소리와만 관계되고, 색깔도 색깔과만 관계되며, 실체들 역시 오직 그것과 직접적으로 연관되는 실체들과만 관계되는 어둠이 가득 찬 곳의 소리와 같지 않다. 거기에서 모든 것들은 서로가 가까운 관계를 맺고 있다. 거기에서 빛은 소리를 내고, 음률은 빛을 내며, 색깔들에는 움직임이 있다. 거기에서 그것들은 살아있고, 물체들은 모두 동시에 소리를 내고, 투명하며, 움직이고, 서로를 꿰뚫을 수 있기 때문이다."

수호천사에 대한 믿음은 우화가 아니다. 사람들은 그들에게 선하거나 악한 영향을 끼칠 수 있는 의식을 가지고 있으며 눈에 보이지 않는 선하거나 악한 힘들에 둘러싸여 있다. 그의 영혼은 악마들과 천사들이 싸우는 전장(戰場)이다. 사람들은 "바가바드 기타"에 아름답게 그려 있는 것처럼 천사나 악마 누구 편에도 설 수 있다. 우리가 그 힘들에 단지 수동적인 태도만 취한다면 악한 영향력이 쉽게 끌어당길 수 있다. 그러나 거룩하지 않은 것이 쫓겨나지 않으면 거룩한 영은 들어올 수 없다. 악과의 이 싸움에서 사람들이 그런 도움을 기꺼이 받으려고 한다면 천사들은 언제나 눈에 보이지 않는 방식으로 "악마"의 유혹에 맞서도록 사람들을 도와주려고 한다.

> "이 세상의 외적인 본성은 하늘의 본성을 이해할 수 없다. 그 둘은 마치 죽음이 생명과 비교되듯이 서로 비교된다. 우리는 천사를 우리의 외적 본성을 따라서는 볼 수 없고, 천사들 역시 외적으로 우리와 함께 할 수 없다. 그들은 우리와 내적으로 함께 하는 것이다. 우리가 악마와 싸울 때마다 천사들은 악마의 주먹을 막아주고, 거룩한 것을 열망하는 영혼을 그의 보호 아래 있게 한다"(*Aurora*, xix. 24).
>
> "악마가 때때로 천사들과 싸운다는 것을 알아야 한다. 인간의 영혼이 하느님 안에서 편안하면, 악마는 그 틈을 타고 들어오려고 한다. 그러나 그는 저지당하고, 그가 원하는 바를 할 수 없다. 영혼이 상상할 때마다 유혹에 찬 욕망들이 올

라오기 시작하고, 그때 악마는 승리하게 된다"(*Threefold Life*, xiv. 13).

"각각의 원리는 그 자신과 비슷한 것에 이끌리고, 알며, 좋아한다. 주변에 있는 원리들은 중앙에 있는 그에 해당하는 원리들에 작용한다. 사랑은 사랑에 작용하고, 미움은 미움에 작용하는 것이다. 선은 선에게 이끌리고, 악은 악에게 이끌린다. 사람 속에 악한 욕망이 활성화되어 있지 않으면, 악은 그의 영혼에 뿌리 내릴 수 없다. 악마는 모든 피조물 가운데서 가장 가련한 존재이다. 그 안에 진노(震怒)가 들어있지 않는 한, 그는 나뭇잎 하나라도 움직일 수 없다"(*Theosophical Points*, v. 18).

그 어떤 원리도 가지고 있지 않은 사람은 아무것도 알 수 없다. 모든 사람에게는 언제나 자연에서 그에 해당되는 원리를 인식하는 어떤 원리가 있는 법이다. 사랑이 없는 사람은 사랑이 무엇인지 알 수 없다. 그 자신의 영혼에 그리스도가 없다면, 그 어떤 사람도 그리스도를 알 수 없고, 그리스도에게 인식될 수도 없다.

피조물 안에서 왜곡되는 하느님의 의지인 자기-의지는 피조물의 "불-생명"이며, 고뇌의 원인이다. 모든 천사들은 본래 빛으로부터 만들어졌다. 그러나 그들은 그 안에 머물기 위하여 하느님에게 그들의 "불-생명"을 포기해야 했고, 그들의 자기-의지가 하느님께 대적하여 올라오지 않아야 했다.

"하느님의 빛과 권능 안에서 살려고 하는 모든 천사는 반드시 욕망 안에 있는 불의 지배라는 자기성을 포기해야 하였다. 그는 그 자신을 포기해야 했으며, 그에게 속한 모든 것들을 하느님의 의지에 맡겨야 했다. 그는 자기-의지에 관해서 죽어야 했고, 신적 사랑의 열매로서 사랑의 빛 안에서 펼쳐져야 했다. 그 결과 하느님의 의지-영(영적 의지)이 그의 삶을 다스리게 될 것이다"(*Stief*. ii. 49).

"악마는 천사였고, 그의 상상력(신앙)을 하느님의 빛 속에 넣는 것이 그의 의무였다. 그 경우 그는 신적 실체성을 그의 상상력 안에 받았을 테고, 그의 빛은 계속해서 밝게 빛났을 것이다. 그 빛-원천은 그 본질과 특성 속에 계속해서 남았

> 고, 그는 천사로 계속 남았을 것이다"(*Tilk*, I. 187).

따라서 하느님에 대한 진정한 앎을 포기하고, 지적 지식을 열망하는 사람은 궁극적으로 그 자신의 자만의 희생양이 되고, 악마로 변한다.
선과 악에 대한 인식 안에 선택의 자유가 있다. 이 지식은 네 번째 형태를 통하여 도달할 수 있다. 그 특성이 존재 안에서 깨우쳐지면, 그는 그 궤도에 도달할 때까지 절대적인 선이나 악을 향해서 나아가고, 거기에서 이것이나 저것이 이끄는 것이 그치게 된다. 이 한계에 도달할 때까지 그는 신적 사랑-의지에 들어가거나 그와 반대 방향으로 나아가서 자연의 더 낮은 특성 속에 빠지게 된다.

> "자연의 네 번째 형태인 번갯불은 생명의 기원이고, 그것은 불의 항상성 안에서 완성에 도달한다. 여기, 분열의 대상 속에서 영이 태어났다. 이 영은 뒤로 물러서서 그의 상상력을 가지고 그의 어머니인 어두운 세계로 들어가거나 앞으로 나아가서 죽음에 의하여 불의 고뇌 속에 빠지고, 거기에서 생명으로 피어날 수 있다. 그는 자유롭다. 그러므로 그는 이 길 가운데 어느 것이나 선택할 수 있다"(*Theosophical Points*, vii. 2).

모든 존재는 자유롭고, 그의 지식의 정도에 따라서만 책임질 수 있다. 그의 지적인 지식이 아니라 그의 영의 체험의 결과인 그의 "양심"을 따라서이다.

> "불의 원리 안에 전환점이 있다. 거기에서 의지는 그가 선택하는 그 어떤 방향으로도 움직일 수 있다. 그가 '무'(Nothing), 즉 자유를 원하면, 그는 그 자신을 불에 희생시키고, 그 원리의 죽음 속에 잠겨야 한다.[1] 그때 자연의 영원한 의지인 성부는 그를 성자의 의지 안에 넣을 것이다. 거기에서 그는 그 존재가 주었던 것만큼 모든 것을 받을 것이다. 그러나 그것은 그 자신의 명예를 위해서가 아니라 하느님의 영광과 권능을 위해서이다. 이것이 완수되면, 그런 사

람 안에 계신 하느님은 그의 의지와 행동으로 되고, 그의 불은 빛과 맑은 거울로 된다. 그러나 그가 그렇게 되기를 바라지 않고, 그 자신이 주인이 되려고 하며, 그 자신을 위해서 다양한 것들을 가지려고 하면, 그는 가혹한 엄격함과 어둠의 세계 속으로 들어가고, 그의 원리 속에서 불보다 더 높이 행동할 수 없다. 오히려 고작해야 섬광으로까지 밖에 나아가지 못한다. 그는 자연의 바깥에 있는 자유만이 빛과 맑음을 공급하기 때문에 계속해서 어둠 속에 머무르게 된다"(*Theosophical Points*, vii. 6).

네 번째 형태는 몸이 죽은 다음 생기는 분열의 대상이다. 그리고 의식의 중심은 선악의 우세에 따라서 더 높은 부분이나 더 낮은 부분으로 된다. 더 높은 의식은 빛으로 들어가고, 더 낮은 의식은 계속해서 그 자신의 지옥-불과 스스로가 만든 고통 속에 있게 된다. 하느님은 그 자신을 사람들이 그의 성격을 가지고 땅 위에서 사는 동안에 묶인 인간의 동물적 요소로부터 구속함으로써 인간을 "구속한다."
루시퍼는 그의 천상적인 삶을 보유할 수도 있었을 것이다. 그가 자연의 진노에 그 자신을 굴복시킨 것은 그 자신의 의지에서였다.

"영원한 피조물의 삶은 그의 기질이 올바르게 조화로웠기 때문에 처음에는 완전히 자유로웠다. 천사들은 하늘을 위해서 창조되었고, 환상의 영역을 가진 어둠의 세계가 그 안에 포함되어 있었지만, 그것은 잠재적 조건 속에 있었고, 바깥에 드러난 것은 아니었다. 그러나 그들이 환상(사변)으로 나아갔고, 그에 따라서 환상이 그들을 사로잡으면서 본질이 올라왔기 때문에 타락한 천사들의 자유 의지에 의한 행동에 의하여 어둠의 세계는 그 안에서 객관적으로 되었다"(*Grace*, iv, 45).
"우리는 루시퍼 왕이 그가 있던 상태에 머무를 수 없었다고 생각해서는 안 된다. 그는 다른 왕적인 천사들처럼 그 전에 위엄 있는 빛이었다. 그러나 그는 그 자신의 이기적 의지를 따라서 행동했기 때문에 이제 하느님의 사랑과 모든 거룩한 천사들의 원수가 되었다"(*Menschwerdung*, i. 217).

그는 하느님의 뜻을 알았지만 거기에 거슬러서 행동하였다. 따라서 그는 단순히 어리석은 것이 아니라 악마가 되었다.

> "착각의 영역은 영원으로부터 비롯되었고, 천사들의 타락의 원인으로 되었다. 그런 조건이 주어지지 않았더라면 천사들의 타락은 일어날 수 없었을 것이다. 그러나 루시퍼는 그 어떤 강압도 없이 자신의 자유 의지에 의해서 그 속으로 들어갔다"(*Grace*, vi, 2).
>
> "루시퍼의 안에는 불과 빛이 있었다. 그는 자유로웠다. 그런데 그는 왜 불 속에 들어가려고 했을까(그의 의식을 투사하려고 했을까)? 하느님의 빛과 권능은 그를 불 속에 넣지 않았고, 자연의 진노 속에 넣었다. 그의 영은 왜 그렇게 했을까?"(*Menschwerdung*, i. 5).
>
> "루시퍼에게 강하게 있던 타오르는 유혹은 그를 부추겼다. 마찬가지로 어둠(물질)은 그의 안에서 객관적으로 창조되기를 원하였다"(*Mysterium Magnum*, ix. 9).

루시퍼에게 주어진 신적인 아름다움과 높은 권능과 권위는 겸손하게[2] 그 자신을 하느님께 복종하도록 하는 대신 하느님을 능가하도록 부추겼고, 그에 따라서 그는 부자연스러운 방식으로 그의 영(잠재된 원리들)이 활동하도록 자극하였다.

> "루시퍼의 왕으로서의 몸이 실체화되고(조직화되고), 그의 정신(원리들 또는 특성들)이 자격을 갖추고 생성되기 시작했을 때(펼쳐졌을 때), 생명의 번쩍이는 불빛이 그의 마음에서 일어났고, 그의 정신은 일곱 가지 영들을 모두 불태우면서 그의 마음으로부터 다시 그의 (조직화된) 모든 혈관 속으로 들어갔다. 이렇게 그는 초월적인 명료성 속에서 신적인 왕으로 서 있었다"(*Aurora*, xiv. 4).

그의 조건은 그 자신의 열정을 배양하여 하느님의 나라에 올라갈 수 있도록 그에게 주어진 능력들을 사용하는 사람의 조건과 비교할 수 있다.

> "루시퍼가 자신이 매우 아름답다는 것을 보고, 그 자신이 고귀하게 태어났으며, 커다란 능력을 가졌다는 사실을 알았을 때, 그가 그 자신 속에 낳은 영(그 자신의 자유 의지)은 솟아올랐고, 그가 하느님의 탄생을 능가하려는 욕심을 부렸으며, 그 자신을 하느님의 마음보다 더 고양시키려고 하였다"(*Aurora*, xiv. 13, 32).
>
> "루시퍼가 그와 같이 왕적인 형태에 있고, 그와 같은 영광 가운데 있었을 때, 그는 하느님이 그의 안에서 움직인 것처럼 하느님 안에서 움직였어야 하였다. 그러나 그의 영에 그렇게 영광스러운 빛이 주어진 다음, 그것들은 기쁨에 가득 찼고, 자연스러운 빛(율법)을 거역하였으며, 하느님 자신보다 더 높아지고, 더 교만하게 되며, 더 숭고하게 되려고 했기 때문에 그렇게 하지 못하였다. 그때 가혹한 특성이 나타나서 그의 본질을 경직되게 해서 그 안에 들어있던 단물이 다 마르게 하였다. 그와 동시에 번쩍이는 불빛이 너무 타올라서 올라가는 영들은 참을 수 없게 되었다. 그것은 마치 커다란 기쁨으로 그것들을 산산조각 내려는 것처럼 무시무시한 방식으로 가혹한 특성 속으로 들어갔기 때문이다"(*Aurora*, xiii. 116).

하느님이 루시퍼를 그의 죄 많은 속임수 때문에 처벌하려고 특별한 고통을 만들었다고 가정해서는 안 된다. 오히려 루시퍼 자신이 하느님으로부터 돌아서고, 그의 낮은 본성을 자극함으로써 그 자신에게 지옥을 만들었다고 해야 한다.

> "하느님은 그를 저버리는 피조물들에게 고통을 주려고 지옥이나 어떤 특별한 형태의 고통을 만들지 않았다. 오히려 악마들이 빛으로부터 나오고, 하느님의 마음에 있는 지복(至福)을 넘어서 불의 권능으로 다스리려고 하자마자 바로 그 순간 그들은 하느님으로부터 벗어나고, 영원한 본성의 네 가지 낮은 특성 속에 들어가게 되는 것이다. 거기에서 그들은 지옥의 심연(深淵)에 갇히게 된다"(*Threefold Life*, ii. 5 3)[3].
>
> "악마는 외부로부터 오는 그 어떤 고통에도 영향 받지 않고, (고통의 원인은)

그의 내면에 있다. 그가 창조된 것은 이 종(bell)으로부터이고, 하느님의 빛은 그의 영원한 불명예이다. 그는 하느님의 원수이며, 이제 더 이상 하느님의 빛 안에 있지 않다"(*Three Principles*, iv. 36).

"지옥의 샘물은 영원으로부터 나온다. 그러나 그것은 드러나지 않았고, 그것이 깨우쳐질 때까지 감춰져 있다"(*Theosophical Questions*, xv. 1).

"영원한 빛을 가지고 있지 않은 세 가지 하위 원리는 무저갱, 하느님의 진노, 지옥이다. 그들의 빛은 무시무시한 번갯불이며, 거기서 그들은 스스로 깨어나야 한다"(*Threefold Life*, ii. 50).

"쓰라리고 엄중한 욕망이 고뇌의 아픔과 욕망을 일깨우면서 루시퍼 안에서 움직였다. 따라서 아름다운 별이 그 자신의 빛을 가리고 스러졌으며, 그가 그랬듯이 별 무리들이 행동했다"(*Mysterium*, ix. 10).

루시퍼의 군대도 다른 방식으로 행동할 수 없었다. 루시퍼의 군대가 그들 안에서 행동하는 것이 그의 뜻이었기 때문이다. 그것들은 그 자신의 일부이다.

자연의 모든 형태들은 루시퍼 안에서 서로를 향해서 그 어느 것으로도 대체할 수 없는 앙심을 가지고 서로를 대적하여 격렬하게 싸운다. 그들은 사랑 안에서 하느님과 하나가 된 하느님의 아들 대신 루시퍼 안에 자만심과 어두운 괴물을 낳는다.

"루시퍼의 내면에서 일어나는 영들이 평화롭고, 하느님의 의지를 따라서 상호작용하면 그들은 그들의 내면에 성자 같고, 하느님의 사랑하는 형제 같은 아들을 낳았을 것이다. 그러나 그들이 사나운 분노 상태에서 일어났을 때, 그들은 자만심 많고, 의기양양한 아들을 낳았는데, 그의 첫 번째 특성은 경직되고, 엄격했으며, 차갑고, 어두운 것이었다. 또한 두 번째 특성은 신랄하고, 사나우며, 불같은 모습이었다. 그의 내면의 소리는 경직된 불-소리였고, 사랑의 자리에는 교만한 악의가 있었다. 따라서 자연의 일곱 번째 형태 속에는 하느님을 능가하려는 교만한 괴물이 나타났고, 그것과 같은 것은 있을 수 없었다. 사랑은 차갑게 되고, 하느님의 마음은 이 왜곡된 존재와 접촉할 수 없었다. 호의와 사랑으로 가득 찬 마음이 그것과 만나려고 할 때마다 괴물의 마음은 어둡고, 차고, 딱딱하고, 불같이 되었다"(*Aurora*, xiii. 40-47).

"그 가혹한 특성은 최초의 살인자였다. 그가 아름다운 빛을 발했을 때, 그는 하느님이 그를 창조했던 것보다 더 심하게 수축되었기 때문이다. 두 번째 살인자로서 두 번째 특성은 그가 마치 그의 몸을 조각내려는 듯이 가혹한 특성 속으로 더 강하게 나아간다. 세 번째 살인자의 영으로서 열(熱)은 그의 어머니인 단물(sweet water)을 죽였다. 그 소리가 너무 광포해서, 그것은 마치 천둥치는 것 같았다. 그렇게 하면서 그것은 그 자신의 새로운 신성을 입증하려고 하였고, 불은 무시무시한 빛의 광채처럼 일어났다. 따라서 모든 몸체는 어두운 계곡으로 되었고, 거기에는 아무 위로와 도움도 없게 되었다. 사랑은 악으로 변하였고, 빛의 천사는 검고, 어두운 악마로 되었다"(*Aurora*, xiv. 19-25).

성자가 하느님과 동일시되듯이 악인은 악마와 동일시될 수 있다. 그 둘 어느 쪽이나 그의 내면에 있는 자기-의식이 도달한 원리의 "육화"(肉化)이다. 루시퍼는 신적인 것과 정반대되는 의지를 마음에 품고, 그 자신의 산물을 하느님이 만든 것들의 자리에 놓았을 뿐만 아니라, 순수한 천사들, 특히 미카엘과 미카엘의 군대에 놓으려고 하면서 그로부터 분리되었다.

"루시퍼는 창조를 보았고, 그 기반이 어떤 것인지 알았다. 그래서 그는 그 역시 신이 되려고 했으며, 불의 힘으로 만물 속에서 다스리려고 하였다. 그는 창조주가 바라는 것이 아니라 그 자신의 생각들을 형상화시키려고 하였다. 그러므로 그는 하느님의 원수가 되었고, 그 자리에 그 자신의 결과물들과 형상들을 놓으려는 목적에서 하느님의 행동에 의해서 만들어진 것들을 파괴하려고 하였다"(*Theosophical Questions*, x. 1).

"루시퍼는 하느님의 조화, 즉 하느님의 거룩한 이름을 떠나서 자신과 분리되었고, 그 자신의 개체 속에 머물렀다. 그는 그가 자신 안에 있다고 깨달은 중심적인 불의 특성 안에 머물렀던 것이다"(*Theosophical Questions*, x. 6).

"타락한 천사들로 이루어진 피조물과 환상의 어두운 영역은 단지 하나의 사물, 하나의 의지, 하나의 존재일 뿐이다. 그리고 이 반역적 의지는 단지 환상 속에만 머물면서 지배하려고 하지 않았고, 거룩한 능력 안에서 다스리기를 바랐으며, 그 안에 서고, 그것이 환상을 내쫓고, 그 앞에 서려고 하였다. 다시 말해서 내면의 천국이 그 자신의 상태를 닫아서 하느님을 보지 못하게 하였던 것이다. 그에 따라서 그것은 선의(善意)의 왕국에서 죽었다"(*Grace*, iv, 46).

"루시퍼가 그런 독재자이며 선한 모든 것들을 타락시키는 자로 입증되었을 때, 하늘의 모든 군대들은 그에게 등을 돌렸고, 그도 마찬가지로 모든 것으로부터 등을 돌렸다. 그때 전투가 시작되었으며, 대천사 미카엘은 그의 군대와 더불어 루시퍼를 대적하여 싸웠는데, 악마와 그의 군대들을 정복하지는 못하였다. 그러나 그는 정복당한 자로서의 지위에서 쫓겨났다"(*Aurora*, xvi. 9).[4]

빛의 세례로부터 루시퍼의 분리는 전적인 분리였으며, 이 세상의 일반적인 의미로 볼 때 지엽적인 것이 아니었다.

"빛의 세계는 악마에 대해서 아무것도 알지 못한다. 그리고 악마도 그가 언젠가 속했던 것을 제외하고는 빛의 세계에 대해서 아무것도 알지 못한다"(*Theosophical Points*, v. 2).

"천국은 지옥 속에 있고, 지옥 역시 천국 속에 있다. 그럼에도 불구하고 그것들 가운데 그 어떤 것도 다른 것에게 알려지지 않는다. 악마가 아무리 천국에 가기 위하여 수십만 마일을 돌아다닌다고 할지라도 그는 여전히 지옥에 머물 것이다. 따라서 천사들은 어둠을 보지 못한다. 그들은 오직 하느님의 능력만 본다. 그러나 악마들은 하느님의 진노의 어둠만 볼 뿐이다"(*Mysterium*, viii. 28).

모든 것은 그 자신의 의식을 구성하는 그 상태 속에 있다.

지옥의 존재는 발달에 있어서 아주 완성되지는 못하였다. 그것의 악한 부분에 악령들이 살고, 역사하는 지상 세계의 존재는 그것의 장애물이다.

한 사람이 하느님에 대한 지식을 잃으면 그에 따라서 악에 대한 능력도

잃는다. 한 사람이 하느님과 같은 지식과 그에 상응하는 능력을 얻기 전까지 완전한 악마가 될 수 없다.

> "마귀들은 자만과 방탕에 이끌려 불타올랐기 때문에 그들은 이제 빛의 세대로부터 완전히 쫓겨났고, 그것을 영원히 깨닫거나 이해할 수 없다. 그럼에도 불구하고 루시퍼의 거주는 아직 완전히 끝난 것이 아니다. 이 세상의 만물 안에서 사랑과 진노가 여전히 공존하고, 서로 씨름하면서 싸우기 때문이다. 그 사물들과 존재들은 아직도 빛의 씨름을 실현시키지 않고, 진노의 씨름을 한다"(*Aurora*, xiii. 32).[5]
>
> "지옥의 존재들은 아직 완전히 드러나지 않았다. 악마들은 여전히 더 커다란 심판을 기다려야 한다. 해와 물은 결산의 날까지 자기 나라를 감추기 때문에 마귀들은 심판의 날을 매우 두려워한다"(*Theosophical Questions*, xiii. 5).
>
> "이 세상에는 언제나 두 가지 구별되는 왕국들이 존재한다. 이 가운데 하나에는 하느님으로부터 오는 사랑이 다스리고, 다른 하나에는 그의 진노가 다스린다. 악마들은 오직 진노의 영역에 머무르는데 거기에서 그들은 영원한 어둠에 갇혀있고, 그 요소들의 선한 힘과 관계를 맺을 수 없다"(*Theosophical Questions*, xiii. 7).

악령들은 특히 사람들에게 적대적이다. 그러나 그들은 인간의 의지가 신적인 것을 향해 있고, 악한 욕망에 사로잡히기를 바라지 않으면 사람을 해칠 수 없다.

정신적으로 재생한 사람을 제외하고는 어느 누구도 자유롭지 않고, 그 자신의 주인이 아니다. 그를 통해서 언제나 하느님으로부터 영향을 받은 행동들이나 마귀로부터 영향을 받은 행동들이 나온다. 그러나 그는 이것을 선택하거나 저것을 따르는 데 있어서 상당한 양의 신적 이성을 물려받았다.

> "우리가 세상의 욕망에 뛰어들면 우리는 거기에 사로잡힐 테고, 그러면 심연의 고통이 우리를 지배하게 된다. 그러나 우리가 우리 의지의 능력으로 이 세상을

> 뛰어넘으면, 생명의 세계는 우리 의지를 사로잡고, 하느님의 의지가 우리의 주인이 될 것이다"(*Theosophical Points*, vi. 5).
>
> "어느 누구도 빛에 의해서 만들어진 일을 마음으로부터 떼어놓는 것이 마귀의 능력에 있다고 생각하지 않도록 하시오. 그는 그것들을 알 수 없고, 그들이 누구인지 이해할 수도 없다. 그러므로 비록 가장 외적인 세대에서 마귀가 격노하고 폭풍을 일으킬지라도, 당신이 진노의 산물을 마음의 빛으로 옮기지 않는 한, 당신의 영혼은 마귀에 의해 손상되지 않을 것이다. 마귀는 빛에 귀먹고 눈멀었기 때문이다"(*Aurora*, xix. 97).

루시퍼는 그가 자신에게 가져올 비참을 예상하였다. 그러나 그의 지식은 단지 "인지"(science)에 불과했다. 다시 말해서, 그것은 그의 경험에 의하여 완전히 깨닫게 된 상태는 아니었다. 그것은 실제적인 자기-지식이라기보다 이론적 성격을 띤 것이었으며, 자신의 지위를 유지하는 데 도움이 되는 신앙의 영적인 힘을 상실했기 때문에 이 "인지"는 그를 타락으로부터 보호하는 데 충분하지 않았다. 더구나 그는 무엇인가 완전히 새로운 것에 도달하려는 데 호기심이 많았다.

> "그러면 루시퍼는 하느님의 심판과 타락에 대해서 몰랐을까? 아니다. 그는 그것에 대해서 잘 알고 있었다. 그러나 그는 이러한 인식을 그의 감정으로 안 것이 아니었다. 다시 말해서 그것을 실제적인 체험으로 인식하지 못하고, 단지 하나의 인지, 말하자면 지적 관념으로만 알았을 뿐이다"(*Mysterium*, ix. 9).
>
> "루시퍼는 그가 하느님이 아니라는 사실을 알았고, 그의 능력의 한계도 알고 있었다. 그러나 그는 어떤 의미에서 완전히 새로운 경험을 하려고 했으며, 하느님보다 더 높아지고, 그의 힘이 모든 왕국을 압도하고, 신성(神性)의 모든 것을 능가하게 하려고 하였다"(*Aurora*, xiv. 14).

또한 하느님은 그의 영원한 지혜 속에서 루시퍼의 타락이 일어날 것을 알고 있었다.

"영원한 지혜 속에서, 아니면 좀 더 정확하게 말해서 영원한 본성 안에서 악마의 타락(그리고 인간의 타락)은 이 세상이 창조되기 전부터 이미 지각된 사실이었다"(*Three Principles*, ix. 22).

"피조물의 이미지는 지혜 속에서 그의 면모에 따라 진노나 사랑 안에서 이미 알려졌다. 여기에도 성부의 불과 빛으로부터 영원히 유래된 성령이 있었지만 타락이 예견되었다. 말하자면 이 이미지가 신체적 존재로 되어 있다면 진노에 이끌리게 될 테고, 그가 가진 신적 광휘(光輝)를 잃게 될 것이다"(*Stief*, iii. 58).

하느님이 비록 그 타락을 예견했음에도 불구하고 그것은 막아지지 못하였다.

"하느님이 왜 루시퍼로 하여금 그의 악한 욕망을 제지하게 하지 않았는지 질문해야 한다. 어떻게 이런 일이 일어날 수 있었을까? 만일 이 불의 존재가 더 온화함과 사랑으로 인도되었다면, 그의 영광스러운 빛은 그에게 더욱 분명해졌을 것이고, 이로써 그의 불같은 자기 의지는 더 커졌을 것이다. 하느님이 그를 처벌하면서 가르칠 수는 없었을까? 그러나 루시퍼는 이미 그의 내면에 있는 마술적 기반을 자극하고, 그 특성을 가지고 작용하려고 하였다"(*Mysterium*, xi. 14).

루시퍼는 어둠을 알려고 하였고, 빛에 대한 욕망을 가지고 있지 않았다. 사람들은 선을 실현하기 위해서 악을 알아야 한다. 그래야 선으로 돌아올 수 있다. 그러나 모든 것들이 그 자신과 맞는 원리를 추구하기 때문에 자신의 안에 악이 있는 사람은 결국 악에 머무르게 된다.

"엉겅퀴나 쐐기풀을 보라. 그것들이 햇빛을 더 많이 받으면 가시도 더 많이 날 것이다. 그러므로 하느님이 악마에게 사랑을 부으신다면 악마는 분노와 미움을 내놓을 것이다"(*Grace*, iv. 37).

그리고 지옥 같은 고통[6]의 끝은 생각할 수도 없다. 그와 같은 끝은 루시퍼의 교만을 겸손으로 바꾸든지, 아니면 창조의 모든 작업을 파괴할 것이다.

> "루시퍼가 다시 천사로 되려면 그는 하느님의 사랑과 일치로부터 다시 멀어져야 한다. 그의 불같은 삶이 사랑에 의해서 삼켜지고, 겸손으로 변화되어야 하는 것이다. 그러나 악마 안에 있는 이 지옥 같은 기반(그의 의지)은 그것을 허락하지 않는다"(*Theosophical Questions*, vii. 5).
> "영원한 기반을 가진 지옥의 본질인 의지는 창조 전체가 존재하기를 그치고, 창조 안에 있는 사랑의 영원한 본성이 소멸되지 않는 한 사라질 수 없다"(*Theosophical Questions*, v. 3).[7]

제6장
본성의 회복과 인간의 발생

"우리가 하늘과 원소들의 탄생에 대해서 말한다면, 그때 우리는 우리에게 아주 멀고, 낯선 것에 대해서 말하는 것이 아니라 우리 자신의 내면에서 일어나는 것에 대해서 말하는 것이다. 그리고 우리가 마치 어머니 안에 있듯이 그 안에 있기 때문에 이 탄생에 대해서 말하는 것보다 더 친근한 것은 없다. 우리가 천국에 대해서 말한다면, 그때 우리는 빛을 받은 영혼이 그 안에서 볼 수 있는 우리 자신의 집과 나라에 대해서 말하는 것이다. 그 나라가 아무리 우리 육신의 눈앞에 감춰져 있을지라도 말이다"(*Principles*, vii. 7).

세계 창조의 이야기는 처음부터 떼어 붙이기 식으로 설명할 수 없고, 그 전에 루시퍼에 의해서 다스려졌고, 그가 하느님으로부터 버려져서 무질서와 경련 상태에 던져졌던 자연적인 세계의 갱생이나 회복의 이야기로 설명될 수 있다.

"진노의 시간이 오기 전에 이 세계의 지방에서는 하늘에서 지금도 그런 것처럼 달콤하고 사랑스러운 방식으로 일곱 번째 영을 산출하는 여섯 개의 원천이 되는 영들이 있었는데, 거기에서는 진노의 불꽃조차 자라지 않았다. 거기에 담겨 있는 것들은 다른 빛을 필요로 하지 않는 빛과 맑음이었다. 하느님의 마음 안에 있는 사랑의 샘이 모든 것들을 비추고 있었기 때문이다. 그때 자연은 영묘했고, 거기 있는 모든 것들은 매우 강력하였다. 그러나 자연 안에서 교만한 악마들 사이에서 전쟁이 일어나자 모든 것들의 모습은 달라졌고, 다르게 행동하였다. 바깥에서 만들어지던 빛은 소멸되었고, 그에 따라서 열은 물체 속에 갇혀서 이제 더 이상 그 자신의 생명을 만들 수 없게 되었다. 그때 이런 이유 때문에 죽음이 자연에 들어왔고, 자연이 쇠퇴하게 되었다. 결과적으로 빛의 다른 창조가 시작되었다. 그것이 없었다면 지구는 영원한 죽음 속에 있어야 했다"(*Aurora*, xvii. 2; iv. 15).[1]

"자연에 있는 만물(萬物)은 광물들, 돌들, 나무들, 풀들, 약초들 및 다양한 종류의 동물들을 보면 알 수 있듯이 꽃을 피우고, 새롭게 태어나도록 되어 있었다. 그것들이 아무리 하느님이 보시기에 곧 사라질 것들이고, 순수하지 않을지라도 시간의 종말에 하느님은 그것들에서 심장과 정수를 빼어내서 진노나 죽음과 분리시키려고 하였다. 그러면 그렇게 해서 거듭난 것은 영원히 꽃을 피울 것이며, 이 세상의 지역 밖과 너머에서 다시 천국의 열매를 맺게 될 것이었다"(*Aurora*, xxiv. 2 5).[2]

"진노가 타오를 때 죽음 속에서 소멸되었던 '똑같은 소금-초석'(sal-nitre; 물질적 기초 또는 기반)은 거듭날 때 불의 광휘로 드높여졌다. 그것은 새롭게 된 것이 아니라, 죽음의 상태에 있는 또 다른 형태의 실체일 뿐이다. 그것은 우리에게 상대적으로 총체적인 물질로 존재한다"(*Aurora*, xxii. 80).[3]

버림받은 영들이 자연에 불이 난 상태를 만들어 놓았지만, 하느님은 그것들의 본성을 모아서 그들의 힘이 미치지 않는 곳으로 내쫓았고, 물로 그들의 오만을 그치게 하였다.[4]

"버림받은 영들은 성부의 특성 안에 여전히 있다. 그래서 그것들은 그들의 상상력으로 본성에 불을 붙여서 하늘의 실체는 흙과 돌로 되었고, 물의 감미로운 영은 불타는 하늘로 되었다. 이 일이 있은 다음 이 세상의 창조가 이루어졌다"(*Menschwerdung*, i. 2-8).

모든 원소들이 변화의 상태에 있는 한 창조는 이루어질 수 없다. 오직 "하느님의 영이 깊은 물 위에서 움직인" 다음에야 하느님의 말씀은 형상을 취할 수 있다.

"영원한 말씀이 움직였을 때, 루시퍼의 악의 때문에, 그리고 이 악한을 영원한 어둠에 있는 그의 거처로 쫓아내기 위해서 그 본질이 응고되었다. 하느님은 루시퍼가 왕자처럼 지배하는 그 드러난 힘들로부터 떠나서 더 이상 그의 통치에 두려고 하지 않았던 것이다. 그 힘들은 응고 상태에 들어갔고, 루시퍼를 좇아내려고 하였다"(*Mysterium*, x. 13).

"루시퍼의 타락은 여기에 있는데, 그는 불의 어머니를 깨웠고, 하느님의 마음에 있는 자비를 지배하려고 하였다. 이 불은 이제 그의 지옥이다. 그러나 하느님은 이 지옥을 천국, 즉 '물의 어머니'로 붙잡았다. 이 세상의 지역이 불에 탈 테지만, 하느님이 움직였고, 물을 창조하였기 때문이다. 이것으로부터 대양(大洋)과 바닥을 알 수 없는 물의 깊음이 생겼다. 소돔과 고모라에서 그런 일이 일어났었다. 그들의 죄가 컸고, 악마가 거기 있으면서 그의 힘을 유지하려고 했을 때, 하느님이 이 세상의 왕자가 그 다섯 개의 왕국을 불과 유황으로 불태우기를 허용했기 때문이다. 그러나 악마가 그곳의 주인이라고 생각하고, 그의 거처가 거기 있다고 생각했을 때, 하느님은 그의 교만을 깨트리려고 하였다. 물이 거기에 와서 그의 영광을 소멸시켰던 것이다"(*Threefold Life*, viii. 24).[5]

하느님은 사랑으로 가득한 그의 창조적 의지로 빛이 일어나게 하였고, 어둠의 세력을 깊음 속에 내려가도록 하였다. 그러므로 인간의 영혼이 영원한 자유로 올라올 때, 어둠의 세력은 그 아래 있는 심연으로 사라질 것이다.

"진노가 하느님의 마음을 치지는 않았다. 그러나 그의 선한 사랑은 그의 마음으로부터 나와서 제일 바깥에 있는 진노의 세대 속으로 들어가 그것을 소멸시킨다. 그래서 하느님은 '빛이 있으라'고 하였다"(*Aurora*, 85).

"하느님이 '빛이 있으라'고 했을 때, 진노와 함께 담겼던 거룩한 힘이 움직였고, 악마의 세력은 그를 그 본질로부터 완전히 철수시켰다"(*Mysterium*, xii. 14).

"그러므로 어둠은 땅의 본체 안에 들어 있는 진노의 특성 안에 머물러 있고, 이 세계의 모든 깊음 안에 들어 있다. 그리고 하늘에서 온 자연의 빛인 빛의 본체 안에, 즉 다섯 번째 본질로부터 별자리들이 만들어졌는데, 이 본질은 어디에나 있다. 땅 안에, 그리고 땅 위에도 있다"(*Aurora*, xii. 15).[6]

빛이 이렇게 새로 창조됨으로써 새로운 생명이 모든 곳에서 움직이기 시작하였다. 그러나 이 창조는 그렇게 함으로써 활성화된 영들의 숫자를 따라서 일곱 번째 날에서야 비로소 완전한 상태에 도달하였다.[7]

> "하느님이 '빛이 있으라'고 말했을 때, 그 본질, 말하자면 빛의 특성 안에 있는 존재는 땅에서 뿐만 아니라 모든 깊음 안에서 커다란 힘을 가지고 움직였다. 그것으로부터 네 번째 날에 해가 창조되었다. 다시 말해서, 불이 붙여졌던 것이다"(*Mysterium*, xii. 13).
>
> "하느님이 이 세상을 창조하려고 움직였을 때, 하느님의 한 부분만 움직이고, 다른 부분은 쉰 것이 아니라 모든 부분이 즉시 움직였다"(*Aurora*, xxii. 122).
>
> "이 움직임은 하느님의 일곱 개의 영 모두가 완전하고 움직이는 세대 안에 있던 6일 내내 계속되었다. 그리고 모든 영들의 마음과 땅의 소금-초석은 커다란 바퀴 안에서 그 시간 동안 6번 돌았다"(*Aurora*, xxi. 123).
>
> "그 날의 작업들은 일곱 가지 특성에 기초를 두고 있는데, 그 가운데 여섯은 실제적인 것이다. 그러나 일곱 번째의 것, 또는 그 본질은 그 안에 다른 것들이 들어 있다. 이 특성들은 하느님에 의해서 발화되었고, 눈에 보이게 되었기 때문이다"[8](*Mysterium*, xii. 2).

두 번째 날, 빛의 능력 안에서 분리가 이루어졌다. 내면의 비물질적인 물로부터 외적인 물질이 분리된 것이다. 그래서 단단한 창공은 이 두 가지 사이의 가운데 놓여졌다.

> "이 세상에서 육체와 영혼이 서로 연결된 방식으로 생명의 물은 죽음의 물로부터 분리되었다. 그러나 물의 가운데 부분으로부터 만들어졌던 하늘은 그 둘 사이에 있는 심연(深淵)과 같다. 그래서 상상할 수 있는 물은 죽음이지만, 상상할 수 없는 물은 생명이다"(*Aurora*, xxi. 7).
>
> "땅 위에 있는 물은 땅 자체처럼 쇠락하고 죽은 존재이다. 가장 외적인 세대 안에 들어 있는 물질로서의 물은 상상할 수 없는 것으로부터 이미 분리되었다"(*Aurora*, xx. 27).

> "창공 위에 있는 물은 하늘이고, 창공 아래 있는 물은 물질적인 물이다"(*Mysterium*, xii. 2 4).
> "창공은 시간과 영원을 연결하는 고리이다. 하느님은 그것을 '하늘'이라고 부르고, 물들과 구분한다. 그것은 하늘은 세상에 있지만 세상은 하늘에 없다는 것을 가리킨다"(*Mysterium*, xii. 23).

그러므로 인간의 마음은 천상의 상태와 지상의 상태를 연결하는 고리이다. 하늘과 행복은 그의 마음 안에 있을 수 있지만 그의 마음은 외부의 하늘에는 있을 수 없다.
영적인 물과 물질적인 물은 외적인 방식으로나 지역에 따라서 분리되지 않지만 물질적인 물이 있는 곳마다 영적인 물은 존재하며, 물질적인 물에 도움을 준다.

> "내가 바깥에 있는 물을 볼 때, 나는 '여기, 궁창 아래 있는 물에 궁창 위에서 온 물도 담겨 있다'는 말을 할 수밖에 없다. 그러나 궁창은 가운데이고, 시간과 영원 사이의 연결(나누는 선)이므로 그것들 가운데 그 어느 것도 다른 것이 아니다. 나는 외부의 눈이나 이 세상의 눈을 가지고 오직 궁창 아래의 물만 본다. 그러나 궁창 위에 있는 물은 그리스도 안에 있는 하느님이 재탄생의 세례를 위해서 제정하였다"(*Mysterium*, xii. 26).
> "이 세상에 있는 모든 물은 타락하였다. 그러므로 더 위에 있는 물이 지구를 위해서 와야 하고, 그녀의 불을 끄고, 그녀를 안정시켜야 한다. 그러면 진정한 물이 태어날 수 있다"(*Aurora*, xx. 27).

하늘의 생각들이 태어나려면 신적 영감이 물질적인 생각들을 돕기 위하여 반드시 와야 한다.
셋째 날 불과 물의 본질인 하늘과 땅의 궁창이 다시 융합 안에 들어왔고, 이것으로부터 풀들과 약초들과 나무들이 태어났고, 그와 동시에 금과 은과 여러 가지 종류의 금속들이 만들어졌다.[9]

> "둘째 날, 하느님은 물과 불의 수은을 서로 나누었고, 불의 수은을 하늘의 궁창이라고 불렀다. 그때 외적 본성의 정신 속에서 남성과 여성이 생겨났다. 다시 말해서 불의 수은에서 남성, 물의 수은에서 여성이 생긴 것이다"(*Clavis*, 86).
>
> "셋째 날, 불과 물의 수은은 다시 융합과 혼합 속으로 들어갔고, 그때 소금-초석이 풀들과 약초들과 나무들을 낳았다"(*Clavis*, 88).
>
> "하느님이 구별하기 위하여 하늘을 사랑과 진노 사이에 놓은 다음, 셋째 날, 사랑이 하늘을 통하여 진노 속으로 뚫고 들어왔다. 그때 오래 되었던 죽은 몸이 움직이기 시작하였고, 세대의 고뇌를 느끼기 시작하였다. 사랑이 열렬하기 때문에 불의 원천에 불을 붙였고, 불의 원천은 뻣뻣한 죽음의 맵고 가혹한 특성에 마찰을 일으켰다. 셋째 날에는 그 가혹한 특성이 뜨거워져서 가혹한 땅이 움직일 수 있게 되었다"(*Aurora*, xxv, 29).
>
> "단물 안에 있는 빛이 가혹한 영을 꿰뚫고 들어갔을 때 빛나는 광채는 물, 즉 가혹하고 딱딱하며 죽은 특성 안에서 불붙었고, 그것은 모든 것을 움직이게 하였으며, 움직이는 것들이 땅 위의 하늘뿐만 아니라 땅 안에서도 존재하게 하였다(생명). 그때 생명이 만물 안에서 생겼고, 땅으로부터 풀, 약초, 나무가 산출되었으며, 땅 속에서 은, 금, 다양한 종류의 금속들이 만들어졌다"(*Aurora*, xxi, 132; xx, 6).

빛은 부패한 본질 안에서만 활동할 수 있고 다른 것은 없으므로, 그렇게 만들어진 것들은 혼합된 종류, 즉 반은 선하고, 반은 악한 것이었다.

> "빛이 다시 외부에서 식별할 수 있는 것들 안에 나타났을 때, 말씀은 죽음으로부터 생명을 낳게 하였고, 부패한 소금-초석은 다시 열매들을 산출하였다. 그러나 이것은 어느 정도 진노 안에 있는 타락한 상태와의 관계 안에서 일어났다. 그리고 이 열매들이 땅에서 외부로 나왔기 때문에 그것들은 악하고, 선하게 된다"(*Aurora*, xxi, 19).

해에 불이 밝혀지고 별들이 나타나기 전, 자연은 죽음의 상태 속에 있었고, 자연으로부터 만들어진 형상들에는 살리고 자라게 하며 생성하는 능력이 없었다.

> "이 세상에서 하나님의 진노의 불이 붙은 지 사흘이 되었을 때까지 자연은 불안해 하였고, 죽음의 어두운 골짜기였다. 그러나 사흘 째 되는 날 별빛들이 생명의 물속에 밝혀졌을 때 생명이 죽음을 깨뜨리고 새로운 세대가 시작되었다"(*Aurora*, xxiv, 41).
>
> "땅에는 무엇보다도 먼저 가혹한 특성이 있다. 이것은 소금-초석을 위축시키고, 땅에 바위와 광물과 수많은 뿌리들처럼 다양한 종류의 몸체들이 만들어지게 하고, 땅이 하나의 형체를 갖춘 실체로 되게 하면서 단단하게 한다. 이렇게 만들어졌을 때도 땅은 그것이 자라거나 확장될 수 있게 하는 생명을 갖추지 못하였다. 그러나 해의 열이 토양에 작용하자 다양한 형태들이 땅에서 자라고, 번성하게 되었다"(*Aurora*, viii, 41).

이와 마찬가지로 사람 안에 있는 물질적이고, 세상적인 요소는 그 자체로 자신의 본성을 뛰어넘는 힘을 가지고 있지 않다. 이것은 그것들이 하나님의 성령의 능력에 의해서만 무엇인가를 할 수 있다는 사실을 말해 준다. 이제 하나님의 영원한 빛이 이 세상의 어둠 속에 빛을 비추고 궁창 또는 하늘에 열기를 불태우며, 그에 따라서 그 불로부터 빛이 나온다. 다시 말해서 해와 별들이 빛나는 하늘이 되는 것이다.

> "하늘이 만들어진 다음, 하나님의 빛과 이 세상의 부패한 몸체 사이를 구별하기 위하여 이 세상의 몸체는 빛이 없는 어두운 골짜기로 되었고, 모든 힘들이 죽은 듯 사로잡혀 있었으며, 그것들이 모든 몸 가운데서 빛이 밝혀질 때까지 아주 어려운 상황에 있었다. 그러나 이런 일이 일어났을 때 하나님의 빛 안에 있던 사랑은 갈라진 하늘을 뚫고 열기가 살아나게 하였다"(*Aurora*, xxv, 68).
>
> "영원한 빛이며, 영원한 의지인 하나님이 어둠 속을 비치면, 어둠은 그 의지를 포착한다(그 활동을 받아들인다). 이제 이 의지 안에서 고뇌가 일어나고, 그 안

에 불이 생기며, 불 속에 빛이 생긴다. 그에 따라서 불로부터 별들이 만들어지고, 하늘의 권능으로부터 해가 만들어진다"(*Three Principles*, viii. 22).

이 모든 것들은 사람이 영적으로 거듭나는 동안 그에 해당되는 방식으로 일어난다.
이렇게 하느님의 지혜는 완전히 순수하지 않게, 그리하여 영구적이고 불변하지 않은 방식으로 그 자체를 드러낸다. 그럼에도 불구하고 그것은 투명한 거울처럼 나타났고, 악마를 그의 어둠 깊은 곳으로 밀어 넣었다.

"넷째 날, 하느님은 그의 영원한 지혜로부터 세 번째 원리의 주인(눈에 보이는 세계), 해와 별들을 창조하셨다. 여기에서 이제 정말로 신성(Godhead)과 하느님의 영원한 지혜를 마치 투명한 거울처럼 볼 수 있다. 우리 눈으로 볼 수 있는 이 존재는 하느님 자신이 아니라 세 번째 원리 안에 있는 하느님이다. 그것은 궁극적으로 그의 에테르로 돌아갈 것이며, 종말을 맞을 것이다"(*Three Principles*, viii. 13).
"하느님은 가장 외적인 생산물과 가장 내적인 생산물 사이, 그리고 투명한 신성과 부패한 자연 사이에 '하늘'이라고 불리는 단단한 기반(궁창)을 만들었다. 사람들이 하느님께 가려면 그것을 깨뜨려야 한다. 사람들은 이 하늘들도 하느님 앞에서는 순수하지 않다고 말한다(욥 14:15). 그러나 심판의 날에는 진노가 그칠 것이다"[10](*Aurora*, xx, 41).
"창조의 순간 또 다른 빛인 해가 이 세상에서 깨어났고, 그것은 루시퍼에 의해 부패하게 되었으며, 그에 따라서 마귀의 영광도 사라졌다. 그러므로 그는 죄수처럼 하느님의 영역과 이 세상의 영역 사이에 있는 어둠 속에 유폐되어서 단지 하느님의 진노와 분노만 깨어 있는 혼란(*Turba*)을 제외하고는 이 세상의 그 어떤 곳에서도 다스리지 못하게 되었다"(*Menschwerdung*, I. 2).

해는 세상의 영혼에 의하여 계시되었고, 모든 별들의 영향에 의하여 만들어졌다. 해 역시 별들의 생명이다. 그러므로 사람 안에 있는 신적 지혜의

해는 사람들이 자신의 신적 자기-의식의 기반으로 가지고 있는 자신의 경험으로부터 모아 놓은 집단적 지식을 나타낸다. 하느님 안에 그런 자기-의식이 없으면, 그의 모든 지적 획득들은 단지 공허할 뿐이고, 사라질 것이다.

> "하느님은 외부 세계의 영혼 안에서, 그리고 그것을 통하여 왕을 깨웠다. 그렇지 않으면, 상징적으로 말해서, 그의 조력자들인 여섯 개의 고문관과 함께 자연의 신성을 깨웠다. 말하자면, 해와 여섯 개의 다른 행성들을 깨운 것이다. 그것은 해의 자리(좌석 또는 중심)에서 일곱 가지 특성으로 이미 말한 바 있다. 해는 그의 광채를 불의 세계와 빛의 세계의 색조(tincture)로부터 받고, 빛의 세계와의 관계 속에서 계시된 점으로 나타난다"(*Mysterium*, xiii. 16).
>
> "하느님은 가운데 있는 죽음 안에서, 다시 말해서 땅의 몸체나 물질적 실체 안에서 색조(色調), 즉 그의 광택, 광채, 빛을 깨웠고, 그 안에 땅의 생명이 담겨져 있다. 그러나 그는 그 중심 위에 있는 심층에 해를 주었는데, 해는 빛의 색조이고, 해는 그 힘을 가지고 자연의 바깥과 자연을 뛰어넘어서 있는 자유에 도달하고, 그것으로부터 자연은 그의 광채를 받는다. 하느님은 모든 별들의 생명이고, 모든 별들은 그의 자녀들이다. 하느님은 그것들의 본질을 지니고 있지 않다. 그들의 생명은 처음부터 그의 중심으로부터 나온다"(*Threefold Life,* iv. 27).
>
> "해는 이 세상에 있는 모든 힘들의 중심이고, 모든 별들의 힘으로 형상화되며, 동시에 모든 별들과 세상에 있는 힘들에게 빛을 비추고, 생기를 불어 넣는다"(*Aurora*, viii, 41).

그러므로 신적 원리는 마치 해가 그의 빛을 달에 반사하듯이 사람에게 빛은 물론 생명과 함께 지성을 넣어 준다. 하느님으로부터 주어진 지성은 축적된 힘이 소진된 다음 스러질 것이다. 오직 하느님이 아시는 우리 안에 있는 것들만 영원히 남을 것이다.

> "해는 심층의 한복판에 있으며, 그들의 모든 힘을 하느님의 권능으로부터 받고

형태를 갖추게 된 별들의 빛이거나 중심이다. 그러므로 해는 모든 빛 가운데서 가장 맑고, 그의 광채와 열로 모든 별들에 불을 붙인다. 각각의 별들에는 그들 자신의 특별한 성격과 힘이 들어 있다"(*Threefold Life,* vii. 40).

"그러나 우리가 해가 중심이라고 함으로써 모든 별들이 '해'라고 불리는 중심점으로부터 나왔다는 것을 의미한다고 생각해서는 안 된다. 해는 단지 별들의 힘의 중심이고, 별들이 그들의 본질에서 움직이는 원인일 뿐이다. 해는 별들이 그들의 힘을 펼치게 하고, 그의 힘을 별들에 들어가게 한다. 그리고 이 힘은 별들의 중심이다"(*Mysterium*, xi. 32).

특히 일곱 개의 행성은 태양에 의하여 객관적으로 일곱 가지 자연의 형태에 일치하고 상응하게 되었다.[11]

"해가 생명의 중심이고 이 세상의 몸체 안에 있는 모든 영들의 기원이듯이, 토성은 모든 실체성과 유형성의 시작이다. 그러므로 토성은 해로부터 시작되지 않았고, 해로부터 내려오지도 않았다. 그의 기원은 이 세상의 모든 몸체의 지속적이고, 쓰리며, 혹독한 불안이다"(*Aurora,* xxvi, 1).

"빛에 불이 붙여지면, 수렴성(收斂性) 안에서 정복된 힘은 수성으로 된다"(*Three Principles*, viii. 24).

"수성은 뒤섞고, 소리를 내며, 종을 친다. 그러나 그것은 아직 참된 삶을 누리지 못한다. 참된 삶은 불로부터 나오기 때문이다. 따라서 그것은 불을 일으킬 수 있는 맹렬하고, 사나운 본질을 바라는데, 그것이 화성이다"(*Threefold Life,* ix. 78).

"해에 불이 붙여지면, 사나운 불꽃은 해의 주변으로부터 나와서 번개의 강렬한 일격처럼 위로 들어간다. 이것이 화성으로 되는 것이다. 이제 화성은 거기에서 격노하는 요소이며, 이 세상의 모든 몸체를 움직이는 자, 폭군이 되고, 많은 생명은 그에게 기원을 둔다 "(*Aurora*, xxv, 72).

"움직임과 생명의 영들이 물의 점화에 의해 해의 주변에서 일어나자마자, 물의 기초가 되는 온화함은 빛의 힘을 부여받아 아래 방향으로 부드럽게 꿰뚫고 들어왔고, 이것으로부터 금성이 존재하게 되었다"(*Aurora*, xxvi, 19-33).

"불타는 공포가 빛에 사로잡혔을 때, 그 빛은 그 자신의 힘으로 부드럽고, 고양된 생명으로서 자연의 단단하고 차가운 자리에 도달할 때까지 더 높은 곳으로 올라가서 깊은 곳으로 꿰뚫고 들어간다. 그것은 거기 머물고, 그 힘으로부터 목성이 존재하게 된다"(*Aurora*, xxv, 76-82).

"일곱 번째 형태는 달인데, 그 안에 여섯 형태의 모든 특성들이 들어 있다. 말하자면, 달은 다른 형태들의 실체적 존재인 것이다. 이 모든 것은 그들의 욕망을 해를 통하여 그녀에게 던진다. 해에서 영적인 것은 달에서 실체화된다"(*Signature*, ix. 24).

별의 세계가 존재하기 시작한 다음, 별들의 힘에 의해서 나타난 행성의 생명, 말하자면 그 살아 있는 조직체들이 만들어지고, '다양한 요소들의 별들'을 나타낸다.

"하늘의 궁창은 물이라는 매체로 만들어졌기 때문에 이 세대는 외부의 응고된 세대를 뚫고 들어간다. 다시 말해서, 죽음을 뚫고 들어가는 것이다. 그리고 그것은 동물과 사람, 새, 물고기, 벌레와 같은 행성의 생명체를 낳는다"(*Aurora*, xx, 60).

"하느님이 별들과 네 원소들을 펼친 다음, 그 모든 네 원소들 속에서 공중의 별자리 속에 있는 새들이나, 물의 별자리 속에 있는 물고기들이나, 땅의 별자리 속에 있는 네 발 가진 동물들과 불의 별자리 속에 있는 영들처럼 피조물들이 만들어졌다"[12](*Mysterium*, xliv. 1).

이 피조물들은 그들의 정신을 별들로부터 받거나 그렇지 않으면 이 세상의 영으로부터 받는다. 그러나 그들의 몸은 땅으로부터 받는다. 불같은 형태나 물 같은 형태가 우세해지면서 반대되는 성(性)도 생겨났다.

"하느님은 당신의 말씀(*Fiat*)의 능력으로 모든 존재를 그들의 특성에 따라 다섯째 날에 자연의 모체에서 나오게 하였다. 물고기는 물에서, 새들은 공중에서, 다른 동물들은 땅 위에서 나오게 하였던 것이다. 그들은 그들의 몸체를 땅의 단단함으로부터 받았고, 그들의 정신을 세계의 영(*Spitus Mundi*)로부터 받았다”(*Grace*, v. 20).

“모든 피조물들은 아래 있는 생명과 위에 있는 생명으로 창조되었다. 땅의 자궁이 몸을 주었고, 별들이 정신을 주었다”(*Threefold Life*, xi. 7).

“별들의 영, 또는 불의 형태 속에 있는 영이 그의 열망의 힘에 의해서 물로 된 것과 합쳐졌을 때, 하나이며, 같은 본질로부터 두 가지 감각이 생겨났다. 하나, 즉 남성은 불같은 형상 안에, 다른 하나, 즉 여성은 물 같은 형상 안에 생겨났다”[13](*Three Principles*, viii. 43).

결국, 사람이 창조되었고, 사람으로부터 하늘의 군대가 나오며, 그 가운데서 버림받은 루시퍼를 대신하여 왕이 될 것이었다.

“하느님은 천사의 군대를 만들려고 하였다. 따라서 그는 아담을 창조하였고, 아담은 자신의 몸에서 그와 같은 종류의 피조물들을 낳았다. 그러나 그때 사람의 몸으로부터 모든 사람의 왕이 태어날 것이고, 그는 타락하고, 버림받은 루시퍼 대신 이 모든 피조물을 다스리는 통치자로서 새 나라를 소유하게 될 것이었다”[14](*Aurora*, xxiv, 18).

하지만 사람은 (완전성에서) 천사들을 능가할 것이었다. 천사들은 단지 두 가지 원리들로부터만 창조된 데 비해서 사람은 하느님의 영광된 완전한 이미지로 되기 때문이다.

“아담은 하느님의 영원한 본질(*Magia*)로부터 창조된 하느님의 완전한 상징으로 될 것이었다. 그는 몸속으로 들어간 무(無), 즉 영으로부터 만들어진 어떤 것이었다”(*Menschwerdung*, i. 5).

“천사들은 두 가지 원리로부터 창조되었지만, 영혼은 외적 생명인 육체와 함께 세 가지 원리로부터 창조되었다. 그러므로 사람이 하느님 안에 있으면, 사람은 천사들보다 더 높다"(*Forty Questions*, i. 263).

"우리 인간이라는 존재들은 천사들보다 훨씬 더 신비하고, 천상의 지혜에 있어서 천사들보다 더 낫다. 그들은 하느님의 빛에 의해서 밝혀지는 불꽃들이지만, 우리는 하느님의 거룩한 본질에서 샘솟는 온유와 사랑의 커다란 샘에 도달한다"[15](*Menschwerdung*, i. 5).

사람에게는 세 가지 원리들이 있다. 하나는 어둠 또는 불의 원리인데, 그것으로부터 영혼이 비롯되었고, 다른 하나는 빛의 원리인데, 그것으로부터 정신이 비롯되었으며, 세 번째 원리는 사람의 몸의 기본적 요소이다.

"인간의 삶에는 서로 구별되어야 할 세 가지 상태들이 있다. 첫째는 가장 깊은 부분인데, 그것은 불 속에 감춰진 영원한 존재로서의 하느님이다. 둘째는 영원 전부터 하느님의 경이(驚異) 속에서 하나의 이미지나 형상으로 존재하는 가운데 부분인데, 그것은 사람들이 그 자신의 모습을 거울에서 보는 것과 비교할 수 있다. 셋째는 그 속에서 그 자신을 보는 창조의 다른 거울로 받은 살아있는 이미지이다. 이것은 외부세계의 영 또는 세 번째 원리인데, 그것 역시 영원의 형상(상태)이다"(*Threefold Life*, xviii. 4).

"빛을 갈망하는 인간 속에 있는 어둠은 첫 번째 원리이고, 두 번째 원리는 빛의 힘이며, 세 번째 원리는 (실체적으로) 충만을 이끌고, 충만하게 되려는 갈망의 힘으로서, 그것으로부터 물질적 신체가 자란다"(*Three Principles*, vii. 26).

"영혼, 또는 첫 번째 원리는 영원한 자연의 불 위에 세워진다. 영, 또는 두 번째 원리는 빛에 뿌리를 박고 있다. 세 번째 원리는 몸이거나 눈으로 보는 세계의 실체성이다"(*Tabulae Principiae*, 65).

아담은 모든 자연을 다스리는 법칙이었다. 따라서 그의 몸은 외부세계의 모든 능력들로부터 취해졌다. 그러나 첫 번째 원리와 세 번째 원리는 그의 안에서 두 번째 원리인 빛에 종속되는 것으로 나타났다.

“당신이 당신 자신과 외부세계를 보고, 그 안에서 일어나는 것들을 살펴본다면, 외부세계에 있는 존재들과 비교하여 볼 때 당신은 당신 자신이 그 외부세계인 것을 알게 될 것이다. 당신은 그 큰 세계로부터 만들어진 작은 세계이다. 그리고 당신의 외적인 빛은 태양과 성좌의 혼돈이다. 그렇지 않으면 당신은 햇빛을 통해서 볼 수 없을 것이다”[16](*Mysterium*, ii. 5).

“하느님의 이미지로서 사람이 별들은 물론 물고기들과 새들과 동물들 및 땅 위에 있는 것들을 다스린다면, 그는 그 세 가지 모두에서 나와야 한다. 각각의 영은 자신이 태어난 어머니 안에서만 다스릴 수 있기 때문이다”(*Mysterium*, xiv. 8).

“세상적인 인간의 내면에는 이 세상의 왕국이 들어있지만 그의 내면에 별도로 네 가지 원소들을 지배하는 것은 들어있지 않았다. 그것들은 오히려 하나 안에 있었으며, 사물의 세상적 질서가 그의 안에 감춰져 있었다. 그는 천상의 상태 안에서 살아야 했다. 그리고 비록 모든 것이 그의 안에서 움직이고 있었지만(살아있었지만), 그는 다른 원리(두 번째 원리)를 가진 천상의 특성(내적 의식)에 의해서 지상의 고뇌(외적 의식)를 다스려야 했고, 낙원의 특성을 통해서 별들과 원소들의 왕국에 대한 지배권을 유지해야 하였다”(*Menschwerdung*, i. 2).

인간이 영의 왕국에서 권력자가 되려면, 그는 반드시 그의 상상력뿐만 아니라 의지를 가지고 모든 세상적이고, 감각적이며, 단지 지적이기만 한 것을 넘어서서 일어나야 한다. 그때 이상적인 것은 그에게 실제적인 것으로 된다.

“본래적 인간의 에테르적 몸인 아담의 몸은 영원한 말씀에 의하여 영원한 본성의 네 가지 원소들과 별들의 본질로부터 창조되었다. 그러므로 그에게는 신적 본질과 세상적 본질이 들어있다. 그러나 세상적 본질은 소모되었거나 무력한(잠재적인) 것처럼 신적 본질 안에 있었다. 몸을 만들었거나 창조했던 물질이나 실체는 그 자체 안에도 첫 번째 원리를 담고 있었지만 그 안에서 움직이지는 않았다"(*Menschwerdung*, i. 3, 15).

"하느님은 그 자신 안에 거하고, 그의 모든 작업을 통하여 꿰뚫어가지만 그것들을 이해할 수 없으며, 그 어떤 것에도 영향 받지 않은 것처럼 그의 형상(사람)도 순수한 원소에서 비롯되었다. 사람은 이 세상 안에서 창조되었다. 그러나 이 세상의 왕국은 그에게 이해되지 못한다. 하지만 그 순수한 원소들의 본질에 의하여 이 세상을 강력하게 다스려야 한다"(*Three Principles*, xxii. 15).

하느님이 인간을 차가운 진흙으로부터 창조하였다는 말은 다른 의미가 아니라 하느님이 그의 욕망을 통해서 모든 세상적 특성들을 하나로 모았다는 의미로 받아들여야 한다.[17]

"모세가 하느님이 사람을 차가운 진흙으로 창조하시고, 그에게 생기(生氣)를 불어 넣었다고 한 것은 하느님이 사람이 하는 것처럼 거기에 서서 흙 한 덩어리를 가지고 사람의 몸을 만들었다고 생각해서는 안 된다. 오히려 하느님의 말씀(*Fiat*), 즉 말씀이 바라는 것이 지혜의 거울 안에 들어 있는 인간의 영원한-인식의 모델 안에 들어있으며, 그것이 물질의 모든 원리를 몸 안에 끌어들였다고 생각해야 한다. 이것이 네 가지 원소로 만들어졌다는 말의 의미이다"(*Grace*, v. 27).

그러나 그 전체에 뿌리 박은 영혼의 본질은 하느님이 당신의 말씀의 숨으로 사람을 깨우기 전에는 사람 안에서 드러나지 않았다.[18]

"전체 안에 있는 원천이 되는 영들은 영혼이 전체 안에 있는 씨앗에 불과하기 때문에 영혼에 의해서 즉시 점화될 수 없다. 그것들은 창조주가 그 전체를 그의 숨으로 확산시킬 때까지 그의 왕국에 있는 하느님의 마음에 감춰져 있다. 그때 원천이 되는 영들은 영혼에 불을 붙이고, 몸과 영혼은 즉시 살아난다. 참으로, 영혼은 몸이 존재하기 전에 생명을 가지고 있었다. 그러나 그것은 전체 속에 감

> 춰져서 하느님의 마음 안에 있다. 그것은 거룩한 씨앗, 말하자면 하느님 안에 있는 힘의 중심일 뿐이다"(*Aurora*, xxvi, 126).

바로 이 날에도 인간의 영혼은 하느님의 성령이 단지 표면 위에서만 움직이면서 그 깊은 곳들 속을 휘젓지 않는 한 신적 생명을 드러내지 않는다.

제7장
인간

"하느님은 인간을 그 자신의 형상대로 창조하였다. 하느님은 그들을 남성과 여성으로(하나로) 창조하였다."

우주적인 관점에서 볼 때, 인간은 인류학이나 해부학 책에 기술되어 있는 것은 물론 일반적으로 "사람"이라고 생각되는 것보다 훨씬 더 우월한 존재이다. 이와 같은 외부 세계의 인식은 흔히 인간의 외적이고, 세상적이며, 물질적 신체만 다룰 뿐이기 때문이다. 그러나 대우주적이고, 소우주적인 구조를 가진 인간의 본질적 몸체는 외적 관찰의 범위를 벗어난다. 우주적 존재로서의 인간에 대한 연구에는 그 세 가지가 어떤 하나의 세 가지 측면이기는 하지만 고려해야 할 세 가지 주제가 있는 것이다. 이 세 가지 주제들은 하느님, 자연, 인간이다. 하지만 그 가운데 어느 하나도 다른 것들에 대한 이해 없이 그 내적 본질을 이해할 수는 없다. 외부 세계의 과학인 "자연철학"과 신학은 그것들을 분리시키려고 한다. 그것들은 인간을 자연과 분리되고, 구분되며, 독립적인 존재로 보고, 자연을 인간과 독립적인 어떤 것으로 보는 것이다. 그러나 그것들은 하느님에 대해서는 아무것도 알지 못한다. 생명의 원인인 신적 능력을 마치 자연과 인간의 바깥에 있고, 거기 다가갈 수 없는 것으로 생각하는 것이다. 이런 이유 때문에 현대 과학에서 "인간"은 그의 존재에서 알 수 있는 대상이 전혀 없는 비자연적인 존재로 되었다. 그리고 자연은 인간이 우연히 진화되었고, 다른 그 어떤 것이 아니라 기계적으로 작용하는 법칙에 종속된 유기체로 본다. 따라서 "합리주의자들"의 지각 영역에서 자연과 인간 속에 감춰진 신적이고, 영적이며, 창조적인 힘들은 완전히 제거되고 말았다.

전체적으로 볼 때, 인간은 태양계에 있는 영, 즉 자기-의식적이고, 상상할 수 없을 만큼 밝은 영역이라고 생각된다. 현재 인간의 정신적 영역에는 사실, 특정한 한계가 없기 때문이다. 그것은 그의 생각이 미칠 수 있는 데까지 도달하였다. 그러나 인간은 하느님의 형상을 이루기 위하여 창조되었다. 하느님의 영광은 그의 안에 있으며, 그의 안에는 하느님의 사랑의 빛이 침투해 있다.

사람 안에는 모든 것들이 들어있다. 하느님, 그리스도, 천사들, 천상과 지상의 왕국들 및 지옥의 권세가 들어있다. 인간의 바깥에 있는 것에 대해서 사람은 아무것도 생각할 수 없다. 그는 그의 마음 안에 있는 것을 제외하고는 아무것도 알 수 없는 것이다. 그 어떤 신들이나 악마, 영 또는 그 어떤 힘이라도 그의 체계 안에 들어오지 않는 한 인간 속에서 행동할 수 있는 것은 아무것도 없다. 그의 안에 존재하는 것만이 그에게 존재한다.

이 사실에 대한 이해 없이는 종교의 신비를 이해할 수 없다. 수많은 나라들에 있는 만신전(萬神殿)의 수많은 신들과 천상의 무리들에 대해서 생각해 보는 것은 흥미 있고, 재미있을 수 있지만, 그런 연구는 실제적인 것에 대해서는 아무것도 가르쳐주지 않는다. 오직 사람들에게 영적 지각이 열리고, 자신의 신적 지식에 도달했을 때에만 그는 그리스도와 그 자신 안에 존재하는 하느님의 왕국을 구성하는 모든 신적 권능들에 대해서 알게 된다.

> "하느님의 성령은 영원 전부터 영원 후까지 오직 하늘에만 거하신다. 다시 말해서 그 자신의 본질과 자신의 능력 안에만 거하시는 것이다. 성령이 사람의 형상 안에 부어지면, 사람 안에는 하늘나라가 들어선다. 하느님이 사람 안에 그 자신을 계시하려고 하기 때문이다. 하느님이 그를 그 자신의 모습을 따라서 창조한 이미지 안에 있게 하고, 그의 영원한 지혜의 위대한 경이를 드러내려고 하기 때문이다"(*Stiefel*, i. 36).
>
> "낙원에는 그 어떤 교란도 없는 완전한 삶과 영원한 날이 있다. 그리고 낙원에 사는 사람은 투명한 유리처럼 맑으며, 그는 신적인 태양의 빛이 모두 꿰뚫고 있다"[1](*Signiture*, xi, 5 1).

마찬가지로 그의 몸도 밝게 보인다. 그의 세상적 실체가 천상적 본질 속에 흡수되었기 때문이다. 그래서 그것은 순수하고, 신적인 빛을 내뿜는다.[2]

"순수한 원소의 거룩한 내적 육체성은 네 개의 원소들을 관통해 들어갔고, 그 안에서 땅의 진창(*Limus*)으로 남았다. 말하자면 흡수된 상태로 외부의 유황 같은(땅 같은) 상태로 있었던 것이다. 그럼에도 불구하고, 몸은 실제로 존재하였지만 마치 어둠이 빛 안에 있는 듯한 방식으로 존재하여 빛 때문에 어둠이 그 자신을 온전히 드러내지 못하였다"(*Mysterium*, xvi. 6).

"내면의 거룩한 몸의 모든 특성들은 외적인 특성들과 함께 본래적 인간 속에 하나의 조화(harmony)를 이루며 화합되어 있었다. 그 가운데 그 어떤 것도 자신의 욕망대로 살지 않았다. 그것들은 모두 신적인 빛이 드러난 영혼 안에 그들의 욕망을 지니고 있었던 것이다. 이것은 신적인 빛이 그 모든 특성들을 꿰뚫고 들어가 비춰서 동등하고 조화로운 온도를 만들어낸 것이라고 할 수 있다"(*Mysterium*, xvi. 5).

"속사람은 그의 안에 겉 사람을 가둬 놓고, 그 안을 마치 불에 관통 당한 쇠가 벌겋게 빛나는 것처럼 꿰뚫고 들어간다. 그때 쇠는 그 자신이 불인 것처럼 보인다. 그러나 불이 꺼져서 까맣게 되면, 시커먼 쇠가 드러나게 된다"(*Mysterium*, xvi. 7).

"순수한 요소는 바깥에 있는 이중적 영향을 받아서 네 가지 원소들을 압도하였다. 게다가 덥고 추운 세력들의 권세가 육신 안에 있다. 그러나 하느님의 빛이 그 안을 비추고 있었기 때문에 그것들은 조화를 이루었고, 그 가운데 어느 것 하나도 다른 것보다 우위에 있지 않았다. 그러므로 성부 하느님은 진노하고 질투하는 하느님, 소멸하는 불이며, 그의 특성은 만유(all)이다. 그러나 이러한 특성들 가운데서 그 어느 것도 그의 빛 안에서 두드러지게 나타나지 않는다"(*Stiefel*, xi. 75).

"낙원에 있는 인간은 거기 머물러 있으며, 시간이 마치 하느님 앞에 있고, 하느님이 시간 안에 있는 상태에서 살았다. 시간이 하느님 앞에서 하나의 광경이듯이, 인간의 외적인 삶도 하느님의 진정한 형상인 내면의 성스러운 사람 앞에서 하나의 광경이다"(*Mysterium*, xvi. 8).

이와 똑같은 의미에서 바가바드 기타(Bhagabad Gita)는 진정한 자기, 즉 하느님, 아트마 또는 그리스도는 외적인 환상과의 관계에서 참여자가 아니라 단지 구경꾼일 뿐이라고 말한다.

"내적인 몸은 신적 실체의 이미지인 신성(Godhead)의 거처이다. 영혼은 그 몸 안에 부드러움을 담고 있으며, 그로 인하여 영혼의 불은 온화함을 받았다. 영혼이 거기에서 하느님의 사랑과 온화함을 받았기 때문이다"(*Tilk*, i. 233).

아담의 의지와 생각은 하느님의 그것들과 이렇게 너무 닮아 있어서 마치 하나인 것 같았다. 그의 마음은 순수하고, 단순하여 어린아이 같고, 소박하며, 하느님께 바쳐져 있다. 그는 그가 알고 싶어 하는 것을 인식할 수 있는 능력을 가지고 있었기 때문에 알지 못하는 것에 대해서 깊이 생각할 필요가 없었다. 그는 신적이고 세상적인 것들에 대한 인식을 즐겼다.[3]

"아담의 마음은 어린아이의 마음처럼 순진하여 성부가 창조한 것들이 주는 경이를 즐겼다. 그의 안에는 악한 의지, 인색, 교만, 시기, 분노에 대한 인식이 없었고, 다만 사랑만을 순수하게 기뻐했다"(*Threefold Life*, xi. 23).

"아담이 낙원에서 창조되었을 때, 그의 생명은 거기에서 마치 깨끗한 기름의 불꽃처럼 타올랐다. 따라서 그의 인식은 천상적이었고, 그의 지성은 자연을 뛰어넘었으며, 자연을 뛰어넘는 것들까지 이해할 수 있었다"(*Signiture*, vii. 2).

"속사람은 하늘에서 산다. 그의 본질은 낙원에 속해 있고, 그의 몸은 파괴될 수 없다. 그는 하느님과 천사들의 언어를 알고 있으며, 아담이 모든 피조물들의 본질과 특성을 따라서 그들에게 이름 붙여 준 것에서도 볼 수 있듯이 자연의 언어를 알고 있다"(*Forty Questions*, iv. 7).

"아담은 하느님께 지음 받은 다음 낙원에서 즐겁고, 아름다우며, 모든 것을 아는 영광 가운데서 살았다. 그때 하느님은 그가 마치 세상의 주인인 듯이 모든 동물들을 그의 앞에 데려왔다. 그래서 그는 그 동물들을 보고, 그들의 특별한 본질과 능력에 맞도록 이름을 붙여 주었다. 아담은 그 자신이 모든 피조물들 안에 있는 것을 알았고, 각각의 피조물들에게 알맞은 이름을 붙여 주었던 것이다. 하느님은 모든 것들의 중심을 꿰뚫어 볼 수 있었는데, 똑같은 것이 아담에 의해서 행해졌다"[4](*Three Principles*, x. 17).

그는 이와 같이 하느님과 같은 존재 상태 속에서 만유보다 뛰어난 능력을 가지고 있었다. 만유가 그의 안에 있고, 그가 만유 안에 있었기 때문에 그에게 외적인 상처를 입힐 수 있는 것은 아무것도 없었다. 다시 말해서, 만유가 우리 안에서 행해지기 때문에 주관적으로 볼 때, 그것들은 그의 마음 안에 있었던 것이다. 그의 마음은 그의 "몸"이고, 그의 의식의 중심이 있는 곳에 그의 "형상"이 있었다.[5]

"하느님이 만유의 주인이기 때문에 하느님의 능력 안에 있는 인간은 이 세상의 주인이었다"(*Menschwerdung*, i. 4, 7).

"하느님의 능력 안에 있는 영혼은 모든 것들을 꿰뚫고 들어간다. 그리고 그것은 하느님처럼 모든 면에서 강력하다. 영혼이 하느님의 중심 안에서 살기 때문이다"(*Three Principles*, xxii. 17).

"금이 불 속에서도 타지 않는 것처럼 인간은 그 어느 것에도 복종하지 않고, 오직 그의 내면에 계시면서 그의 거룩한 존재의 힘을 그의 안에서 보이시는 한 분 하느님에게만 복종한다"(*Mysterium*, xvi. 12).

"모든 것들은 아담에게 복종한다. 그의 지배는 땅과 하늘에까지 펼쳐지고, 모든 원소들과 별들에게도 펼쳐진다. 이것은 하느님의 능력이 그의 안에 드러나 있기 때문이다"[6](*Mysterium*, xvi. 2).

"인간의 의지-영은 모든 피조물들 속을 뚫고 들어가지만 그 어느 것도 그를 사로잡을 수 없기 때문에 그 어떤 해도 받지 않는다. 그 어떤 피조물도 그 자신의 의지 안에 있는 해의 능력과 빛에 대해서 이해할 수 없고, 다만 그것이 꿰뚫고 들어오는 것을 감내해야 한다. 그 당시에는 인간의 의지-영도 마찬가지였다"(*Grace*, vii. 2).

"인간이 타락하기 전, 그는 해와 별들을 다스릴 수 있었다. 모든 것은 그의 능력 안에 있었던 것이다.[7] 불, 공기, 물, 흙은 그를 길들일 수 없었다. 그 어떤 불도 그를 사를 수 없었고, 그 어떤 물도 그를 잠기게 할 수 없었으며, 그 어떤 바람도 그를 질식시키게 할 수 없었다. 살아 있는 모든 것들은 그를 경외하였다"(*Threefold Life*, xi. 23).

"그 어떤 추위, 더위, 병 또는 사고나 두려움도 그를 공격하거나 두렵게 할 수 없다. 그의 몸은 그것들 안에 있는 그 어떤 것도 파괴하지 않고 땅이나 바위를 꿰뚫고 들어갈 수 있다. 세상적인 본성에 압도당하거나 산산조각이 날 수 있는 사람은 영원하지 않을 것이기 때문이다"[8](*Menschwerdung*, i. 2, 13).

그를 둘러싸고 있으며, 에덴이라고 불린 자연은 천상의 빛으로 밝혀졌고, 그에 따라서 낙원 같은 장엄함으로 고양되었다.

"아담은 낙원에 있었다. 그에 따라서 그는 어떤 장소, 즉 거룩한 세계가 땅으로부터 피어나고, 낙원의 열매가 열리는 곳에 있었던 것이다"(*Grace*, v. 34).

"에덴은 장소를 의미하지만, 낙원은 신성한 조화 속에서 흘러나오는 하느님의 생명입니다"(*Letters*, xxxi. 28).

"낙원에서는 신적 세계의 실체가 시간에 속한 실체를 꿰뚫고 들어갔다. 그것은 태양의 힘이 나무에서 자라는 과일에 꿰뚫고 들어가서 보기 좋고, 맛이 좋은 특성을 부여하는 것과 비슷하다"(*Mysterium*, xvii. 5).

"그러므로 거룩한 신적 세계는 인간적 특성의 세 가지 원리를 통해서 지배적이었고, 거기에서 모든 것들이 똑같은 조화를 이루었다. 그 원칙들 사이에는 적대감이나 반대 의지가 제멋대로 나타나지 않았다"(*Mysterium*, xvii. 20).

낙원에는 우리가 지상 세계에서 보는 모든 산물들이 있었지만, 그것들은 영묘하고, 초자연적인 아름다움을 지니고 있었다. 그러나 낙원의 이 아름다움은 세계의 모든 부분에서 나타나지는 않았다.[9]

"낙원에서도 이 세상에서와 똑같은 발달이 있었지만 땅에서처럼 만질 수 있는 것은 아니었다. 거기에서는 지상 세계 대신 하늘나라, 해 대신 하느님의 빛, 별들의 권세 대신 영원한 성부가 계신다"(*Three Principles*, ix. 20).

"낙원은 결코 그 어떤 물질적인 것이 아니고 세상적 감각으로 만질 수도 없다. 그것의 물질성과 가촉성은 천사의 그것과 같다. 거기에서 그것은 마치 물체인 것처럼 분명하고, 볼 수 있으며, 실체이다. 그러나 그것은 그 어떤 지상적인 물체를 덧붙이지 않았고, 오직 권능으로 만들어졌다. 그래서 완전히 투명하다"(*Three Principles*, ix. 18).

"하느님의 진노가 있기 전의 유형의 세계, 즉 자연은 엷고, 영묘하고, 사랑스럽고, 맑아서, 영들이 모든 것을 꿰뚫어 볼 수 있었고, 꿰뚫어 갈 수도 있었다. 그 안에는 땅에서 보는 것 같은 바위나 땅이 없었고, 지금 같이 만들어진 빛이 필요하지도 않았다. 그러나 빛은 각각의 것들 가운데서 만물로부터 만들어졌고, 만물은 빛 안에 있었다"(*Aurora*, xiii, 29).

"모든 세계가 루시퍼에 의해서 타락하지 않았더라면, 그것들 모두가 낙원이었을 것이다. 그러나 하느님은 아담이 타락할 것을 알았기 때문에 낙원은 오직 한 곳에서만 꽃 피웠고, 사람은 그 안에서 살기에 알맞은 장소를 찾을 수 있었으며, 그 안에서 튼튼해졌다"(*Mysterium*, vii. 7).

"하느님은 사람이 타락할 것을 이미 보고, 알았습니다. 그래서 낙원은 땅을 통하여 세계 모든 곳에서 꽃 피우고, 열매를 맺지 못하였습니다. 낙원은 어디에서나 나타났지만, 아담이 유혹을 받았던 에덴동산에서만 그 장엄한 모습을 드러냈습니다"[10](*Letters*, xxxix. 28).

그런 이유 때문에 사람은 비록 창조주로부터 위대한 영광을 받았음에도 불구하고, 아직도 하느님과 정말 비슷하다는 것을 누리지 못하였다.

"아담은 그의 자질들이 조화를 이룬 가운데서 살았기 때문에 그의 내면에는 은혜의 왕국이 있었다. 그러나 그는 하느님이 그의 내면에 계신 줄 알지 못했다. 이와 마찬가지로 그의 자기-의지는 어떤 것이 선인지 알지 못하였다. 그가 아직 악을 경험하지 못하였기 때문이다. 슬픔을 알지 못하는데, 어떻게 기쁨이 있을 수 있는가?"(*Grace*, ix. 2).

"영혼은 그 안에 영원 전부터 자신의 본질을 담고 있다. 그러나 영혼은 창조된 존재로서 몸이 창조된 때의 하느님의 형상을 드러내도록 만들어졌다. 그럼에도 불구하고, 그 자체로서는 아직 진정한 형상이 아니라 단지 그것을 만든 본질적인 불이다"(*Tilk*, i. 81).

"하느님이 자신의 숨을 불어넣어서 만든 인간의 영혼은 영원하신 성부로부터 왔다. 그러나 영혼은 그것으로부터 아직 그 안에 자연의 목적이 담겨 있고, 창조된 존재가 나오지 않는 성자의 탄생에는 이르지 못하였다"(*Three Principles*, ix. 13).

인간은 오직 그의 의지를 성부의 마음이나 빛으로서의 성자 안에 단호하게 넣으려고 해야만 하느님과 정말 비슷해질 수 있고, 완전한 지복(至福)에 다다를 수 있다.

"하느님에게는 그의 마음과 아들을 낳으려는 영원하고 변하지 않는 의지가 있다. 그러므로 영혼은 그의 변하지 않는 의지를 하느님의 마음에 집어넣어야 한다. 그때 영혼은 하늘나라와 낙원에 있고, 성부 하느님의 말로 다 표현할 수 없으며, 성부가 성자 안에서 느끼는 행복을 즐기게 된다. 그리고 영혼은 하느님의 마음에서 말로 다 표현할 수 없는 말씀을 듣는다"[11](*Three Principles*, x. 14).

"아담은 하느님의 사랑 안에서 잉태되어 이 세상에 태어났다. 그에게는 신적 실체가 있었으며, 그의 영혼은 의지, 즉 첫 번째 원리인 성부의 특성을 가지고 있었다. 이 의지는 상상력과 함께 성부의 마음을 향하여 나아갔다. 다시 말해서 하느님의 말씀과 사랑과 순수한 성령을 향하여 나아갔던 것이다. 그래서 인간의 영혼에는 하느님의 실체가 생명의 말씀 안에 들어있다"(*Menschwerdung*, i. 10, 2).

"성부의 거룩한 의지로부터 살아있는 영이 인간에게 불어졌는데, 이 의지에는 그의 독생자를 낳는 것 이외에 그 어떤 목적도 없다.[12] 성부 하느님은 이 의지를 사람 안에 주입시켰고, 이것이 인간의 영원한 영혼이다. 영혼은 자신의 거듭난 의지를 성부의 영원한 의지, 즉 하느님의 마음 안에 넣어야 한다. 그때 영혼은 하느님의 마음의 능력과 그의 거룩하고 영원한 빛을 받는다. 그 안에는 낙원과 하느님의 나라와 영원한 기쁨이 있다"(*Three Principles*, xxvi. 16).

"영혼이 그의 의지를 부드럽게 하면, 다시 말해서 하느님에게 복종하면 영혼은 하느님의 마음의 샘물이 되고, 하느님의 능력을 받아서 영혼의 본질은 천사처럼 되며, 기쁨이 넘치게 된다. 그때 영혼의 본질은 영혼이 본래 완전히 달콤하고 부드러웠던 것에 비해서 더 유용하게 되고, 부드러워진다"(*Three Principles*, xiii. 31).

그의 안에는 빛의 원리뿐만 아니라 불의 원리도 있기 때문에, 말하자면 인식뿐만 아니라 의지도 있기 때문에 그것은 그가 결심할 수 있는 능력 안에 있고, 그는 그렇게 할 수 있다.

"그것이 빛의 세계를 위해서 만들어졌기 때문에 빛과 빛의 능력은 욕망이고, 하느님의 형상대로 만들어진 고상한 형상을 가지려고 한다. 이와 마찬가지로 어두운 세상이나 갈망하는 진노도 똑같은 것을 원한다. 사람 안에 모든 세계가 들어 있고, 그 안에서 커다란 전투가 벌어지기 때문이다. 사람이 그의 내면에서 그의 욕망과 의지를 동일시하는 그 원리가 그를 지배하게 될 것이다"(*Tilk*, i. 381).

"영혼이 본질적인 것이고, 영혼의 실체가 욕망이기 때문에 영혼에 두 가지 종류의 말씀이 있는 것이 분명하다. 첫 번째 것은 영혼 자신의 영혼-특성이고, 다른 하나는 영혼 안에 있는 하느님의 의지에서 비롯된 두 번째 원리에 속한다. 영혼은 그 자신을 하느님의 형상으로 만들려고 하느님을 바라고, 하느님의 욕망은 영혼의 중심에서 말씀처럼 작용한다. 하느님의 욕망이 영혼을 가지려고 하기 때문이다. 다른 한편, 영혼 자신은 그 안에서 영혼의 생명이 태어난 불의 능력 안에서 중심을 소유하려고 한다"(*Eye*, vii).

"영혼의 의지는 자유이다. 영혼이 신적 생명의 나무 가지처럼 돋아나서 하느님의 사랑을 먹을 때, 영혼은 그 자신 안에 들어가서 무(無)에 잠기고, 그 안에 무를 품거나, 그 자신의 의지를 불과 욕망 안에서 일으켜서 나무로부터 분리시킬 수 있다"[13](*Forty Questions*, ii. 2).

또한 사람 안에는 세 번째 원리가 있는데, 그 안에는 감각적 욕망이 있다. 그는 이 원리에 굴복하라고 이 원리를 받은 것이 아니라 그것을 하느님의 빛 안에 끌어들여서 그 빛을 가지고 하느님께 영광을 돌리도록 부여받았다.[14]

"인간은 혼합된 개체이고, 내면세계와 외부세계에 따라서 모양이 갖추어질 수밖에 없는 운명을 타고 났다. 그러나 그는 하느님의 상징으로서 내적 의식을 가지고 외부세계를 다스려야 한다"(*Menschwerdung*, i. 3, 13).

"사람이 조화로운 질서 가운데 있으면서 하나의 세계가 다른 세계를 통제하지 않는다면, 그때 그는 하느님을 닮게 된다. 그러나 그는 반드시 외부세계에 빛의 세계의 이미지나 반영을 드러내야 한다"(*Six Theosophical Points*, vi.12).

"대우주의 성좌(별들의 영향)가 사람들을 지배하도록 해서는 안 됩니다. 모든 사람은 자신의 성좌(정신, 생각)를 그의 내면에 가지고 있습니다. 그의 내면에 있는 신적인 세계는 일어나고, 발달하는 것과 조화를 이룰 수 있습니다"(*Letters*, i. 8).

"인간의 모든 욕망은 빛 가운데 놓여졌어야 했다. 그때 그 빛은 그의 본질과 욕망 안에서 빛났고, 모든 것들을 하나의 의지로 채웠을 것이다"(*Tilk*, i. 542).

"아담의 영혼이 자신의 의지로 하느님의 마음, 말하자면 주님의 세계 안에 다시 들어갔더라면 그 영혼은 외적 원리를 강력하게 지배했을 것이다"[15](*Forty Questions*, iv. 2).

그러므로 인간을 도구로 하여 낙원의 광채가 지상의 자연 위에 계속해서 퍼지고, 증가되어야 했고, 자연의 감춰진 모든 보물들이 드러나도록 의도되었다.

"외부세계 역시 하느님으로부터 비롯되었고, 하느님에게 속해 있으며, 인간은 그 안에서 창조되었습니다. 그러므로 인간은 외부세계를 내면세계에 끌어들이고, 끝을 시작에 끌어들입니다"(*Letters*, xi. 18).

"아담은 외적 특성을 가지고 창조되었다. 그래서 그는 그것을 형태로 드러내고, 그가 영원한 지혜 안에서 인식했던 것을 작업으로 실행하였다"(*Menschwerdung*, i. 4).

"인간은 낙원에서 창조되었고, 낙원에서는 온 땅에 꽃이 만발하였다. 아담의 몸은 낙원의 땅으로 창조되었다. 그가 땅의 주인이기 때문에 그에게는 땅의 경이를 펼칠 운명이 주어져 있다. 그것이 목적이 아니라면, 하느님은 아담에게 천사 같은 몸을 주었을 것이다. 그러나 그랬을 경우 놀라운 특성들을 가진 실체적 존재들은 펼쳐지지 않았을 것이다"[16](*Menschwerdung*, ii. 12).

아담 안에서 세 가지 모든 원리들은 본래 통일되어 있고, 조화를 이루었지만, 그는 외적으로 강력하게 유혹 당하였다. 하느님의 마음뿐만 아니라 악마와 지상 세계의 왕국도 그를 유혹하였다.[17]

"사람에게는 세 가지 원리가 있고, 그것들은 사람 안에서 똑같이 조화를 이루지만 바깥에서는 그렇지 않다. 어두운 세계는 빛의 세계와 다른 욕망을 가지고 있기 때문이다. 이와 마찬가지로 외부세계에는 어두운 세계나 빛의 세계와 다른 욕망이 있었다. 따라서 하느님의 이미지는 세 가지 원리 사이에 있었고, 그들의 욕망 안에 있던 모든 것들은 그 이미지에 도움이 되었다. 각각의 욕망들은 아담 안에서 드러나기를 바랐다. 아담을 자신의 체제 안에 있게 하거나 지배자로 삼기를 바랐고, 그를 통하여 자신의 경이를 드러내기를 바랐던 것이다"(*Mysterium*, xvii. 34).

"모든 것들은 아담을 매혹하였고, 그를 사로잡으려고 하였다. 하느님의 마음은 아담이 낙원에 있기를 바랐고, 아담 안에 머물려고 하였다. '그는 나의 형상이고, 나와 비슷하다'고 한 것을 보면 알 수 있다. 진노의 왕국은 그를 바랐다. '그는 나의 것이다. 그는 나의 샘에서 나왔으며, 어둠의 영원한 마음에서 나왔다.

나는 그의 안에 있을 것이고, 그는 나의 권능 안에서 살 것이다. 나는 그 안에서 강하고, 위대한 권능을 통하여 나타날 것이다'라는 말을 보면 알 수 있다. 마침내 세상의 왕국도 이렇게 말했다. '그가 나의 형상으로 되어 있기 때문에 그는 나의 것이다. 그는 내 안에서 살고, 나는 그의 안에서 산다. 내가 나의 모든 지체들(기관들)을 그의 안에 가지고 있고, 그도 그의 모든 지체들을 내 안에 가지고 있다. 내가 그보다 더 크기 때문에 그는 나에게 복종해야 한다. 그는 나의 청지기가 될 것이고, 나의 권능과 경이들을 드러낼 것이다'"[18](*Three Principles*, xi. 33).

아담은 그에게 부여된 자유를 잘못 사용하면서 그의 더 낮은 특성들이 악한 욕망들을 일깨우게 하였다. 다시 말해서 그 안에서 분열된 지상 세계의 욕망에게 내어 주었던 것이다.

"타락 이전의 본래적인 인간 안에서 분별과 자기-즐거움의 특성은 똑같은 의지력 안에 있었고, 그것들의 욕망은 하느님의 통일성 안에 들어왔다. 악마가 그를 시기한 것은 그 때문이다. 그리고 악마는 그 나름대로 조화를 이루고 있는 특성들이 그 자신을 주장하며, 그런 방식으로 사람들이 어떤 것이 선이고, 어떤 것이 좋은지 감별하고, 인정한다면,[19] 그것이 좋은 것이고, 그들이 현명해질 것이라고 설득하면서 그의 안에 비뚤어진 욕망을 불러일으키며, 생명의 일곱 가지 특성들을 현혹한다"(*Tabulae Principiae*, 68).

"아담의 영혼은 말씀이 다양한 모습으로 만든 창조계와 사랑에 빠졌고, 분별력을 의식하지 못하였다. 영혼이 유혹과 다양성 속에 빠져들었던 것이다"(*Grace*, vi. 33).

"하느님이 아담에게 그것을 금지했음에도 불구하고, 아담의 영혼은 그 성질들이 나누어지면 어떻게 될 것인지 알기를 원하였다. 다시 말해서 따뜻하고 추운 것, 습하고 마른 것, 딱딱하고 부드러운 것, 가혹하고 달콤한 것, 쓰고 단 것이 나누어지면 어떻게 될 것인지 알기를 원했던 것이다. 그는 이 특성들과 다른 특성을 모두 분리하여 맛보고 싶어하였다"[20](*Grace*, iii. 34).

이 뒤틀어진 욕망 때문에 그 안에서 유혹의 나무가 자라게 되었고, 거기에서 세속적인 특성이 드러났다.[21]

> "아담의 영은 부패한 땅의 본성으로 된 땅의 열매를 갈망하고 있었다. 그래서 자연은 그에게 부패한 땅과 같은 나무를 만들어 주었다. 아담이 자연의 중심이기 때문에 그의 영적인 영혼은 그가 먹기를 바라는 나무를 만드는데 도움을 주었다"(*Aurora*, xvii. 20).
>
> "유혹의 나무는 선과 악에 대한 지식을 얻은 다음 허기의 힘으로 자란다. 그러나 그것을 그런 나무의 나머지 부분과 다른 종류의 열매라고 말해서는 안 된다. 오직 거기에서만 선과 악에 대한 지상에서의 인식욕이 드러났기 때문이다. 그 대신 다른 나무들과 식물들은 거룩하고 낙원적인 메르쿠리우스의 세례를 받아서 그 특성들이 서로 조화를 이루었고, 따뜻하고 추운 것들이 그 안에서 따로 나타나지 않았다"(*Stiefel*, ii. 80)
>
> "선악과 안에는 지금의 경우에서와 같은 저주의 특성이 들어있었다. 다시 말해서, 각각의 것들이 그 자체 안에 드러났고, 우위를 찾으려고 했던 것이다. 그것들은 조화에서 벗어났고, 세 가지 모든 특성들이 서로 분리돼서 그 나무 안에서 드러났다. 그러므로 모세(지혜)는 그것을 선악과라고 불렀다"(*Mysterium*, xvii. 15).

아담에게 강력한 능력이 있었고, 지옥의 권세에 대항하여 그를 보호할 수 있는 세상적 형태를 부여받았기 때문에 유혹의 나무의 도래는 놀랄 만한 것도 아니다.[22]

> "이성(인간의 추론)은 말한다. '하느님은 왜 아담이 땅에서 그의 상상력에 의하여 유혹의 나무에 이끌리게 했을까?' 그리스도는 말한다. '너에게 겨자씨만한 믿음이 있고, 산에게 바다에 네 몸을 던지라고 말한다면, 네가 말한 대로 될 것이다.' 영혼-영(영적인 영혼)은 만유가 창조된 영원한 자연의 중심인 하느님의 전능성으로부터 만들어졌다. 그렇다면 그것은 왜 강력하지 않겠는가? 그것은

하느님의 권능의 불꽃이다. 그러나 그것이 피조된 존재 안에 모인 다음(하나의 조직으로 개별화된 다음), 그의 이기적인 욕망에 빠졌고, 전체로부터 분열되어 그 자신을 썩게 하였다. 허영심이 들어오기 전, 영혼의 능력은 너무 강력해서 그 어느 것에도 굴복하지 않았고, 그의 이해력이 사라지지 않았다면 바로 오늘에도 그럴 것이다"(*Mysterium*, xvii. 41).

"하느님의 예지(叡智)는 악마가 사람을 부추겨서 악한 욕망으로 이끌리라는 것을 알고 있었다. 그래서 하느님은 그들 앞에 생명의 나무와 선악과를 두었고, 그것에 의해서 외적인 몸의 파괴(죽음)가 시작되었다. 그가 그렇게 한 것은 사람이 어둠의 세계의 중심을 그리워하지 않도록 하려는 것이었다"[23](*Mysterium*, xvii. 38).

그 전에 아담은 천상 세계와 영원에 속하였지만 지금 하느님의 형상은 그의 안에서 창백해졌고, 그는 세상적 상태 속에 빠졌다. 그래서 그는 무능과 잠 속에 있게 되었다.

"합리적인 사람은 아담이 하느님의 형상 안에 있는 한 아담이 수면 속에 있지 않다는 사실을 쉽사리 알 것이다. 그때 우리는 마치 죽은 자의 부활 안에 있는 것 같은 이미지이기 때문이다. 그러면 우리는 해와 달은 물론 다른 요소들도 필요로 하지 않을 테고, 잠도 필요로 하지 않을 것이다. 그리고 우리의 눈은 열려서 언제나 영원히 하느님의 영광을 볼 것이다"(*Three Principles*, xii. 17).

"하느님의 형상은 잠을 자지 않는다. 그 안에는 시간이 없다. 잠과 함께 시간은 사람 안에 나타났다. 그는 천사들의 세계에서 잠 들었고, 상대적으로 외부세계에서 깨어났다"[24](*Mysterium*, xix. 4).

"아담이 정복된 다음, 그 전에 아름다운 처녀가 거했던 팅크제(tincture)는 땅에 속하게 되었고, 희미하고 약해졌다. 그 처녀가 능력을 받았던 팅크제(에탄올을 용매로 하는 용액로 물질을 추출하려고 사용한다 --역자 주)의 강력한 원천은 잠에 굴복하지 않은 채 아담을 떠나서 그 자신의 원리로 들어갔다"(*Three Principles*, iii. 8).

"따라서 아담은 마술의 희생양이 되었고, 이제 그의 위엄은 사라졌다. 지상의 영역이 그를 정복하였고, 그를 지배했던 것이다"(*Menschwerdung*, i. 5).

"이 세상의 영의 유혹이 아담을 정복한 다음 그는 잠에 빠졌다. 그때 그의 천상의 몸은 육신과 피가 되었고, 그의 강한 힘은 뻣뻣한 뼈로 되었다. 그래서 천상의 처녀는 천상의 에테르로 되었고, 힘의 원리로 되었다"[25](*Three Principles*, xiii. 2).

아담의 이런 무능은 그의 구원의 수단으로 되었고, 더 나아가서 천상의 동정녀 대신 그로부터 비롯된 지상의 여성이 주어졌다.[26] 이것은 그가 더 깊이 타락하는 것으로부터 그를 구원하기 위해서였다.[27]

"아담이 하느님을 떠나서 이기적으로 되었을 때, 하느님은 완전히 깊은 잠이 아담을 덮치게 허용하셨다. 그런 상황이 벌어지지 않았더라면 그는 그의 이기심 때문에 불의 세력에 의해서 마귀가 되었을 것이다"[28](*Stiefel*, ii. 363).

"악마가 아담 안에 탐욕이 있는 것을 보았을 때, 악마는 그의 악에 있는 욕망이 더 강하게 작용하도록 하였다. 창조주가 그에게 나중에 죄를 짓게 하고, 악의 열매를 먹게 한 아내를 만들어 준 것은 그때이다. 그렇지 않고, 그로부터 여성이 만들어지기 전에 아담이 그 나무의 열매를 먹었다면, 상황은 더 나빠졌을 것이다"(*Aurora*, xvii. 21).

그러므로 여성(영성)은 남성의 구원자이고, 언젠가 구원자가 될 것이다. 여성은 아담의 능력으로부터 추출되었다. 그녀는 그녀의 실체에 비해서 아직 뻣뻣한 뼈로 되지 않은 "갈비뼈"로 만들어졌다.[29]

"이브의 정신만이 아니라 실체 전체가 아담으로부터 추출되었다. 아담은 그의 분신을 받게 되었으며, 여성은 아담의 영, 살, 뼈를 가지게 되었다고 말할 수 있게 되었다"(*Three Principles*, xiii. 14).

"이브가 아담의 갈비뼈로부터 만들어졌다면, 그녀는 남성보다 매우 열등할 것이다. 그러나 그것은 그렇지 않다. 하지만 날카로운 매력(첫 번째 특성)이라는 측면에서 그녀는 아담의 능력의 모든 본질과 특성으로부터 취해졌다"[30](*Three Principles*, xiii. 18).

"아담의 몸은 아직 단단한 뼈와 골질(骨質)을 받지 못하였다. 이것은 이브가 사과를 먹고, 그것을 아담에게 먹으라고 주었을 때 비로소 이루어졌다. 오염과 땅에서의 죽음이 하나의 경향과 죽을 병으로 그의 안에 이미 있었다는 것은 사실이다. 그럼에도 불구하고 뼈와 갈비뼈는 여전히 힘과 강함을 가지고 있었으며, 이브가 (나중에) 갈비뼈로 되는 그 힘이나 강함으로 창조되었다"[31](*Three Principles*, xiii. 13).

이브는 잘못 만들어지지 않았다. 그녀는 낙원에 아담과 같이 살았다. 그러나 어느 누구도 하느님과 완전히 똑같지 않았다.

"이브는 잘못 만들어지지 않았으며, 아름다웠다. 그럼에도 불구하고 그녀는 (타락의) 표시들을 가지고 있었고, 아담의 아내 이상일 수 없었다. 두 사람은 낙원에서 살았고, 그들이 그 나무의 열매를 먹지 않고, 그들의 상상력을 변화시켜서 하느님에게 돌아갔다면 그들은 낙원에 남아 있었을 것이다"(*Three Principles*, xiii. 36).

"아담과 이브에게 아직도 낙원적인 의식이 남아 있었지만, 그것은 세상적 욕망과 뒤섞여 있었다. 그들은 옷을 벗었고, 생산을 위한 동물의 기관을 가지고 있었다. 그러나 그들은 그것을 알지 못하였고, 그것을 부끄러워하지도 않았다. 그들이 땅의 열매를 맛보기 전, 위대한 세계의 영은 아직 그들을 지배할 규칙을 얻지 못했기 때문이다"(*Menschwerdung*, i. 6, 15).

"어느 누구도 이브가 아담과 접촉하기 전까지 순수하고 순결한 처녀였다고 진심으로 말할 수 없을 것이다. 왜냐하면 아담이 잠에서 깨어나자마자 그는 이브가 그의 옆에 있는 것을 보았기 때문이다. 아담은 곧 그녀를 상상하였다(그녀와 사랑에 빠져들었다). 그는 그녀를 그에게 속하게 하면서 이렇게 말하였다. '이것은 나의 살 중의 살이요, 뼈 중의 뼈다. 그녀가 남자(man)로부터 나왔기 때문에 여자(woman)라고 불릴 것이다.' 이브도 똑같이 아담에 대해서 상상하면서, 서로는 서로에 대한 욕망을 불태웠다. 그러니 순수한 정조와 처녀성이 어디 있다는 말인가? 이것은 동물이 아닌가? 외적인 이미지는 동물로 된 것이 아닐까?"[32](*Forty Questions*, xxxvi. 6)

하느님은 인류에게 유혹의 나무의 열매를 먹지 말라고 명령하셨다. 그러나 그들이 그 명령에 복종하지 않도록 이끈 악마의 생각은 세상의 정신과 그들 자신의 비뚤어진 욕망에 의해서 그렇게 하게 하였다.

"깊이를 알 수 없는 신성의 삼위일체 이후, 하느님의 거룩한 말씀은 영혼의 불같은 지성에게 '선악을 알게 하는 나무의 열매를 먹지 말라. 그렇게 하면 바로 그날 하느님의 형상은 죽을 것이다' 하고 명령하셨다. 그 말의 뜻은 '불같은 영혼이 빛을 잃어버릴 것이고, 그리하여 죽음이 다가올 것이며, 최초의 세 가지 원리들의 중심으로부터 어둠의 세계의 특성이 기어 나와서 그 나무 안에서 드러나고 그 안에 들어 있는 하느님의 나라를 삼켜버릴 것이라는 뜻이다"(*Grace*, vi. 17).

"아담과 이브가 낙원에서 아직도 천상의 본질에 사로잡혀서 남자와 여자로 있을 때, 천상의 본질이 물질과 혼합되어 있었지만 악마의 시기심이 너무 커서 천상의 본질은 그렇게 작용하지 않았다. 그래서 악마는 아담이 타락하여 천사와 같은 형상을 잃어버린 다음에도 이브가 그의 아내로서 낙원에서 아이들을 낳아서 계속해서 살 것이라고 생각하였다. 그때 그는 아담과 이브를 유혹해서 금단의 열매를 먹게 하였다. 그들이 세상적으로 되게 하려는 것이었다"(*Menschwerdung*, i. 1, 7).

"아담은 그의 안에 있는 나무의 힘에 굴복하여 한 욕망이 다른 욕망에 영향을 주었다. 또한 그는 커다란 세계의 영의 힘에 굴복하여 그의 힘이 압도당하였다"(*Three Principles*, xi. 40).

악마는 인류를 유혹하려는 목적에서 그 자신을 특히 뱀으로 삼았는데, 뱀은 유혹의 나무의 살아 있는 상징으로 그들이 금단의 열매를 먹으면 신처럼 될 것이라고 상상하게 하였다.[33]

> "악마는 그의 독성이 있는 상상력을 인간 속에 끌어 들였다. 그것으로부터 사람 안에는 악과 선을 먹고, 자기-의식 안에서 살려는 강렬한 욕망이 생겼다. 다시 말해서, 그의 의지는 통일의 조화에서 떠났고, 수많은 특성들 속으로 들어갔다. 악마는 뱀을 이용하면서 아담에게 그가 신처럼 되고, 그의 눈이 열릴 것이라고 하였다. 그것은 타락 안에서 실제로 일어났다. 그래서 그들은 이제 악과 선에 대해서 알고, 맛보며, 보고, 느낄 수 있게 되었다"[34](*Mysterium*, xvii. 37).
>
> "악마는 거짓과 진실을 뒤섞어서 최초의 인간들에게 그대들은 하느님처럼 될 것이라고 말하였다. 그 의미는 그들이 진노의 첫 번째 원리를 따라서 그렇게 될 것이라는 말이다. 그러나 그는 낙원에 대해서는 아무 말도 하지 않았다"(*Three Principles*, xvii. 96).
>
> "뱀에게는 천상적 측면이 있으며 악마에게 천상적 능력이 있는 것처럼 커다란 힘을 가지고 있다. 그 역시 하느님의 아들이기 때문이다. 따라서 그는 자신의 신을 가지고 환상을 만들려고 강한 의지 속에 교활함과 거짓을 끌어들인다"(*Mysterium*, xx. 16).
>
> "악마의 상상력은 뱀의 실체에 독이 퍼지게 했습니다. 그래서 그 전에 낙원에서 통일체 안에 있던 능력들은 분열되어 뱀으로 되었습니다. 뱀은 동물로서의 그의 성향을 도구로 사용하였습니다"[35](*Letters*, xxxix. 21).
>
> "뱀은 유혹의 나무의 살아 있는 상징이다. 유혹의 나무에는 잠재적인 능력이 있었고, 뱀은 살아 있는 능력이었다. 뱀은 그 자신의 본성을 가지고 있던 그 나무에 자신의 몸을 가져다 댔다"[36](*Mysterium*, xx. 20).

아담이 그의 비뚤어진 욕망을 이브에게 집어넣은 다음, 이브는 하느님을 떠나서 타락으로 유혹당한 최초의 존재이다.[37]

> "탐욕은 아담에게서 비롯되었지만 이 비뚤어진 욕망은 여성에게서 활성화되기

시작하였다"(*Stiefel*, ii. 375).

"이브는 선악과의 열매를 열망했지만 그것은 그녀에게 금지되었다. 그녀는 하느님에 대한 두려움 때문에 금지를 거슬러서 행동하려고 하지 않았다. 그때 악마는 뱀의 실체와 교활함 안에 들어가서 이 능력과 재주를 굴절시켰고, 이브는 뱀이 매우 교묘하고, 교활하다는 것을 보고 알 수 있었다. 이브는 그 금지된 나무를 잊지 못하였지만, 그것은 그녀에게 아무 해로움도 주지 않았다. 그러나 그녀는 뱀을 쳐다보았고, 그의 교활함과 현명함은 물론 그의 명민함과 재주와 사랑에 빠졌다. 그래서 그 나무의 열매를 먹으려고 하였다. 뱀은 여러 가지 소리와 악마의 목소리로 그녀에게 그렇게 하라고 조언하였고, 그가 그 나무로부터 교활함을 쫓아냈다고 하였다"(*Mysterium*, xx. 22).

"악마는 그녀에게 그 열매는 아무 해도 끼치지 않을 것이고, 그녀의 눈이 이해로 열릴 것이며, 마침내 그녀가 하느님처럼 될 것이라고 말하였다. 그녀는 그녀가 신처럼 되는 것은 좋은 일이라고 생각하면서 그 말에 동의하였다. 거기에 동의하여 그녀는 하느님과의 조화와 하느님 안에서의 평안, 하느님에 대한 믿음으로부터 떨어져서 그녀의 욕망 안에서 뱀과 뱀의 교활함 및 악마의 욕망과 허영심 속으로 들어갔다"(*Mysterium*, xx. 25).

악마는 불같은 삶을 직접적으로 바라지만, 사람은 처음에는 오직 지상에서의 것들만 바란다. 그러나 그에게 자만심에 가득 찬 탐욕이 일어나기 시작하였다.

"악마는 그의 상상력으로 불의 기반으로 들어갔지만 아담은 물의 특성 속으로 들어갔다"(*Signature*, vii. 31).

"루시퍼와 달리 아담은 실제로 첫 번째 원리가 깨어나기를 바라지 않았다. 그는 오히려 선악과를 맛보려고 하였다. 다시 말해서 세상의 허영을 맛보려는 것이었다"(*Mysterium*, xviii. 31).

"영혼의 외적 부분에서 수많은 특성들을 맛보려는 지상의 탐욕이 나왔다. 그러나 내면의 불같은 부분에서 선과 악에 대해서 알고, 하느님과 같이 되려는 교만에 대한 탐욕이 나왔다"[38](*Mysterium*, xviii. 30).

그리하여 위대한 드라마의 첫 번째 막이 끝났고, 신은 사람으로 되었다. 두 번째 막에서 그는 그 전의 신적 상태를 향해서 다시 올라간다. 그는 더 이상 순진하지도 않고, 악에 대해서 무지하지도 않으며, 경험과 지식과 지혜로 가르침을 받고, "물질"의 정복자이며, 모든 것을 다스리는 진정한 주인이다.

제8장
자연 또는 세 번째 원리

"하느님이 없는 사람들은 그 자신의 바깥에서 하느님을 찾는다. 그리고 그리스도가 없는 종파들은 역사 속에서 인격적 그리스도를 찾는다. 그러나 하느님의 사람과 진정한 그리스도인은 하느님과 그리스도가 그들 자신의 영혼에 있는 것을 안다."

"우리는 진정으로 개인적이며 역사적인 그리스도를 믿는다. 그리스도가 사람 안에서 개인적으로 된 다음에야 비로소 그는 여호와의 아들 예수의 진정한 본성과 소명을 실현시킬 것이다." — 요하네스.

여태까지 존재했던 모든 것들의 이미지는 하느님이 새로운 세계를 창조하기 시작했을 때의 빛 안에 있었다. 아담이 타락한 다음에 종속하게 된 외적 세계의 기원은 하느님의 영원한 본성 안에 있고, 그 원초형(prototype)은 태초부터 영적으로 담겨 있는 그의 지혜에 있다. 우리는 외적 세계를 마법의 랜턴 빛의 투사를 받은 스크린에서 볼 수 있는 심상(心象)과 비교할 수 있다. 그 이미지들은 세상을 나타내고, 그림들은 에테르들이며, 빛 자체는 하느님의 성령이다.

"세 번째 원리인 이 세상의 영과 고통은 영원 전부터 영원한 본성에 숨겨져 있었으며, 하느님의 지혜와 신적인 팅크제 안에 있는 빛-불꽃의 영(light-flaming spirit)에 의해서 발견되었다. 그때 신성은 생산하는 어머니의 본성을 따라서 움직였고, 위대한 신비가 태어났는데, 그 안에 영원한 본성의 능력이 있는 모든 것들이 담겨 있었다. 하지만 이것은 단지 신비였을 뿐, 창조된 존재와 전혀 닮지 않았다. 모든 것들은 먼지 구름처럼 같이 뒤섞여 있었다"[1](*Menschwerdung*, i. 1, 10).

"우리가 이 세상의 창조와 세 번째 원리의 정신, 또는 별들과 원소들을 가진 위대한 세계 영에 대해서 올바르게 고려한다면, 우리는 그 안에 영원한 세계의 특성들이 마치 혼합된 상태처럼 들어 있는 것을 알게 될 것이다. 신성은 그 안에 감춰져 있던 영원한 경이(驚異)들이 드러나 객관적으로 존재하기를 바랐다"(*Six Theosophical Points*, ii. 6).

"외적 세계는 태어나면서 (객관성을 가지게 되면서) 그 자신이 새로운 원리를 가지게 된다. 그렇지 않으면 그 자신을 시작되게 한다. 순간적인 것의 모체는 영원한 모체가 재생산된 것이다. 시간은 영원에서 나온 것이라는 말이다. 여기에서 영원성도 그의 능력과 가능성 속에서, 특히 시간적 형태와 모양으로 놀라움을 드러내면서 나타난다"[2](*Mysterium*, vi. 10).

세 번째 원리라고 부르는 이 외부세계에는 두 가지 힘들이 드러나 있다. 거룩한 신적인 힘과 어둠의 힘이 그것들인데 어둠의 힘이 더 우세하다.

"세 번째 원리, 또는 눈에 보이는 세계는 첫 번째와 두 번째 원리들에서 나왔고, 신적인 힘과 의지의 동작과 숨에 의해서 만들어졌다. 그리고 그 안에 빛과 어둠을 따라서 영적 세계가 모양을 갖추었고, 창조된 객관적 조건이 갖추어졌다"(*Tabulae Principiae*, 5).

"외적인 세계는 거룩한 세계와 어둠의 세계로부터 내쉬어졌다. 그러므로 그 세계는 악하고 선하며, 사랑이며 진노이다. 그러나 영적인 세계와 비교하면, 그것은 단지 연기나 안개와 같을 뿐이다"(*Mysterium*, iii. 10).

"그 말씀은 명령을 빛의 세계 및 어둠의 세계와 조화를 이루면서 영원한 본성의 형태 안에서 움직였다. 그래서 두 세계의 특성을 따른 욕망은 존재 속에 들어오게 되었다. 이로 인해서 선과 악이 본질성 안에서 생겼고, 별들과 원소들을 특별한 생명으로 가진, 눈에 보이는 외적인 세계가 창조되었다"(*Stiefel*, i. 31).

"지상 세계는 어둠의 세계 위에 세워졌다. 좋고 나쁜 것이 그 안에 육화되어 있지 않다면 그 세계에는 어둠의 세계의 행위밖에 다른 행위가 없을 것이다. 그러나 이것은 하느님의 힘과 햇빛에 의해서 저지된다"[3](*Six Theosophical Points*, ix. 17).

> "이 세계는 악과 선에 뿌리를 두고 있으며, 그 어느 하나도 다른 하나 없이 존재할 수 없다. 그러나 대단히 불행한 것은 악이 그 안에서 선보다 우세하고, 진노가 사랑보다 강하다는 것이다. 이것은 본성이 비뚤어진 욕망에 자극받도록 한 악마와 인간의 죄 때문이다. 그 결과 세상은 이제 몸에 독이 작용하는 것처럼 강력한 진노라는 특징을 가지게 되었다"[4](*Mysterium*, xi. 15).

어둠이 이 세상에서 그렇게 많은 힘을 얻었다는 사실은 하느님의 잘못이 아니라 원초적 창조를 부패하게 한 루시퍼의 잘못이다. 그는 아담의 타락 때문에 지금도 여전히 자연의 어두운 요소 안에서 더 작용할 수 있다.[5]

> "모든 자연 속에는 전쟁과 싸움과 집어삼킴이 끊임없이 이루어진다. 그래서 이 세상은 정말 혼란과 박해와 고통과 노고로 가득 찬 눈물의 골짜기라고 불릴 만하다. 창조의 영이 그 가운데 들어갔을 때 세상을 지옥의 왕국으로부터 만들어야 했기 때문이다"(*Aurora*, xviii. 112).
>
> "자연은 심판의 날에 이르기까지 두 가지 특성을 지니고 있을 것이다. 하나는 사랑스럽고, 거룩한 천상의 특성이고, 다른 하나는 진노에 가득 찬 지옥의 특성이다. 선한 특성은 거룩한 성령의 영향 아래 좋은 열매를 맺으려고 아주 부지런하게 일을 한다. 이와 마찬가지로 악한 특성도 악마로부터 자극 받고, 힘을 받으면서 악한 열매를 맺으려고 일한다"(*Aurora*, Preface. 112).
>
> "악마는 이 세상에 살면서 끊임없이 외부에 있는 자연에 몰려든다. 그러나 그는 오직 진노와 쓰라린 욕망 속에서만 자신의 욕망을 두고 있다"[6](*Menschwerdung*, i. 2, 4).

하느님은 그의 내면세계의 거룩한 힘을 가지고 루시퍼의 썩게 하는 힘에 대항해서 활동하시지만 외적 세계는 그 자신의 특별한 본질에서 변화되지 않는다.[7]

> "빛의 세계인 내적 세계는 외적 세계 안에서 산다. 그래서 외적 세계는 내적 세

계로부터 힘을 받는다. 내적 세계는 외적 세계에서 꽃을 피우지만 이 힘은 외적 세계에 대해서 아무것도 알지 못한다"(*Six Theosophical Points*, vi. 2).

"해가 물에 비추는 동안 물이 해에 대해서 아무것도 알지 못하면서도 해로부터 열을 받는 것처럼, 영원의 힘은 시간의 힘을 통해서 작업한다. 그것은 마치 불이 쇠를 달구지만 쇠가 계속해서 쇠로 남는 것과 마찬가지다"(*Mysterium*, xii. 20).

"영적인 세계는 눈에 보이는 요소들의 세계 안에 감춰져 있고, 그 세계를 통해서 활동한다. 영적인 세계는 외적 세계의 영혼을 가지고 각 사물의 성격과 특질에 따라서 만물 안에서 그 자신의 형상을 만드는 것이다. 그러나 눈에 보이는 존재는 보이지 않는 것을 그 자신의 힘으로 받아들이지 않고, 외적인 것은 내적인 것으로 변화되지도 않는다. 내적인 힘은 우리가 풀과 나무와 금속들이 자라는 것에서 볼 수 있는 것처럼 단지 그 안에서만 형성될 뿐이다"(*Contemplations*, iii. 19).

"우리는 땅이 매우 배고파하고, 해의 힘과 빛을 바라는 것을 안다. 마찬가지로 외적인 존재는 내적인 것을 갈망한다. 따라서 그것은 빛과 힘으로 내적인 것의 형태를 받아들이지만 내면의 정신 자체를 파악할 수는 없다. 영은 외적인 것 안에서 살 수 없고, 그 자신의 자기를 내적인 상태에서만 취하기 때문이다"[8](*Six Theosophical Points*, vi. 9).

하느님은 이 지복의 능력을 특히 해를 이용하여 행사하는데, 해는 하느님의 신적인 마음의 진정한 이미지로서 눈에 보이는 모든 세계를 비추고, 어두운 세계의 진노가 나오지 않도록 짓누른다.

"하느님의 빛인 신성(Godhead)은 모든 생명의 중심이다. 이와 마찬가지로 해는 하느님의 현현 안에서 생명의 중심이 된다"(*Signature*, iv. 17).

"아버지 하느님은 그의 마음으로 사랑을 낳고, 해는 그의 마음을 상징적으로 나타낸다. 그는 외적 세계에서 모든 존재들과 살아 있는 것들에게 힘을 주는 하느님의 마음의 상징이다"(*Signature*, iv. 39).

"하느님은 그의 빛살을 통하여 그의 힘을 불어 넣음으로써 외적 세계에 빛을 비추고, 해와 달과 더불어 이 세상의 사물들 안에서 다스린다. 별들은 그들의 빛을 햇빛에서 나오는 광선으로부터 취한다. 그리고 하느님은 이 빛으로 지구를 아름다운 식물들과 꽃으로 꾸미고, 살고, 자라는 모든 것들을 즐겁게 만든다"(*Prayer*, xlvii).

"이 세계는 그 자신의 자연적인 하느님을 가지고 있는데, 그것이 해이다. 그러나 해는 그의 존재를 하느님의 불로부터 취하고, 이 불은 다시 하느님의 빛으로부터 취한다. 따라서 해는 그의 힘을 원소들에게 주고, 그 원소들은 그들의 힘을 땅 위에 있는 피조물들과 풀들에게 준다"(*Six Theosophical Points*, v. 13).

"지옥의 심연은 이 세상에 있다. 해는 물이 존재하는 유일한 원인이고, 그 사실로부터 땅 위의 깊은 곳은 아름답고, 즐겁고, 부드러우며, 기쁘다"(*Threefold Life*, vi. 36).

"거룩한 세계의 본질 속에 있는 모든 강력한 것들은 어두운 세계의 특성 안에 있는 하느님의 진노와 저주 속에 감춰져 있다. 그러나 그것은 외적 자연과 해의 힘으로 꽃을 피우게 된다"[9](*Mysterium*, xxi. 8).

해가 지상 세계의 모든 것들을 지배하기 때문에 해는 그 세계의 모든 곳에서 그의 본질과 능력으로 존재해야 한다.

"물에는 해의 특성과 본질이 있기 때문에 해는 물과 아주 다르지 않다. 그것들이 없다면 물은 햇빛을 받지 못했을 것이다. 해는 하나의 형태를 가진 몸체이지만, 그럼에도 불구하고 해의 본질은 물 안에 있다. 그러나 그것은 드러나지 않는다. 사실, 우리는 세계 전체가 모두 해이며, 하느님이 해의 불을 밝히고, 해가 드러나기를 바라시기 때문에 해가 세상 어디에나 있을 것이라는 사실을 안다. 존재하는 모든 것들이 햇빛으로부터 시작되기 때문이다"[10](*Six Theosophical Points*, vi. 10).

"하느님이 열로 빛을 밝히려고 한다면, 모든 세상은 해가 될 것이다(해로 드러날 것이다). 해의 힘은 어디에나 있기 때문이다. 해의 몸체가 존재하기 전 모든 세계는 지금 해가 비치는 것처럼 빛났을 것이라는 말이다. 그것은 견딜 수 없는 것이 아니라, 부드럽고, 즐거웠을 것이다"[11](*Aurora*, xxv. 63).

행성들 역시 해의 지배를 받으며, 해로부터 힘을 받아서 그 힘들을 가지고 다시 지상의 대상들과 소통한다.

"해는 성좌(태양계)의 중심이고, 지구는 사물을 구성하는 원소들의 중심이다. 해와 지구를 비교한다면, 그 둘은 모두 정신과 신체, 또는 남성과 여성 같다. 그러나 별들의 세계에는 또 다른 여성이 있고, 그 여성은 자신의 물체들을 기르는데, 그것이 달이다. 달은 모든 행성들의 아내이지만, 특히 해의 아내이다"[12](*Mysterium*, xi. 31).

"욕망으로 가득 찬 모든 별들은 해의 힘을 그들에게 가져오려고 한다. 이와 마찬가지로 해 역시 강력하게 별들 속으로 들어간다. 그래서 별들은 해의 힘으로부터 빛을 받는다. 그때 별들은 그들에게서 불 피워진 힘을 마치 그들의 생산물인 것처럼 원소들에게 다시 보낸다"(*Grace*, ii. 26).

별들이 그들의 기원을 빛의 세계와 어둠의 세계에 두기 때문에 지상 세계에 존재하는 선과 악은 별들로부터 온다.

"성좌(星座) 속에 거룩하고 영적인 세계의 힘뿐만 아니라 영원한 본성의 진노로 가득 찬 불의 힘이 내뿜어진 본질처럼 드러났기 때문에 성좌가 창조된 것과 함께 선과 악이 드러났다. 따라서 세상에는 우리가 볼 수 없는 수많은 어두운 별들이 있으며, 우리가 보는 수많은 밝은 별들도 있다"[13](*Mysterium*, x. 36).

"만물 안에 있는 악은 선이 그렇듯이 별들로부터 온다. 땅 위에 있는 피조물들에게 여러 가지 특성이 있듯이 별들에게도 여러 가지 특성들이 있다"(*Aurora*, ii. 26).

"존재하고, 살아 있는 모든 것들은 별들에 의해서 깨어나고 생명을 가져온다. 그것들이 단지 불이나 물뿐만 아니라, 딱딱함과 부드러움, 비탄과 달콤함, 쓰라림과 어둠, 심지어 자연의 모든 능력과 땅에 있는 모든 것들을 가지고 있기 때문이다"(*Threefold Life*, vii. 46).

"성좌는 나무들과 금속들을 자라게 하면서 그것들을 깨우기 때문에 모든 기술과 과학의 원인일 뿐만 아니라 이 세상의 모든 질서와 조화의 원인이다. 지구에는 별들 안에 담겨 있는 모든 것들이 들어 있다. 성좌는 지구에 불을 붙이는데, 이것들을 모두 합치면 하나의 영이 된다"[14](*Threefold Life*, vii. 48).

흙과 그 요소들 사이의 관계에서 별들은 더 높고, 살아 있는 부분, 다시 말해서 남성적 힘으로 작용한다.

"별들은 진수(眞髓), 말하자면 원소들의 다섯 번째 형태이며 넷의 생명이다"(*Threefold Life*, vii. 45).

"별들이 빛나는 하늘은 그것이 마치 그 자신의 소유 안에서인 것처럼 모든 피조물들을 다스린다. 하늘은 남성이고, '물질' 또는 물 같은 형태는 하늘이 창조한 것을 낳는 그의 아내이다"[15](*Three Principles*, vii. 33).

"위에 있는 것들은 아래 있는 것들을 바라고, 아래 있는 것들은 위에 있는 것들을 바란다. 위에 있는 것의 허기(虛飢)는 강력하게 땅으로 향하고, 땅의 허기는 위에 있는 것을 향해서 나아간다. 그러므로 각각의 것들을 비교하면, 그것들은 몸과 영혼 같거나, 서로가 아이들을 낳는 남성과 여성 같다"(*Grace*, v. 19).

그러나 지상에서 생명은 서로 구별되어 있다는 것을 알아야 한다. 이것은 그들의 산물로 입증될 뿐만 아니라 그것들이 태양을 욕망하는 것으로도 입증된다. 그래서 그들은 끊임없이 태양을 돈다.[16]

"당신이 흙과 바위를 보면, 당신은 그것들 안에 생명이 있는 것을 알게 될 것이다. 사실이 그렇지 않다면, 그것들 속에는 금은커녕 은도 없고, 나물은커녕 풀도 없을 것이다"(*Aurora*, xix. 57).

"각 존재는 다른 존재를 바란다. 위에 있는 것은 아래 있는 것을 바라고, 아래 있는 것은 위에 있는 것을 바란다. 따라서 지구는 별들과 세계의 혼에 대한 허기로 가득 차 있어서 평안하지 않다"(*Clavis*, 110).

"지구는 두 개의 불, 즉 뜨거운 불과 차가운 불을 가지고 있고, 아래에 있는 것은 언제나 위로 올라가서 태양을 향하기를 바라기 때문에 돈다. 지구는 오직 태양으로부터만 정신과 힘을 받기 때문이다. 그러므로 지구는 돈다. 빛에 대한 욕망인 불은 빛 둘레를 돈다. 그것이 점화되고, 그 자신의 생명을 가지려고 하기 때문이다. 그럼에도 불구하고 죽음에 머무르면서 그것은 아직도 위에 있는 생명을 욕망하고, 그것을 끌어들이며, 해의 팅크제와 불을 받아들이려고 그 중심을 연다"[17](*Threefold Life*, xi. 5).

네 가지 원소들은 실제로 단지 외부의 네 원소들 뒤에 감춰진 하나의 진정한 원소의 특성일 뿐이다.

"우리가 지금 네 가지 원소들이라고 부르는 것들은 사실 원소들이 아니라 하나의 진정한 원소의 특성일 뿐이다"(*Three Principles*, vii. 33).

"천상의 세계에서 정수(精髓)는 낙원적인 물질이지만 외적 세계에 갇혀 있다. 그러나 그 안에 감금된 것이 아니라 단지 눈에 보이지 않을 뿐이다"(*Clavis Specialis*).

"불, 공기, 물, 그리고 흙은 자연의 중심에서 비롯되었고, 하나의 실체의 점화 안에 있다. 그 점화가 생긴 이래 그것들은 네 가지 형태로 나타났는데, 그것들을 '원소들'이라고 부른다. 그러나 그것들은 아직도 내면에 있고, 실제로 그것들은 오직 하나로 존재한다. 하늘에는 네 가지 원소들이 있지 않고, 오직 하나만 있다. 그러나 네 가지의 모든 상태들이 그 안에 담겨 있다"(*Threefold Life*, v. 105).

이 초세상적인 기초로부터 외부의 세상적 원소들이 나왔다. 그것으로부터 제일 처음 분리된 것은 불이고, 그 다음이 공기, 그 다음이 물이며, 마지막으로 흙의 원소가 나왔다.[18]

> "하나의 진정한 원소 안에 감춰진 네 가지 형태들은 더 낮은 원리들의 자극이나 점화에 의해서 활성화되고, 그것들은 이제 그들의 외적 실체 속에 드러나서 다른 피조물들이 알아볼 수 있게 된다"(*Threefold Life*, v. 105).
>
> "불로부터 공기가 나오고, 공기로부터 물, 물로부터 흙, 즉 흙의 본성으로 된 실체가 나온다. 따라서 원소들은 단지 내면의 영원한 원소의 외적 표현이며 그것이 점화된 연기일 뿐이다"(*Mysterium*, vii. 19).

그것의 본래적인 통일체로부터 비롯된 원소들은 서로를 강하게 바란다. 그러나 그와 동시에 그들 사이에 불화와 투쟁도 있다.

> "그 네 가지 원소들은 단지 미분화된 하나의 원소의 특성들일 뿐이다. 그러므로 그것들 사이에는 커다란 불안과 욕망이 있다. 그것들은 내적으로 오직 하나의 원리를 구성하고, 본능적으로 하나가 다른 하나를 바라며, 각각의 것들은 다른 것들 속에 있는 내적 원리를 추구한다"(*Aurora*, xix. 106).
>
> "오직 하나의 의지를 가진 하나의 원소로부터 네 가지 원소가 생겨난 다음, 그것들은 이제 하나의 몸 안에 존재하며, 그것들 사이에는 많은 다툼과 분열이 있다. 열은 찬 것에 대항하고, 불은 물과 대항한다. 공기는 흙과 대항한다. 각각의 것들은 죽음을 야기하고, 다른 것을 파괴한다"(*Signature*, xv. 4).

흙의 수많은 산물들 속에서 — 예를 들어서 말하자면, 수많은 광물들 속에서 — 진정한 본질은 죽음에 완전히 감춰져 있는 듯하다. 그러나 다른 것들 속에, 특히 고귀한 금속과 값진 돌들 속에서 그것은 여전히 그의 광채를 드러낸다.[19]

> "우리가 흙에서 딱딱한 바위나 흙의 거칠고 다듬어지지 않은 외관만 본다면 합리적인 사람들에게는 거대한 바위와 돌로 되어 있을 뿐 많은 부분들이 쓸모가 없고, 이 세상에 있는 피조물들에게 방해가 될 뿐이라는 것이 이상하게 보일 것이다"(*Mysterium*, x. 1).

"지상의 의식은 천상의 의식을 부패시켰고, 지상의 의식은 천상의 의식의 찌꺼기로 되었다. 마찬가지로 말씀은 영원한 본성으로부터 흙과 돌들을 만든다"(*Menschwerdung*, i. 9).

"그러나 우리는 아직도 흙 속에서 여전히 감춰져 있는 팅크제를 발견한다. 그것은 천상의 팅크제처럼 특히 값비싼 금속에 들어 있다"[20](*Six Theosophical Points*, vi. 2).

"금은 신적 실체나 천상의 몸체와 가깝게 관계되어 있다. 우리는 이것을 금을 용해시켜서 휘발성의 활동적인 영으로 만들면 볼 수 있다. 이것은 오직 하느님의 능력에 의해서만 가능한 일이다"[21](*Signature*, iii. 39).

"값비싼 돌들에 관한 한, 홍옥, 청옥, 루비, 마노 등은 사랑 안에서 빛의 섬광이 일어난 곳에서 나왔다. 이 섬광은 부드러움 속에서 났고, 그 중심은 그것들을 산출하는 영의 중심에 있다. 따라서 그와 같은 돌들은 그렇게 부드럽고, 사랑스러우며, 그렇게 강력하다"[22](*Aurora*, xviii. 26).

광물계의 경우처럼 식물계와 동물계의 경우에서도 마찬가지다. 거기에서도 죽음의 세력은 모든 것들 속을 꿰뚫고 들어갔다. 거기에도 낙원과의 관계를 보여 주는 생성물들이 있다.

"타락 이전의 낙원에는 하느님이 인간을 위해서 창조하신 나무들과 열매들이 풍성하였다. 그러나 땅이 저주를 받자, 저주는 모든 열매들을 꿰뚫고 들어가서 이제 모든 것들은 좋고, 나쁘게 되었다. 만물 속에는 죽음과 부패가 들어 있다. 그것은 그 전에 오직 선악과에만 있던 것이다"(*Threefold Life*, ix. 15).

"땅의 열매들은 완전히 하느님의 진노 안에 있지 않다. 통합된 말씀은 불멸하고, 썩지 않아서 죽음의 몸에서 다시 꽃을 피우고, 땅의 죽은 몸으로부터 열매를 맺기 때문이다"(*Aurora*, xxi. 24).

"어떤 동물들, 특히 길들인 동물들은 한 원소와 밀접하게 관계된다. 다른 동물들, 특히 사나운 동물들은 네 원소들과 더 관계된다"(*Three Principles*, xviii. 10).

“진노로부터 자랐고, 어둠의 세계의 중심을 따라서 만들어진 독이 있는 동물들과 벌레들이 있다. 그것들은 어둠 속에서만 살려고 하고, 햇빛으로부터 그들을 숨기려고 한다. 더 나아가서 원숭이처럼 ‘세계의 영’이 환상의 세계에서 만든 많은 피조물들도 있고, 어떤 동물들과 새들은 장난치기를 좋아하고, 다른 피조물들을 괴롭히고 방해해서 다른 동물들의 원수가 되기도 한다. 그런 동물들은 언제나 다른 동물들과 싸운다. 다른 한편, 길이 든 동물들과 새처럼 천사의 세계의 유형을 따라서 창조돼서 착하고, 친절한 동물들도 있다. 그러나 그것들 가운데서도 나쁜 성질을 찾아 볼 수 있다”[23](*Grace*, v. 20).

외적 사물들 속에는 영원하고, 파괴되지 않는 어떤 것이 감춰져 있다. 그것은 다시 세상적 실체의 타락한 몸으로부터 에테르 같은 형태로 나온다.[24]

“모든 외적 사물들 속에는 두 가지 특성이 있다. 하나는 시간으로부터 왔고, 다른 하나는 영원으로부터 왔다. 첫 번째, 또는 시간적 특성은 드러나고, 다른 하나는 감춰져 있다”(*Signature*, iv. 17).

“이 세상에 있는 존재들 가운데서 우리는 어디에서나 두 존재가 하나에 들어 있는 것을 본다. 먼저 영원하고, 신적이며, 영적인 존재가 있고, 그 다음에 시작을 가지며, 자연스럽고, 시간적이며, 썩을 수 있는 것들이 있다. 내뿜어진 욕망, 다시 말해서 본성과 자기-의지가 비롯된 자연에 대한 신적 능력의 사랑은 자연의 비뚤어진 자기-의지를 없애려고 한다. 종말에는 그렇게 얻은 환상으로부터 벗어나서 맑고, 수정 같은 본성으로 돌아올 운명에 있다”(*Contemplations*, i. 30).

“나무를 보라. 그것은 겉에 죽은 듯이 보이는 딱딱하고, 거친 껍질을 가지고 있다. 그러나 나무의 몸체에는 딱딱하고, 메마른 껍질을 뚫고 나오며, 수많은 어린 기둥들과 가지들 및 잎들을 만들어내는 생명력이 있다. 그 모든 것들은 나무의 몸체에 뿌리박고 있다. 그러므로 이 세상의 모든 집도 마찬가지이다. 거기에서도 하느님의 거룩한 빛은 이미 죽은 듯이 보인다. 그것이 그 원리 속으로 들어가서 마치 죽은 듯한 것이다. 그러나 그것은 여전히 하느님 안에 존재한다. 하지만 사랑은 언제나 다시 이 죽음의 집을 뚫고 이 빛에 뿌리를 내린 커다란 나무속에서 거룩하고 천상적인 가지들을 자라게 한다"(*Aurora*, xxiv. 7).

이 모든 외적 형상들은 팅크제와 기름, 즉 영적 특성에 의해서 생명의 불로부터 나오는데, 그것은 그 원소들에 맞서서 그 힘과 활동성을 드러낸다.[25]

"각각의 사물은 불과 같다. 그러나 불의 고뇌는 진정한 삶이 아니고, 불에서 나온 팅크제일 뿐이다"(*Threefold Life*, viii. 105).

"영이 사물 안에 있기 때문에, 팅크제 역시 마찬가지다. 팅크제 역시 영에서 나오고, 영의 기쁨이기 때문이다"(*Three Principles*, xiii. 45).

"욕망이 있는 곳에 불도 있다. 불이 실체를 바라기 때문이다. 그래서 불은 그것이 태울 어떤 것을 가지고 있다. 불은 그 자체만으로는 실체를 만들 수 없고, 오직 팅크제를 만들고, 팅크제는 실체들을 만든다"(*Threefold Life*, viii. 33).

"팅크제가 물속에 불과 빛의 특성을 넣었기 때문에 모든 색깔들을 만든다. 따라서 팅크제는 물을 피로 변환시킨다"(*Six Mystical Points,* i. 5).

"돌, 금속, 풀, 나무, 동물과 사람 안에는 기름 같은 특성이 들어 있다. 흙, 물, 불, 공기 안에는 죽음의 특성이 들어 있다. 사실, 이 네 가지 특성들은 죽은 몸과 같다. 그러나 그 안에 들어 있는 기름은 빛이나 생명이며, 그것으로부터 욕망이나 성장이 나오고, 죽음의 특성으로부터 나오는 개화(開花)가 있다. 그러나 기름 같은 특성이 죽음의 불안 안에 있지 않으면, 생명으로 될 수 없었을 것이다. 죽음의 불안은 기름 같은 특성으로부터 일어나고, 그것을 움직이려고 한다. 기름 같은 특성은 불안으로부터 날아가고, 거기에서 비롯되기를 바라기 때문이다. 그렇게 되면서 성장이 자극된다. 따라서 죽음 자체는 생명과 움직임의 원인이 될 수밖에 없다"(*Signature*, viii. 5).

외적인 모양이나 사물의 기호(signature)는 그것들 내면의 본질 안에 실제로 들어 있는 것의 상징적인 모습이거나 그것들의 성격에 어떤 원리가 지배적인지를 보여 주는 상징적인 모습이다. 그리고 그 안에 그들의 본성이 어떤 말을 하는지 하는 것의 기초가 들어 있다.

> "눈에 보이는 외적 세계의 모든 것의 모든 상태들은 내면의 영적 세계의 상징이나 상이다. 사물이 실제로 그 안에 있는 것은 그것의 외적인 성격 안에 반영되어 있다"(*Signature*, ix. 1).
>
> "그 행동의 영 안에 있는 원리는 나머지 것들보다 우월하고, 그 성격을 주로 몸이 있는 존재 위에 새겨 넣는다. 그리고 다른 특성들은 모든 살아 있는 피조물 안에서 볼 수 있는 것처럼 단지 그것의 부차적인 추가이다"(*Signature*, ix. 4).
>
> "내적 형상은 사람뿐만 아니라 그의 얼굴을 특징짓는다. 이와 똑같은 것을 동물, 풀, 나무들에도 말할 수 있다. 각각의 것들은 그 안에 본질적으로 들어있는 것들이 바깥에 표시되어 있는 것이다. 내적인 존재가 끊임없이 그 자신을 바깥에 드러내려고 하기 때문이다. 그러므로 모든 것들은 그 자신을 드러내려고 그 자신의 입을 가지고 있으며, 그것을 가지고 각 사물은 그 자신의 특성을 말하고, 그것을 가지고 자신이 쓸모 있고, 선하다는 것을 나타낸다"(*Signature*, i. 11-17).

제9장
발생

"각 브라만으로 하여금 주의를 집중하여 보이는 것과 보이지 않는 모든 자연이 신성한 영 안에 존재하는 것으로 생각하게 하라. 그가 그 바닥이 없는 우주를 신성한 영 안에서 관조할 때, 그는 그의 마음을 죄악 속에 두지 못하기 때문이다." — 마누.

하느님이 자신 안에서 영원에서부터 영원까지 빛의 중심을 전개시키는 것처럼 인간의 영혼에는 두 번째 원리 속을 꿰뚫고 들어가고 하느님의 빛 안에서 살려는 욕망이 있다.[1]

"영혼은 그 실체에서 성부 하느님의 본성에서 나오는 불의 마술적인 분출이다. 영혼은 빛에 대한 열렬한 욕망인 것이다. 따라서 성부 하느님은 영원 전부터 매우 강하게 빛의 중심인 그의 마음을 바라고, 불의 특성에서 나오는 욕망하는 의지 안에서 그것을 낳는다"(*Four Complexions,* ii).
"또한 하느님은 그의 사랑 안에서 두 번째 원리를 만든다. 그것으로부터 그는 영원부터 영원까지 그의 영원한 말씀과 마음을 낳고, 영은 자연의 유대에 불을 붙이며, 빛의 힘으로 하느님의 마음의 사랑과 생명 안에서 그것이 빛나게 한다. 이와 마찬가지로, 인간의 영혼은 두 번째 원리를 꿰뚫고 들어가기를 바라고, 하느님의 능력으로 그의 허기를 진정시키려고 한다"(*Threefold Life*, i. 11-13).

그러나 아담의 경우처럼 영혼이 자신의 의지를 하느님에게 복종시키지 않으면, 하느님의 생각은 없어지지 않지만 사람 안에서 작용하지 못하게 된다.

"영혼에는 그의 본성을 따라서 변화된 내면의 영적 세계의 일곱 가지 특성이 있다. 그러나 영에는 그 어떤 특성도 없다. 그것은 본성의 바깥에 있고, 하느님과의 통일체 안에 있다. 영은 그의 불같은 본성에 의해서 영혼 안에서 드러난다. 그것이 정말 하느님과 비슷하고, 영혼이 자신의 욕망을 가지고 하느님 안에 들어가고, 의지를 하느님에게 복종시켜서 하느님 자신 안에 있는 생각이 거기 머무르며, 활동하기 때문이다. 이런 일이 생기지 않으면, 생각, 곧 영은 아담이 타락했을 때처럼 아무 실체도 없이 희미해져가는 거울 속의 그림처럼 아무 말도 못하고, 아무 행동도 못하게 된다"(*Tabulae Principiae*, 66).

"인간의 천상적인 자아(Ego)가 아무것도 아니게 되었다고 생각해서는 안 된다. 그것은 그의 안에 머물러 있다. 그의 개인적 생명은 아무것도 아닌 것같이 되었다. 그때 그것은 하느님 안에 감춰져 있었고, 드러난 생명 없이, 사람들에게 보이지 않게 되었다"(*Mysterium*, xx. 8).

"바닥이 없는 의지로부터 나온 영혼의 본질은 죽지 않았다. 그 어떤 것도 그것을 파괴할 수 없다. 그것은 영원한 자유 의지로 남아 있다. 그러나 그 안에서 하느님의 빛과 사랑의 불이 타오르는 신적 상태를 잃어버렸다. 그 상태가 창조된 영혼 안에서 아무것도 아닌 것처럼 무의식적으로 되었을지라도, 그것은 완전히 아무것도 아닌 것으로 되지 않았다. 그 거룩한 힘, 말하자면 그 안에 활성화된 생명을 담은 하느님의 영은 감춰져 있는 것이다"(*Grace*, vi. 2).

따라서 영혼이 그의 빛과 생명이 스러지도록 허용한다면, 그때 자연히 그와 반대되는 힘인 진노의 원리가 그 안에서 지각될(의식될) 것이다.[2]

"하느님의 마음과 빛이 성부의 영원한 불-팅크제인 그의 빛에 기원을 두고 있는 것처럼 영혼의 이미지 역시 마찬가지다. 하느님의 진정한 이미지는 영혼-불의 빛 안에 담겨 있어서 불같은 영혼은 그 빛을 반드시 하느님 안에 있는 영혼의 상상력에 의하여 하느님의 사랑의 샘, 즉 그의 위엄 안에서 길어야 하고, 영혼의 의지를 하느님에게 복종시켜야 한다. 영혼이 그렇게 하지 않고, 그녀 안에서, 다시 말해서 사랑의 샘 안에서가 아니라 불의 고뇌(열정)로 이끄는 그녀 자신의 불같은 형태나 상태로부터 상상하면, 그녀의 고뇌는 그녀의 가혹하고, 쓰라린 비통으로부터 올라올 것이다. 그러면 하느님의 이미지는 진노(어두운 불)에 삼켜질 것이다"(*Eye*, xiii. 15).

"영혼은 본래 불-고뇌이고, 그 안에 불을 취하려는 가혹한 신랄함을 포함하고 있다. 영혼의 이 탄생(발달)으로부터 하느님의 부드러움과 사랑이 거두어지거나 영혼이 매우 강한 물질, 즉 거친 물질적 욕망에 감염되면, 영혼은 그녀 자신을 소모하면서 지독하게 가혹해질 것이다. 그럼에도 불구하고 영혼은 끊임없이 그녀 자신의 의지에서 새로운 허기를 내기는 할 것이다"(*Menschwerdung*, i. 2).

따라서 사람들은 스스로 하느님으로부터 떠남으로써 그에게 하느님의 진노를 끌어들였고, 지옥의 왕국에 문을 활짝 열었으며, 이제 그 자신을 지옥 같은 형상으로 만들었다.[3]

"아담이 그의 순수하고 아름다운 이미지를 잃어버린 다음, 그의 영혼은 오직 성부의 특성 안에만 서 있었다. 다시 말해서, 하느님의 빛과 떨어진 진노와 타오르는 불인 영원한 본성에 서 있었던 것이다"(*Tilk*, i. 285).

"타락에 의해서 사람에게는 하느님의 진노인 지옥으로의 문이 열렸고, 그에 따라서 환상의 영역이 시작되었다"(*Grace*, vii. 7).

"우리가 영혼의 실체와 본질에 대해서 조사하면, 우리는 그것이 사람 안에 있는 가장 거센 것이라는 사실을 알게 될 것이다. 그것은 불같고, 가혹하며, 쓰라리다. 영혼이 그와 함께하는 신적 능력의 동정(童貞)을 완전히 잃어버리고, 거기에서부터 (영혼 안에) 하느님의 빛이 태어나면, 그것은 악마가 되고, 그것이 악마이다"(*Three Principles*, xiii. 30).

"사람이 그의 이기적 기쁨의 영역에 들어오고, 그의 의지를 하느님으로부터 돌린 다음, 저주를 퍼붓고, 신성모독하며, 거짓말하는 지옥 같은 형상들을 만들기 시작하였다"(*Prayer*, 53).

"이브의 가련한 자녀들인 우리는 우리 안에서 커다란 고통, 슬픔, 비참 속에서 진노가 어떻게 우리를 움직이고, 이끌며, 괴롭히는지 느껴서, 우리가 어떻게 더 이상 하느님의 사랑 안에서 같이 걸어가지 못하며, 독기와 시기, 살인, 앙심이 가득 차서 서로를 박해하는지 느껴 보아야 한다. 우리는 서로의 죽음을 바라면서 서로를 헐뜯고, 모욕하며, 중상하고, 온갖 종류의 악을 행하고, 서로 비참해지는 것을 즐기고 있다"(*Tilk*, i. 4).

"이 세상에서 악한 사람들이 그들의 악함과 어리석음 속에서 하는 모든 것들은 어둠의 세계에서 악마들이 하는 일이다"(*Theosophical Points*, ix. 18).

"각 사람은 다른 이들에게 고통을 야기한다. 그러므로 그는 다른 이에게 악마이다"(*Threefold Life*, xvii. 10).

그러나 하느님은 사람을 보호해서 그는 그렇게 쉽게 악마가 되지 않는다. 그리고 사람이 외부의 지상 세계에 들어가게 하면서 고통 받게 한다.[4]

"하느님은 영혼을 육신과 피에 들어가게 해서 영혼이 그렇게 쉽게 진노를 받을 수 없게 하였다. 따라서 영혼이 지상에 존재하는 동안 영혼은 해를 반사하면서 그 자신을 즐기고, 그녀의 별의 본질을 기뻐하였다"(*Theosophical Points*, vii. 19).

"하느님이 아담의 콧구멍에 외적인 영, 즉 외적 생명을 불어넣으신 데는 이유가 있다. 아담은 루시퍼처럼 악마가 되었을지 몰랐지만, 외부의 거울이 그것을 막았다"(*Forty Questions*, xvi. 12).

"우리 자신을 고찰하면서, 우리는 대체로 외적인 영(우리 인간의 본성)이 우리에게 매우 유용하다는 것을 발견한다. 동물의 영이 불을 붙잡지 않고, 불의 영에게 지상의 동물적 자리와 즐거움을 주지 않으면 수많은 영혼들이 타락하게 된다. 그 안에서 동물의 영은 자신의 더 고귀한 이미지를 다시 살펴보고, 찾기 시작할 때까지 그 자신을 즐길 것이다"(*Forty Questions*, xvi. 10).

"이 세상에 있는 물질이 미래의 어느 날 파괴될 것처럼 그것(외부의 자연의 심상)이 파괴되면, 영혼은 영원한 죽음, 즉 어둠 속에 설 것이다. 그때 아름다운 피조물(살아 있는 이미지)은 지옥의 영역에 사로잡히고, 악마가 그것들 위에서 승리할 것이다"(*Threefold Life*, viii. 38).

인간의 영혼이 세상의 영에게 사로잡히고, 자신의 팅크제가 세상의 영 속으로 들어가게 했기 때문에 지상의 특성들은 반드시 그의 안에서 일어난다. 그것은 매우 활성화될 것이다.[5]

"아담의 불쌍한 영혼은 이 세상의 영과 원리에 사로잡혔고, 이 세상의 팅크제가 그 안에 들어가도록 허용하였다"(*Threefold Life*, viii. 63).

"정신의 상상력이 들어간 것은 영적인 욕망의 인상에 의해서 물질적 형태로 표현된다. 그러므로 하느님은 아담이 아직 낙원에 있을 때 그가 고통과 죽음에 빠지고, 하느님의 나라에서 죽지 않도록 그에게 상상력을 동원하여 선악과를 먹지 말라고 명령하셨는데, 그것이 실제로 일어났다"[6](*Baptism*, i. 22).

"그 전에 낙원에서 드러나지 않은 조건 속에 있었던 세상적 특성은 영혼의 욕망에 의하여 그 자신을 드러냈다. 이것으로부터 열과 차가움, 모든 역경(逆境)의 유독한 삶, 몸의 우선성이 생겼으며, 그 결과 하늘과 낙원의 아름다운 이미지는 시야에서 멀어졌다"(*Stiefel*, ii. 83).

최초의 인간적 존재의 몸은 영적이고, 천상적 본성으로 되어 있었지만 금단의 열매를 먹은 결과 세상적이고, 물질적으로 되었다.

"하느님은 사람에게 순수하고 본질적인 능력을 갖춘 몸을 주셨고, 그것은 영혼의 본성을 따라서 거친 세상적 실체와 비교해 볼 때, 영적인 몸으로 볼 수 있을 것이다"(*Mysterium*, xvi. 3).

"최초의 인간적 존재의 몸은 천상적인 것이었다. 그러나 그들이 땅의 열매를 먹고 그것을 몸속에 흡수했을 때 세상적인 몸이 그 모든 특성을 따라서 나타났다"(*Grace*, vii. 5).

"이브가 그 나무 앞에 가서 열매를 땄을 때, 그녀는 그것을 땅의 오물과 자연의 중심에서 지식을 얻으려는 영혼의 의지를 통해서 했다. 그 열매를 실제로 먹으면서 그녀 몸의 본질, 즉 인간의 본질은 나무의 본질을 취하게 되었다"[7](*Mysterium*, xx. 29).

그리하여 사람은 영원한 생명을 잃어버리고, 죽을 수밖에 없게 되었다.[8]

"우리는 사람이 처음에 시간 안에 갇혀 있었다고 말할 수 없다. 낙원에서 그는 영원 속에 안겨 있었다. 하느님은 사람을 그의 이미지 안에서 창조하였다. 그러나 그가 타락했을 때 그는 시간의 한계에 복종하게 되었다"(*Grace*, vii. 51).
"시간에는 시작과 끝이 있다. 의지가 욕망을 가지고 그 자신을 순간적인 인도에 맡겨 버리면 몸은 죽고, 그에 따라서 파멸되고 만다"(*Signature*, v. 9).
"타락 이후 그의 내적인 몸을 가진 인간은 오직 시간 속에서만 살게 되었다. 외적인 몸에 색조를 띠게 하고, 그 속을 꿰뚫고 들어가서 축복해야 할 천상의 실체의 값비싼 금은 그 색깔을 잃어버렸다"[9](*Signature*, v. 8).

더 나아가서 동물적 생명의 힘들이 사람 안에 그렇게 많은 방들을 얻고, 크게 우세해지자 그는 그의 외적 본질 안에서 동물로 되었다.[10]

"사람은 동물들처럼 단지 선과 악으로부터(오직 세상적인 실체로부터) 창조되지 않았다. 그가 만일 악과 선을 먹지 않았다면 그의 속에 진노의 불이 붙지 않았을 것이다. 그러나 그에게는 지금 동물적인 몸이 있다"(*Aurora*, xviii. 109).
"죄를 짓기 전 천상의 이미지는 사람에게 신적 능력을 덧입히면서 외적 인간을 전체적으로 꿰뚫고 들어갔다. 그때 동물적 요소들은 그에게서 드러나지 않았다. 그러나 천상적 본질로 만들어진 그 이미지가 창백해지고, 사라졌을 때, 첫 번째 원리로 만들어진 가엾은 영혼은 그녀 자신이 발가벗고, 헐벗었으며, 동물의 몸으로 둘러싸인 것을 발견하였다"(*Mysterium*, xxi. 15).
"아담과 이브가 선악과로부터 열매를 따먹은 다음, 그들은 곧 수치를 알게 되었다. 그들의 에테르 같은 형상 안에 평범한 살과 단단한 뼈와 동물의 내장으로 이루어진 역겨운 동물이 자라났기 때문이다. 그리고 동물적 존재가 천상적 상태를 집어삼키고, 그 안에서 그들이 그 전에 전혀 알지 못했고, 그들의 진정한 본성과 전혀 다른 피조물이 생겨났다"(*Mysterium*, xxiii. 1).

"인간이 타락하기 전에도 동물의 생식 기관을 가지고 있었고, 지금과 같은 창자를 가지고 있었다고 생각해서는 안 된다. 이렇게 깨끗하지 못한 것은 성 삼위일체에는 물론 낙원에도 존재하지 않았다. 그것은 땅에 속해 있는 것이다. 인간은 본래 천사처럼 죽지 않는 거룩한 존재로 창조되었다"(*Three Principles*, x. 7).

"그의 바깥으로 드러난 몸으로 볼 때, 인간은 타락에 의해서 동물들 중의 동물이 되었다. 다시 말해서, 그는 하느님이 동물의 형상으로 된 것이다. 그의 안에서 하느님의 말씀은 세상적인 방식으로 드러났다. 그에 따라서 그는 모든 동물들의 주인이자 왕으로 되었다. 그럼에도 불구하고 그는 동물일 뿐이다. 그러나 그에게는 단지 동물의 형태보다는 높은 지성이 주어졌다"(*Grace*, vii. 6).

인간의 감각 역시 세상적이고, 동물적인 본성으로 되었다. 그래서 그는 더 이상 하느님을 알 수 없게 되었고, 신적인 것이 어떤 것인지 알지 못한다.[11]

"사람이 낙원을 떠나서 다른 세대, 즉 이 세상의 정신인 해와 행성들과 원소들의 특성 속으로 들어왔을 때, 그의 낙원에서의 인식은 소멸되었다"(*Three Principles*, xiv. 2).

"인간은 타락한 다음 동물적 존재 상태로 퇴락해서 하느님의 나라, 낙원, 신성을 알지 못하게 되었다"(*Menschwerdung*, i. 2, 14).

"(욕망의) 뱀이 이브에게 말하였다. '너는 죽지 않을 테고, 너의 눈이 열려서 하느님처럼 될 것이다.' 그녀의 지상의 눈이 열릴 것이라는 말은 진실이다. 그러나 그녀의 천상의 눈은 닫힐 것이다"[12](*Stiefel*, i. 44).

인간의 의지와 마음은 이 세상의 영에게 사로잡혔고, 세상의 힘이 보여 주는 것처럼 이제 하나가 다른 하나에 의해서 유지되게 되었다.

"아담과 함께 영혼은 이상한 곳, 즉 이 세상의 영 속으로 들어왔다. 그 값비싼 보석이 실제로 갇혀 있는 곳은 네 군데이다. 각 사람에게 있는 네 가지 원소들에 따라서 언제나 한 사람에게 네 가지가 아니라 어떤 한 가지가 특별히 드러나며, 그것은 그의 삶에서 언제나 지배적으로 된다. 이 네 가지 상태, 형태 또는 기질을 담즙질, 다혈질, 점액질, 우울질이라고 부른다.

> 담즙질인 사람은 불이 드러나는 본성과 특성이고, 다혈질인 사람에게는 공기, 점액질인 사람에게는 물의 본성, 우울질인 사람에게는 흙의 원소적 특성이 지배적으로 된다"(*Four Complexions*, i. 6).

인간의 기쁨과 욕망은 이제 신적인 것으로부터 돌아섰고, 세상적이고, 동물적인 것을 향해서 나아간다.

> "사람 속에 있는 천사 같은 이미지는 우리가 지금 흔하게 보는 것처럼 마음과 감각 모두에서 완전히 파괴되었다. 생각과 감각들은 모두 동물적 의지에 의해서 모양 지어졌고, 그들이 하느님과 정의를 사랑하는 상태에 도달하기는 매우 어렵다"[13](*Grace*, vii. 36).
>
> "타락한 다음, 피조물들은 사람 안에서 힘을 얻었고, 사람 안에서 일어났다. 그래서 뱀의 특성 속에서 사는 사람들이 있다. 그들은 교활하고, 유독한 악성이 가득하다. 다른 사람들은 두꺼비나 개, 곰, 늑대의 특성 속에서 산다. 그렇지 않으면, 어떤 사람은 착하고, 길들여진 동물의 특성 안에서 산다. 모든 사람들은 바깥으로는 인간의 이미지로 만들어졌지만 그 안에는 동물적 특성들이 자리 잡고 있다"[14](*Grace*, vii. 3, 4).

사람이 지금 그 자신을 동물적인 방식으로 번식하는 것은 아담이 나중에 이브 핑계를 댔으며 생식기관에 대해서 수치심을 물려받은 것에서 입증되듯이 그의 타락으로부터 기인한 것이다.

> "하느님이 인간을 이 세상적이고, 부패하며, 매우 가난하고, 약하며, 동물적인 생명으로부터 창조했다면, 하느님은 인간을 낙원에서 살게 하지 않았을 것이다. 만일 그가 인류를 본래 동물처럼 번식하도록 하였다면, 인간을 처음부터 이미 남성과 여성으로 만들었을 것이다"(*Mysterium*, xviii. 5).
>
> "가엾게 타락한 영혼은 그가 동물의 생식기관을 가졌고, 수태가 그런 방식으로 이루어지는 것을 부끄러워한다. 모든 사람들이 그렇게 느끼는 것이 아닌가? 우리가 아담 안에서 짐승처럼 창조되었다면, 우리는 왜 우리의 야수성을 부끄러워하는가? 영혼이 그녀의 외적인 몸의 야수성과 동물 같은 생식 방식을 부끄러워하는 것은 왜 그런 것일까?"(*Tilk*, i. 608).

사람이 죄를 짓지 않았다면, 그에게는 하느님의 이미지가 살아 있는 존재이고, 창조의 능력을 가진 존재로서 성별이 구분되지 않은 채 그 자신의 자기로부터 그와 같은 존재들을 낳았을 것이다.

> "모든 인류의 총체는 하나의 본래적인 아담을 만든다. 하느님은 그 하나를 창조하였고, 그가 다른 존재들을 만들도록 하였다. 그는 그의 자기-의지를 완전히 하느님에게 복종시켜야 했다. 그리고 하느님과 함께 그 자신으로부터, 그 자신에게 맞게 다른 사람들을 생산하였다"(*Mysterium*, lxxi. 31).
>
> "아담은 남성성과 여성성에서 완전한 하느님의 형상이었다. 그것들은 분리되지 않았고, 순결한 처녀처럼 순수하였다. 그는 그 자신 안에 사랑과 진노의 어머니인 불과 빛에 대한 욕망(힘)을 가지고 있었다. 그리고 그의 안에 있는 불은 빛으로부터 차분함과 자선을 받으면서 빛을 사랑하였다. 그러나 그의 안에 있는 빛은 그의 생명으로서 불을 사랑하였다. 그것은 하느님이 성부로서 성자를 동등하게 사랑하고, 성자가 성부를 사랑하는 것과 같은 의미에서이다"(*Stiefel*, ii. 351).
>
> "아담은 하나의 개인성 안에서 남편이고, 아내였다. 그런데 그가 이 세상에서 일반적으로 생각하는 의미에서의 여성이었다고 생각해서는 안 된다. 오히려 순수하고, 순결하며, 동정녀적인 능력을 가지고 있었다고 생각해야 한다.

다시 말해서, 그는 그 자신 안에 팅크제와 불의 영과 물의 영을 가지고 있었고, 그 자신과 하느님을 사랑하였다. 그는 동정녀의 상태에서 생산할 수 있었고, 그 자신의 실체와 의지에 의해서 그 어떤 고통이나 상처 없이 아이를 낳았다"(*Threefold Life*, ii. 24).

"인간이 유혹을 견뎌냈었다면, 인간 존재는 아담이 그의 동정녀 같은 상태에서 그가 인간이면서 동시에 하느님의 형상으로서의 객관성에 자신을 투사시킨 것처럼 다른 존재로부터 태어났을 것이다. 영원에서 비롯된 것은 그 자신을 영원의 법칙을 따라서 낳을 수(증식시킬 수) 있기 때문이다"(*Threefold Life*, xviii. 7).

이런 인간의 자손들은 차례로 나왔을 것이다. 어떤 이는 그의 특질이나 하느님 앞에서의 위엄에서 다른 이보다 뛰어났을 것이다.[15]

"인간이 그의 본래적인 상태에 머물러 있었다면 모든 (미래의) 개인들이 하나의 개인의 소생이었을지, 아니면 그들이 하나씩 차례로 태어났을지 알 필요가 없다. 나는 깊음 속에서, 중심 안에서 탐구하면서 하나가 다른 하나로부터 유래했음을 알았다. 그들은 시간이 지나면서 특성들에서 달라졌다. 어떤 이들은 다른 이들보다 더 우수하게 자라났을 것이다. 그것은 오늘날 모든 사람들이 똑같지 않고, 어떤 이들이 다른 이들보다 더 천재적이고, 지적인 것을 보면 알 수 있다"(*Menschwerdung*, i. 5, 4).

그러나 그 전에 남자 안에 있던 생식력이 남성과 여성으로 갈라진 상태에서 각 성들은 다른 사람 안에서 태어나려는 아이를 찾으면서, 다른 사람과 결합하기를 몹시 바란다.[16]

"태초의 창조 때 모든 것은 하나의 존재로부터 태어났고, 성의 분리는 그 다음에 생겼다. 그러므로 각 성은 생식 과정에서 보는 것처럼 다른 성을 강렬하게 바란다"(*Three Principles*, viii. 40).

"이제 모든 피조물들에게는 강력한 성적 욕망이 생겼다. 남성의 영은 여성 안에 있는 사랑하는 아이를 찾으려고 하고, 여성은 남성 안에서 그것을 찾는다"(*Three Principles*, viii. 44).

"물-어머니(water-mother)는 불-어머니(fire-mother)를 몹시 욕망하고, 사랑의 아이를 찾는다. 마찬가지로 불-어머니는 그것을 물-어머니 안에서 찾고, 두 성은 서로 결합되기를 몹시 바란다"(*Three Principles*, viii. 42).

두 사람이 서로에 대해서 가지는 불타오르는 욕망은 하느님 앞에서 보기에 구역질나는 것이다. 그러나 그것이 신실하고 질서 있는 부부의 사랑에 의해서 지배 받으면 주님은 그것을 인내심을 가지면서 용납하신다.[17]

"부부가 성적으로 결합해서 사는 것은 그것이 인간의 본성에 합치되기 때문에 죄악된 것이 아니다. 그것은 자연력에 의해서 자극된 것이고, 하느님이 영적인 영혼으로 허용하신다"(*Stiefel*, ii. 409).

"그러나 신실한 부부애로 고양되지 않은 정욕은 단지 동물적이고, 죄악된 욕망일 뿐이다. 당신이 결혼생활에서 오직 성적 욕망의 충족만 추구한다면, 당신은 동물보다 나을 것이 없다"(*Three Principles*, xx. 64).

"오, 인간이여, 당신이 성적인 동물의 욕망을 어떻게 사용하는지 조심하라. 그것은 주님(사람 안에 있는 신적 존재) 앞에서 합법적인 결혼 안이나 바깥에 있는 것인지와 관계없이 구역질나는 것이다. 그러나 정말 합법적인 사랑과 신실성은 욕망을 하느님의 눈앞에서 감춘다"(*Three Principles*, xx. 65).

"하나의 부부가 자녀들을 낳으면, 그들의 상상력이나 욕망은 (성행위를 하는 동안) 거룩하지 않고, 영혼의 고상한 부분은 그것을 부끄러워한다. 동물조차 그 행위를 부끄러워하기도 한다. 그 행위는 가장 좋은 측면에서도 신적인 것의 거룩함 앞에서 구역질나는 것이다. 그것은 본래적 인간의 타락으로 인한 죄에서 기인했지만 인간 안에 있는 신적인 것에 의해서 인내심을 가지면서 용납되었다. 그것이 인간의 현재 동물적 상태에서 필요하기 때문이다"[18](*Stiefel*, ii. 396).

개인이 단지 그의 육체적 형태에 관해서만 다른 사람의 후손이라고 가정하는 것은 잘못이다. 인간의 영혼도 마찬가지로 그런 방식으로 만들어진다. 마음이 없으면 몸도 생길 수 없다.[19]

> "영혼은 언제나 새롭게 태어나고, 몸에 부어지는 것이 아니다. 영혼은 나무 등걸에서 가지가 자라거나 낟알이나 씨앗이 뿌려지는 것처럼 인간의 자연적 법칙을 따라서 다시 만들어진다. 따라서 영혼은 그것이 자라서 영과 몸이 될 수 있도록 뿌려진다."[20](*Forty Questions*, x. 4).
>
> "인간의 영혼들을 모두 모으면 단지 하나의 영혼이 된다. 그것들이 모두 하나의 영혼에서부터 나왔기 때문이다."
>
> "영혼은 인간의 생명에 필요한 모든 기관들의 존재의 원인이다. 따라서 영혼이 없으면 그 어떤 기관도 인간의 생명 안에서 살도록 존재하지 않았을 것이다"(*Three Principles*, xiv. 14).
>
> "심장은 영혼의 진정한 원천이다. 그 안에서 팅그제 안에 있는 영혼이 영(그의 빛)인 것처럼 심장(의지)의 피는 영혼, 즉 불이다. 영은 심장의 위를 떠다니고, 몸과 모든 기관들과 의사소통한다"(*Forty Questions*, xi. 3).

부부생활에 의해서 영혼이 생기는 한 그 안에는 어떤 낙원 같은 본성이 있다.[21]

> "아담이 하느님의 사랑 안에 머물고, 그의 안에 있는 여성(여성적 원리)이 정결한 동정이었을 때, 그의 안에 있는 불의 팅크제는 그의 안에 있는 빛의 팅크제의 품 안에서 커다란 기쁨을 누릴 수 있었을 것이다. 그러나 현재의 외적인 몸은 그 안에 영혼의 생명이 뿌려져 있는 그런 기쁨의 왕국과의 교제에서 나올 수 있는 즐거움을 누릴만하지 못하다. 오직 하느님으로부터 직접 나온 내면의 본질만이 그런 행복에 참여할 수 있다. 외적이고 동물적인 인간은 단지 동물적 욕망을 충족시키고, 영적 본질의 기쁨에 대해서는 아무것도 알지 못한다. 하지만 외부와 내면의 팅크제들이 혼합되면, 그 안에 있는 어떤 것(어떤 감각)은

낙원에 속해 있을 것이다. 그러나 세상적 본질(정욕)은 곧 그 안에 뒤섞일 것이다"(*Menschwerdung*, i. 7, 6).

"남자와 여자의 결합의 욕망은 아담 안에서 불의 팅크제와 빛의 팅크제가 분리되면서 생겼다. 이 원리들은 그것들 자체의 본질 속에서 여전히 육신보다 훨씬 더 고상하고 순수하다. 그것들은 지금 분리되었고, 진정한 생명을 가지고 있지 않은 것이 사실이다. 그러나 그것들에는 진정한 생명에 대한 욕망이 가득하다. 그것들이 모든 존재의 통일 속에서 다른 것들과 다시 만날 때, 그것들은 그들의 욕망이 지향하는 진정한 생명에서 다시 깨어날 것이다. 그것들은 아담이 남자이며 여자였던 때의 하느님의 이미지 안에 있던 것으로 다시 되기를 바란다"[22](*Stiefel*, ii. 396).

"이 두 가지 팅크제들이 하나로 모아질 때, 최고의 욕망과 그의 완성인 영원한 기쁨의 왕국의 특성은 드러난다. 이것이 혐오감을 자아내는 혼합 없이 순수성 안에서 될 수 있다면, 그 모든 것은 거룩하게 될 것이다. 그러나 씨앗의 유황(지상의 원소)조차 진정한 거룩함의 관점에서 볼 때 메스꺼움의 원인이 될 수 있다"(*Stiefel*, ii. 402).

부부생활을 하는 가운데 신적 상호작용이 일어난다. 그러나 세상적이고 사탄의 세계로부터 오는 영향이 있을 수도 있다. 더 특별하게, 아이의 본성은 부모의 특성에 따라서 다르다.[23]

"부부생활을 하는 동안 실행되는 의지는 삼중적이다. 첫째로, 아이들의 부모 사이에서는 교접하려는 동물적 욕망이 일어나고, 교접하는 동안 사랑의 중심은 그들이 아무리 서로에게 만족하지 않더라도 열린다. 그때 그 사랑은 한 요소의 특성에 참여하고, 이 요소는 낙원과 함께한다. 그러나 낙원은 하느님 앞에 있다"(*Three Principles*, xv. 30).

"다른 한편, 씨앗들 역시 그 나름대로의 본질을 가지고 있으며, 그것들은 외부의 요소들의 특성에 참여한다. 이 외부의 요소들은 외부의 행성들의 특성에 참여하고, 외부의 진노나 악의와 연계되어 있다. 그 진노와 악의는 지옥의 심연과

> 연결되어 있고, 그 심연은 악마들에게 속해 있다"(*Three Principles*, xv. 31).
>
> "가지가 나무에서 자랐다면, 가지의 형상은 나무의 형상과 비슷할 것이다. 그러므로 어머니가 아이를 낳으면, 그 아이는 어머니의 이미지 안에서 만들어질 것이다"(*Forty Questions*, v. 1).
>
> "나쁜 나무는 좋은 열매를 맺을 수 없다. 부모 두 사람이 모두 악하고 악마의 세력 안에 있으면, 악을 저지르려는 의지가 심어질 것이다. 부모들은 이 사실을 기억하는 것이 좋을 것이다. 당신들은 자녀들을 위해서 돈을 모으지만, 당신들이 자녀들에게 선한 영혼을 물려주면 그것이 그 아이들에게 더 좋을 것이다"[24](*Forty Questions*, x. 7-9).
>
> "부모가 그들의 영혼과 연결된 신의 본질을 가지고 있는 정도만큼 그 씨앗은 논쟁에 끼어들지 않을 것이다. 그리스도께서 '좋은 나무는 나쁜 열매를 맺을 수 없다'고 말했기 때문이다"(*Forty Questions*, x. 5).

그러나 각각의 영혼은 개별적 존재이다. 따라서 나쁜 부모로부터 태어난 아이도 다시 하느님에게 돌아갈 수 있거나 그와 반대되는 일도 일어날 수 있다.[25]

> "영혼은 나무에서 나온 가지이지만, 그럼에도 불구하고 하나의 개별적인 존재이다. 따라서 아이가 태어난 다음에는 그 자신의 삶을 살고, 그 본성의 중심은 그 자신의 힘 안에 있다"(*Forty Questions*, vi. 2).
>
> "어떤 아이가 비록 좋은 부모 밑에서 태어났을지라도, 나중에 혼란에 빠질 수 있다. 마찬가지로 나쁜 부모 밑에서 태어난 아이도 그의 상상을 통해서 회심하여 주님의 말씀 안에 들어갈 수 있다. 이런 일은 드물게 일어나지만 가능한 일이다. 하느님은 어떤 영혼이 그 자신을 내던지지 않는 한 버리시지 않는다. 각각의 영혼은 스스로 심판한다"[26](*Forty Questions*, x. 6-8).

제10장
그리스도

"이 세상의 몸 전체를 지탱하는 내적 요소는 그리스도의 영원한 몸이 되었다. 하느님의 말씀과 마음 안에 있는 신성 전체가 영원 속에서 그 안에 들어왔고, 똑같은 신성이 피조된 존재로 되었기 때문이다. 어디에서나 볼 수 있는 그런 피조물은 신성 자체와 같다"(Princ. xxiii. 20).

"하느님의 특별한 도움이 없었다면, 인류는 그의 죄 때문에 영원한 멸망에 빠졌을 것이다"[1](*Hamberger*).

"하느님의 마음이 약속의 말씀과 함께 인간을 유지시켜주던 영적인 희망을 일깨우면서 그의 영혼에 들어오지 않았더라면 아담은 영원히 버려지게 되었을 것이다"(*Forty Questions,* viii. 5).

"하느님의 사랑의 원리가 이 지상 세계의 모든 본성 안에 널리 퍼져 있지 않았고, 우리 가련한 피조물들이 전쟁터에서 우리의 전사(戰士)와 함께 하지 않았다면, 우리는 지옥의 공포 속에서 모두 멸망했을 것이 틀림없다"[2](Aurora, xiv. 104).

하느님은 그의 무한한 자비로 인류를 도우시려고 한다.[3]

"하느님은 모든 인간이 구원 받기를 바라신다. 그는 죄인이 죽기를 바라시지 않고, 그가 변화되어 하느님에게 돌아와 하느님 안에서 생명을 찾기를 바라신다"(*Three Principles,* Preface, i. 31).

"피상적인 추론에서는 하느님이 자비가 없는 존재로 말하고, 하느님이 사람들 안에서 불복종을 보았기 때문에 사람들에게 진노를 퍼부었고, 사람들을 죽음으로 저주했다고 가르친다. 그러나 당신은 그것을 믿지 말아야 한다. 하느님은 사랑이고, 선하시며, 그의 안에는 그 어떤 분노의 생각도 없다. 사람이 스스로를 벌하지 않았다면, 사람에게는 모든 것이 잘 되었을 것이다"(*Three Principles*, x, 24).

성자, 또는 하느님의 빛이 사람들 속에 들어가지 않고서는 인류를 구원할 다른 방법은 없었다.[4]

"영혼이 하느님의 빛으로부터 나와서 이 세상의 영(靈) 속으로 들어갔을 때 첫 번째 원리의 고뇌가 시작되었다. 영혼은 하느님의 마음이 그녀와 하느님의 나라 사이에 나타나서 들어와 그녀가 거기에서 재생되지 않는 한 그녀가 더 이상 하느님의 나라 안에 있지 않다고 생각하였고, 그렇게 느꼈다"(*Three Principles*, ix, 24).

"신성이 두 번째 원리를 따라서, 즉 영원한 생명의 빛을 따라서 움직이지 않고, 사랑의 능력에 의해서 죽음 안에 갇힌 영혼의 실체에 다시 불이 붙여지지 않는 한, 인간 속에 있는 하느님의 형상에게 또 다른 구원은 있을 수 없다"(*Menschwerdung*, i. 11, 22).

"영혼은 그녀의 의지를 하느님의 의지와 분리시켰고, 삶의 정욕 안에 들어가게 하였다. 그래서 성부의 순수한 의지가 다시 그녀의 실체 속에 들어가 그녀를 다시 그 전의 상태로 돌려놓음으로써 그녀의 의지가 다시 하느님의 빛과 마음을 향하게 하는 것 이외에 그 어떤 구속(救贖) 방법도 없었을 것이다"(*Three Principles*, xxii, 24).

"영혼에 덧붙여질 것이 있다면, 성부 자신이 아니라 그의 빛과 함께 하느님의 마음이 영혼 안에 들어갔어야 한다. 영혼이 성부 안에 있기 때문이다. 그러나 영혼은 하느님의 마음(하느님의 자기-의식의 시작)이 생기려는 문턱에서 돌아서서 그녀의 욕망을 바깥 세상 쪽으로 돌렸다"[5](*Three Principles,* xxii, 68).

그리스도의 이름이 사람들에게 육화되었기 때문에 사람들을 구속할 준비는 이 세상을 창조하기 전에 이미 만들어져 있었다.[6]

"아담이 타락하고, 심지어 아담이 창조되기 전에도 예수의 이름은 이미 낙원에서 영혼의 팅크제 속에 육화되어 있었다. 베드로가 그의 첫 번째 편지(1장 20절)에서, 우리는 이 세상의 기초가 놓이기 전에 이미 그리스도 안에서 구원 받기로 되어 있었다고 말하기 때문이다"(*Menschwerdung*, i. 8, 1).

"예수라는 이름은 그가 사람들의 구속자가 될 것이고, 진노 속에서 죽은 이들을 신적이고, 낙원적인 능력 안에 있는 순수한 존재로 재생시키실 미래의 그리스도로서의 영원의 이미지 속에 합쳐져 있다"(*Stiefel*, ii. 74).

"하느님이 (아담의 자손들에게) 뱀의 머리를 깨트릴 수 있는 능력을 주신다고 말씀하신 것은 하느님의 마음에 있는 사랑의 불꽃 때문이었고, 하느님은 그 안에서 영원 전부터 인류를 보았으며, 인류를 선택하셨다. 모든 세계는 하느님의 신적 사랑의 빛 안에서 살았고, 아담은 그의 창조가 일어났을 때 이미 바울이 말했듯이(에베 1:13), 이 세상의 기초가 만들어지기 전에 그리스도 안에서 선택되었다"[7](*Three Principles*, xvi, 107).

아담이 하느님과 같아지기를 포기하지 않는 한, 그의 안에 있는 구속자는 그 자신을 인식할 수 있게 하지 않았다. 그러나 아담이 타락하자마자 구속자는 그를 알게 하였다.[8]

"영원 전부터 사람 안에 예수라는 이름이 움직일 수 없는 사랑 안에 하느님의 형상으로 서 있었다. 그러나 영혼이 빛을 잃게 되자 말씀은 예수라는 이름을 움직일 수 있는 것 안에서 말하였다. 빛바랜 천상 세계의 물질 속에서 말했던 것이다"[9](*Grace*, vii. 34).

"아담은 타락하기 전 여호와로부터 하느님의 빛을 받았다. 그것은 그 안에 예수라는 이름이 감춰진 유일하신 하느님으로부터 받았던 것이다. 그러나 영혼이 타락하여 고통 당하는 동안 하느님은 그의 영광과 성스러움의 보물을 보여주셨고, 말씀의 살아있는 목소리에 의하여 영혼이 안내자처럼 따라가야 하는 깃발을 휘두르면서 영원한 형상 속에 그 자신을 신적 사랑의 불과 함께 통합하였다. 그러나 영혼이 하느님에 대하여 죽은 자처럼 되어 그 안을 뚫고 들어가지 못할지라도, 하느님의 숨은 그 안을 꿰뚫고 들어가고, 그녀에게 악한 행위를 하지 말라고 경고하였다. 그리하여 그 목소리는 다시 영혼 속에서 활성화되기 시작할 것이다"(*Grace*, vii. 32).

"아담이 그의 안에 진노의 중심을 드러낸 것처럼 하느님은 악에 반대를 내세우셨고, 그의 안에 뱀의 뒤꿈치를 깨부술 수 있는 능력을 드러내셨다. 그때는 죄가 아직 나타나지 않았고, 하느님의 능력 안에 잠재되어 있었으며, 하느님의 사랑으로서의 예수 안에 신적 통일성이 있었다"[10](*Stiefel*, ii. 161).

구속자의 미래의 능력은 무엇보다도 먼저 이브 안에서 활성화되었다.[11]

"악의 근원이 되는 마귀가 내면에서 속삭이는 말은 아담이 아직 남자와 여자 한 몸으로, 그가 남자도 아니고 여자도 아니라 하느님의 형상이었을 때 말해졌다. 그것은 아담으로부터 이브에게 들어가서 이브는 죄를 짓기 시작하였다. 그때 하느님으로부터 내면의 목소리가 들렸고, 이것은 먼저 모든 인류의 어머니인 이브 안에서 들렸다. 그리고 이브를 통해서 그 목소리를 아담에게 드러나기 시작하였던 죄의식에 맞서게 하였다"(*Grace*, vii. 47).

"약속의 말씀은 불같은 본질을 나타내는 인간의 내면에 있는 팅크제 속에서 통합되려고 하지 않고, 아담 안에서 마술적으로 생산하려는 빛의 팅크제인 동정녀의 중심에서 통합되려고 한다. 그것이 거룩한 모태의 천상적 실체이기 때문이다. 빛의 팅크제 안에서 불같은 영혼-본질은 인간의 불같은 본성에서보다 약하다"(*Mysterium*, xxiii. 31).

"이 사건이 일어난 것은 아담의 불-팅크제를 통해서가 아니라 아담의 빛-팅크제를 통해서 그 안에서 이루어진다. 거기에서 사랑이 불타올랐고, 모든 인류의 어머니인 여성을 만들기 위해서 남성으로부터 분리되었다. 하느님의 음성이 하늘에서부터 살아있고, 거룩한 실체를 다시 가져오고, 그 안에 들어있는 시든 하느님의 형상을 하느님의 능력 안에서 새롭게 재생시키겠다고 약속한 것은 여성 속에서이다"[12](*Grace*, vii. 18).

그러나 이것이 일어나는 것은 그녀의 세상적인 몸속에서가 아니라 죄 때문에 약해진 그녀의 천상적 본질 속에서이다.

> "하나님이 '나는 원한을 심어주고, 여인의 자손들이 뱀의 머리를 부수게 할 것이다'라고 말씀하셨을 때, 거룩한 음성은 여호와로부터 나와서 여인의 약해진 천상적 본질 속으로 흘러들어가 그 안에 새로운 천상적 상태를 주입하여 가장 숭고한 신성한 사랑을 통해 하나님의 타오르는 진노를 누그러트리려고 하였다. 그것을 통하여 욕망은 완전히 사라지고, 종식될 것이다"(*Mysterium*, xxiii. 29, 37).
>
> "하나님의 음성이 이브에게 말씀하시면서 이브의 자손들에게 들어갔다. 그러나 진정한 여성은 영원한 동정녀이고, 이 동정녀는 예수의 이름으로 그녀에게 말하는 음성의 능력에 의해서 계시될 것이다. 그 이름은 여호와로부터 발달하였고, 때가 차면 거룩하고, 천상적인 사랑의 본질이 다시 약화된 형상 속에 들어가게 될 것이라고 약속하였다"[13](*Grace*, vii. 33).

때가 찼을 때 성육신하신 구원자가 태어났던 이브로부터 지복(至福)의 능력이 뽑어져 나왔고, 인류 모두 위에 확산되었다.[14]

> "하나님은 그의 거룩한 말씀인 신적 생명에 비해서 상대적으로 약하게 된 아담의 이미지에 '여인의 자손이 뱀의 머리를 상하게 할 것이다'라고 말씀하였다. 이 음성의 행위에 의하여 가난해진 영혼은 다시 하나님의 생명을 얻었고, 바로 이 음성(내면의 의식)은 자비의 약속으로 사람으로부터 사람으로 영속하게 되었다"(*Grace*, vii. 16).
>
> "그리스도는 그의 진정한 이미지의 특성을 따라서 빛의 타오르는 신적 불꽃과 잠재성(또는 불멸의 존재의 씨앗)으로 세상적 세계의 외적인 신체 속에서가 아니라 두 번째 원리 속에서 영속되었다"(*Stiefel*, ii. 318).
>
> "이브의 자손 속에 결합되어 있는 말씀은 성모 마리아가 깨어날 때까지, 즉 언약 성취의 때가 도달하였고, 닫힌 방의 문들이 열렸을 때까지 그의 천상적인 부

분 속에서 하나의 소리나 신적이고 거룩한 불같은 빛의 불꽃으로 사람으로부터 사람에게 영속하게 되었다"[15](*Mysterium*, xxiii. 31).

이 사건은 커다란 인간의 부패의 심연 때문에 더 일찍 일어날 수 없었다. 오히려 이 능력은 하느님의 자비에 기꺼이 복종하려는 사람들의 마음속에서 사탄과 맞섰고, 그들 가운데서 예언자들을 일깨우기까지 하였다.[16]

"그리스도는 아담과 이브 안에서 신적 신비로 남아있고, 그들 속에서 인간적 실체를 취하지 않았다. 그는 때가 찰 때까지(그가 드러나야 할 때까지) 움직임 없이 있다. 그러나 때가 차면 그는 여인의 자손 안에서 움직인다"(*Stiefel*, 448). "여인의 자손은 아담, 아벨, 에녹, 노아, 이삭, 야곱, 다윗 안에서가 아니라 마리아 안에서 예수의 이름으로 기름 부음을 받았다. 고대의 예언자들은 그들의 자손 안에서 예수를 알지 못했고, 그분은 그들의 육신적인 자손 안에서, 오직 그들의 영과 영혼 안에서, 믿음에 대한 그들의 소망(영적 지식) 안에서만 움직이셨다"[17](*Stiefel*, 453).
"아담과 이브와 모든 인간 존재의 (별 같은) 영혼은 여전히 너무 거칠고, 통솔할 수 없으며, 첫 번째 원리에 의해서 주입되었다. 따라서 말씀과 뱀의 머리에 대한 가격(加擊)은 그들의 영혼 안에서 형체를 잡지 못하였고, 그들이 굴복하려고 하는 지옥의 왕국과 악마에 맞서려는 마음 안에만 있었다"(*Three Principles*, xviii, 26).
"하느님의 성도들은 예언자로서 예수의 영 안에서 예언하는데, 모두 언약을 목표로 하면서, 다시 말해서 약속된 말씀으로부터 말하였고, 다시 육신 안에서 움직인다. 그 말씀은 내면의 약화된 형상 안에 담겨 있고, 아직 펼쳐지지 못하였으며, 외부의 인간에게 미래의 그에게 어떤 일이 일어날지 알려준다"[18](*Stiefel*, 385).

우리 자손들이 세상적 측면에서 외적 추론의 지배를 받듯이, 이브는 카인을 낳으면서 뱀의 머리를 가격할 것이라는 것이 이미 이 세상 속으로 들

어왔다고 믿었다.[19]

> “타락하기 전과 타락한 다음 아담과 이브의 욕망이 어떤 것이었는지 듣고, 보시오. 그들은 지상의 왕국을 바라고 있었으며, 이브의 마음은 세상의 것들을 향해 있었다. 그녀가 카인을 낳았을 때, 그녀는 ‘내가 남자를 낳았다’고 하였다. 그녀는 그가 뱀의 머리를 깨부술 테고, 악마를 내쫓을 것이라고 생각하였다. 그녀는 그녀가 자신의 거짓되고, 세상적이며, 육적인 뜻에서는 죽고 신적인 의지로 다시 태어나야 한다는 것을 생각하지 않았다. 그녀는 그녀의 자손들 안에 그와 같은 이기적인 의지를 심어주었고, 아담도 마찬가지로 영혼-본질에 의지가 생겨났다.[20] 나무는 그의 본성을 따라서 가지를 뻗고, 카인의 생각은 이 땅의 주인이 되려는 것으로 기울어졌다. 아벨이 하느님의 사랑을 자신보다 더 받는 것을 카인이 보았을 때, 그의 동물적인 자유의지는 아벨을 죽이려는 목적으로 뻗어갔다. 아벨은 오직 하느님의 사랑만 추구했지만, 카인은 외부세계의 소유에 관심을 기울였고, 그 안에서 주인이 되려고 했기 때문이다”(*Mysterium*, xxvi. 23).

아담에게는 카인과 다른 아들인 아벨이 있었다. 그는 지상의 이미지라기보다는 천상적 본질의 이미지였으며, 하느님의 자비에 의해서 어느 정도 회복되었다.[21]

> “타락한 다음, 여호와는 아담 안에서 예수의 이름이 실제적인 삶으로 들어가도록 말씀하였다. 다시 말해서, 그는 예수를 죄 때문에 약화된 천상적 존재 안에 드러나게 했던 것이다. 이러한 말씀의 결과 아담이 깊이 잠겨있던 영적 죽음이나 죽어가는 상태로부터 신적 욕망이 다시 한 번 깨어났고, 이 깨어난 욕망은 신앙의 시작이 되었다. 바로 이 욕망은 그 자신을 거짓된 욕망의 특성으로부터 분리하였고, 하나의 형상을 만들었으며, 그 결과 아벨이 존재하게 되었다. 그러나 카인 역시 그의 지상의 탐욕을 따라서 아담의 영혼의 산물이기는 마찬가지였다”(*Grace*, ix. 101).

그러므로 아벨은 대체로, 특별히 그가 고통당했던 강력한 죽음 때문에 구속자의 반대-유형을 나타냈다.

> "아벨은 그의 인간으로서의 외적 상태에 비해서 역시 죄가 많았다. 그러나 그의 내면에는 천사의 세계와 낙원의 이미지가 싹트기 시작하였다. 그때 속사람은 그의 발꿈치를 거짓된 욕망이라는 괴물-뱀 위에 올려놓았고, 다른 한편 괴물-뱀은 그의 천사의 의지의 발꿈치를 침으로 쏘았다"
> "카인이 아벨의 외적인 몸을 죽인 것은 외적인 인간이 신의 진노 안에서 죽어야 한다는 사실을 상징적으로 나타낸다. 그 진노는 진노 안에서 자란 외적인 이미지를 죽이고, 소멸시켜야 하는 것이다. 그러나 그 죽음으로부터 영원한 생명이 솟아난다"(*Mysterium*, xxviii. 14).
> "인류를 위해서 죽음의 고통을 견딘 그리스도의 반대형인 아벨은 가지나 열매를 생산하지 못한 채 죽음을 겪어야 했다. 그리스도가 생산한 열매는 인류라는 나무이기 때문에 그것은 영 안에서 다시 태어나야 했지만 옛날의 가지에서 나온 새 가지들이 아니었다. 그러므로 그리스도의 반대형으로서 아벨은 자신의 허리에서 새로운 가지를 생산하지 못하게 되었다"(*Mysterium*, xxix. 22).

아담은 아벨 대신 세트(Seth)라고 불리는 세 번째 아들을 낳았는데, 그의 안에서 구원자가 육신을 입고 태어나는 가계의 선(線)이 영속되게 된다.[22]

> "아담은 이브를 통해서 생명나무로부터 또 다른 가지인 아들을 낳을 것이었다. 그는 아담과 비슷하고, 그를 닮은 세트일 것이다. 그는 그 안에서 불같은 의지 속에 사랑-의지의 광선이 느껴지는 종족이다. 그러나 그는 여전히 외부 세계의 본질, 즉 나중에 물질로 될 육신의 부패한 집에 갇혀 있다"(*Mysterium*, xxix. 24).
> "세트의 안에서 언약의 계보가 영속되었고, 그의 안에서 그리스도가 인류의 나무와 상대적으로 그 자신을 나타내셨을 것이다"(*Mysterium*, xxix. 26).

카인에게도 역시 주님의 자비가 나타났다. 주님은 그의 저주받은 원수들

로부터 그를 보호하셔서 그가 회개할 수 있게 하였다.[23]

> "카인은 그에게 영향을 미쳐서 살인을 하게 했던 영들이 그를 죽이지 않을까 하고 두려워하였다. 이것을 막기 위하여 하느님은 누구든지 카인의 목숨을 해하려는 자는 어둠의 세계의 일곱 가지 특성들을 통하여 영원히 처벌 받을 것이라고 선포하였다"(*Mysterium*, xxix. 55, 58).
>
> "'카인을 죽이는 자에게 일곱 배의 복수가 가해지리라'는 계명에 의해서 지옥의 심연인 무시무시한 보복자는 카인으로부터 떨어져 나갔고, 그는 절망의 희생자가 되지 않았다. 카인은 하느님으로부터 떠났지만, 그럼에도 불구하고 하느님의 나라는 그의 앞에 있어서 그가 회개하여 다시 돌아올 수 있게 하였다. 하느님은 카인을 저버리려고 하지 않았고, 다만 그의 사악한 살인과 잘못된 믿음만 거부하셨다"(*Three Principles*, xx. i).

그러나 카인과 카인의 자손들은 세트의 후손들이 신적 명상에 들어가 있는 동안 세상적인 욕망들과 일거리들을 더 좋아하였다.

> "카인은 육신과 피로 만들어졌고, 영원한 죽음에 대한 이 말씀들을 이해하지 못하였다. 그러나 그는 어느 누구도 그를 살해하지 않을 것이라는 사실을 알고, 다시 즐거워져서 지상의 기술들로 돌아가기 시작하였다. 그래서 그는 농경의 수확뿐만 아니라 금속에 관한 일에도 종사하였다"(*Three Principles*, xxi. 5).
>
> "카인의 자손들로부터 자연 안에서, 자연을 통해서 작용하는 신적 지혜의 경이로서의 예술이 나왔다. 그러나 세트 안에서 말씀은 영적 명상 속으로 들어갔다"(*Mysterium*, xxx. 2).

노아의 자손들 — 셈, 함, 야벳 — 에게 홍수 전 인류의 세 가지 주된 종족의 정신적 경향들이 나타나 있다.[24]

> "인간의 특성에서 비롯된 최초의 지상 세계가 홍수에 잠긴 다음, 그 형태는 노

아와 노아의 세 아들들 속에서 다시 회복되었다"(*Mysterium*, xxiv. 30).

"셈은 빛의 세계를 대표하고, 야벳은 불의 세계를 대표하는데, 그 안에서는 빛이 보인다. 야벳 역시 성부의 이미지를 나타내지만, 셈은 성자의 이미지를 나타낸다. 그러나 함은 외적 세계의 이미지이다"[25](*Mysterium*, xxxi. 10).

노아가 이미 예언하였듯이, 이 근본적인 방향으로부터 이 종족들의 서로 다른 운명이 비롯되었다.

"셈의 모습은 아브라함과 이삭에게 전수되었다. 언약의 말씀이 그 소리 안에 드러나 있고, 담겨 있기 때문이다. 그러나 야벳의 모습은 자연의 영역에서 자연의 지혜를 통해서 이루어졌고, 그것으로부터 자연의 빛(자연의 사물들)에 주로 관심을 기울이는 이교도(지성적이지만 영적이지 않은 사람)들이 생겨났다. 따라서 야벳 — 다시 말해서, 영원한 자연에 속한 영락하고 감금당한 영혼 — 은 셈의 '오두막', 즉 언약 안에서 산다. 자연의 빛은 하느님의 빛을 구성하거나 아직 구성되지 않은, 잉태된 상태에 있으면서 하느님의 은혜의 빛 안에서 살기 때문이다. 함의 후손들은 그 안에 저주가 들어있는 땅의 오물들로 형성돼서 그들에게는 동물적 인간의 그늘이 너무 많이 드리워졌다. 그것으로부터 남색적(男色的)인 반쯤 동물인 종족이 비롯되었다. 그들은 자연의 빛은 물론 언약 안에 있는 은혜의 빛에도 관심을 기울이지 않는다"(*Mysterium*, xxxiv. 30).

"노아는 '셈의 하느님을 찬양하라. 야벳이 셈의 오두막에 거할 것이다'라고 말하였다. 여기에서 '셈의 하느님'이라는 말은 언약 안에 있는 거룩한 말씀과 그것이 어떻게 그 모습 드러내는가 하는 것을 의미하며, 야벳의 자손들이나 이교도 — 단지 자연의 빛에 의해서만 사는 사람들 — 는 셈 안에 드러난 은혜의 빛으로 올 것이고, 그에 따라서 '셈의 오두막' 안에 들어와서 거기서 살 것이라는 사실을 말한다. 그러나 육신적 탐욕의 정신을 가진 함은 그의 특성과 자아를 따라서 빛의 자녀들의 시종으로 될 것이다. 하느님의 자녀들이 그가 하느님께 복종하도록 강요하고, 그의 냉소적인 자기-의를 없애려고 하기 때문이다"[26](*Mysterium*, xxxiv. 31).

아브라함의 이름에는 세상적인 의미가 없다. 그는 다른 많은 점에서 그리스도의 반대-형(anti-type)이다.[27]

"하느님이 아브라함에게 주신 위대한 이름을 특히 세상적 의미로 생각해서는 안 된다. 아브라함은 이 땅에서 그 어떤 주권이나 왕국도 가지지 않은 이방인이기 때문이다. 그는 이 땅에서 약속의 씨앗과 축복 안에 있는 이방인이었고, 그의 안에 있는 왕국이 이 세상의 왕국과 같지 않은 그리스도와 닮은 것이 들어 있었다"[28](*Mysterium*, xxxvii. 23).

그럼에도 불구하고 아브라함의 아들들은 노아와 아담의 경우처럼 똑같은 반명제를 나타낸다.

"이삭은 천상적인 본질로만 전부 만들어지지 않았고, 두 본질로 만들어졌다. 말하자면, 아브라함의 아담적인 본질과 믿음, 또는 그리스도의 본체로 잉태된 말씀으로 만들어진 것이다. 그러나 이스마엘은 믿음의 잉태된 말씀으로부터가 아니라 부패한 특성을 따라서 오직 아담 자신의 본질로만 만들어졌다. 그래서 그는 이삭보다 더 뛰어난 힘을 가지고 활동하였다"[29](*Mysterium*, xl. 13).

이와 똑같은 것을 이삭의 아들들에게도 말할 수 있다. 그들 속에도 첫 번째와 두 번째 아담의 이미지들이 드러났고, 결국 두 번째 아담이 첫 번째 아담을 정복하였다.[30]

"에서와 야곱 모두와 그들로부터 비롯된 자손들 역시 본래 하나의 씨에서 나왔다. 오직 아담의 본성으로부터만 나온 에서는 더 컸고, 하느님이 자신의 형상으로부터 창조한 최초의 인간과 비교해볼 때 그 형상은 하느님에 비해서 부패하고 죽었다. 다른 하나(야곱) 역시 아담의 본성으로부터 나왔지만, 그 본성은 그를 이기게 하면서 믿음의 본질 안에서 은혜의 영역이 되었다. 야곱이 아담의 본성에서는 열등했지만, 하느님은 그에게 더 많이 계시되었다. 따라서 더 큰 자는 더 작은 자에게 복종하고, 봉사해야 했다. 에서가 야곱의 지배를 받았다고 나오지는 않지만, 그 이야기는 사람 안에 있는 본성의 왕국이 어떻게 은혜의 왕국의 지배를 받게 되었고, 겸손하게 복종하는지 보여주면서 영적 상징을 나타낸다. 그것이 어떻게 신적 겸손 속에 완전히 잠기게 되었고, 그 겸손으로부터 재생하는지 보여주는 것이다"(*Mysterium*, lii. 29).

"야곱은 그리스도의 형상으로서 믿음의 본질 안에서 잉태되었고, 에서의 발뒤꿈치에 매달려서 에서를 뒤따랐다. 하느님에 의해서 창조된 아담의 형상은 무엇보다도 먼저 태어나고, 영원히 살아야 하지만 실존의 거칠고 동물 같은 상태로서는 아니다. '에서의 발뒤꿈치를 움켜잡은 야곱'이라는 표현은 그리스도라는 또 다른 아담이 첫 번째 아담을 뒤에서 붙잡으면서 그 다음에 태어나야 하고, 그를 자기 의지의 방향에서 자연이 시작된 첫 번째 모태로 다시 끌어당겨서 그가 새로 태어날 수 있도록 해야 하는 것을 상징적으로 나타낸다"(*Mysterium*, lii. 37).

"에서는 성스러운 부모에게서 태어났으며, 단지 그의 분리된 상태에서만 부패한 본성의 형상을 나타낸다. 하느님은 에서 부모의 똑같은 씨앗으로부터 그리스도의 형상을 분리시켜서 그의 동생과 대조되도록 그 앞에 놓았다. 더 나아가서 야곱은 그의 재능과 겸손을 가지고 에서에게 가장 큰 동정을 자극하였다. 따라서 우리는 에서를 비난해서는 안 된다"[31](*Grace*, ix. 121).

이 대극(對極)들보다 더 중요한 것은 야벳의 자손들의 대극들이다. 그들은 그들 스스로 자연의 세력들로부터 그릇된 신들을 선택했고, 이제 신탁을 받으면서 그 신들에게 이끌리기 때문이다.

"이교도의 우상숭배는 그들이 하나의 유일하신 하느님을 떠나서 자연의 세력들로부터 그릇된 신을 선택하여 자연의 마술적 산물들로 돌아간 것으로부터 생겼다"[32](*Mysterium*, xi. 6).

"이교도들은 행성계와 네 가지 원소들을 숭배하였다. 그것들이 만물의 외적인 생명을 지배한다는 것을 알았기 때문이다. 따라서 그들은 그들이 지적으로 생각해낸 말을 통해서 그와 같이 생각하고, 만들어진 자연의 말 속으로 들어갔다. 다른 한편, 자연에서 형성된 말의 정신은 그들 자신의 일부가 되었고, 그에 따라서 하나의 지성이 다른 지성을 움직였다. 인간의 지성이 외적 세계의 욕망과 관계되는 한, 그리고 이 지성에 의해서 (별빛이나 외적 세계의 마음 안에 있는) 하느님의 성령 안에서 나온 예언자적 영이 그들에게 앞으로 외적인 자연에서 형성된 말이 왕국을 세우거나 멸망시키는 일 등에서 어떻게 나타날 것인지를 알려 주는 한, 외적 세계의 영혼 안에 있는 지성을 움직였다. 이교도들은 세계의 영혼으로부터 그것들의 이미지들과 우상들을 통해서 대답을 받는다. 그들을 매우 강력하게 그 속으로 들어가게 했던 그들의 신앙이 그들을 움직였기 때문이다. 그러므로 이것은 하느님이 어떤 존재이고, 악마가 어떤 존재인지 모른 채 신비에 대해서 아무것도 모르는 사람들이 모든 것이 악마의 책임이라고 생각하는 소치이다"(*Mysterium*, xxxvii. 10-13).

순결하고, 흠 잡을 데 없는 삶을 살아온 이교도들도 외적 자연의 거울 속을 들여다볼 수 있는 그들의 능력에 의해서 천상의 것들에 대한 상징적 인식에 도달했다.[33]

"이교도들은 그들 자신의 마술 속에 머물렀다. 그러나 그들은 하느님을 알지 못했기 때문에 타락한 욕망으로부터 나와서 자연의 빛 속에 들어갔다. 그럼에도 불구하고 순수함을 잃지 않고 사는 이교도들은 자유 의지의 자녀들이다. 그래서 그들 속에는 그들이 뒤에 남겨 놓은 지혜로운 일들 속에서 볼 수 있는 것처럼 아직 위대한 경이로 펼쳐지지 않은 자유의 영이 들어 있다"(*Terrestrial and Celestial Mysterium*, iii. 9).

"이교도들에게 진정한 신적인 지성이 닫혀져 있고, 그들이 단지 외적인 반영만 보았지만 자연의 빛 안에서 매우 지적인 이교도들 속에 있는 내적인 거룩한 영역은 되비쳐졌다. 그래서 그 베일이 벗겨지면 그들은 셈의 오두막에서 살게 될 것이다"(*Mysterium*, xxv. 24).

"이스라엘 사람들"(영적으로 깨어난 백성들)뿐만 아니라 "이교도들"(더 물질적인 수준에서 사는 백성들) 속에서도 이브에게 전해져서, 모든 인류 안에 전해진 구속자(말씀)의 힘이 작용하고 있다.

"아담은 유일하신 하느님으로부터 비롯되었으며, 자기 자신과 무지 속으로 들어갔고, 우리 모두를 그와 함께 그 무지(또는 오해) 속으로 끌고 들어갔다. 그러나 그때 똑같이 유일하신 하느님으로부터 은혜가 내렸고, 그 은혜를 그 무지한 자들 모두, 즉 유대인은 물론 이교도들에게 베풀어 준다"(*Mysterium*, lxx. 78). "이교도들은 하느님이 그와 함께 계약을 맺은 아브라함의 씨로부터 나오지 않았지만, 최초의 계약인 자비 안에서 행해진 말씀이 그들 안에 있는 기반이었다. 그러므로 바울(로마 9:24)은 하느님이 그들의 계약 안에서 단지 유대인들만 부르시고, 선택하신 것이 아니라 이방인들까지 그리스도의 계약 안에서 부르시고, 선택하셨으며, 그는 그를 알지 못했고, 그를 알지 못해서 외적인 의미에서 그의 백성이 아닌 사람들을 '나의 백성'이며 '나의 사랑하는 자'라고 불렀다고 말한다. 타락 이후 낙원에서 말씀에 의해서 구체화된 은혜의 제안은 그들 안에 담겨 있었고, 그에 따라서 하느님은 그들을 그의 사랑하는 자들이라고 부르셨다. 오직 진노의 자녀들만이 예외이다. 그들 안에는 예수의 이름이 결합되어 있지 않고, 단지 진노의 결합만 있기 때문이다. 그러나 진노의 자녀는 모든 백성에게까지 펼쳐지지 않고, 단지 그들 가운데 있는 그런 개인들에게만 해당된다. 그것은 마치 밀 가운데 엉겅퀴가 있는 것과 같다"[34](*Grace*, x. 24).

구속자가 육신으로 나타나기 전에, 인간이 희생을 통하여 그분의 화해와 축복의 능력에 참여하였다.

"그리스도의 성육신이 이루어지기 전, 인류는 구현된 말씀과 예수의 이름으로 구속(救贖)되었다. 자신의 뜻을 하느님 안에, 그리고 하느님에게 둔 사람들은 그들의 영혼이 그 안에서 받아들여졌기 때문에 약속의 말씀을 받았다. 그러므로 희생에 관한 모든 법은 다른 것이 아니라 그리스도의 인간성의 반명제일 뿐이다. 그리스도가 그의 사랑을 통해서 인간으로서 했던 것은 그가 하느님의 진노와 화해하려고 했던 것이다. 똑같은 것이 과거에 동물의 피에 의해서 상징적으로 행해졌다. 약속의 말씀은 계약 안에 있었고, 그 가운데 예수의 이름이 계약 안에 있었기 때문에 하느님은 형상(상징)을 잉태하여 계약의 능력으로 그를 그 자신과 상징적으로 화해시켰다. 또한 그것은 상상에 의하여 성부의 본성 안에 있는 격노와 진노를 화해시켰다"(*Menschwerdung*, i. 7, 12).

"희생제물은 하느님이 그 자신에게 바쳤던 대상을 상징하는 것이었다. 하느님은 상상력을 통하여 그 계약의 대상 속에서 동물의 피를 보았는데, 그 안에 이스라엘 사람들이 바치는 희생제물이 들어있었다. 인간은 땅에 속하게 되었고, 그에 따라서 하느님은 그 자신 앞에 자비의 계약 대상을 두었다. 그것은 그분의 상상이 인간의 땅에서의 의식에 들어가지 않고, 진노의 불이 세상적인 것과 인류의 죄로 타오르지 않게 위해서였다"[35](*Tilk*, i. 289).

이런 희생이나 구속은 단지 동물을 희생시키는 행위에서 비롯되는 것이 아니라 그에 동반되는 신앙에 의한 것이 틀림없다. 이런 신앙은 그 안에 잉태되는 외적인 행동이나 형태를 요청한다.

"신앙과 신에 대한 욕망이 없는 모든 희생은 하느님 앞에서 가증스러우며, 하느님의 영광의 문턱에 도달하지 못한다. 그러나 사람이 신앙의 힘을 가지고 그 안에 들어가면, 그는 그것에 의해서 그의 의지를 거기 복종시키고, 그 도구를 통하여 하느님의 영원한 자유 의지 안으로 들어가게 된다"(*Mysterium*, xxvii. 13).

"구속이 기도 속에서, 그리고 사람들이 그들을 자신의 악한 의지에서 떠나게 하고, 변화되고, 회개하여 그의 신앙과 소망을 하느님의 자비 안으로 가져감으로써 하느님을 열심히 바라는 가운데서만 얻어질 수 있는데, 그 두 형제(카인과 아벨)는 왜 하느님께 희생제물을 바치려고 했는가? 영혼 안에 있는 자유 의지는 아무것도 아닌 것만큼 엷다. 그리고 그 의지는 물질적인 신체 속에서 물질적인 것들에 둘러싸여 있으며, 그 안에 담긴 본질은 죄 때문에 거짓 욕망의 상태에 있다. 그래서 자유 의지가 거기에 따르는 욕망과 함께 하느님을 향해서 나아간다면, 그것은 무엇보다도 먼저 그 자신의 환상적인 어떤 것으로부터 나올 테고, 그것이 거기에서 나올 때마다 그것은 헐벗고, 무력하게 될 것이며, 다시 본래적인 무(無) 속으로 들어갈 것이다. 의지가 하느님과 함께 가거나 하느님 안으로 들어가려고 한다면, 의지는 그 자신의 자기성(自己性)에서 죽고, 환상적인 자기에서 떠나야 한다. 그리고 의지가 자기를 떠날 때마다 의지는 아무것도 아닌 것 같이 돼서 그 어떤 것을 하거나, 추구하거나, 완수하지 못하게 된다. 그 의지가 자신의 힘을 보여주고 싶다면, 그것은 믿음의 경우처럼 스스로 잉태되고 형성될 수 있는 어떤 것 안에 있어야 한다. 왜냐하면 적극적인 신앙이 되려면, 그 신앙은 그것이 작용할 수 있는 어떤 것을 품고 있어야 하기 때문이다. 어떤 대상을 가지고 있어야 하는 것이다. 하느님의 자유 의지조차 그 자신을 내면의 영적인 세계 속에 담고 있으며(그의 대상을 가지고 있으며), 그것을 통하여 행동한다. 그러므로 그 원천을 심연으로부터 가진 인간 영혼의 자유 의지(본래 바닥을 모르는 의지)는 하느님 앞에서 드러나고, 움직이기 위해서 그 자신을 어떤 것 안에 품고 있어야 한다"(*Mysterium*, xxvii. 1, 4-6).

희생양의 세상적이고, 깨끗하지 못한 본체는 불에 의해서 파괴되어야 한다. 그러나 이 불은 세상적인 것이 아니라 천상적인 종류의 것이다.[36]

"인간의 영은 하느님으로부터 비롯되었고, 하느님(영원하신 분)으로부터 와서 시간 속으로 가며, 시간성 속에서 변질된다. 이제 그것은 그의 불순으로부터 떠나서 희생을 통하여 다시 하느님에게 들어간다"(*Mysterium*, xxvii. 34).

"아담의 몸은 땅의 진흙과 거룩한 하늘의 진흙으로 창조되었다. 그러나 그 안에 있는 자유 의지가 그 자신을 천상의 형태로 잉태할 수 있고, 움직이며, 행동하고, 생각하며, 하느님 앞에서 기도할 수 있는 하늘의 진흙은 아담 안에서 약해졌다. 그에 따라서 그 두 형제들은 땅의 열매들을 희생제로 바쳤다. 카인은 땅(물질)의 열매를 가져왔지만, 아벨은 그의 짐승의 떼(영)에서 처음 태어난 열매를 가져왔고, 그것을 불살랐다"(*Mysterium*, xxvii. 7).

"동물적 매체인 동물의 살은 인간이 동물의 본성으로 되었기 때문에 모세의 거룩한 의지의 불 속에 들어와야 했다. 따라서 동물의 본성은 아버지의 진노의 불에 의해서 태워져야 했고, 사랑의 불은 희생자의 내면에 유입된 욕망을 통해서 인간의 영혼의 불을 붙일 수 있게 되었다. 그러므로 말씀 안에 있는 하느님의 욕망은 불을 통해서 인간의 욕망을 알게 되었다. 인간의 의지 안에 있는 동물적인 허영심이 진노에 의해서 불살라졌고, 낙원의 은혜가 통합된 인간의 정화된 의지가 하느님의 사랑의 불안에 달콤한 향기처럼 스며들어 왔기 때문이다"(*Communion*, i. 31).

"나무와 동물이 희생제의에 사용되지만, 그렇게 사용되는 불은 외적인 수단으로 만들어지는 것이 아니라 낙원의 기반에 있는 가장 높은 팅크제에서 나온 것이다. 이 거룩한 불은 상상력과 하느님의 점화에 의해서 제물을 불살랐다. 따라서 그 안에 유입되었고, 아직도 땅의 조건들에 매인 인간의 의지는 불 속에서 정화되고, 아직도 정화되며, 죄로부터 구속된다. 원소들의 조야함은 불살라졌고, 불에 의한 연소로부터 아담 안에 창조되었던 참되고, 순수하며, 아름답고, 영적인 이미지가 나왔다. 그리고 그것이 하느님의 진노의 불 속에 담겨 있는 동안 그것은 이제 거룩한 불에 의해서 정결함 속에 나타나도록 만들어질 수 있었다"(*Baptism*, ii. 2, 16).

그 안에 그리스도의 빛이 드러난 이 거룩한 불 속에, 그리고 그의 존재의 진정한 상태의 회복과 함께 사람은 그의 마음속에 들어왔고, 하느님과 다시 결합하게 되었다.

"구약성서 시대에 희생제에 의한 구속(at-one-ment)은 영혼과 함께 죄를 불살랐던 하느님의 진노의 상징인 거룩한 불에 의해서 수행되었다. 진노 속에 있는 성부의 특성은 그 불 속에서 드러났고, 사랑과 부드러움 속에 있는 성자의 특성은 그 자신을 진노 속에 집어넣었다. 그리고 그것들은 동물의 살을 희생시켰지만 동시에 그들의 상상력과 하느님의 은혜에 대한 기원도 그 안에 집어넣었다"(*Baptism*, i. 2, 23).

"행성들로부터 비롯되어 인간의 마음에 붙어 있는 동물적 특성, 즉 동물의 영혼에 의하여 그들의 기도와 의지는 하느님 앞에서 정결하지 못했다. 그에 따라서 하느님의 진노의 불은 희생제를 통하여 인간의 동물적 허영심을 불살랐다. 그러나 은혜를 담은 이미지는 기도와 함께 거룩한 불 속에 들어갔다. 따라서 이스라엘의 자녀들은 하느님과 화해하였고, 영적인 방식으로 그들의 죄로부터 해방되어 미래의 성취를 향해서 나아가게 되었다. 그리스도가 와서 인간의 상태를 취하고, 하느님의 진노의 불에 희생 제물로 하느님 안에 들어가서, 진노를 사랑으로 변화시킬 것이기 때문이다"[37](*Baptism*, ii. 2, 5).

"희생제물, 나무, 연기 등은 모두 세상적인 것이다. 이와 마찬가지로 인간도 그의 외적인 몸에 관한 한 세상적이다. 그러나 희생 제물에 (마술적인 불에 의해서) 불이 붙여진 다음, 그것은 영적 본성으로 되었다. 나무로부터 제물을 받아들이고, 불사른 불이 나왔기 때문이다. 이런 연소로부터 연기가 나왔고, 빛이 그 뒤를 따랐는데, 이 빛은 그 안에 인간과 하느님의 상상력이 들어갔고, 그 둘을 통합한 상징이다"(*Mysterium*, xxvii. 29, 30).

"하느님은 희생제가 이루어지는 동안 다른 어느 것보다 인간의 의지, 말하자면 인간의 생명의 냄새를 맡으시기를 바라는데, 그것은 이 세상이 창조되기 전, 하느님의 말씀 안에 있었고, 숨이 불어넣어지자 창조된 형상으로 되었다(그것은 아직 창조된 존재로가 아니라 힘으로 있었다). 이것은 희생을 통해서 하느님이 냄새를 맡으신 것이고, 그리스도의 본질, 즉 은혜 안에서 사람에게 말씀하신 것이며, 불 가운데 은혜로 의지를 바로잡아 의지가 다시 거룩하게 된 것이다. 그와 동시에 그것은 인간의 생명의 불과 하느님의 사랑의 불을 합쳐져서 하나의 불로 되었으며, 그것과 함께 죄의 진정한 희생과 회복이 이루어졌다. 그 죄가 하느님의 진노의 불에 의해서 제물로 바쳐졌고, 그 안에서 불살라졌기 때문이다"(*Communion*, i. 32).

"하느님의 자녀들의 희생, 특히 아담 이후의 최초의 족장들은 단지 그들 안에서 동물적 영혼이 하느님의 진노의 불 속에서 어떻게 희생되었고, 사랑의 불 속에서 어떻게 변환되었는지를 나타내는 상징일 뿐이다. 다시 말해서, 그것은 자기-의지가 죽음의 상태에 들어가서 죽어야 하고, 그에 따라서 그것의 잘못된 바람이 불살라지며, 그에게 주입된 은혜에 의해서 불을 통하여 맑은 빛으로 들어가 새로운 탄생으로 들어가야 하는 것이다. 그때 그에게는 어둠이 없고, 맑고 빛나는 것만 있게 된다. 더 나아가서, 그것은 뱀이 영혼 안에 집어넣은 독이 마치 연기가 불에서 분리되는 것처럼 어떻게 제거되어 영혼이 맑게 빛나는 광채처럼 드러나고, 이제 더 이상 (나무에 불이 붙기 전에 연기가) 나무속에 있는 것처럼 갇히지(잠재 상태로) 않게 될 것인가를 의미한다. 따라서 하느님의 자녀들은 그들 자신에게 불을 통한 희생제에 의해서 갱신되는 과정을 보여 주었고, 불 속에서 뱀의 머리를 깨부수는 사람을 상상하였다. 하느님은 어떻게 영혼의 불 속에서 그의 진노의 불을 사랑의 빛의 불로 변환시키고, 적의(敵意)를 영혼으로부터 분리시킬 것인가? 그리고 그 영혼은 어떻게 그리스도의 죽음과 하느님의 사랑이 불 속에 들어감으로써 천사로 변환될 수 있을 것인가?"(*Baptism*, i. 2, 10).

그리하여 신실한 이스라엘 백성들은 지복(至福)의 계약 안에서, 희생 제물의 육신 안에서 상징적으로 그리스도의 살과 피를 받았다.

"말하자면, 영혼, 즉 영혼 안에 있는 신앙의 입은 희생제가 이루어질 때 감미로움 안에서 실체로서가 아니라 영적인 능력 안에서 하느님의 은혜를 받으며, 이 능력들이 육신 안에서 드러날 때 미래의 성취에 대한 예지(叡智) 안에서 하느님의 은혜를 받는다. 그러므로 몸은 그 안에 은혜의 능력, 다시 말해서 계약의 능력이 들어있는 축복 받은 빵과 살을 먹는다. 따라서 '유대인들'은 상징적으로 그리스도의 살을 먹었고, 그의 피를 마셨다. 그때 능력은 아직 살과 피로 되지 않았기 때문이다. 그러나 그들은 그 속에서 나중에 인간으로 된 은혜의 말씀을 즐겼다"(*Communion*, i. 34).

"주님께 희생 제물로 바쳐졌고, 나중에 잡아먹혔던 동물의 육신은 하느님의 상상이 그 안에 들어갔기 때문에 사람들을 위해서 거룩하게 되었다. 따라서 모세는 그것을 거룩한 살이라고 불렀으며, 그것은 거룩한 빵으로 되었다"(*Communion*, i. 33).

제11장
성육신 – 천상의 동정녀

"그러므로 그리스도의 성육신, 말하자면 인간 속에 있는 신적 자기-인식의 싹을 깨닫는 것은 너무 거창한 일이라서 우리가 폭이 넓지 못하고, 개인적인 마음이나 분파적인 관점에 사로잡혀 있는 한, 그에 대한 관념을 형성하기는 불가능하다. 우리가 우리 마음속에 있는 보편적인 구속자의 능력을 느끼려면, 우리는 반드시 마음을 넓히고, 인류 속에 있는 신적이고, 고상하며, 이상적인 모든 것들을 우리의 사랑으로 품어 안아야 한다."

앞으로 우리가 살펴볼 장(章)들의 내용을 생각할 때, 우리는 특히 '그것이 위에 있는 것처럼 아래에도 있고, 위에 있는 모든 것들은 아래 부분에 그에 대응하는 것들을 가지고 있다'는 위대한 밀교(密敎)의 격언을 명심해야 한다. 대우주에서 일어나는 위대한 과정들은 소우주의 영역에서 그에 대응하는 과정들을 만들고, 하늘(영적인 영역)에 영원 전부터 존재하는 것은 땅에서 세상적인 형태들로 육화되고, 드러나려고 한다는 것이다. 또한 완성이 일곱 번째 원리로부터 세 번째 원리가 다시 나타나야만 이루어진다는 것도 기억하는 것이 좋다. 다시 말해서, 물질의 영성화, 즉 물질이 형태를 얻을 때에만 완성되는 것이다. 완전히 이상적인 영역에 속해 있는 존재나 능력은 실존의 아주 거친 물질적 상태에는 그 어떤 직접적인 반응도 일으킬 수 없다. 그것은 마음속에 있는 나무에 대한 생각으로는 결코 나무를 자라게 할 수 없는 것과 같은 이치이다. 그러나 물질적 원리들을 끌어당기고, 분배하기 위해서는 물질적 초점의 역할을 하는 물질적인 씨앗이나 난알이 필요하다. 이와 비슷한 이유로 로고스(Logos)[171]는 실제로 육신이 돼서 인간의 상태에 들어갈 필요가 있다. 그것은 빛과 사랑이 바로 인간의 마음의 중심에서 새로운 활동을 시작함으로써 인류의 의지에 근본적이고, 철저한 변화를 일으키기 위해서였다.

이 과정은 아름답고, 신약성서에 비유적으로 묘사되어 있다.
우리 구속자의 인격은 세 가지 구분되는 요소들로 구성되어 있다. 성자의 영원한 탄생, 천상적 인간으로서의 출생, 마지막으로 지상의 인간으로서의 그의 성육신이 그것이다.[172]

"그리스도에게는 천상적 인간의 몸이 있기 때문에 하늘에 있는 그 어떤 천사보다 더 위대하다. 또한 그에게는 천상의 영원한 신부인 신적 지혜의 동정녀가 있으며, 마지막으로 성령도 그의 소유이다. 우리는 그가 하늘에 있는 거룩한 삼위일체 안에 있는 개체이고, 하늘에 있는 진정한 인간이며, 이 세상의 영원한 임금, 즉 하늘과 땅의 주인이라고 진정으로 말할 수 있다"(*Three Principles*, xxii. 8, 6).

"말씀, 또는 신성 안에 있는 두 번째 인격은 인간으로 성육신되면서 성부로부터 영원히 나왔지만, 그의 본성에 그 어떤 변화도 없었고, 다른 어떤 것으로도 되지 않았으며, 성부 안에 그대로 머물러 있다. 그것이 영원 전부터 그랬듯이, 그의 중심에 자리 잡고 있는 것이다. 다른 두 번째 구성은 가브리엘 천사[173]가 수태고지를 하는 순간 동정녀가 천사에게 '당신이 말씀하신 대로 되게 하소서'라고 말했을 때, 자연스럽게 이루어졌다. 이 말씀은 타락하기 전의 첫 번째 아담의 창조가 그랬듯이 천상적 원소들 안에서 이루어졌다. 세 번째 구성은 마치 땅에 씨앗이 뿌려져서 그 속에서 아이가 자라는 것처럼 두 번째 구성과 동시적으로 단번에 일어났다"(*Three Principles*, xviii. 45).

"하느님의 성령은 동정녀를 통하여 하나의 원소 안에 천상적이고, 천사 같은 실체를 만들었지만 행성들과 이 세계의 원소들은 외적인 인간에게 다른 인간 존재들의 것과 완전히 똑같은 자연적인 몸과 영혼을 주면서 외적 인간을 만들었고, 그 둘은 한 사람 안에 있었다. 그에 따라서 각각의 형상들은 그 자신의 특별한 지각과 감각 상태를 가지고 있었고, 신적인 상태는 그 전의 상태가 소멸되지 않고, 성육신이 일어나기 전에 있던 대로 머무르도록 (세상적 형상을 가지도록) 뒤섞이지 않았다. 그리고 그것이 아니었던 것은 성육신에 의해서 신적 존재와 그 어떤 분리나 차별이나 분열이 없게 되었다. 따라서 말씀은 성부

앞에 남아 있으며, 거룩한 원소로부터 창조된 존재들은 성부 앞에 남아 있었고, 인간의 자연적인 상태는 동정녀 마리아의 자궁 안에 있는 이 세상에 이르렀다"[174](*Three Principles*, xx. 86).

그리스도가 사람이 아니라고 생각하고, 마리아가 세상적인 부모로부터 태어나지 않은 영원한 동정녀라고 주장하는 사람들은 잘못된 사람들이다.[175]

"그리스도가 창조된 존재가 아니라고 말하는 사람들은 잘못을 저지르고 있습니다. 그의 신성에 관한 한, 그는 틀림없이 창조된 존재가 아닙니다. 그러나 그가 자신은 하늘로부터 왔고, 여전히 하늘에 있다고 말하는 그의 천상적 상태와 상대적으로 인간적 본성 안에 있는 피조물일 뿐만 아니라 그 어떤 인간적인 것도 가지지 않은 존재입니다"(*Letters*, ii. 54).

"그리스도가 여인의 씨앗이고, 그에 따라서 완전히 천상적인 동정녀로부터 태어났어야 하기 때문에 동정녀 마리아가 세상적 존재가 아니었고, 요아킴과 안나의 딸이 아니라고 말했던 사람들이 있다. 이것이 사실이라면, 그것은 이브의 가련한 자녀인 우리들에게 별로 도움을 주지 못한다. 우리들은 세상적으로 되었고, 우리의 영혼을 지상의 장막 안에서 나르고 있기 때문이다"[176](*Menschwerdung*, i. 8, 1).

"마리아는 거룩한 삼위일체의 영원한 동정녀였고, 그녀로부터 그리스도가 태어났다는 말이 있었다. 그리스도 자신의 말에 의하면, 그는 인간의 살과 피가 아닌 하늘로부터 왔기 때문이다. 우리 주님이 자신은 하느님으로부터 왔고, 하느님에게 돌아갈 것이며, 하늘로부터 왔고, 하늘나라에 있는 사람의 아들(Son of Man)밖에는 하늘나라에 가지 못한다고 말했던 것은 사실이다. 그러나 그는 그렇게 말하면서, 그의 신성에 대해서만이 아니라 인간적 측면에 대해서도 분명하게 말하였다. 영원한 하느님은 사람의 아들이었던 적이 없었고, 단순한 인간은 삼위일체로부터 비롯될 수 없었기 때문이다. 그러나 하늘로부터 내려온 다른 영혼에 의해서 인간에 대한 구속이 가능하려면, 하느님은 우리 인간의 형상 속에 들어가서 그 안에서 십자가에 달렸어야 했을 것이다"[177](*Three Principles*, xxii. 61).

그리스도가 그와 함께 하늘로부터 또 다른 영혼을 가져왔고, 그의 어머니 마리아로부터 인간의 영혼을 취하지 않았다면, 그는 우리에게 매우 낯설었을 테고, 우리의 구속자가 되지도 못했을 것이다.

"어떤 사람들이 말하는 것처럼, 그리스도는 영혼을 영원한 동정녀 마리아 안에서 말씀으로부터 직접 받았고, 그 때문에 그가 하느님으로부터 유래했으며, 그의 인간적 본성 안에 있는 영혼에 시작이 있다는 것은 진실이 아니다"(*Mysterium*, lvi. 7).

"그리스도는 하늘로부터 온 씨앗만이 아니다. 따라서 그는 사람으로부터 그의 인간적 포장(몸) 이외에 다른 특질이 없는 것이 아니다. 그에게 인간적 본성이 없다면, 그는 사람의 아들이 아니었을 테고, 나의 형제일 수도 없다"(*Tilk*, i. 245).

"그리스도의 영혼은 우리 자신의 영혼처럼 피조물이고, 그는 그것을 인간으로부터 받았고, 마리아의 몸 안에서 받았다. 그러므로 우리는 그리스도의 영혼이 우리의 형제이고, 그리스도의 몸이 거듭난 인간 안에 있는 우리의 몸이라는 사실을 영원히 기뻐한다"(*Three Principles*, xxii. 30).

"그리스도가 그와 함께 이상한 영혼을 가지고 왔다면, 그것이 나에게 어떤 이득이 될 것인가? 아무것도 아니다. 그러나 나는 그가 나의 영혼을 거룩한 삼위일체 안에 들여 놓았다는 것 때문에 기뻐한다. 이제 나는 진정으로 말한다. '그리스도의 영혼은 나의 형제이고, 그리스도의 몸은 내 영혼의 자양분이다'"(*Three Principles*, xxii. 78).

그러나 그리스도가 오직 지상의 동정녀로부터만 유래됐다면, 그는 위로부터 왔을 수 없고, 순수하지도 않았을 것이다.

> "그리스도는 유대인들에게 '나는 위에서 왔지만, 너희들은 아래에서 왔다. 나는 이 세상에 속하지 않지만, 너희는 이 세상에 속한다'고 말하였다. 그가 만일 마리아가 그녀의 축복 받은 것처럼 되지 않고, 땅의 장막에서 인간으로 되었고, 순수하고, 천상적이지 않으며, 순결한 동정녀의 상태에 있지 않으면, 그는 이 세상에 속했을 것이다"(*Menschwerdung*, i. 9, 20).
>
> "이 세상의 살과 피로부터 난 모든 것은 순수하지 않고, 순수한 동정녀는 이 부패한 살과 피 안에서 태어날 수 없다. 그러나 그리스도는 순수한 동정녀로부터 죄 없이 태어났다"[178](*Three Principles*, xxii. 36).

외적인 신체로 말하면, 마리아는 요아킴과 안나로부터 내려왔다. 그러나 그녀 역시 언약의 딸이며, 그런 만큼 그녀는 지혜의 동정녀로부터 축복 받았다(관통되었다).[179]

> "마리아는 다른 인간들이 비롯되는 것과 똑같은 방식으로 요아킴과 안나의 씨로부터 비롯되었다. 그러나 그녀는 여인들 가운데서 축복 받아서 그녀 안에 영원한 동정녀가 계시되었다"(*Threefold Life*, vi. 72).
>
> "그 안에서 그리스도가 인간으로 된 마리아는 외적 신체를 따르자면 요아킴과 안나의 진정한 딸이고, 그들의 씨로부터 비롯되었다. 그러나 의지의 관점에서 보면, 그녀는 약속의 언약의 딸, 즉 언약의 목적이다. 그래서 그 안에서 똑같은 것이 성취되었다"(*Menschwerdung*, i. 8, 2).
>
> "그 안에서 하느님이 태어난 순수하고, 흠 없는 동정녀는 하느님과 영원한 동정녀 앞에 있다. 그녀는 하늘과 땅이 창조되기 전부터 순수했고, 흠이 없었다. 이 순수한 동정녀는 마리아 안에 합체되어 그녀에게 하느님의 거룩한 요소 안에서 새로운 존재가 부여되었다. 따라서 그녀는 여인들 가운데서 축복 받았고, 천사가 말했듯이 주님이 그녀와 함께 있었다"(*Three Principles*, xxii. 38).

천상적 동정녀는 마리아 안에서 세상적으로 되지 않았다(그렇지 않으면, 외부로부터 기계적으로 그녀 속에 들어가지 않았다). 오히려 무소부재하

신 천상의 동정녀는 마리아의 가장 깊은 존재 속에 계시되었다(전개되었다).[180]

> "우리는 천상의 동정녀가 마리아 속에 들어갔을 때 하느님의 명령에 의해서 그것이 세상적으로 되었다고 말할 수 없고, 단지 마리아의 영혼이 천상의 동정녀를 취해서 가졌다고 말한다. 그리고 천상의 동정녀는 거룩한 요소의 순수한 옷, 즉 순수하고 거듭난 인간 존재를 입은 마리아의 영혼을 찬양하였고, 그 안에서 마리아는 구세주를 영접하였고, 그를 이 세상에 낳았다"(*Three Principles*, xxii. 44).
>
> "아담의 시기로부터 마리아 이외에 그 어떤 다른 여성도 천상의 동정녀를 옷입지 않았다. 이것은 지상의 신체에서가 아니라 영혼의 원리 안에서 일어났다"(*Forty Questions*, xxxvi. 12).
>
> "마리아는 자연에 알려지지 않았고, 그녀의 외적인 여성성에게도 알려지지 않은 하늘의 징표, 즉 천상의 동정녀를 받았다. 그리고 동정녀 속에서 그녀는 영원한 성부의 말씀을 받았다"(*Three Principles*, xxii. 43).

이런 전개 또는 지복의 상태에 의하여 말씀은 마리아 안에서 인간의 상태를 취할 수 있었고, 그에 따라서 아담 안에서 약화되었던 천상의 동정녀는 그녀 안에서 다시 강해졌으며, 실체화될 수 있었다.

> "약속의 말씀은 마치 영원 전부터 움직이지 않았던 것처럼 본질적으로 움직이기 시작하였다. 그것은 유대인들 전에는 형태가 없는 것, 즉 거울 속에 있는 이미지 같은 것이었다. 그래서 진노로 가득 찬 성부는 그 안에서 상상하였고, 그것과 함께 그의 진노를 그쳤다. 왜냐하면 천사 가브리엘이 마리아에게 그녀가 잉태할 것이라는 메시지를 전해주었고, 그녀가 기꺼이 '당신이 말한 대로 나에게 이루어지소서'라고 말했을 때, 거룩한 삼위일체의 중심은 그 자신을 움직였다. 다시 말해서, 아담이 잃어버렸던 영원한 동정녀가 생명의 말씀 안에서 그녀에게 열렸던 것이다. 마리아 안에 있는 신적 사랑의 불이 다시 회복된 것이

다. 그것은 아담 안에서 부패되었지만 동정녀의 본질 속에서 다시 복원되었다"(*Menschwerdung*, i. 8, 3. 4).

"지혜의 동정녀 안에 서 있었고, 영원한 경이에 둘러싸여 있던 말씀은 아담 안에서 파괴되었던 우리의 형상에 대한 사랑으로 다시 들어갔으며, 축복의 결과 마리아 안에서 인간으로 되었다"(*Forty Questions*, xxxvi. 10).

"또한 실체가 없던 영원한 동정녀는 성육신 속으로 들어왔고, 영혼은 마리아의 본질로부터 받아들여졌다. 이와 같은 방식으로 영원한 동정녀는 그녀 안에 인간의 영혼을 받아서 실체성 안으로 들어왔다"(*Threefold Life*, vi. 75).

마리아는 그녀 자신의 능력으로 하늘의 축복을 그녀의 것으로 만들 수 없었지만, 축복은 하느님의 은혜와 성령의 능력 안에서 그녀에게 왔다.

"아담 안에서 죽고, 사라졌던(잠재적으로 되었던) 진정한 인간 존재는 마리아 속에서 다시 생명으로 깨어났고, 그에 따라서 그녀는 높이 고양되었으며, 타락 이전의 사람 같이 되었다. 그러나 이것은 그녀 자신의 능력만으로 된 것이 아니라 하느님의 능력에 의한 것이었다. 하느님의 중심이 그녀 안에서 움직이지 않았다면, 그녀는 다른 이브의 딸들과 다를 바가 없었을 것이다"(*Menschwerdung*, i. 8, 5).

"마리아는 오직 그녀를 소유하였고, 낙원의 순결한 요소로 옷 입혔던 천상의 동정녀와의 관련 아래서만 거룩하고, 순결한 동정녀라고 불렸다. 마리아는 천사가 그녀에게 '하느님의 성령이 그대에게 내려와서, 그대는 지고자(至高者)의 그림자로 덮일 것이다. 따라서 그대가 잉태할 거룩한 자는 사람의 아들이라고 불릴 것이다'라고 말했던 것처럼 그녀 자신의 능력으로 이런 상태를 차지했던 것이 아니다"(*Three Principles*, xx. 41).

"천사가 했던 '하느님의 성령이 그대에서 내려와서, 그대는 지고자(至高者)의 그림자로 덮일 것이다'라는 말의 의미는 성령이 죽을 수밖에 없는 존재 안에 있는 닫힌 중심을 열 것이고, 하느님의 말씀이 죽음 안에 닫혔던 것 속에 살아 있는 천상의 실체와 함께 들어갈 것이며, 그와 하나의 신체로 될 것이라는 사실을 의미한다"[181](*Three Principles*, xxii. 41).

구속자의 영혼이 마리아로부터 비롯될 수 있었던 것은 오직 그녀의 성격이 겸손으로 가득 찼고, 그녀가 하느님의 의지와 일치했기 때문임이 틀림없다. 더구나 그녀는 구속자의 어머니가 되기에 필요한 자격을 가지고 있었기 때문에 틀림없이 영적으로 영광의 높은 상태를 즐거워하였다.

"자궁 속에 있는 아이가 처음 받은 것은 어머니의 팅크제이다. 그러므로 그것은 그리스도의 경우에서 그랬다. 천사가 그리스도의 다가올 성육신을 고지(告知)했을 때, 하느님의 변방(邊方)를 받아들이고, 그것이 그녀에게 스며들게 하며, 그녀에게 속하게 한 것은 어머니의 의지와 팅크제였다. 그때 어린이의 영혼이 삼위일체 안에 있다면, 당신은 그 영광스러운 빛이 어머니를 아름답게 비추고 있다고 생각하지 않겠는가? 그리고 그 어머니는 땅에 있는 모든 것보다 높은 존재로서 정당하게 달[182] 위에 발을 딛고 있지 않겠는가? 그녀는 세상의 구속자를 그 어떤 육적인 혼합물 없이 태어나게 하였고, 그녀로부터 세상의 모든 존재들, 말하자면 그리스도 안에 있는 하느님의 자녀인 빛의 자녀들을 끌어당기는 몸이 비롯되었다"(*Three Principles*, xviii. 93-98).

그러나 마리아가 신으로 된 것은 아니다. 그녀의 모든 위대성에도 불구하고, 그녀는 오직 그의 아들을 통하여 완전하게 되고, 하늘나라를 물려받는다.[183]

"에덴동산에서 하느님이 약속하신 말씀은 동정녀의 생명의 빛 안에서 꽃을 피웠다. 가브리엘이 성부의 명령을 따라서 메시지를 통해 동정녀에게 자극을 주려고 왔고, 그 메시지는 순결한 동정녀의 한 요소 속으로 들어갔다. 그러나 그녀의 인격을 신성화할 만큼 완전히 그녀의 영혼과 몸 안에 들어가지는 않았다"(*Three Principles*, xviii. 89).

"동정녀 마리아는 다른 모든 별들보다 더 영광스러운 새벽별처럼 위대한 완전성 안으로 들어갔다. 그녀는 완전성에 도달하였고, 그녀의 아들 그리스도를 통하여 지복의 경지에 있다"(*Three Principles*, xviii. 88).

"동정녀 마리아는 신으로 되지 않았다. 그리스도 자신이 '하늘로부터 왔고, 하늘에 있는 사람의 아들을 제외하고는 어느 누구도 하늘나라에 가지 않는다'고 말한다. 다른 모든 이들은 그를 통하여야 하늘나라에 간다. 그리스도가 그들의 하늘나라이고, 성부는 그리스도의 하늘나라이다"(*Three Principles*, xviii. 89).

이 세상의 외적인 왕국은 동정녀로부터 분리되지 않았지만, 동정녀에 대한 그의 능력을 상실하였다. 그녀의 내적인 삶의 특성은 그녀의 신체적인 몸과 의사소통을 하였다.

"하느님이 마리아를 자신의 목적으로 삼았을 때 마리아는 커다란 축복을 받았고, 구속자의 축복 안에서 잉태하게 되었다. 이제, 인간의 씨앗이 그의 특성을 몸과 소통하는 것을 알게 되었다. 하느님의 생명이 마리아의 씨앗(능력)의 본질 속으로 들어왔을 때, 하느님의 이미지의 몸을 둘러싸던 그녀의 모든 몸은 매우 축복 받았고, 하느님의 이 놀라운 움직임에 의해서 활기를 띠게 되었다. 그때 이 세상의 외적 왕국은 마리아로부터 분리되었지만, 그녀는 여전히 그 안에 갇혀 있었다. 그러나 그녀의 피의 팅크제는 하느님의 팅크제, 즉 씨앗의 팅크제와 함께 불이 붙었다. 그것의 특성을 신체를 가진 형태들과 의사소통하는 것이다"(*Tilk*, i. 331).

"마리아의 영혼은 상대적으로 지상의 본성이 아니라 천상의 본성과의 관계에서 하느님의 살아 있는 실체로 둘러싸이게 되었다. 그에 따라서 지상의 상태는 단지 그녀의 존재를 보충하는 것에 불과하였다. 그녀의 영혼은 그녀 안에서 인간적으로 된 생명의 말씀과 함께 죽음과 성부의 진노를 꿰뚫고 나아가 하늘의 의식 속으로 들어갔다. 따라서 그녀의 외부에 있는 인간적 본성은 (세상적인 삶에 있어서 그녀가 하느님 안에서 살 수 있도록) 그래야만 했다. 그러나 그녀는 축복을 받았고, 그녀의 자궁 속에 언약의 대상을 가지고 왔기 때문에 그녀 속에 있던 천국에 속한 것은 그녀의 세상적인 부분을 불살라버렸다"[184](*Menschwerdung*, i. 9, 18).

구원자는 세상적 본질을 마리아로부터 받아야 했고, 그녀 안에서 정상적인 방식으로 세상적 인간이 되었다.[185]

"동정녀는 어머니로서 그리스도를 자신의 아이로 품었다. 그녀는 그리스도에게 자신의 부모로부터 받았던 것과 같은 자연적 본질을 주었고, 그리스도는 그녀의 살과 피로부터 나온 본질들을 요소로 받아서 그 안에서 살아 있는 영혼으로 되었다"(*Three Principles*, xviii. 90).

"영원한 동정녀 안에서 사는 살아 있는 말씀은 그 자신에게 마리아의 육신 — 다시 말해서 마리아의 신체적인 몸에서 나온 본질 — 을 이끌었고, 거기에서 아홉 달 동안 영혼과 영과 육신을 가진 완전한 인간 존재가 자랐다"(*Threefold Life*, vi. 79).

"그리스도의 생명은 잉태되었을 때 즉시 어떤 초자연적인 방식으로 움직이기 시작하지 않았고, 아담의 모든 자녀들의 경우와 마찬가지로 적절한 자연적인 때에 일어났다. 따라서 그는 아홉 달 동안 완전한 인간 존재로 자랐으며, 다른 모든 아담의 자녀들처럼 태어났다. 그는 그 자신을 마술적으로 태어나게 했을 수도 있었을 것이다. 그러나 그렇게 되었더라면, 그는 이 세상에 자연적인 방식으로 존재하지 않았을 것이다"(*Menschwerdung*, i. 10).

마리아의 아들로서 그리스도 안에는 세 가지의 모든 원리들이 통합되어 있었지만 그것들은 뒤섞이지 않았다. 그래서 그는 그의 세상적인 몸에도 불구하고, 죄로부터 자유로웠다.

"그리스도는 마리아 안에서 모든 세 가지 원리들을 받아들였지만 자신의 상상에 의해서 외적인 영역을 내적인 영역, 즉 영혼의 불에 끌어들여서 빛이 꺼지게 했던 아담처럼 그것들을 뒤섞이게 하지 않고, 신적인 질서 속에서 받아들였다.

그리스도는 그 자신 위에 영혼-본질을 가지고 있었거나, 그렇지 않으면 첫 번째 원리, 즉 두 번째 원리의 이미지의 실체를 가지고 있었다. 그래서 결국 외적 형태인 세 번째 원리를 가졌다"(*Tilk*, i. 336).

"그리스도는 마리아로부터 아담 안에서 약해졌던 내면의 씨앗을 받아서 여기에 신체의 외적 씨앗을 덧붙였지만, 그것들은 서로 뒤섞이지 않았고, 서로 분리되지도 않았다. 그러나 그것들은 각각 상대적으로 이 세상에 있는 하느님과 비슷하다. 그럼에도 불구하고 이 세상이 하느님은 아니다"(*Stiefel*, ii. 204).

"그리스도는 그의 외적인 몸으로 죄와 불명예를 짓지 않았다. 그렇다. 그럴 수가 없다. 그러나 그는 비록 아담이 아니었지만 마치 아담처럼 우리가 아담으로부터 유전적으로 물려받은 죄라는 짐을 나르면서 짊어졌다"(*Stiefel*, ii. 499).

"그리스도는 악마가 그 자신의 상상에 의해서 육신 속에 끌어들여 담겨 있던 것이 깨어나 육신으로 하여금 죄를 짓게 하는 허영심(이기심)을 그의 몸에 짊어지지 않았다. 그 대신 그는 조화로운 상태에서 생긴 생명의 각성된 형태(원리들)를 취하였는데, 그 각각의 것들은 그들 나름대로의 욕망 안에 있었다. 거기에서 그는 그의 안에 우리의 죄와 질병, 죽음과 지옥을 짊어졌지만 그것은 단지 그것들을 그의 사랑으로 색깔을 입히려는 의도에서였다. 그가 우리의 외적인 인간적 본성에 부어넣은 천상의 피는 지옥을 천국으로 변화시키고 인간의 특성을 다시 하느님의 조화 속에 끌어들이려는 것이었다"(*Regeneration*, iii. 11).

더구나 주님의 가장 내밀한 본질인 영원한 말씀은 지상에 있는 그의 몸과 결코 뒤섞이지 않았고, 그의 인간적 영혼과도 뒤섞이지 않았다.[186]

"하느님은 마리아의 외적인 씨앗(원리) 속에 계시되었다. 그리스도가 땅에 있는 동안 다른 인간 존재들과 형태, 본질, 또는 겉으로 드러난 모습에서 다르지 않았기 때문이다. 그 외적인 씨앗에서 그는 신성을 취하지 않았다. 그의 외적인 형태는 죽을 수밖에 없었는데, 그는 그 안에서 죽음을 무화시켰다"(*Stiefel*, ii. 203).

"그리스도가 동정녀 마리아의 몸 안에서 우리 형제로 되는 동안 그는 우리 인간의 본질을 그 자신에게 진정으로 끌어들였다. 그러나 인간의 본질은 그의 영원한 신성을 이해할 수 없었다. 몸이 영혼을 이해하는 것처럼 오직 하느님 안에서 태어난 새로운 인간만이 그것을 알 수 있다"(*Three Principles*, xxii. 48).

"영혼과 말씀은 하나, 또는 하나의 존재가 아니다 영혼은 본성의 중심, 말하자면 본질로부터 태어나고, 몸에 속해 있다. 그것이 몸의 본질로부터 비롯되고, 자신에게 몸을 끌어들이기 때문이다. 그러나 말씀은 위엄의 중심으로부터 나오고, 위엄을 그 자체에게 끌어들인다"(*Threefold Life*, vi. 83).

말씀과 영혼은 서로 떨어져서 나란히 있지 않고, 영혼이 말씀에 의하여 관통 당하고, 조명 받는다.[187]

"영혼과 말씀은 두 사람처럼 서로 곁에 서 있는 것이 아니라 말씀이 영혼을 꿰뚫고 들어가고, 말씀으로부터 생명의 빛이 비친다. 그러나 영혼은 그 자신에 대해서 자유롭게 존재한다. 빨갛게 달군 쇠는 그 자체로 어둡고, 검지만 불이 그 속을 꿰뚫고 들어가서 빛을 발하게 된다. 그 쇠 자체에는 그 어떤 변화도 일어나지 않는다. 그것은 쇠로 남아 있고, 열은 열로 남아 있다. 쇠는 불처럼 자유롭고, 그 어떤 것도 다른 것이 아니다. 그러므로 영혼이 신성의 불 속에 넣어져서, 신성은 영혼을 관통하여 비추고, 그 안에 거하며 영혼을 잉태할 수 있다. 비록 영혼이 신성을 잉태할 수 없지만, 그럼에도 불구하고 영혼은 변환되지 않는다. 신성이 영혼을 잉태하고, 영혼에게 존엄자의 능력을 준다"(*Threefold Life*, vi. 83).

그리스도는 단지 동정녀 마리아의 안에서만이 아니라 무한히 천상적인 방식 안에서 인간으로 되었다.

"그리스도가 지상에 있는 동안, 그의 외적 형태는 우리 자신의 몸들처럼 유한하였다. 그러나 그의 내적 인간은 측정할 수 없었다"(*Three Principles*, xxiv. 88).

> "말씀은 어디에서나 인간으로 되었다. 그 말은 그 안에 우리의 영원한 인간성이 들어 있는 신적 실체가 어디에서나 전개되었다는 것을 말한다. 우리는 그 안에 하느님의 동정녀가 들어 있는 것과 똑같은 신체적인 실체 안에 영원히 존재해야 하며, 우리 자신을 동정녀로 옷 입혀야 한다. 그리스도가 그 자신을 동정녀로 옷 입혔기 때문이다"(*Menschwerdung*, i. 8, 12).
>
> "천사의 세계 전체는 그리스도의 천상적 본질에 따라서 그리스도의 실체입니다. 그러나 인간성의 인격에 관해서는 '피조되었습니다.' 그러나 그것을 떠나서는 다루어지지 않았고, 영원합니다"(*Letters*, xii. 56).

우리 구속자의 천상적이고, 무한한 육체성은 추론적 지성으로는 이해할 수 없다. 그럼에도 불구하고 그것을 받아들이는 것이 논리적이다. 그리스도 안에서 무한한 하느님이 사람으로 되었기 때문이다.[188]

> "이성은 말한다: '그리스도의 몸은 어느 한 장소에 있다. 그런데 그것이 어떻게 모든 곳에 있을 수 있는가? 그것은 피조물이다. 그런데 하나의 피조물은 동시에 모든 장소에 있을 수 없다.' 그러나 사랑하는 이성이여, 들으라. '하느님의 말씀이 마리아의 몸에서 인간 존재로 되었을 때, 그것은 또한 (동시에) 별들 위에 있지 않았는가? 그것이 나자렛에 있을 때, 그것은 예루살렘과 모든 곳에 있지 않았는가? 그렇지 않으면, 당신은 하느님이 인간이 되신 동안, 그가 그의 인간적 형태 속에 한정되었다고 생각하는가? 그것은 불가능하다. 따라서 하느님이 인간으로 되셨을 때, 그의 인간성은 그의 신성이 존재하는 모든 곳에 존재한다"[189](*Three Principles*, xxiii. 8).
>
> "그리스도는 마치 그의 신성이나 신적 본질이 그 안에 사로잡혔거나, 갇히거나, 들어 있는 것처럼 단지 동정녀 마리아의 (세상적) 몸 안에서만 인간으로 된 것이 아니다. 만물의 충만이신 하느님이 어느 한 장소에만 머무르지 않는 것처럼 하느님은 (말씀의) 어느 작은 부분에서만 움직이는 법이 거의 없다. 그는 분화되지 않았지만, 어느 곳에서나 하나이면서 전체이고, 그가 드러나는 모든 곳에서 전체로 나타났기 때문이다. 하느님은 헤아릴 수 없을 뿐만 아니라, 그 자

신이 그의 어느 피조물들 속에 머물 곳을 마련하지 않는 한 그를 찾을 수 있는 곳은 어디에도 없다. 그러나 그때에도 그는 그런 피조된 존재로부터 떨어져서 그 위에 하나의 전체로 존재한다"(*Menschwerdung*, i. 8).

이런 점에서 그리스도는 해와 비유할 수 있다. 해 역시 능력의 면에 있어서는 헤아릴 수 없지만 공간 속에서 분리된 실체로 존재한다.

"우리는 그리스도가 피조된 존재라는 측면에서 해를 그리스도와 비교할 수 있고, 우주의 모든 깊은 곳을 성부와 비교할 수 있다. 그때 우리가 태양이 우주의 모든 깊은 곳 전체에서 비치고, 열과 힘을 모든 곳에 보내는 것을 본다면, 우리는 깊은 곳 안에서는 태양의 힘과 빛이 태양의 몸 바깥 어디에도 없다고 말할 수 없을 것이다. 태양의 빛과 실체가 모든 곳에 존재하지 않는다면, 우주는 태양의 힘과 빛을 받지 못할 것이기 때문이다. 서로를 받아들이려면 비슷한 성격의 두 가지 힘이나 원칙이 필요하다. 우주의 깊은 곳에는 그의 빛이 있지만, 감춰져 있다(잠재적이다). 그것이 하느님의 뜻이라면, 깊은 곳 전체는 태양이 될 것이다"(*Menschwerdung*, i. 8).

"만물이 더 강력해지고, 풍성하게 되도록 해가 모든 외부 세계에 비치지만, 세상과 해가 (그 실체적 중심에서) 서로 구별되는 것처럼, 드러나는 해로서의 그리스도 역시 그의 피조된 인간성 안에서 여호와, 또는 예수의 깊은 곳으로부터 비춘다. 여호와는 영원한 신적 태양이며, 그 해 안에는 거룩한 삼위일체의 중심에 있는 심장으로서 그리스도의 위대한 사랑의 태양이 모든 피조물에게 감춰져 있다. 그러나 그는 신성의 움직임에 의해서 신적 사랑의 거룩한 태양으로 계시되었다"(*Stiefel*, ii. 422).

"해는 세상을 비춘다. 그러나 깊은 곳에 해를 구성하는 것과 비슷한 존재 상태가 없다면 이것은 불가능할 것이다. 마찬가지로 그리스도의 육체성은 개인 안에 있고, 개인 안에 있는 피조된 존재로서 하늘의 모든 충만함이다. 그러나 그 둘은 하나로서 하나의 영과 하나의 힘이다. 그리고 이원성 상태나 서로 분리된 두 가지 상태로 존재하지 않는다"[190](*Tilk*, ii. 251).

그럼에도 불구하고 구속자의 이 무제한적인 천상의 존재 상태는 신성보다는 더 낮다.

"말씀이 순수한 요소인 동정녀의 자궁에 들어갈 때, 말씀은 성부와 분리되지 않고 영원히 남아 있다. 그것은 들어갔고, 그 속에서 '신'이라고 불리는 새로운 존재로 된 요소의 하늘 어디에나 남아 있다. 매우 새로운 이 피조물은 자연히 (생리적인) 동정녀의 살과 피로부터 태어나지 않고, 하느님으로부터, 즉 그의 요소(천상의 동정녀)로부터, 그 안에서 영원히 그의 충만함 속에 머무는 거룩한 삼위일체의 능력 안에서 태어난다. 그러나 피조된 존재의 육체성은 신성보다는 낮다. 신성은 영이고, 그 거룩한 요소는 영원으로부터 말씀에서 태어났기 때문이다. 따라서 주님은 종(servant) 속에 들어갔고, 하늘에 있는 모든 천사들은 그것을 보고 모두 놀라움에 사로잡혔다. 그것은 영원 전부터 일어났던 것들 가운데서 가장 놀라운 기적이었다. 그것이 인간의 본성에 반하는 일이고, 오직 신적인 사랑에 의해서 이루어질 수 있는 일이었기 때문이다"[191](*Three Principles,* xviii. 42).

제12장
구속

"또한 하느님은 사람 안에서 산다. 그러므로 우리가 우리 자신의 (진정한) 자기를 찾고, 사랑하면, 그때 우리는 하느님을 사랑하게 된다. 우리가 서로에게 하는 것은 우리가 하느님에게 하는 것이다. 그의 형제와 자매를 찾고, 발견하는 사람은 하느님을 찾았고, 발견했던 사람이다. 우리는 하느님 안에서 모두 여러 지체를 가진 하나의 몸이고, 그 각각의 것에는 그 나름대로의 기능이 있다"(*Threefold Life*, xi. 106).

그 자신이 인간이 됨으로써 자신의 죄 때문에 세상적 존재로 타락해 들어갔고, 자신이 본래 창조되었던 영광스러운 상태로 들어가려는 인간으로 회복시키려고 했던 것은 하느님의 뜻이었다.
이 진술은 마음속에 일깨워지기 쉬운 오래된 신학적 사고들로 인하여 오해되기 쉽기 때문에, 우리는 그 의미를 다른 용어들로 표현하려고 할 것이다. 영원한 지혜의 의지인 하느님은 그의 지혜가 인간적 형태 안에 드러나기를 바랐다. 일반 사람들이 감각적인 것들의 매력에 사로잡혀서 그들에게 신적 진리를 지각할 수 있게 해주는 신적 의식의 상태를 잃어버렸기 때문이다. 보편적 진리를 알 수 있는 것은 오직 인간 속에 있는 진리이고, 이 진리의 원리가 사람 속에서 활성화 되지 않았기 때문에 (진리와 생명과 빛인) 그리스도는 사람 속에서 활성화 되어야 했고, 사람에게 진실이 가득 한 자기-의식을 주고, 빛 속에 삶으로써 그의 그 전의 상태를 회복시켜야 했다. 이것이 그가 물질성 속에 빠져서 타락하기 전에 대우주에서 취하고 있던 입장이다.[192]

"이 세상의 영은 몸과 영이 결국 부패하게 되도록 몸[193]을 사로잡아서 몸이 땅에 속하게 하였다. 그러므로 우리는 이제 더 이상 순수한 몸을 만드는데 필요한 원소들을 가진 것이 아니라 별들의 영향력 안에서 네 가지 원소들이 자라난 것이다. 이 몸은 신성에 속해 있지 않다. 하느님은 그 자신을 깨끗하지 않은 몸 안에서 펼치지 않고, 오직 거룩한 (거듭나고, 내적인) 인간 안에서, 즉 그가 태초에 창조했던 순수한 형상 안에서 펼친다. 그때 하느님의 마음과 빛을 통해서 그 형상을 거듭나게 하는 것 이외에는 할 수 있는 일이 없었다"(*Three Principles*, xxiii. 21).

"인간은 다시 행성들과 원소들의 영으로부터 나와서 새로운 탄생, 말하자면 하느님의 생명 안으로 들어가야 한다. 영혼은 이것을 그 자신의 능력만으로 완수할 수 없다. 그러므로 사랑과 자비로부터 나온 하느님의 생명이 우리의 육신 안에 왔고, 우리 영혼을 다시 신적인 생명 안, 즉 빛의 능력 안에 취하였다. 그리하여 우리는 이 생명 안에 들어가서 새롭게 태어나고, 하느님 속으로 뚫고 들어갈 것이다"(*Threefold Life*, i. 17).

"인간의 영은 고뇌의 고통으로부터 나와서 하늘의 영역에 들어갈 수 없었다. 따라서 하느님은 다시 인류 속으로 와서, 인간의 영이 어둠의 문을 깨뜨리는 것을 도와서 그 안에서 하느님의 능력을 입게 해야만 했다"[194](*Three Principles*, xxi. 21).

"그리스도는 아담이 상대적으로 천상의 왕국에 대하여 죽었을 때 고통 받았던 상처를 치유하기 위해서 왔다. 그는 아담 안에서 사라졌던 내적 인간을 깨우고, 그의 능력 안에서 아담이 거듭나게 하며, 진노와 어리석음이라는 뱀의 머리를 영원히 깨뜨리려고 왔다. 다시 말해서, 인간의 이기적인 지상의 의지를 죽이려고 오신 것이다"(*Stiefel*, ii. 168).

이렇게 재구성하기 위해서 인류에 대한 하느님의 직접적 행동만으로는 충분하지 않았다. 성육신 없이 하느님과 인간의 진정한 통일과 죽음으로부터 인간의 부활은 가능하지 않았던 것이다.[195]

"인간이 세상적으로 된 다음 인류를 다시 천상적 특성으로 변화시키는 것, 즉 인간의 땅(물질적 원소)을 하늘로 바꾸고, 네 개의 원소 가운데서 오직 하나만 만들고, 인간의 특성 속에 있는 하느님의 진노를 사랑으로 바꾸는 것이 하느님의 뜻이었다. 그러나 인간 속에서 불타올랐던 하느님의 진노는 불과 격분의 능력이었다. 거기에 저항하고, 그것을 사랑으로 변환시키려면 사랑 자체는 진노 속에 들어가야 했으며, 그 자신을 모두 진노에 굴복시켜야 했다. 그렇게 하기 위해서는 하느님이 하늘에 머물고(그 자신의 신적 자기-의식 안에 있으면서) 인류를 사랑스럽게 바라보기만 하는 것으로 충분하지 않았던 것이다. 이것은 진노와 격분의 힘을 굴복시키지 못했을 것이고, 그것들은 사랑의 상태에 들어가지도 못했을 것이다"(*Signature*, xi. 7).

"인간의 본질은 하느님의 온전성 안에서 적당한 매개체의 존재 없이 잉태되지 않았을 것이다. 의지가 그것으로부터 분리되었을 것이기 때문이다. 따라서 하느님은 인류에게 그의 신성을 주거나 그것과 함께 축복하기 위하여 인간이 되었고, 우리에게 알려지게 되었다"(*Baptism*, ii. 36).

"성육신이 일어나기 전, 말씀은 영혼이 불 속에서 하느님의 테스트를 받을 수 있게 하기 위하여 영혼을 구속할 수 있었다. 그러나 그 테스트는 거룩한 삼위일체의 빛 앞에서 사랑과 기쁨 안에서 하는 테스트가 아니었다. 그러므로 무덤으로부터의 부활은 아직 이루어지지 않았다. 인간이 무덤으로부터 일어서려면, 말씀이 먼저 인간이 돼야 했다"[196](*Three Principles*, xvi. 35).

"경건한 사람들은 그리스도의 성육신이 일어나기 전 약속의 언약 안에서 그리스도를 옷 입었다. 그러나 그것은 실체 안에서가 아니라 단지 힘만으로, 육신 안에서가 아니라 단지 영 안에서이다"(*Stiefel*, ii. 442).

죄의 결과 죽음의 세력이 지배자가 되었고, 그에 따라서 구속자 자신이 죽음을 극복하고, 우리가 다시 신적 생명을 충만하게 얻게 하려고 죽음 속에 들어갔다.[197]

"인간은 죄를 지은 결과 구원 받지 못하게 되었다. 영원한 말씀과 하느님의 마음이 그 자신이 인간의 영혼 (상태로 되면서) 인간이 되어 제3의 원리인 인간의 육신과 피 속에 들어오지 않았고, 결함이 있는 영혼의 죽음 안에 들어오지 않았다면, 그것은 죽음으로부터 힘을 빼앗지 못했고, 지옥으로부터 무시무시한 가시를 취하지 못했을 것이다. 그에 따라서 영혼을 죽음과 지옥으로부터 구속하지도 못했을 것이다"(*Threefold Life*, viii. 39).

"아담의 영혼은 하느님으로부터 돌아섰고, 빛의 본질로부터 상대적으로 죽었다. 따라서 제2의 아담은 영혼을 불 속, 다시 말해서 진노의 샘으로 다시 가져왔고, 빛을 죽음 속에서 다시 불 붙였다. 그때 빛은 다시 어둠 속에 비쳤고, 죽음이 그 자신을 죽였으며, 진노나 지옥에 전염병이 생겼다"(*Tilk*. i. 513).

"우리가 천사의 세계의 자유를 떠나서 어둠의 고통 속에 들어간 것 같이 빛의 능력과 말씀은 사람이 되었고, 우리를 어둠에서 이끌어내어 불 가운데 있는 죽음을 통과하여 신적인 생명의 자유와 신적인 본질 속으로 들어가게 하였다. 그러므로 그리스도는 죽어야 했고, 지옥과 영원한 본성의 진노를 통하여 신적 본질 속에 들어가서 죽음과 진노를 꿰뚫고 우리 영혼에게 길을 열어주어야 했다. 우리는 그 위에서 그와 함께 죽음에 의하여 신적 생명으로 들어갈 수 있다"(*Menschwerdung*, i. 3, 7).

"하느님의 진노와 하느님의 사랑의 두 왕국이 서로 싸웠을 때, 그리스도는 영웅으로 나타났다. 그는 그 자신을 기꺼이 진노(죄의 결과 의식이 깨어난 낮은 원리에 의해서 생긴 고통)에 굴복시켰고, 그의 사랑에 의해서 진노를 종식시켰다. 그는 하느님으로부터 이 세상에 왔고, 우리 영혼을 그 자신 안에서 취했다. 그래서 그는 우리를 세상적 상태로부터 그 자신에게 데려가서 하느님으로 이끌 수 있다. 그가 우리를 그 자신 안에서 거듭나게 하여 우리는 하느님 안에서 다시 살 수 있게 되었고, 우리의 뜻을 그의 안에 둘 수 있게 되었다. 그는 우리를 그의 안에서 우리의 최초의 집인 성부에게 데려갔다. 다시 말해서, 아담이 떠났던 낙원에 데려갔던 것이다"(*Menschwerdung*, i. 11, 6).

"말씀은 우리 자신의 살과 피를 신적인 본질 안으로 가져갔고, 우리를 죽음과 격분의 진노 속에 가두었던 능력을 깨뜨렸다. 말씀은 그 능력을 십자가 위에서 깨뜨렸다. 다시 말해서, 본성(네 번째 자연의 형태인데, 그 상징은 십자가이다)의 가운데서 깨뜨렸고, 우리 영혼 속에서 불타는 하얀 불의 빛을 다시 붙였다"(*Menschwerdung*, ii. 6, 9).

"그리스도는 우리 인간의 형상이 죽음에 삼켜지도록 그의 아버지 성부의 진노에 희생시켰고, 그의 생명을 죽음으로 이끌었다. 그러나 그는 그의 사랑을 죽음이 삼켜버렸던 생명 안에서 드러냈고, 그에 따라서 생명을 그의 사랑(그 사랑을 가지고 생명은 하나가 되고, 불멸하게 된다)에 의하여 죽음으로부터 데려왔다. 땅에 뿌려진 씨앗이 땅 속에서 죽어야 하는(상대적으로 그 형태가 그렇게 되는) 것처럼, 이 죽음에 의하여 새로운 몸이 자라며, 아담의 부패한 몸은 죽음과 진노에 희생되어야 하고, 죽음과 진노로부터 사랑의 하느님의 몸이 생겨난다"(*Mysterium*, xxviii. 17).

어떤 의미에서 죽음의 세력에 대한 정복은 구속자가 유혹을 극복했던 순간 이미 이루어졌다. 그 유혹은 아담에서처럼 악마의 시기심에서 생겨났지만, 악마는 주님에 의해서 분쇄되었다.[198]

"아담은 루시퍼가 하느님으로부터 돌아섰기 때문의 루시퍼의 왕좌를 차지하게 되어 있었다. 이런 결과 때문에 악마는 인류를 몹시 시기하였고, 원한을 품게 되었다. 또한 이것으로부터 그리스도가 광야에서 시험 받게 되었는데, 그것은 그리스도가 악마가 요구하는 왕좌를 차지하였고, 그의 권세를 물리치며, 그를 영원히 쫓아낼 심판자가 될 것이기 때문이었다"(*Grace*, vi. 13).

"아담을 유혹했던 모든 것과 아담을 마치 어둠의 죽음에 있는 것처럼 가두었던 모든 것은 구원자가 유혹 당했을 때 그에게 주어졌다"(*Signature*, vii. 46).

"아담이 실패했던 에덴동산에서의 유혹은 어려운 싸움이다. 그러나 그것으로부터 나왔던 새로운 전사(戰士)는 승리하였고, 정복자로 남았다"(*Three Principles*, xii. 91).

"그리스도가 아담 대신 유혹을 견뎠을 때, 새롭게 도입된 천상의 존재는 그리스도의 외적인 몸의 죽음 안에서 칼을 깨부쉈다. 그리고 그것은 거룩한 실체에 의해서 그리스도가 마리아 안에서, 그리고 마리아의 씨로부터 취했던 외적인 몸속에 진노의 칼을 통해서 거룩한 상태를 가져왔다. 외적인 몸은 바로 이 능력 속에서 죽음으로부터 일어서게 되었고, 죽음과 불같은 칼을 정복하였다"(*Mysterium*, xxiv. 24).

유혹 안에 있는 첫 번째 요소는 그리스도가 천상의 음식 대신 지상의 음식을 취하고, 그렇게 함으로써 그의 육체의 욕망을 충족시켜야 한다는 요청이었다.[199]

"하느님의 성령이 그리스도를 광야로 이끌어 간 다음 악마는 진노의 왕국에서 그리스도에게 다가가서 그가 아담을 유혹했던 것처럼 두 번째 아담을 유혹하도록 승낙 받았다. 그때 거기에는 지상의 음식이나 마실 것은 전혀 없었고, 그리스도의 영혼은 자신이 하느님 안에 있으며, 거기에 그 어떤 빵도 없었기 때문에 돌을 가지고 땅의 빵을 만들 수 있다는 사실을 잘 알고 있었다. 그러나 그의 영혼은 자신의 천상적인 몸에 세상적인 것을 먹지 않고, 천상적인 것을 먹기를 바랐고, 허기를 느끼는 세상적인 몸에서 떠나기를 바랐다. 그의 내면에 있는 신성이 그에게 '하느님의 말씀을 먹어라, 그러면 너는 땅의 사람으로부터 나와서 하늘의 왕국에서 쉴 것이다. 새 사람 안에서 살라, 그러면 옛 사람은 새 사람으로 인하여 죽으리라'라고 말하였다. 그러나 악마는 영혼에게 이렇게 말하였다. '너의 땅의 몸은 배가 고프고, 거기에는 빵이 없으니, 돌로 빵을 만들어라.' 그때 그리스도 안에 있는 강한 영혼이 전사처럼 거기 서 있었고, '사람이 빵만으로 살 것이 아니라 하느님의 입에서 나오는 말씀으로 살 것이다'라고 말하였다. 그러므로 그는 지상의 빵과 생명을 거부했고, 그의 상상을 하느님의 말씀 안에 집어넣어서 그것을 먹었다. 그러자 영혼은 하늘의 왕국에서 살게 되었고, 몸은 죽은 것처럼 되었다. 말하자면, 그것은 하늘나라의 종처럼 되었고, 영혼에 대한 강한 지배력을 잃게 되었다"(*Three Principles*, xxii. 100-105).

더 나아가서 악마는 허영의 영을 자극함으로써 구속자를 하느님의 뜻으로부터 돌리려고 생각하였다.[200]

"그리스도의 영혼이 하늘의 빵을 받은 다음, 영혼은 이제 자신이 허영의 불의 힘으로 일어날 것인지, 아니면 겸손으로 가득 차서 오직 하느님의 마음과 뜻만을 바라보고 거기에 자신을 굴복시켜서 온유한 천사가 될 것인지 지켜봐야 했다. 아담은 먼저 이 세상을 차지하려고 열망하였고, 이 세상을 자기 마음대로 하려고 하였다. 그러나 그가 그렇게 하려면 그는 하느님을 떠나서 그 자신이 이 세상의 영에 사로잡혀야 했다. 이제 두 번째 아담은 첫 번째 아담의 유혹에 굴복해야 할 처지에 있었다. 영혼이 새롭고, 거룩하며, 천상적인 사람 안에 머무르고, 하느님의 은혜 안에서 살 것인지, 아니면 이 세상의 영 안에서 살 것인지 시험해야 했다. 그러나 그리스도의 영혼은 악마에게 이렇게 말하였다. '사탄아, 물러가라. 너는 너의 주 하느님을 경배하고, 그만을 섬기라고 기록되었다.' 따라서 용감한 전사는 이겼고, 악마는 사라져야 했다. 이렇게 해서 모든 세상적인 것은 그리스도에 의해서 극복되었다. 이제 주님은 달[201]보다 더 높게 되었고, 천국과 지옥의 모든 힘을 가지게 되었으며, 죽음과 생명의 주인이 되었다. 그는 이제 표징과 기적을 가진 그의 사제의 왕국을 시작하였다. 그는 물을 포도주로 바꿨고, 병자를 온전케 하였으며, 눈먼 이가 보게 하였고, 절름발이가 걷게 하였으며, 심지어 죽은 이가 살아나게 하였다. 이제 그는 다윗의 자리에 앉았고, 멜기세덱 계열의 진정한 사제가 되었다"(*Three Principles*, xxii. 108).

그러나 구속자가 유혹 받을 때 사탄을 이기고 얻었던 승리는 모든 인류를 구속하기에는 충분할 수 없었다. 그것을 위해서는 완전한 전환, 즉 주님의 신체적 죽음이 반드시 일어나야 했다.[203]

"그리스도가 태어났을 때, 하늘은 지구 안, 말하자면 인간에게 있었다. 그러나 이것으로는 충분하지 않았다. 그 두 세계는 서로 싸워야 했던 것이다. 따라서 유혹이 왔고, 신적인 세계가 정복했기 때문에 영적 세계의 위대한 경이들이 인간의 외적인 세계 속에 계시되었다. 그러나 이 모든 것들은 아직도 충분할 수 없었다. 인간의 자질이 여전히 진노 안에 있는 자기성(자기-의식)으로 활성화되어 있었기 때문이다. 인간의 상태가 천상적인 것 안에서 변화될 필요가 있었고, 그것을 위해서는 하느님의 사랑 안에 있는 그리스도의 이름과 천상의 본질이 그 자신을 온전히 진노에 집어삼켜지는 것 이외에 다른 방법이 없었다. 따라서 성자는 진노로 가득 찬 성부에게 복종해야 했고, 심지어 십자가에서 죽어야 했다"(*Signature*, ii. 12-17).

구속자의 유혹은 물론 신체적 죽음 역시 사탄에 의해서 기인되었다. 그는 그렇게 하기 위하여 주님에 대항하여 세상 사람들과 성직자 당국에게 앙심을 불러일으켰다.[204]

"그리스도는 그가 그의 백성을 죄로부터 구하려고 온 사랑의 왕이었고, 하느님의 아들이었다고 말하였다. 그때 악마는 그리스도가 그의 왕국을 잃게 해야겠다고 생각하였다. 그리고 제사장들은 서로에게 '그는 우리에게 별로 중요하지 않다. 우리는 우리에게 세상의 능력과 영광을 줄 메시아를 원한다. 우리는 우리를 이 세상에서 부유하게 하고, 사회에서 높은 자리를 줘서 우리가 이 세상에서 모든 영광을 누리게 할 메시아를 원한다. 당국자들은 그가 왕이고, 하느님의 아들이라면 우리의 주권은 끝이 날 것이라고 생각하였다. 우리는 이 사람을 취하지 않을 것이다. 그는 너무 가난해서 우리가 그를 따라가면 우리는 세상적인 권위를 잃게 될 것이다. 우리는 우리의 영광과 권세에 남을 것이고, 이 거지의 왕과 그의 사랑의 왕국에서 벗어날 것이다'라고 말하였다"(*Signature*, x. 78).

그의 신체적 죽음을 통해서 진노, 또는 하늘의 위엄과 반대되는 것은 구속자의 외적 존재로부터 제거될 것이다.[205]

"인간의 생명의 불은 피 속에 존재하며, 그 안에서 하느님의 진노를 다스린다. 그러므로 또 다른 종류의 피, 즉 하느님의 사랑의 본질로부터 태어나는 것은 진노로 가득 찬 인간의 피 안에 들어왔어야 했다. 그러나 그 둘은 모두 죽음이라는 진노 속에 들어와야 했고, 그에 따라서 하느님의 진노는 하느님의 피 안에서 멸절되어야 했다. 그러므로 인간의 외적 본성은 이제 더 이상 진노라는 특성 안에 머물지 않도록 그리스도 안에서 죽었어야 했다. 그것은 말씀하는 말씀인 천상적 피의 능력이 홀로 인간의 외적 본성 안에서 살고, 겉 사람과 속사람 안에 있는 그 자신의 신적 권세 안에서 다스리기 위한 것이다. 다시 말해서, '나'(이기주의나 소외와 분리의 환상)의 감각은 인류에게 더 이상 존재하지 않고, 하느님의 성령이 만유 속에서 만유가 되며, 인격만이 겸손 안에서 사는 그의 도구가 된다"(*Signature*, ii. 10).

"아담이 상대적으로 하느님에 대하여 죽었을 때, 구속자의 외적인 육신 안에는 아담의 표면에서 온 악한 부분이 담겨 있었다. 이제 악의 산물은 이사야가 그리스도에 대해서 '그는 우리의 모든 죄를 그에게 취하였다'고 했던 것처럼 하느님의 사랑 안에 다시 받아들여져야 했다. 이제 저주 받은 아담이 저주의 십자가에 매달렸지만 그리스도는 그의 무죄한 고통의 아픔과 피 흘림을 통하여 그 자신을 구속하였다. 아담의 몸은 십자가에서 죽었고, 성스럽게 된 여인의 씨앗과 예수로부터 태어난 그리스도는 그를 귀중한 사랑의 피로 물들였다(축복하였다)"(*Stiefel*, ii. 494).

"속사람인 그리스도는 우리의 죄를 그의 위에 취하였고, 하느님의 저주로서의 십자가에 매달려서 그 위에 하느님의 저주를 실은 몸을 버렸다. 따라서 그는 죽었고, 그의 죽음 안에 피가 뿌려졌는데, 거룩한 사람의 피가 죽음이 그 안에 거하는 겉 사람의 본질 속에 들어간 것이다. 그러나 이 거룩한 피가 (외적 본질과 함께) 죽음 안에 들어갔을 때, 죽음은 이 거룩한 생명을 두려워하게 되었고, 진노 역시 사랑에 겁을 먹고, 마치 죽임을 당했거나 멸절된 듯이 그 자신의 독(毒) 속으로 들어갔다"(*Stiefel*, ii. 205).

주님은 이 영적인 죽음을 통해서 그의 인간적인 자기-의지(이것은 유혹의 순간 이미 완수되었다)뿐만 아니라 그의 거룩한 사랑의 의지도 그의 천국의 성부에게 완전히 희생시켜야 했다.[206]

"인간의 자질 안에서 발화(發話)된 하느님의 말씀 자체가 구속자 안에 머물러 있었을 때, 아담 안에서 죽었지만 그리스도 안에서 다시 살아났던 본질은 영혼과 함께 '나의 하느님! 나의 하느님! 어찌하여 나를 버리십니까?' 하고 외쳤다. 이것은 하느님의 진노가 영혼의 특성을 따라서 신적 본질의 형상 속에 들어갔고, 그 자신 안에 하느님의 형상을 빨아들였다는 사실을 의미한다. 불타오르는 영혼 속에서 하느님의 진노의 머리를 깨부수고, 그의 불같은 힘을 영원한 생명의 태양으로 변화시켜야 하는 것은 바로 이 형상이기 때문이다. 촛불이 타면서 죽고, 이렇게 죽어가는 것 속에서 빛과 능력이 나오는 것처럼, 그리스도가 죽어가는 것과 죽음으로부터 인간의 특성 안에서 영원한 신적 태양이 일어나야 한다. 따라서 이 경우에는 상대적으로 불의 능력 안에서 살고, 사랑의 형상 안에서 상실되는 인간 특유의 자기성, 즉 영혼의 자기-의지가 죽어야 했다. 그리고 이 사랑의 형상은 그 자신이 죽음의 진노 속으로 들어가야 했다. 그것은 모든 것이 죽음 안에 가라앉고, 죽음과 완전한 겸손에 의해서, 그리고 하느님의 의지와 자비 안에서 다시 낙원의 실체성 안에서 일어나게 하기 위해서이다. 그때 하느님의 성령은 만유의 만유가 될 것이다"(*Signature*, xi. 87).

그의 의지 전체를 이렇게 희생한 결과 구속자의 인간적 영혼-생명은 멸절되지 않게 되었고, 그에 의해서 완전히 하느님의 의지 안으로 들어가게 되었다.[207]

"그리스도의 인간성은 그의 불의 본질 속으로 완전히 들어가면서 성부의 진노에 자신을 희생 제물로 바쳤다. 그러나 하느님의 사랑의 영은 불의 진노의 본질이 인류(인간의 특성)를 태울 수 없도록 물리쳤다. 그것은 단지 인류에게 자기-의지를 빼앗아서 다시 최초의 보편적 의지로 가져온 것이다. 그것으로부터 의지는 (본질적으로) 인간에게 주어졌다. 따라서 똑같은 의지는 그 본래의 뿌리(샘물이나 원천)로 들어가듯이 성부의 의지 속으로 다시 들어갔다"(*Mysterium*, xxxiv. 24).

"그리스도가 그의 인간적 특성에서 자연스럽게 죽었다는 교리는 그의 피조된 영혼이 죽었다는 의미로 이해되어서는 안 되고, 그가 신적 존재로서의 그의 측면을 없애버렸거나, 상대적으로 그의 천상적 본질과 천상적 팅크제를 없애버렸다고 해석해서도 안 된다. 단지 그는 상대적으로 그의 자기성, 즉 사람 속에서 지배하던 외적 세계의 의지와 섭생을 죽인 것이다. 그는 이 모든 것을 자연의 목적이며, 성부의 위대한 신비인 것처럼 성부의 손에 완전히 맡겼다. 그것은 죽게 하기 위해서가 아니라 하느님의 성령이 그 안에서 모든 생명으로 되고, 하느님의 지배가 그리스도의 인격 안에 존재하게 하기 위해서이다"(*Signature*, xii. 1).

구속자의 외적인 존재는 그의 신체적 죽음에 의해서 없어진 것이 아니라 그것을 통하여 진정하고, 고양된 실체 속으로 들어갔다.[208]

"그리스도가 죽었을 때, 그는 그가 땅 위에서 사는 동안 지니고 있던 몸을 던져버렸거나, 아니면 네 가지 원소에 의해 완전히 소모되게 하여 그의 몸을 완전히 (세상적 형태에) 낯선 것으로 만든 것이 아니다. 그는 단지 그의 몸이 이 세상의 영 안에 있지 않고, 신적인 능력 안에 살게 하려고 이 세상의 고통(외적 의식)을 벗어버리고 불멸의 옷을 입었을 뿐이다"(*Three Principles*, xxv. 53).

"그리스도는 실제로 지상의 실체를 취했지만, 그의 죽음 안에서 — 다시 말해서, 그가 죽음을 극복했듯이 — 신적인 존재는 세상적인 상태가 사라지게 하였고, 그것으로부터 주권이 없어지게 하였다. 그리스도는 어떤 것을 제쳐둔 것이 아니다(그는 그렇게 하지 않았다). 오히려 외적인 존재가 정복되었고, 말하자면, 소멸된 것이다"(*Menschwerdung*, i. 8, 11).

"그리스도 안에 있는 진정한 본질은 지상의 의식을 없애버리지 않았고, 그 의식 속에 주인이며, 정복자로 들어갔다. 진정한 생명은 첫째 죽음과 하느님의 진노 안으로 이끌려갔다. 이것은 십자가 위에서 일어났고, 그 순간 죽음은 격파되었다. 진노는 사랑에 의해서 가둬졌으며, 멸절되었고, 그에 따라서 정복되었다"(*Menschwerdung*, ix. 16).

"예수가 그의 인간성 안에 있는 죽음을 깨고 자기에 대한 감각을 제거했을 때, 그는 그 안에 죽음과 하느님의 진노가 살았던 인간적 특성까지 모두 제거하지 않았고, 그것들을 충분히 받아들였다. 다시 말해서 그는 이제 외부 영역 안에서 외적 영역을 취했다"(*Signature*, xi. 41).

"그 안에 하느님의 진노가 있는 외부의 적극적이고, 감정적인 생명은 불타고 있으며, 죽었다. 그러나 그것이 아무것도 아닌 것으로 되지 않았고, 단지 무(無) 속으로 내려갔다. 다시 말해서, 이 경우 하느님의 의지, 하느님의 행위와 감정 속으로 내려갔다. 그에 따라서 그것은 외적인 세상의 선하고 악한 의지로부터 자유로웠다. 그는 이제 더 이상 그 세상과 네 가지 원소들로 배열된 것 안에서 살지 않고, 성부의 본성을 따라서 순수하고, 신적인 원소 안에서 산다. 그러므로 인간의 진정한 삶은 다시 아담에 의해서 상실되었던 자리를 찾게 되었고, 낙원에 다시 들어가게 되었다"(*Signature*, xii. 5).

구속자의 세상적 존재는 그의 천상적 피에 의해서 거룩하게 되었고, 그에 따라서 부활할 준비가 되었다.[209]

"그리스도가 그의 천상의 피를 쏟았을 때, 인간성 안에서 불붙었던 욕망의 불길은 사랑의 욕망으로 변환되었다. 그리고 죽음에 대한 고뇌로부터 신적 능력의 기쁨과 강함이 태어났다"(*Signature*, xi. 5).

"하느님의 성자가 그리스도 안에서 그의 거룩한 피를 쏟았을 때, 그가 그 자신 위에 취했던 아담의 몸, 영혼, 영에 있던 진노의 독은 거룩하게 되었고, 사랑으로 변환되었다. 따라서 앙심은 그때, 거기에서 그쳤고, 하느님은 임마누엘(Immanuel)로 되셨다. 다시 말해서, 인간이 하느님과 함께 있고, 하느님이 인간과 함께 있게 된 것이다. 그때 아담의 육신은 착색되었고, 부활할 준비를 갖추게 되었다"[210](*Stiefel*, ii. 209).

이제 생명은 구속자가 죽음에 들어가는 것을 통해서 도달한 영화(榮華)의 능력으로 지옥의 세력을 극복하였고, 다시 죽음에서 나오게 되었다.[211]

"그리스도의 영혼이 몸을 떠나서 지옥에 내려갔고, 거기에서 신적 능력으로 악마들을 공격하였으며, 그들을 사슬에 묶어서 지옥을 파괴하였다고 생각하는 것은 잘못이다. 그것은 오히려 그리스도가 이 세상의 왕국에서 떠났을 때, 그의 영혼이 죽음과 하느님의 진노 속에 들어갔고, 그에 따라서 진노가 사랑과 화해했다고 이해되어야 한다. 그러므로 진노 안에 있는 악마들과 모든 하느님 없는 영혼들은 그들 속에 갇혔고, 죽음은 분쇄되었다. 그러나 생명은 죽음을 통해서 솟아났다"(*Three Principles*, xxv. 76).

"이제 죽음은 인간의 외적인 생명과 싸우며, 영혼은 혼란 안에 있게 될 것이라고 생각한다. 그러나 영혼 안에는 더 강한 힘, 즉 하느님의 말씀이 있다. 이 말씀은 죽음을 사로잡고, 그것을 파괴하였으며, 진노를 소멸시켰다. 빛이 그 안에 들어갔을 때, 그것은 지옥에 커다란 독이라서 그리스도의 성령은 악마를 감금하였고, 그를 영혼-불로부터 끌고 와서 어둠 속에 넣었다. 그리고 그를 그 어둠과 진노로 가득 찬 가혹함과 쓰라림 속에 잠가 놓았다"(*Forty Questions*, xxxvii. 13-15).

"하느님은 천상의 팅크제의 힘으로 영혼의 본질 안에서 어둡게 된 불에 점화하였다. 그에 따라서 그 불은 하얗고, 맑게 불타기 시작하였고, 위엄 있는 능력은 빛과 영광 안에서 타올랐다. 따라서 하느님의 진노는 영혼의 본질 안에서 소멸되었고, 사랑으로 만들어졌다"(*Tilk*, ii. 259).

"그리스도의 영혼은 하느님의 빛과 함께 진노 속으로 들어갔다. 그러자 악마들을 떨었다. 빛이 진노를 가둬서 진노가 지옥에 머무는 동안 그것은 낙원으로 되었다. 빛은 그 어떤 악마도 빛 속에서 그 자신을 보게 하지 못하도록 지옥의 원리를 닫아 놓았다"(*Three Principles*, xxv. 79).

그러므로 그리스도의 신체적 죽음의 결과 그가 오시기를 바랐던 과거의 거룩한 자들은 부활에 이르게 되었다.[212]

"거룩한 이들은 메시아에 대한 믿음을 가지고 있어서 약속을 따라서 이제 새로운 몸을 위하여 순수한 요소를 받았다. 약속된 영웅이 생명을 통하여 죽음 안에 들어갔기 때문에 그들의 영혼은 스스로 새로운 몸처럼 그리스도의 몸을 입었고, 그의 능력을 통하여 그리스도 안에서 살았다. 이 사람들이 이 세상에서 하느님의 말씀 안에서 뱀의 머리를 깨부수면서 기름 받았던 거룩한 아비들과 예언자들이었다. 그들은 그 능력으로 예언하였고, 기적들을 행하였다. 그들은 이제 그리스도의 능력 안에서 살게 되었다"(*Three Principles*, xxiv. 52).

"유대인의 아비들은 그리스도를 그의 육신으로서가 아니라 단지 그의 원초형(prototype)으로 알았고, 최초로 육화된 언약과 말씀에 의해서 오직 그 능력 안에서 옷을 입었다. 그러나 그들은 이제 그들을 그리스도의 실체로 옷을 입었다. 그리스도에 대한 믿음 안에서 영에 대한 언약을 통하여 그들에게 옷을 입힌 사람에게는 그 언약이 그들 안에 천상적 실체와 함께 가득 찰 것이기 때문이다. 따라서 그들 가운데는 그리스도의 부활과 함께 들리어진 사람들이 많다. 그리고 그들은 그들이 그리스도 안에서 들려졌다는 증언 속에서 그들 자신을 예루살렘에서 보이도록 한다"(*Grace*, x. 45).

지옥과 죽음에 대한 이 정복은 모든 세상적 세계의 파멸이 가까이 왔다고 지적하면서 땅에서 일어나는 어떤 현상들과 함께 왔다.[213]

"어두운 세계의 감옥들은 그리스도의 죽음 안에서 파괴될 것이며, 땅이 흔들리고, 해가 어두워질 것이다. 그 해는 지금 영원한 빛이 새롭게 태어난 것처럼 일시적인 빛이 존재하기를 그칠 것이라는 사실을 상징적으로 보여 준다"(*Grace*, v. 8).

"땅이 그리스도의 피를 받았을 때, 땅은 흔들렸고, 충격 받았다. 하느님의 진노가 이제 그녀 안에서 정복되었고, 그녀 속으로 하느님의 실체에서 비롯된 하늘로부터 나온 살아있는 피가 들어왔기 때문이다"(*Menschwerdung*, i. 10).

"성부의 진노는 죽음 안에서 그리스도의 생명을 소멸시켰다. 그러나 진노가 죽음 안에서 생명을 삼켰을 때, 하느님의 가장 깊은 사랑의 거룩한 생명은 죽음과 진노 안에서 움직였고, 진노를 삼켜버렸다. 그때 땅은 흔들리기 시작하였고, 바위가 터졌으며, 거룩한 이들의 무덤이 열렸다"(*Mysterium*, xxviii. 123).

"성부가 그의 진노 속에 들어왔던 구속자의 영혼을 다시 사랑 안으로 가져온 다음 — 다시 말해서, 사라졌던 낙원의 이미지 — 세상은 기쁨의 공포만큼이나 죽음의 공포에도 떨었고, 그 기쁨은 메시아의 도래를 바랐던 사람들의 죽은 몸 안으로 들어갔고, 그들을 생명으로 일깨웠다. 성전에 있는 장막, 사람들이 하느님을 볼 수 없도록 하느님의 깨끗한 얼굴 앞에 쳐있던 모세의 장막을 찢은 것은 바로 이 공포였다"(*Signature*, xi. 71).

그리스도 자신이 그 안에서 죽은 것으로부터 일어난 몸은 낙원적이고, 신적인 것이었으며, 세상적인 그 어떤 본성으로도 이해할 수 없다. 그러나 세상적인 몸이 그 안에 흡수되었기 때문에 주님은 그의 제자들에게 그 자신을 볼 수 있게 하였다.[214]

"그리스도가 그 안에서 죽은 자로부터 일어났던 몸은 바위나 돌로 정지되거나 잡힐 수 없다. 그것은 그 어떤 것도 부수지 않고, 모든 것을 통과한다. 그것은 이 세상을 붙잡지만, 이 세상은 그것을 붙잡을 수 없다. 그 안에 신성의 충만한 모든 것이 들어있기 때문에 그 어떤 것도 그것을 괴롭힐 수 없다"(*Three Principles*, xxv. 87).

"주님의 몸을 무덤에서 해방시키려고 돌을 움직일 필요는 전혀 없었다. 이것은 단지 유대인들이 하느님을 거기 가둘 수 있다고 어리석게 상상했던 것을 보여주고, 그리스도가 진실로 일어났다고 생각하도록 하기 위해서 했던 것이다"(*Three Principles*, xxv. 85).

"비록 그리스도가 그의 제자들 가운데서 언제나 눈에 보이게 걸어다녔던 것은 아니지만, 그는 종종 그가 이 땅에 있는 동안 입고 있었던 몸의 형태 안에서 눈에 보이고, 만질 수 있도록, 그 자신을 실체적으로 보여주었다. 새 몸이 그 몸을 완전히 취하였지만, 다시 드러날 수 있는 힘은 가지고 있었다"(*Three Principles*, xxiv. 97).

구속자가 부활한 다음 들어갔던 하늘에는 신적 능력으로 가득 차있다. 그것에 의해서 그는 지상 세계와 지옥계의 주인이다.[215]

> "네 가지 원소들을 나은 이 세상의 내면의 기반은 하늘이고, 그리스도는 이 내면의 능력 안에서 진정한 하느님과 인간으로 외부 세계를 다스린다. 그가 '나에게 하늘과 땅의 모든 능력이 주어졌다'고 말하고, 또한 '나는 세상 끝 날까지 언제나 너희와 함께 하겠다'고 하며, 더 나아가서 '그가 그의 원수들을 그의 발 아래 발판으로 만들 때까지 그들을 다스리겠다'고 한 모든 것들은 그의 내면의 왕국에 대해서 말한 것이다. 왜냐하면 그는 내면 속을 다스리며, 외적이고 세상적인 것들을 다스리고, 마찬가지로 지하세계도 다스리기 때문이다"(*Baptism*, ii. i, 29).

그러므로 그리스도의 삶과 그가 행했던 기적들에 대한 성서의 이야기는 거듭난 사람의 내적 생활에서 일어난 과정을 기술한 것이다. 우리는 예수 그리스도에게서 세상 전체와 각 개인의 구속자의 유일한 원형을 본다. 우리가 이 세상에서 보는 모든 대상이나 사람은 단지 존재하고 있는 생각들의 상징일 뿐이다. 외부 세계에서 일어나는 모든 사건들은 눈에 보이지 않게 작용하는 힘의 산물이다. 성서에 기술된 사건들의 역사적인 정확성에는 의문이 제기될 수 있지만, 그것이 기술하는 내용은 그것을 그 자신이 경험한 사람들에게는 사실이다. 그리스도 종교의 진리는 외부의 역사적 사건의 검증에 달려 있지 않다. 참된 기독교는 우주론이나 역사에 대한 지식에 기초를 두지 않고 사랑에 기초를 두고 있기 때문이다.

> "인간의 가장 내면의 바탕(ground)은 그리스도이다. 그러나 그것은 인간의 인간적인 본성을 따라서가 아니라 그리스도가 거듭났던 그의 천상적 본질 안에 있는 그의 신적 자질을 따라서 그런 것이다. 그 두 번째 바탕은 영혼, 말하자면 그 안에 그리스도(빛)가 계시된 영원한 본성이다. 그리고 세 번째 바탕은 별과 4원소가 있는 지구의 진창(limus)에서 나온 외적 인간이다. 첫 번째 바탕 안에는 신적 사랑의 적극적인 삶이 있고, 두 번째 바탕 안에는 그 안에서 하느님이 불같은 하느님이라고 불리는 피조된 영혼의 자연스러운 불같은 삶이 있다. 그리고 세 번째 바탕에는 그 안에 아담이 대기에 서 있고, 타락으로 드러나게 될

모든 특성들을 가진 창조가 있다"(*Grace*, iv. 8)

"그리스도의 도구는 뚫고 들어가는 것이다. 진노의 힘을 없애버리는 행동인 것이다. 빛으로 어둠을 밝히고, 인간의 영혼 안에서의 변환을 이루는 것이다. 그것에 의해서 사랑의 기쁨은 진노로 가득 한 측면 속에서 불 같은 정욕을 지배한다"(*Signature*, vii. 3, 2).

"그리스도 사랑"은 단순히 지혜와 진리의 신적인 빛을 사랑하는 것이며, 하느님의 율법에 복종하는 것을 통해서 실행된다.[216]

제13장
거듭남

"네가 이스라엘의 선생으로서 이런 일들을 알지 못하느냐?"(요한 3:10).
"누구든지 나를 따라오려면 자기를 부인하고, 매일 자기 십자가를 지고 나를 따르라"(누가 9:23)

그 어떤 사람도 영적으로 되지 않고는 영적인 자기-인식에 이를 수 없다. 성령에 대해서 아는 것은 지적 인간이 아니다. 사람 안에 있는 자기-인식에 도달하는 것은 하나님의 성령이기 때문이다.

> "그리스도는 '너희가 어린이처럼 되지 않는 한, 너희는 하나님의 나라를 보지 못할 것이다'라고 말하였고, 다시 요한복음 3장에서 '사람이 물과 성령으로 나지 않는 한, 하나님의 나라에 들어갈 수 없다. 살로부터 난 것은 살이고, 성령으로부터 난 것은 영이기 때문이다'라고 말하였다. 성경에서는 육체적인 자연인은 하나님의 성령에 대해서 생각할 수 없다고 분명하게 보여준다. 그 성령은 그에게 어리석은 것이고, 그는 그것을 이해할 수 없다."
> "우리가 모두 살과 피로 만들어졌고, 우리 모두가 죽을 수밖에 없다는 사실은 자명하다. 거기에는 그 어떤 증거도 필요 없다. 그럼에도 불구하고, 우리는 우리가 성령이 그 안에서 사는 성전이라고 배웠다. 또한 우리는 그리스도가 우리 안에서 형상을 취했고, 그의 살을 우리의 양식으로, 그의 피를 우리가 마실 것으로 줄 것이라고 배웠다. 그는 사람의 아들의 살을 먹지 않은 사람은 영생을 얻지 못할 것이라고 말한다. 그러므로 우리는 우리 자신 안에 그리스도와 비슷하고, 신적으로 될 수 있는 어떤 종류의 사람이 있는지 심각하게 생각하게 보아야 한다"(*Regeneration*, i).

> "죽을 수밖에 없는 살로 만들어진 것은 다시 땅으로 돌아가기 때문이다. 그 안에는 이 세상의 허영이 산다. 그것은 하느님에게 속하지 않은 것을 탐하는 것이다. 그것을 성령의 전이라고 부를 수 없다. 더구나 거기에서 지상의 육신이 영적으로 거듭나는 것은 일어날 수 없다. 그것은 죽고, 해체되며, 죄가 거하는 곳이기 때문이다. 그러나 진정한 그리스도인은 그리스도로부터 태어났고, 거듭난 것은 우리 안에 사는 거룩한 성령의 전이다"(*Regeneration*, i).

인간의 영적 거듭남의 과정을 이해하기 위해서는 우리의 빚을 단순히 화가 난 하느님에게 갚으려는 목적에서 죽었다고 주장하는 그리스도에 대한 역사적 믿음에만 매달리는 것은 아무 소용이 없다. 오히려 우리 자신 안에 있는, 살아있는 그리스도의 살을 먹고, 피를 마셔야 한다. 다시 말해서, 우리는 반드시 우리 영혼을 그리스도의 몸에 있는 신적 실체로 가득 채워야 하고, 그 안에 있는 그리스도의 낙원의 힘을 체험해야 한다.

> "진정한 그리스도인으로 되려면, 단지 언젠가 땅 위에서 살았던 하느님의 아들에 대한 역사적이거나 과학적인 믿음만 가지는 것만으로는 충분하지 않다. 진정한 그리스도인은 우리가 그런 믿음을 고백하기 때문에 우리를 의롭다고 하시는 바깥에 있는 하느님에게 상급을 받는 식으로 이루어지지 않는다. 오히려 하느님의 진리에 대한 인식이 우리 안에서 태어나고, 우리에게 어린아이 같은 방식으로, 우리에 의해서 받아지면서 된다. 육신이 죽을 수밖에 없기 때문에 우리 죄로 가득 한 생명과 의지는 반드시 죽어야 하고, 우리는 아무것도 모르지만 본능적으로 자신에게 생명을 주시는 어머니에게 달라붙는 어린아이처럼 되어야 한다. 따라서 그리스도인의 의지는 자신의 자기-의와 자기-주장에서 죽어야 하고, 그리스도 안에서 어린아이처럼 되어야 한다. 그때 영혼의 의지와 욕망이 단지 그 원천을 향하기만 하면, 그리스도의 성령을 통해서 죄의 의지가 아니라 자기 의지가 죽음으로써 하느님의 정의 안에 있는 새로운 의지와 복종이 생기게 될 것이다"(*Regeneration*, i).

인간의 거듭남과 우리 안에 생명을 가져다주는 존재가 어떤 존재인지에 대한 올바른 개념을 형성하기 위해서 우리는 반드시 영원과 시간, 빛과 어둠, 선과 악, 그리고 특히 인간의 기원과 발생에 관해서 배워야 한다. 그때 우리는 사람이 삼중적인 측면으로 되어 있다는 사실을 알게 될 것이다. 한 측면에서 그는 계속해서 천국에서 살며, 그리스도의 몸의 지체이다. 다른 측면에서 그는 어둠의 세력들의 지배를 받고 있다. 그리고 그의 세 번째 측면에서 그는 죽을 수밖에 없는 육신으로 만들어져 있다. 그럼에도 불구하고, 세 사람이 하나의 인간 존재 안에 있지 않고, 그는 오직 하나이다.
하느님이 인간의 성전이고, 인간의 자기성이 아무리 깨끗해진다고 할지라도 인간이 그의 자기성을 가지고 하느님에게 들어갈 수 있다고 언급된 곳은 그 어디에도 없다. 인간의 영적인 거듭남은 인간 속에 들어와서 자기-의식이 되는 하느님의 신적 능력에 의해서 이루어진다. 그 결과 그의 전 존재는 어둠이 빛으로 가득 차듯이 하느님으로 가득 차게 된다.

> "우리는 별들과 함께 영원한 세계를 보고, 그 안에서 인간과 모든 피조물들이 사는 네 가지 원소들을 본다. 이것은 하느님이 아니고, '하느님'이라고 불리지도 않는다. 하느님은 거기 살지만 외부 세계의 본질은 하느님을 알지 못한다. 마찬가지로 빛은 어둠 속을 비치는데, 어둠은 빛을 알지 못한다."
> "하느님은 세계 안에서 살고, 모든 것을 채운다. 그럼에도 불구하고 하느님에게는 아무것도 없다. 빛은 어둠 속에서 살지만, 어둠을 가지지 않는다. 낮은 밤 안에서 살고, 밤은 낮 안에서 살며, 시간은 영원 안에서 살고, 영원은 시간 안에서 사는데, 그것은 인간에게도 마찬가지다. 그 자신이 시간이며, 그의 외적 측면을 따라서 그 안에서 사는 것이다. 마찬가지로 외부 세계는 시간 안에 존재한다. 그러나 속사람은 영원하다. 그리고 영적인 시간과 세계는 하느님의 사랑을 따라서 빛 안에서 그렇게 창조되었고, 외부 세계는 그의 진노를 따라서 어둠 속에서 그렇게 창조되었다. 그의 영은 인간 속에 드러난 원리 안에서 어둠 속에서나 혹은 빛 속에서 산다. 이것들 각각은 그 자체 안에서 살지만 그 어느 것도 다른 것을 취하지 않는다. 그러나 어느 하나가 다른 것 안에 들어가고, 다른 것을

> 취하려고 하면, 다른 것은 그의 주권과 힘을 잃는다. 빛이 어둠에서 드러나면, 어둠은 어둠이기를 그친다. 그리고 어둠이 빛 안에서 일어나면 빛과 빛의 힘은 스러질 것이다."
>
> "영혼의 영원한 어둠은 지옥의 왕국이다. 영혼 안에 있는 영원한 빛은 그녀의 하늘이다. 그러므로 인간은 세 개의 세계로부터 만들어졌고, 그 안에서 산다. 하나는 그 안에서 영원한 고통인 불이 탄생하는 자연의 중심 — 영원한 자연 — 에서 일어나는 영원한 어둠의 세계이다. 다른 세계는 그 안에 행복과 하느님의 성령이 거하는 영원한 빛의 세계이다. 그리스도의 성령이 인간의 실체를 취하는 곳은 바로 이 빛의 세계 속이다. 인간이 그 안에서 살고, 태어나는 세 번째 세계는 네 가지 원소들과 눈에 보이는 별들을 가지고 있는 영원히 눈에 보이는 세계이다"(*Regeneration*, i).

이제 "사람은 어떻게 영적으로 거듭나는 과정에 들어설 수 있을까?"라는 질문이 제기될 수 있다. 그 대답은 신이 아닌 인간은 그런 종류의 그 어떤 것도 그 자신의 의지나 능력으로 성취할 수 없고, 그것은 오직 인간 안에 있는 무한한 하느님의 은혜에 의해서 성취될 수 있다. 그 어떤 사람도 그 자신에게 그가 가지지 않은 것을 줄 수 없다. 또한 그 어떤 사람도 자신의 의지를 훈련함으로써 그 자신에게 햇빛을 끌어올 수 없다. 사람이 할 수 있는 모든 것은 그 자신의 영혼 안에 있는 성령의 작용을 방해할 수 있는 자기-의지 때문에 장애가 만들어지지 않도록 하느님에게 받은 능력을 사용하는 것이다. 이것을 완수하기 위해서 그는 반드시 자신의 본성 안에 있는 열등한 원소들을 능가하는 하느님의 성령의 도움을 받아서 일어나야 하고, 그의 모든 자기-의지와 본래적인 의미에서 "기도"라고 표현되는 행위를 하느님에게 굴복시켜야 한다.[1]

> "영적인 거듭남은 배움이나 과학적 지식에 의존되지 않는다. 오히려 거기에는 깊고, 강력한 진심, 그리스도의 성령에 대한 커다란 허기와 갈증이 있어야 한다. 단순한 지식은 신앙이 아니다. 신앙은 내가 바라는 것에 대한 깊은 허기와

갈증이다. 그래서 그것은 내 안에서 하나의 이미지가 만들어지고, 나의 상상 안에서 그것을 취함으로써 나 자신의 소유가 된다. 이 허기와 욕망은 천국의 실체인 그리스도의 본체를 약화된 이미지 속에 만드는데, 그 안에서 하느님의 능력의 말씀은 활발하게 살아 있다."

"영혼이 하늘의 양식을 나누어 가지면, 그녀는 그리스도의 이름 안에서 사는 커다란 사랑에 의해서 불 붙여진다. 그때 영혼의 고뇌는 커다란 기쁨으로 전환되고, 영혼이 다른 의지 안에서 거듭나는 동안 진정한 태양은 그녀 안에서 떠오른다. 그러면 입만 달린 그리스도인들이 그 의미도 알지 못하면서 그렇게 많이 떠드는 어린양의 혼인이 이루어진다"(*Regeneration*, i).

"하느님은 그리스도의 이름 안에서 우리에게 귀를 기울이는 문을 열어 주었다. 그것에 의해서 우리는 하느님이 우리 안에서 실제로 말씀하시는 것을 들을 수 있다. 그는 그의 자비 안에서 이 열린 생각의 현관을 통하여 말씀하시는 것이다. 다시, 그 영혼은 영혼 안에 있는 하느님에게 이 문을 통하여 말하고, 이 말씀이 행해지는 동안 영혼은 하느님의 말씀으로 영양분을 받고, 회복되며, 조명되고, 새로워진다"(*Prayer*, xxxi).

"영혼이 기도를 통해서 실제적인 유익과 열매를 얻으려면 모든 피조물과 땅의 것들을 버리고 하느님 앞에 순수하게 서야 한다. 육신과 욕망이 협력하지 않게 해서 세상적 욕망이 영혼 안에 있는 신성한 효과에 개입되지 않도록 하시오"(*Prayer*, xxxiv).

"그가 구하는 것을 찾아 취하지 않는 모든 기도는 차갑고 무미건조하며, 현재의 지상적인 것들에 의해서 방해 받는다. 다시 말해서, 영혼은 그때 순결한 상태로 하느님께 다가가지 않는 것이다. 영혼은 하느님께 그 자신을 온전히 희생하려고 하지 않고, 그녀를 사로잡아서 하느님의 나라에 도달할 수 없게 하려고 세상적인 사랑에 묶어 놓는다"(*Prayer*, xviii).

그 어떤 사람도 그 자신의 힘으로 정말 신령과 진정으로 기도할 수 없다. 오직 신적인 것만이 하느님과의 관계 속으로 들어올 수 있기 때문이다. 진정한 기도는 단순한 바람이나 욕망이 아니라 전능하신 하느님의 능력 안에 있는 행동이다.
기도는 개인적 의지의 희생에 의해서 하나님과 하나가 되는 것이다. 그러므로 그것은 진지하게 관심을 기울일 가치가 있는 "요가 수련"이다.[2]

> "기도를 완성시키려는데 필요한 의지를 지속시키는 것은 기도하는 우리 자신의 힘만으로는 너무 약하다. 그러나 그것이 하나님의 능력 안에서 행해진다면, 그것은 깨어나고, 불타오르며, 욕망으로 가득 차게 된다. 하나님은 이 욕망 안에서 작용한다. 따라서 사람이 진리 안에서 하나님과 함께 말하면, 하나님은 진리 안에서 인간의 영혼과 함께 말한다"(*Prayer*, xxix).
> "진정으로 기도하는 사람은 외적으로 좋은 열매를 맺는 동안 내적으로 하나님과 협동한다"(*Prayer*, xxiv).
> "생각과 신적 욕망으로 고양되지 않고 단순히 말로만 하는 기도는 그저 말만 반복하는 외적인 것이다. 하나님 자신이 하는 것 이외에 그 어느 것도 하나님을 기쁘게 하지 못한다"(*Prayer*, i. 2).

그리스도는 "주여! 주여! 하는 어느 누구도 하나님의 나라에 들어가지 못하지만 나의 아버지의 뜻을 행하는 사람은 하나님의 나라에 들어간다"(마태 7:21)고 말하였다. 하나님의 뜻을 소유하지 않고, 그리하여 하나님과 하나가 되지 않은 사람은 어느 누구도 하나님의 뜻을 행할 수 없기 때문에 하늘에 계신 하나님보다 낮은 어느 누구도 하나님의 뜻을 행할 수 없는 것이 자명해 보인다. 그러므로 진정으로 기도하기를 원하거나 "요가 수련" 하기를 원하는 사람은 반드시 하늘나라에 들어가야 한다. 다시 말해서, 의지의 천상적 상태 속으로 들어가야 하는 것이다.
신앙과 기도의 힘 안에서이루어진 거듭남을 통하여 가능해진 새로운 생명은 단지 영이 아니라 물질적이고, 실체적이다. "부활한 몸"은 아무리 죽을 수밖에 없는 인간의 눈에 보이지 않을지라도 그 어떤 상상할 수 있는 물리적 형상보다 훨씬 더 영구적이고, 파괴될 수 없다.

"그리스도가 우리 영혼의 기도와 신앙을 먹는 동안 인간의 신앙은 하느님에 대한 찬양과 기도와 함께 능력의 말씀 안에서 실체적으로 되고, 그때 이 새로운 존재는 그리스도의 천상적 물질성의 실체인 그리스도의 영원한 몸과 함께 하나가 된다"(*Mysterium*, lxx).

"죽음의 어둠 속에서 닫혔고, 갇힌 가련한 영혼은 그리스도의 성육신으로부터 다시 열린 하느님의 실체성을 끌어당기는 굶주린 마법의 불이고, 이 삼킴이나 영양 공급으로부터 신성과 비슷한 몸을 만듭니다. 그러므로 그때 가련한 영혼은 불과 비교할 수 있는 빛의 몸으로 옷을 입습니다"(*Letters*, xi. 21).

"새 사람은 단지 영이 아니다. 그는 단지 영적이지 않고 몸을 가진, 바위 안에 있는 금과 비교할 수 있는 살과 피 속에서 산다. 그리고 그는 거친 바위와 같은 몸만이 아니라 불의 시험을 견딜 수 있는 몸이기도 하다"(*Menschwerdung*, i. 4).

이 새로운 몸의 창조는 인간과 신적 영광의 연합의 시작이지만, 그것의 완성은 아니다. 물리적으로 거듭나는 과정처럼 거듭남의 과정에는 그 나름대로 발달 과정이 있다. "물"로의 세례 뒤에 "피"의 세례가 따르고, 마지막으로 "불"의 세례가 뒤따른다.

"사람은 하느님의 의지가 도입됨에 따라서 하느님과 재연합되고, 정동적인 본성으로 다시 태어난다. 그때 그는 그의 내면에 있는 잘못된 욕망의 이기심에서 상대적으로 죽기 시작하고, 새로운 능력 안에서 거듭나게 된다. 그때도 여전히 그에게 육적 특성이 끌려오지만, 그는 영 안에서 하느님과 같이 걷고, 그에 따라서 매일, 매일 육신의 정욕을 죽이고, 세상에 신적 능력을 내보이면서 육신을 가진 땅의 인간 안에서 신적 지각과 의지가 생기면서 새로운 영적 인간이 태어난다. 그래서 결국 바깥에 있는 껍질이 떨어지고, 하느님의 정원에서 영적인 생명나무가 서 있고, 나무가 완전해 질 때까지 하느님은 인간이 되고, 인간은 하느님이 된다"(*Mysterium*, Supplement, viii).

어느 누구도 그 자신의 죽을 수밖에 없는 능력을 가지고 이렇게 "생명의 영약"을 마실 수는 없다. 그가 할 수 있는 모든 것은 그 자신에게 하느님의 능력을 받게 하는 것이다. 나머지는 하느님의 성령에 의해서 이루어진다. 거듭난 사람이 이 세상에서 살 때 새로운 생명은 계속해서 세 가지 원천, 즉 인간 본성의 이기심과 악마(악한 의지)와 죽을 수밖에 없는 육신과 피로부터 솟아나오는 커다란 위험에 노출된다.

> "어느 누구도 일단 진주(眞珠)의 왕관을 얻은 다음에는 그 자신이 안전하다고 생각해서는 안 된다. 그것을 다시 잃어버릴 수 있기 때문이다. 영혼은 지상 생활을 하는 동안 세 개의 무서운 사슬에 묶여 있다. 첫째는 심연과 어두운 세계인 하느님의 가혹한 진노인데, 그것은 그것의 가장 깊숙한 뿌리가 욕망인 영혼의 피조된 생명의 중심이다. 두 번째 사슬은 영혼에 대한 악마의 불타오르는 갈망인데, 그 결과 그는 영혼을 유혹하고, 영혼이 신적 진리 안에서 쉬던 것에서 벗어나 끊임없이 허영심, 즉 교만, 인색, 시기심, 분노 속으로 던지려고 한다. 그는 이 악한 성향들이 끊임없이 영혼 안에 있는 불에 부채질 하게 하고, 영혼의 의지가 하느님을 떠나서 이기심 속으로 들어가게 한다. 그러나 영혼의 모든 것이 묶인 세 번째이고, 가장 위험한 사슬은 부패하고, 헛되며, 세상적이고, 죽을 수밖에 없는 육신과 피이다. 거기에는 악한 욕망들과 성향들이 별의 영역과 함께 가득 차 있고, 그 안에서 영혼은 거대한 대양(大洋)에서처럼 떠다니며, 영혼이 매일같이 죄 속에서 감염되고, 불타오르게 한다"(*Three Principles*, xxv. 7).

영혼은 끊임없이 그녀의 실존의 쓴 뿌리 속에 빠질 위험에 있으며, 그와 동시에 끊임없이 악마의 공격에 노출되어 있다.

> "어떤 사람이 적대감의 불안에 빠져 있고, 그의 내면에서 그가 인색하게 되고, 시기하며, 화내고, 안절부절 하지 못하도록 죽음과 분노의 가시가 꿈틀대면, 그는 그런 악한 본질에 머무르지 말고, 생각하기 위해서 멈춰야 한다. 그리고 영원한 기반으로부터 다른 의지, 즉 사악함으로부터 떠나서 그 속에 영원한 안식

과 평화가 들어있는 하느님의 자유 속으로 들어가려는 의지를 끌어들여야 한다. 그때 그의 고뇌가 자유를 맛본다면, 고뇌의 고통은 공포에 떨 것이고, 이 공포 속에서 죽음이 깨질 것이다. 이 공포는 커다란 기쁨에서 나온 것이고, 하느님의 생명을 불 붙이는 것에 달려 있기 때문이다. 그에 따라서 진주의 가지가 나타나고, 이것은 지금 떨리는 기쁨 속에 서 있지만 큰 위험에 처해 있기도 하다. 죽음과 고뇌의 고통들이 그것의 뿌리이기 때문이다. 마찬가지로 외부 자연의 고뇌도 악에서, 즉 고뇌에서 위대한 생명이 탄생한다는 특성을 가지고 있다. 예를 들어서 말하자면, 거름으로부터 아름다운 푸른 가지가 자라지만, 그 가지는 당연히 그것을 만들어내는 것과 다른 체질과 냄새와 상태(생명)을 가지고 있다"(*Menschwerdung*, xi. 8).

"가련한 영혼은 너무 눈이 멀어서 자신을 묶은 무거운 사슬조차 인식하지 못한다. 세상 전체에는 영혼을 사로잡으려고 악마가 쳐 놓은 함정으로 가득 차 있다. 겉 사람의 눈이 영적으로 열려 있을 수 있다면, 그는 공포에 질릴 것이다. 사람들은 그 안에 악마의 함정이 들어있는 것들을 보고, 만진다. 인간이 되신 주님의 말씀이 중앙을 차지하지 않았더라면, 악마는 모든 영혼들을 사로잡고, 삼켜버렸을 것이다"[3](*Menschwerdung*, xi. 6).

"사람들이 세상적으로 사는 한, 영혼은 끊임없는 위험 안에 있다. 악마가 그 영혼과 불화 속에 있으며, 그의 광선을 거짓된 상상과 함께 별들과 원소들의 영안에 쏘고, 영혼의 불을 향해 손을 뻗으면서 세속적이고 악마적인 욕망으로 독살시키려고 하기 때문이다. 그때는 반드시 사람의 내면 의식에 있는 고상한 이미지가 방어에 나서야 한다. 그리고 천사들의 면류관을 위해 많은 싸움이 요구되며, 옛 아담 안에는 종종 의심과 불신이 생긴다"(*Menschwerdung*, xi. 6).

"귀한 보석을 심었다고 해서 즉시 나무가 되는 것은 아니다. 때때로 악마가 그것을 불어버리고, 겨자씨를 없애버리려고 한다. 수많은 폭풍들이 영혼을 고통스럽게 하기도 한다. 그때 영혼은 종종 죄의 망상에 시달리게 되고, 모든 것이 자기에게 돌아선 것 같기도 하다. 당신은 반드시 악마와 끊임없이 싸워야 한다. 그러면 진주의 나무가 폭풍과 비 속에서 풀처럼 자라게 된다. 그러나 그것이 커져서 꽃을 피우면, 당신은 틀림없이 열매를 얻을 수 있게 된다"(*Three*

Principles, xxiv. 37).

성령의 새로운 생명은 그 자신을 존재의 가장 깊은 곳에서 펼치는데, 세상적인 인간들에게 신성한 광채가 스며드는 법은 거의 없다.

> "죽을 수밖에 없는 영혼이 아니라 영원한 하느님의 말씀에서 온 내면의 (영적인) 영혼은 소피아와 결혼할 것이다. 외적인 영혼은 성좌(정신적 기능) 및 원소들과 결혼한다. 이 외적 영혼은 소피아를 거의 흘끗 보지 않는다. 영혼 자신 안에 죽음과 필멸성이 있기 때문이다. 이 시간이 지난 다음, 영혼은 다시 하느님이 아담에게 창조하신 첫 번째 형상 안에서 변환될 것이다"(*Mysterium*, lii. 13).
>
> "파괴될 수밖에 없는 집에 있는 동안, 우리 영혼은 그녀 안에 있는 샘물을 알 수 있도록 하느님의 샘물 속에 거하지 않는다. 해는 유리를 통하여 비치고, 유리를 빛나게 한다. 그럼에도 불구하고 유리는 해가 되지 않는다. 그것은 단지 해의 빛과 힘 안에 머무르고, 해는 그의 실체를 통하여 비치기 때문이다. 그러므로 세상의 상태에 있는 영혼도 마찬가지이다"(*Mysterium*, lii. 3).
>
> "불이 뜨거운 쇠안에서 작렬하듯이 성령의 광선은 때때로 다른 원리들을 뚫고 들어간다. 즉 새 사람은 옛 사람 안을 뚫고 들어가는 것이다. 그러나 대장간 안에 있거나 바깥에 있거나 쇠는 언제나 쇠이며, 그것은 세상적 인간에게도 마찬가지다. 그는 의심할 바 없이 속사람이 그의 작렬하는 하느님의 불을 가지고 뚫고 들어올 때마다 속사람의 하인이 되어야 한다. 그리고 그는 그 불의 빛이 그의 안에 있는 한 기꺼이 이렇게 되어야 한다. 그러나 그는 그 자신을 내면의 왕국에서 변환시킬 수는 없다. 그리스도는 '외적인 육신과 피는 하느님의 나라를 상속 받지 못할 것이다'라고 말하였다. 그것은 들판에 뿌려진 낟알의 껍질처럼 해체되어야 한다"(*Stiefel*, i. 24).

아주 드물게, 특히 거듭나는 순간 인간의 내면에는 천상의 실존에 대한 살아있는 감각이 있다.

"어느 누구도 그리스도인의 신앙의 나무가 이 세상의 왕국에 있는 것을 볼 수 있거나 알 수 있다고 생각해서는 안 된다. 외적인 인간은 그것을 알지 못한다. 그리고 성령이 그 자신을 외부의 거울에 드러내고, 외적인 삶이 기뻐하고, 즐거움에 떨며, 이제 자기는 품위 있는 손님을 맞았다고 생각하는 일이 생길지라도, 그 안에 온전한 지속은 있을 수 없다. 성령은 결코 세상적인 마음에 계속해서 머물지 않기 때문이다. 성령은 정결한 그릇을 바라고, 그 자신의 원칙으로 되돌아갈 때마다 — 이것이 성령의 진정한 이미지이다 — 외적인 존재는 의심과 두려움으로 가득 차게 된다"(*Menschwerdung*, cxi. 8).

"영혼은 그녀의 화관(花冠)을 쓰지만, 그것은 벗겨지고 옆에 놓이게 된다. 따라서 왕에게 씌워지고, 나중에 금고에 보관되는 왕관도 마찬가지다. 이것은 영혼이 아직도 죄의 집에 둘러싸여 있기 때문에 마찬가지로 이루어진다. 그래서 영혼이 다시 타락하게 되어도 그녀의 왕관은 더럽혀지지 않는다"(*Repentance*, i. 27).

신약성서에 나타난 대로 새롭게 태어난 존재의 가장 최초의 커다란 위험은 교만에서 나온다. 새롭게 태어난 구원자가 마구간에서 자기-의지를 나타내는 황소와 무지를 나타내는 당나귀 사이에서 구유에 눕혀지자마자, 교만을 나타내는 왕 헤롯은 그의 왕국이 위험에 처한 것을 알고, 그 아기를 찾아서 죽이려고 하였다. 그는 장차 인간의 의식 안에 있는 새 예루살렘의 지배자가 될 것이었다.[4]

"깨달은 하느님의 자녀들은 커다란 위험의 위협을 받는다. 다시 말해서, 그 안에서 생명의 승리가 얻어진 하느님의 성스러움의 위대한 광경을 즐거워하는 사람들 가운데 많은 사람들 속에서 육적인 이성이 그 자신을 그 안에 반사하고, 빛을 비추는 내적 중심 속에 자신의 이기심을 밀어 넣으려고 하는 것이다. 이것으로부터 비참한 교만과 자기-기만이 생긴다. 그리고 이기적인 이성, 더 나아가서 영원한 빛의 반사에 불과한 이성은 그 자신이 그보다 더 낫다고 생각한다. 이성(理性)은 그 자신이 자기 마음대로 할 수 있다고 생각하고, 그가 하는 것들은 모두 그 안에서 그것을 하는 하느님의 뜻이라고 생각하며, 자신이 예언자라고 믿는다. 그럼에도 불구하고, 이성은 그 자신의 속 외에는 그 어느 곳에도 들어가지 않고, 자신의 욕망 안에서만 움직인다. 그때 아첨하는 마귀는 앞으로 나와서 그로 하여금 그렇게 하도록 강요한 것은 하느님이라고 스스로를 설득하면서 그 사람을 자만에 빠지게 한다. 따라서 하느님의 빛이 본성 속을 비추기 시작하는 동안 좋게 시작되었던 것은 망하게 되고, 하느님의 빛은 그에게서 떠난다. 그때 피조물 안에 있는 외부의 자연의 빛 이외에 아무것도 남지 않게 된다. 그러나 자기-주장은 그 안에 남아서 그것을 하느님으로부터 받은 본래의 빛이라고 생각한다"[5](*Calmness*, i. 8).

인간의 체질 속에는 과거의 세상적 상태와 새로운 천상적 상태들이 같이 살아서 필연적으로 인간이 세상에서 사는 동안 거듭난 사람 속에서 끊임없는 투쟁이 벌어진다. 모든 사람들은 더 높은 의식과 더 낮은 의식 사이의 싸움, 즉 세상적 욕망과 천상의 기쁨 사이의 싸움을 경험하지만, 그것은 특히 영성이 더 많이 발달하여 영적 감수성이 더 예민한 사람에게서 두드러지게 나타난다.

"하느님은 세상의 본질 속에서가 아니라 아담 안에 약화되었던 진정한 이미지 속에서 그 자신을 우리 안에 드러내신다. 그러나 외적인 것은 내적인 것에 붙어 있고, 속사람은 하느님의 신비를 드러내며, 겉 사람은 외적 신비와 놀라운 것들의 반영을 드러낸다. 이 결과 새롭게 태어난 사람 안에서 싸움이 벌어진다. 새사람은 하느님의 세계를 지각하기 때문에 주인이 되려고 한다. 그러나 세상적인 사람은 그와 맞서고, 똑같이 지배하려고 한다. 그가 외부 세계를 지각하기 때문이다"(*Forty Questions*, xvii. 14).

"많이 살펴보지 않아도 육신적인 것과 정신적인 것 사이의 대립의 원인은 쉽게 찾아볼 수 있다. 내면의 정신에는 달콤한 본질성에서 태어난 하느님의 몸이 있고, 외적인 정신에는 끊임없이 진노를 일깨우는 불같은 진노의 거울이 있기 때문이다. 내면에 있는 사랑의 영은 항거하고, 외적 정신이 일어나지 않게 할 것이다. 그것이 그 자신의 행복과 형태를 잃어버리게 하기 때문이다. 그때 그것은 진노에 의해서 파괴되고 만다"(*Forty Questions*, xvii. 14).

"인간의 성격에는 구별되어야 하는 두 가지 종류의 의지가 있다. 하나는 백합 속에서 일어나고, 하느님의 나라에서 자라며, 다른 하나는 죽음의 어둠 속으로 가라앉고, 죽음을 바라며, 죽음의 어머니가 된다. 이 의지는 백합과 계속해서 싸우고, 백합은 그의 난폭함으로부터 도망간다. 하나의 싹이 땅에서 자라고, 그것이 만들어진 본체는 땅을 떠나서 하나의 식물이나 나무가 될 때까지 햇빛을 향해서 이끌려 간다. 이렇게 신적인 태양은 인간이라는 백합을 끌어당긴다. 다시 말해서 새 사람은 그가 마침내 하느님의 나라에서 나무가 될 때까지 악의 본체로부터 나오는 것이다. 그때 하느님은 그 안에서 새 나무가 자라는 나쁜 나무나 껍질을 그의 어머니인 땅에 떨어지게 한다. 그 껍질이 땅을 갈망하기 때문이다"(*Menschwerdung*, xi. 8).

나무는 공중에서 자라지 않는다. 오히려 뿌리를 내리고, 땅으로부터 영양을 끌어내기 위하여 어두운 토양과 거름을 필요로 한다. 이와 마찬가지로, 속사람은 경험을 쌓고, 자기-인식을 얻기 위하여 외적인 것을 필요로 한다.

"값비싼 금이 거친 바위 속에서 자라는 것을 볼 수 있다. 바위의 거친 모습은 금이 아니지만, 금이 자라는 것을 도와준다. 이와 마찬가지로 세상적인 몸은 그리스도가 아니고, 아무리 해도 그리스도가 될 수 없지만, 그 속에 있는 그리스도가 자라는 것을 도와준다"(*Grace*, viii. 94).

"우리에게 세상적인 본성이 있지만 세상적 존재 안에 천상적 존재 역시 들어있다. 순간적인 삶을 사는 동안, 그 둘은 서로 뒤섞이지만, 그것들은 서로에게 작용하지 않는다. 각각의 것은 마치 금을 내포한 바위처럼 단지 다른 것이 거처하는 것에 불과하다. 바위는 금이 아니고, 단지 금을 운반하는 수단이다. 바위의 조야함은 결코 금을 산출하지 못한다. 그것은 그 안에서 활동하는 해의 팅크제에 의해서 그렇게 되는 것이다"[6](*Menschwerdung*, i. 14).

세상적 본성과 천상적 본성 사이의 이 싸움에서 우리는 공격적일 필요가 없고, 단지 방어하기만 한다. 이것은 악과 같은 차원에 머물면서 악에 저항하거나 악과 싸울 필요가 없다는 것을 의미한다. 우리는 다툼의 자리에서 일어나 그 갈등으로부터 자유로운 것이다. 그리고 이렇게 일어서는 것은 우리 자신을 지고자(至高者)에게 굴복시킴으로써 이루어진다. 그렇지 않고 다른 말로 표현하면, 우리는 우리 자신을 그리스도 안에 있는 영원한 영에게 우리 자신을 희생시킴으로써 육신을 정복할 수 있는 것이다.

> "아담적인 인간이 그 자신을 악의에 영향 받도록 허용하지 않고, 온통 하느님의 마음에 굴복시킨다면, 그의 마음에서 펼쳐지는 내적 요소를 따라서 낙원에서 살 수 있다. 그때 내적 요소 안에 있는 동정녀는 그가 아담적인 몸을 다스릴 수 있도록 그를 받아주고, 그의 마음을 비춰준다"(*Three Principles*, xv. 20).
> "우리는 언제나 유혹에 노출되어 있지만 유혹을 정복한 그리스도 안에서 승리할 수 있다. 그리스도가 자신을 그의 아버지에게 굴복시켰듯이 우리가 그를 신뢰하고, 우리 자신을 온전히 그에게 굴복시키면, 그의 영혼이 우리 영혼이고, 그의 육신이 우리 육신이기 때문이다"[7](*Forty Questions*, i. 10).

악에 대한 욕망이 실행되어 구체화된 다음에 그것을 파괴하기보다는 그 전에 그것을 극복하려는 것이 훨씬 쉽다.

> "욕망은 사물에 (의지를) 도입하며, 욕망으로부터 물질적 존재(아스트랄계에서)가 형성된다. 죄의 원천은 거기 감춰져 있다. 욕망을 피하는 것이 몸을 파괴하는 것보다 훨씬 더 쉽다. 몸을 파괴하는 것은 훨씬 더 어렵다. 그러므로 팅크제(삶의 원리)가 본질 속에 들어가지 않고, 마음이 팅크제로 가득 차도록 그의 눈을 악한 욕망으로부터 돌려야 한다. 그렇지 않으면 욕망은 실체화될 테고, 강제적인 해체가 필요하게 될 것이다"(*Three Principles*, xx. 28).
> "욕망을 없애는 것이 나중에 그 실체를 아주 고통스럽게 파괴하는 것보다 훨씬 더 좋다. 욕망의 시초에서부터 자유 의지가 욕망이 실체화되지 않도록 욕망을

파괴한다면, 질병을 치료하기 위해서 의사가 이미 태어났을 테고, 그가 만든 일단의 괴물들로부터 나오기를 원하고, 그 자신의 영혼 안에 형상화시켜 놓은 존재를 파괴해야 하는 사람에게 요청되는 그렇게 커다란 열심도 필요하지 않을 것이다"[8](*Mysterium*, xxiv. 25).

사람들이 그들의 진정한 본성이 하느님의 영을 나르는 도구임을 깨달으면, 그들은 정신에는 도움이 되지 않고 물질적 자아에만 적합하거나 유용한 것을 갈망하는 것이 얼마나 어리석은 일인지 깨닫게 될 것이다. 영적인 관점에서 볼 때, 교육적이지 않은 외적 쾌락들은 단순히 무가치할 뿐만 아니라 실제로 우리가 영원한 보물을 얻는데 방해가 된다. 그것들이 우리를 물질과 묶는 고리를 강화시키면서 천국과 우리의 연결하는 사슬을 느슨하게 하기 때문이다.

"그 자신의 것이 아니라 단지 그가 이 세상에서 일하는 동안 그와 관계된 존재에게 매력적인 것을 갈망하고, 그를 병들게 하는 것을 그의 욕망에 끌어들이는 것은 커다란 어리석음이다. 그리고 그것은 심지어 그의 육체와 영혼을 그의 천상의 상태에서 배제시키면서, 궁극적으로 그를 하느님으로부터 떼어 놓는다"(*Mysterium*, xxiv. 16).

"자기 자신을 통제하려고 하고, 하늘나라의 시민이 되려는 사람은 잠꾸러기가 돼서는 안 되고, 그의 배를 음식물로 가득 채우거나 악마의 요소들을 활성화시키는 술을 많이 마셔서도 안 된다. 오히려 그는 진노가 계속해서 그를 노려보고 있기 때문에 적(敵)을 앞에 둔 전사처럼 차분하고, 냉철하며, 깨어 있어야 한다. 그리고 그는 인위적인 장애물을 만들지 말고, 그를 충분히 방어해야 한다"(*Six Theosophical Points*, x. 23).

"과식과 중독은 죄를 낳는다. 불의 생명에서 비롯된 순수한 의지가 욕망 속에 빠지고, 갇혀서 싸움에서 무력해지기 때문이다"[9](*Six Theosophical Points*, cxi. 29).

겉 사람에 대한 속사람의 힘이 커짐에 따라서 전자는 후자의 특성을 어느 정도 변화시킨다. 그럼에도 불구하고, 신체적인 몸은 그리스도의 영적인 몸으로 완전히 변화되지 않는다. 그것이 그렇게 되기에는 너무 거칠기 때문이다. 그것이 물리적인 세계에 존재하는 한 그것은 물리적 실체의 짐을 질 것이다.

"우리는 새 사람이 살 수 있도록 그리스도 안에서 계속해서 죽어야 하고, 우리 안에 있는 죄인을 계속해서 죽여야 한다. 그러나 우리는 결코 죄인을 완전히 파괴할 수 없다. 우리는 단지 그를 가두고, 계속해서 하느님의 부드러움에서 나오는 물로 그의 불같은 본질에 쏟아 부을 수 있을 뿐이다"(*Stiefel*, i. 63).

"의지가 앞으로 곧장 나가면 신앙으로 된다. 그리고 그렇게 됨으로써 의지는 외부의 영을 따라서 몸에 또 다른 모습을 줄 수 있다. 속사람이 겉 사람의 주인이기 때문이다. 겉 사람은 속사람에게 복종해야 하고, 속사람은 겉 사람에게 다른 형상을 줄 수 있지만, 영원한 것은 아니다"(*Forty Questions*, vi. 10).

"어떤 사람이 거듭남으로 들어가면, 그는 겉 사람이 자신이 원하지 않는 것을 해야만 할 정도로 겉 사람을 자신의 능력에 복종하도록 할 수 있다. 거듭난 사람은 겉 사람의 힘을 빼앗고, 그 속을 뚫고 들어가기 때문이다. 그러나 금이 조잡한 바위에 깃들어 있지만, 바위의 조잡함이 금으로 될 수 없는 것처럼, 세상적인 사람은 결코 하느님으로 될 수 없다"(*Stiefel*, i. 59).

"속사람(inner man)은 계속해서 하느님의 사랑과 온유에 의해서 겉 사람(outer man)을 죽인다. 그래서 외적인 인간(external man)은 악마에 의해서 감염된 그의 세상적이며, 유독한 욕망을 영혼의 불에 끌어들일 수 없다. 하지만 외적인 인간은 완전히 파괴될 수 없다. 그렇게 되면 이 세상의 왕국이 그로부터 영원히 떠날 것이기 때문이다"(*Stiefel*, i. 51).

"아무리 그리스도가 우리 안에서 태어날지라도, 우리는 우리 자신이 온전하다고 말하면서 '나는 그리스도이다'라고 말할 수 없다. 외적인 인간은 그리스도가 아니기 때문이다. 우리는 다만 정직하게 '나는 그리스도 안에 있고, 그리스도는 내 안에서 사람으로 되셨다'고 말할 수 있을 뿐이다"(*Stiefel*, i. 54).

대부분의 사람들에게 천상적인 속사람은 전혀 지각되지 않거나 단지 모호하고, 흐릿한 모습만 가정할 뿐이었다. 그러나 속사람이 가진 신적 특성을 깨닫고, 그와 조화로운 관계에 들어가기를 바라는 사람들도 있었지만, 그들은 종종 외적인 삶에 강력하게 매혹되었고, 어떻게 그들의 외적이고, 죄 많은 육신적 인간을 극복할지 몰랐다.

> "사람들은 때때로 외적으로 별들의 영향 때문에 너무 좋지 않게 구성되어서 그것들로부터 수많은 어려움을 당한다. 그가 생각하기 위해서 멈출 때마다, 그는 그 자신 속으로 들어가서 죄를 절제하게 된다. 그럼에도 불구하고, 그는 어떻게 외부의 사악한 인간을 처리할지 알지 못한다"(*Three Principles*, xx. 83).

자연에서 들판에 햇빛이 더 많이 비치고 비가 더 많이 오면 거기에서 자라는 식물들이 더 풍성해질 것이다. 그것은 초목에 전체적으로 그럴 뿐만 아니라 해로운 식물에서도 마찬가지다. 따라서 인간의 영혼에서 작용하는 영적 태양의 힘은 그 안에 있는 싹들이 좋은 것이거나 나쁜 것이거나 간에 움터서 자라게 한다. 이런 이유 때문에 영적 능력을 많이 받은 사람들도 때때로 악한 것들을 하려는 경향이 있다. 그 반면에 그들의 내면에 아무 능력이나 덕성이 없고, 선(善)이나 악(惡)도 없기 때문에 흠잡을 데 없는 삶을 사는 사람들도 있다.

> "하느님의 성령에 이끌렸던 많은 성도들은 그 다음에 그런 복종의 상태에서 이기심으로 다시 가고는 한다. 다시 말해서, 그 자신의 추론과 자기-의지로 돌아가는 것이다"(*Calmness*, i. 34).

우리가 이 세상을 사는 동안 옛날의 죄가 많았던 아담을 완전히 없애버릴 수는 없지만, 그의 측면을 끊임없이 벗어나서 살려고 해야 한다. 그것은 우리가 우리의 무게 중심을 하느님 안에 두어야 하는 것을 의미한다.

"인간이 지금 사는 것은 아래 있던 것이 갑자기 제일 꼭대기로 올라가면서 돌아가는 바퀴와 같다. 그것은 모든 물질 안에서 그 자신을 불붙이고, 그것에 의해서 그 자신을 더럽힌다. 그러나 그것은 하느님의 마음이 움직이는 온유함의 물 안에서 정화되고, 그로부터 생명의 불은 천상의 실체로 발달해 간다"(*Six Mysterious Points*, ii. 13).

"우리의 삶 전체는 계속적인 죄의 사슬이기 때문에 계속적인 회개가 이루어져야 한다. 참으로 그리스도 안에서 새로 태어난 고귀한 백합의 가지는 죄를 짓지 않는다. 그럼에도 불구하고 세상적인 인간은 몸과 영혼에 죄를 짓고, 고귀한 꽃을 망치려고 한다"[10](*Stiefel*, xi. 537).

"진정한 그리스도인은 육신의 의지를 미워하고, 그것을 거부한다. 그는 계속해서 그 자신에 대한 비판자이고, 그 자신을 하찮게 여기며, 그의 진정을 다하여 하느님의 자비 안에 들어가려고 한다. 그는 결코 자만하여 '나는 그리스도인이다'라고 말하지 않고, 하느님의 자비 속에 들어가려고 애쓰고, 그의 은혜를 바란다. 그리하여 그는 진정한 그리스도인으로 된다. 그의 삶은 모두 계속적인 회개이고, 그는 끊임없이 은혜가 그를 사로잡도록 하느님의 은혜를 사로잡으려고 한다"[11](*Communion*, iv. 27).

그 어떤 그리스도인도 그 자신을 거룩하다고 생각해서는 안 된다. 더구나 그 자신이 다른 사람보다 낫다고 여겨서도 안 된다. 오히려 그는 그 자신의 무가치함을 깨닫고, 그 자신과 모든 인류의 왜곡된 상태에 대해서 안타까워해야 한다.

"어느 누구도 이 세상에서 사는 동안 자신의 거룩함을 알고 싶어 해서는 안 되고, 오히려 그 자신의 나무로부터 계속해서 그리스도의 수액(樹液)을 끌어 올리려고 해야 한다. 그리고 그 나무가 그로부터 어떤 가지든지, 큰 가지든지 작은 가지든지 택하도록 나무에 그를 맡겨야 한다"(*Stiefel*, cxi. 345).

"열심 있는 그리스도인은 그 자신의 거룩함에 대해서 알려고 하지 않는다. 그는 단지 그 안에서 악마가 그를 대적해서 싸우는 그의 불완전성들만 본다. 그가

> 이 세상을 사는 동안, 그의 불완전성만이 언제나 그의 앞에 있고, 그의 거룩함에 대해서는 알지 못한다. 그 거룩함은 악마가 그것을 지각하지 못하도록 그리스도가 그의 발 앞에 감춰 놓았다"(*Threefold Life*, xv).
> "진정한 그리스도인은 진리와 정의를 사랑하고, 위선을 미워한다"(*Communion*, iv. 228).

새로 태어난 내면의 영적인 생명은 고난과 고통을 통해 유익을 얻는다.

> "경건한 사람에게 빛은 어둠으로부터 일어나고, 낮은 밤으로부터 일어난다. 그들에게 행운은 불운에서 생기고, 이 세상의 저주와 악의로부터 낙원이 자란다. 바울은 이렇게 말하였다. '하느님을 사랑하는 이에게 모든 것들은 최고로 된다'"(*Mysterium*, lxvi. 16).
> "하느님이 그의 자녀들을 곤란과 고뇌로 이끄실 때마다 그들은 언제나 신앙의 나무에서 새로운 가지가 나게 한다. 하느님의 성령이 나타날 때마다 그것은 언제나 고귀한 이미지가 지극히 기쁜 산물을 내 놓는다"(*Menschwerdung*, cxi. 8).

세상에 사는 동안 사람들을 둘러싼 조건들은 그의 영적 전개의 결과가 그의 삶에서 모두 드러나게 하지 않는다. 그러나 신체적인 몸이 죽어서 육신에 의하여 생긴 장애물들이 사라질 때 속사람은 그의 완성에 대해서 즐거워한다.

> "성도들은 천상의 왕국에서 그들의 신앙 안에서 활성화되고, 의식이 깨어있다. 그에 의해서 그들의 의지는 그 자체를 하느님께 굴복한다. 그러나 자연적 생명은 육신과 피로 둘러싸여 있고, 하느님의 진노 속에서 반대되는 것들과 연계되어 있다. 따라서 영혼은 지옥이 그녀에게 달려들고, 그녀 속에 그 자신을 드러낼 때 종종 고뇌에 사로잡힌다. 그러나 영혼은 몸이 죽어서 이 세상의 왕국이 그녀로부터 떨어져 나갈 때까지 하느님의 은혜에 대한 희망에 잠겨 있으며, 아

름다운 장미가 가시에 둘러싸인 것처럼 서 있을 것이다. 오직 영혼을 방해할 것이 아무것도 없을 그때만 영혼은 하느님의 사랑 안에서 진정으로 드러날 것이다"(*Supersensual Life*, xxxix).

우리 삶의 목표는 하느님을 섬기는 일에 애쓰면서 우리의 인간적 자기성에서는 계속해서 죽고, 하느님의 사랑 안에서만 사는 것이다. 그것을 통해서 우리 행위는 축복 받을 것이다.[12]

"나는 나 자신의 자아감 안에서 살기 때문에 기뻐하는 것이 아니다. 오히려 나는 나의 자기성 안에서 그리스도의 죽음 안에 있고, 영원히 죽는다. 또한 나는 나의 자아에 관해서 완전히 죽고, 그것을 전적으로 하느님께 맡기며, 하느님의 도구 외에는 아무 것도 되지 않기를 바라고, 나 자신에 대해서 더 이상 아무것도 알기를 원하지 않는다"(*Stiefel*, xi. 527).

"사랑은 자기(self)가 없는 곳마다 자신의 거처를 정한다. 영혼은 자신의 맨 밑바닥에 있는 침묵 속에서 자신의 자기를 죽이고, 하느님이 그녀에게 원하지 않는 것은 아무것도 하지 않는다. 사랑은 그 자신 속에 있는 자기-의지가 죽는 것만큼 똑같은 정도로 자신의 자리를 차지한다. 그 전에 자기가 자리하던 곳에 이제는 아무것도 존재하지 않으며, 아무것도 존재하지 않는 곳 어디에서나 하느님의 사랑만이 움직인다"(*Supersensual Life*, xxviii).

"진정한 그리스도인은 자신의 의무가 하느님의 일을 제대로 하도록 기다리는 하느님의 청지기인 것을 안다. 그는 그 자신의 소유물이 아니고, 그가 거하는 세상적인 몸은 그의 진정한 집이 아니다. 그는 그 자신이 좋은 대로 찾고, 심고, 가꾸고, 분투하고, 행동하지만 언제나 하느님을 위해서 그것을 하는 것을 안다. 그리고 그것을 알아야 한다. 그는 언제나 이런 작업들 가운데서 그가 이방인이고, 손님이며, 청지기라는 것을 기억해야 한다"(*Signature*, xv. 44).

"무엇인가를 완전하고, 좋게 완성하기를 바라고, 그 안에서 영원히 즐거워하고, 그것을 누리려는 사람은 자신의 이기심과 자기-의지에서 나와서 하느님의 뜻에 복종해야 한다. 자기성을 위한 세상적 욕망이 아무리 그를 자신의 육신과 피에 집착하게 할지라도, 영혼의 의지가 자기를 위한 욕망에 감염되지 않았다면, 그 자기는 아무것도 만들어낼 수 없을 것이다. 영혼의 내적인 의지는 하느님에게 복종하면서 계속해서 자기-주장의 본질을 깨부수기 때문이다. 따라서 하느님의 진노는 그녀에게 이를 수가 없다. 혹시라도 하느님의 진노가 거기 다다를지라도 하느님께 복종한 의지가 강력하게 일어나서 승리의 산물로서 하느님 앞에 모습을 드러낼 것이다"[13](*Calmness*, xi. 1).

그 어떤 종류의 세상적 소유도 영(靈)에 도움이 되지 않을 것은 자명하다. 우리가 그것들을 소유할지라도 그것들이 우리를 소유하지 못하게 하면, 그 소유는 우리에게 장애물이 되지 못할 것이다.

"사랑하는 영혼이여, 그대가 하느님의 빛을 바라고, 이 세상의 빛도 바란다면, 그리고 그대의 몸(또한 마음)을 양육하기를 바라고, 동시에 하느님의 신비를 찾기 원한다면, 하느님이 하시는 것처럼 하시오. 그대의 영혼의 눈 가운데 하나는 영원을 내다보고, 다른 눈은 자연을 바라본다. 그 다른 눈은 계속해서 하나의 거울을 바라고, 만들면서 또 다른 것을 추구한다. 그렇게 하시오. 하느님이 그것을 바라기 때문에 그것은 반드시 그렇게 되어야 한다. 그러나 영원을 향하는 눈은 하느님으로부터 돌아서서 욕망으로 가지 않아야 한다. 그 영원을 향한 눈을 가지고 다른 쪽 눈도 그대 쪽으로 향하도록 노력해야 한다. 그 눈이 그대에게서 멀어지게 해서는 안 된다. 다시 말해서, 그 눈이 자유를 바라보는 눈으로부터 돌려져서는 안 되는 것이다. 그대가 하느님의 포도원에 있는 종이라고 생각하면서 하나의 의지를 그대가 하는 일, 즉 영원한 것에 바치시오. 매순간 하느님 앞에서 그대의 의지를 겸손하게 하시오. 그러면 그대의 형상은 그대의 의지와 함께 하느님의 존엄 앞에서 겸손으로 나아갈 것이고, 하느님의 영광스러운 빛에 의해서 영원히 비추일 것이다"(*Forty Questions*, xii. 28).

우리가 만날 수 있는 모든 세상적인 행운이나 불운은 우리의 진정한 신적인 나와는 아무 상관이 없고, 단지 우리가 세상을 사는 동안 우리와 관계된 성격과만 관계될 뿐이다. 이 성격은 그것이 좋거나 나쁘거나 간에 우리가 경험할 수 있도록 주어졌다. 따라서 우리는 언제나 거기에 만족하고, 하느님 안에서 지내야 한다.

> "궁극적으로 사람에게 모든 것은 하나이고, 같아야 한다. 행운과 불운, 가난과 부, 기쁨과 슬픔, 빛과 어둠, 삶과 죽음이 하나가 되어야 한다. 그때 그는 자신의 의지 안에서 모든 것과 상대적으로 죽었기 때문에 자신에 대해서 아무것도 아니다. 하느님은 모든 것 안에 있고, 모든 것을 통해서 존재한다. 그럼에도 불구하고, 하느님은 모든 것에 대해서 무(無)이고, 무는 하느님을 알지 못한다. 그런데 만유(萬有)는 하느님을 통해서 드러나고, 그 자신이 만유이다. 그럼에도 불구하고 하느님은 객관적으로 무이다. 하느님 앞에 있는 것이 하느님을 알지 못하기 때문에 하느님의 이해 속에서 무이다. 마찬가지로 사람이 자신을 완전히 하느님께 바친다면 복종하는 의지를 따르는 사람의 상태는 이것과 같을 것이다. 그때 그의 의지는 그것이 처음 흘러나온 하느님의 바닥을 알 수 없는 의지 속으로 되돌아가고, 그 역시 바닥을 알 수 없는 의지의 형태 속으로 들어갈 것이다. 하느님은 거기에 계시고, 거기에서 어떤 것을 하신다"(*Mysterium*, lxvi).
> "하느님께 복종하는 의지는 '주님, 당신께서 내가 감옥이나 빈곤에 갇히기를 원하시면, 나는 기꺼이 그렇게 하겠습니다'라고 말한다. 당신이 나를 지옥에 넣으신다면 나는 당신과 함께 갈 것이다. 당신이 거기에 계시기 때문이다. 나에게 단지 당신만 계시다면, 나에게 천국이나 지옥은 무슨 소용이 있겠는가? 나의 몸과 영혼이 사라질지라도, 나는 당신 안에 있고, 당신은 내 안에 있을 것이다. 당신을 가짐으로써 나는 내가 원하는 모든 것을 가졌다. 당신이 원하는 대로 나를 사용하세요"(*Mysterium*, lxvi).

우리는 세상적 욕망을 정복하고, 그리스도께 복종함으로써 외적 자연을 정복한 내적인 힘에 도달할 것이다. 처음에는 나 자신의 힘, 그 다음에는 "바깥에 있는" 자연의 힘을 정복하는데, 후자는 결국 하느님의 안에서, 즉 우리 자신의 신적인 자기 안에서 정복하는 것이다.

"당신이 모든 피조물을 단지 외적으로만(외적 수단으로) 다스린다면 당신의 의지는 동물적 특성을 가질 것이며, 당신의 지배는 형태만을 다루는 것으로 외적인 종류의 것이다. 그때 당신의 욕망은 동물의 본질 속으로 옮겨져서, 당신을 감염시키고, 당신을 사로잡을 것이다. 그래서 당신은 동물적 특성을 얻을 것이다. 그러나 당신이 단지 형태만 다루는 것에서 떠난다면, 당신은 그것보다 높아질 것이고, 그것들을 처음에 창조한 토대 안에서 모든 피조물들을 다스릴 수 있게 될 것이다"(*Supersensual Life*, viii).

"당신이 그 어떤 것도 당신의 욕망 안에 들어오게 하지 않으면, 그때 당신은 모든 것으로부터 자유로워지고, 모든 것을 능가하는 힘을 가지게 될 것이다. 그러면 당신의 수납처에는 아무것도 없을 것이고, 당신은 만유에서 아무것도 아닐 것이며, 만유는 당신에게 무일 것이다. 그것은 하느님이 만유를 다스리고, 그것들을 모두 보는 것과 같은 의미에서이다. 그러나 하느님을 아는 것은 아무것도 없다"(*Supersensual Life*, ix).

"당신은 당신 자신의 힘으로는 그 어떤 피조물도 당신에게 영향을 미치지 않을 그런 고요 속에 도달할 수 없다. 당신은 당신이 그의 바깥에서는 아무것도 바라지 않도록 당신 자신을 온전히 우리 주 예수 그리스도의 삶에 바치고, 당신 자신의 의지와 욕망을 그에게 굴복시켜야 한다. 그러면 당신은 당신의 몸에 관한 한 이 세상과 그 특성 속에 있게 될 것이다. 그리고 당신은 당신의 의지를 가지고 그리스도의 십자가 발밑에 있을 테고, 당신의 의지를 가지고 하늘을 걸어서 모든 피조물들의 원천이며, 당신이 결국 다시 되돌아갈 목표에 도달할 것이다"(*Supersensual Life*, ix).

천상의 몸은 세상의 몸에 의해서 만들어졌다. 몸은 죽은 후에 다시 살아나지 못한다.

"영혼 자체만으로는 그 어떤 실체도 없다. 그러나 팅크제 안에서 몸은 천상적으로나 세상적으로 자란다. 하느님의 몸, 즉 그리스도의 천상적인 몸은 외적인 측면에서 만질 수 있는 몸이 아니라 능력의 몸이다"(*Forty Questions*, xii. 28).

"이 삶 이후에는 아무 거듭남이 없다. 네 가지 원소들이 그것들의 원리와 함께 떠났기 때문이다"(*Threefold Life*, i. 1).

제14장
죽음과 영원한 삶

"신비한 죽음은 영원한 삶의 시작이다."

인간은 세 개의 세계의 산물이다. 그의 영은 하느님, 그의 영혼은 천체의 원소들의 배열, 그의 몸은 지상의 차원에서 비롯되었다. 그는 이 각각의 측면 안에서 그가 비롯되었던 원리를 나누어가진다. 그는 하나의 영이었고, 영으로서 언제나 불멸일 것이다. 심지어 그는 지금도 하늘에 있으며, 하늘로부터 떠나지 않을 것이다. 그는 별 같은 것들의 차원의 산물로서 거기 있는 조건들에 종속되어 있다. 그러나 그의 신체적 형태는 그것을 구성하는 원소들로 분해될 것이 틀림없다. 사람이 이 세 가지 상태 가운데 어떤 것과 그 자신을 동일시하든지 간에 그 상태는 그 자신의 것이 될 것이다.

> "하느님은 세 가지 원리 안에서 드러나기를 원하셨지만, 그 질서는 원래 제정된 대로 유지되지 않았다. 가운데 것은 바깥으로 갔고, 바깥 것은 가운데로 갔다. 이것은 영원한 질서가 아니다. 그에 따라서 외적 원리와 내적 원리는 분리되었다"(*Threefold Life*, xviii. 3).
>
> "우리가 우리 어머니의 몸으로부터 받은 생명은 해, 별들, 원소들의 힘으로부터 왔을 뿐이다. 그것은 아이의 몸을 조직하고, 몸에 생명을 주며, 몸을 빛에 데려가고, 살아있는 동안 먹여 살리며, 돌본다. 이와 마찬가지로, 그것들은 몸에 행운과 불운을 가져다주고, 마침내 죽게 하며, 분해되게 한다"(*Three Principles*, xiv. 4).
>
> "당신이 누구인지 보시오. 땅의 먼지이며, 시체이다. 당신의 몸은 별들과 원소들에 종속되어 있다. 그것들의 특성에 따라서 당신을 지배하는 것은 그것들이

> 고, 그것들은 당신에게 재능과 기술들을 준다. 그러나 당신이 잉태되었고, 태어났던 시기와 배열이 끝나면, 그것들은 당신을 버릴 것이다"(*Menschwerdung*, xi. 6).
>
> "물질적 본질들은 흙으로 돌아간다. 기본적인 영인 바람은 바람으로 돌아가고, 물과 피는 세상의 물과 피에 의해서 받아들여진다. 그 결과 외적 인간에게는 아무것도 남지 않는다. 그때 그는 존재하기를 그친다. 그에게는 시작과 끝이 있는 것이다"(*Threefold Life*, xviii. 8).
>
> "죽을 때 네 원소들은 하나의 원소로부터 분리된다. 그때 팅크제는 인간을 구성하는 그림자와 함께 에테르 속으로 들어가서 네 원소들을 태어나게 하고, 그것들을 발산한 원소의 뿌리 안에 남는다"(*Three Principles*, xix. 14).

사람은 신체적 형태가 죽은 다음에도 여전히 이중적 측면의 존재로 남는다. 첫째로 그의 안에 있는 신적 원리를 따라서 (그가 그것을 의식하든지, 의식하지 못하든지 간에) 천상적 영, 둘째로 그의 별들에 속해 있는 몸을 따라서 물질적 존재임에도 불구하고 초감각적인 것이 남는 것이다. 각각의 이 본질들은 이제 그 특성들을 따라서 그것들이 속해 있는 차원으로 이끌려간다. 이중적이지만 서로 반대되는 이 경향으로부터 영혼과 판단의 분리나 분열이 생긴다.

> "이 세상에 살던 사람이 죽으면, 그는 칼을 들고 죽음과 생명, 하느님의 진노와 사랑을 나르는 천사 앞으로 온다. 거기에서 그의 영혼은 낙원의 현관에서 재판을 거쳐서 통과해야 한다. 그녀가 하느님의 진노에 붙잡히면, 그녀는 그 문을 통과할 수 없지만, 그녀가 동정녀의 자녀이고, 천상의 여성의 씨로부터 태어났으면, 통과할 수 있다. 그때 천사는 그녀의 본성에서 뱀에 의하여 생긴 것을 잘라내고, 영혼은 그녀의 천상의 몸이 부활하는 것을 기다리면서 낙원에 있는 그의 거룩한 성전에서 하느님을 섬길 것이다"[1](*Mysterium*, xxv. 2).

세상에 사는 동안 인간은 세 개의 세계에 의식적으로 머물 수 있고, 그가 물려받은 의지의 힘으로 이 세계나 저 세계로 꿰뚫고 들어간다. 그러나 영혼이 몸과 분리된 다음 그는 하나의 개인으로 이 두 세계 가운데 어느 하나, 즉 하느님의 빛의 영역이나 불의 권세 하나에서만 계속해서 존재할 수 있다. 그는 그의 신체적인 몸과 함께 자기 통제의 능력을 잃어버렸기 때문이다. 그때 그는 이제 더 이상 자신의 의지를 따르지 않을 수 있고, 그를 이끄는 곳으로 가야 한다.

> "인간은 세 가지 원리로 구성되어 있으며 그가 세상을 사는 동안 두 가지 가운데 하나를 펼쳐갈 것이다. 그러나 몸이 해체된 다음, 오직 하나의 원리 안에서 살고, 다른 하나를 발달시킬 수 없다. 그는 그가 여기에서 획득한 의식 상태 속에서 영원히 머물러야 한다"(*Three Principles*, Supplement, x).
>
> "사람은 세 개의 분리된 영혼들이 아니라 단 하나의 영혼으로 되어 있다. 이 영혼은 세 개의 원리들 위에 서 있다. 다시 말해서, 진노의 영역, 하느님의 사랑의 영역, 이 세상의 왕국의 영역에 서 있는 것이다. 이 세상의 외적 왕국의 공기가 영혼을 황폐화시킬 때, 영혼은 불의 어두운 영역이나 빛의 거룩한 왕국 안에 드러나게 된다. 그것은 사랑의 불, 즉 하느님의 권능이다. 영혼이 세상에 존재하는 동안 그녀 자신을 어떤 차원에 굴복시켰든지 간에, 그녀는 외부의 왕국이 그녀를 떠난 다음에도 거기 남아 있을 것이다"(*Mysterium*, xxv. 24).

사람은 세상을 사는 동안 천국이나 지옥에서 산다. 그렇지 않으면 그가 그의 지성을 가지고 그의 의지를 다스릴 수 있기 때문에 이 두 가지 가운데 어느 한 상태에서 와서 다른 상태로 들어간다. 그러나 몸이 죽은 다음에는 그렇게 하는 데 필요한 두뇌의 기능은 더 이상 존재하지 않고, 영혼은 그녀의 의지를 변화시킬 수 없다. 따라서 영혼은 그녀 자신의 본성 안에서 지배력을 얻은 원리에 완전히 흡수되게 된다. 이런 이유 때문에 사람들이 이 세상을 사는 동안 하느님의 사랑이 펼쳐지도록 추구하는 것이 무엇보다도 중요하다. 다시 말해서, 이상적인 것을 인식하고, 그의 영혼 안에 있는 고상하고, 좋은 모든 것들을 실현시키려고 하는 것이 중요한 것이다.

그러면 그것은 영원 속에서 그를 인도하는 별처럼 작용하게 된다.

> "사람은 그가 신체적으로 어디 있든지 간에 이 세상에서 이미 천국이나 지옥에 있다. 그의 영이 하느님과 조화를 이루면, 그때 그는 정신적으로 천국에 있으며, 그의 영혼은 하느님 안에 있다. 그러나 그가 정신적으로 하느님의 진노 속에서 살면, 그는 이미 지옥에 있으며, 모든 악마적인 것과 같이 간다"(*Aurora*, xx. 86).
>
> "영혼의 삶은 균형이 잡혀 있다. 영혼이 악하다면, 그녀는 사랑 안에서 다시 태어날 수 있다. 그러나 균형이 깨지고, 각도가 돌아가면, 영혼은 그 속에서 지배적인 원리 안에 있게 된다"(*Forty Questions*, xxiii. 10).
>
> "세상을 사는 동안 영혼은 자신의 의지를 변화시킬 수 있다. 그러나 몸이 죽은 다음에는 자신의 의지를 변화시킬 수 있었던 영혼의 능력 안에 아무것도 남지 않게 된다"(*Tilk*, i. 10).
>
> "영혼이 세상을 사는 동안 그녀의 의지 안에 받아들인 그 어떤 것들과 그녀가 거기 얽혀 있는 것들을 그녀는 자신의 의지 안에 가질 것이다. 그러나 몸이 죽은 다음, 영혼은 더 이상 그것으로부터 자신을 떼어놓지 못한다. 그때 그녀는 이미 그녀가 그렇게 된 상태이며, 그것이 그녀의 자신을 구성할 것이기 때문이다. 그러나 영혼은 이 세상을 사는 동안 그녀의 의지 안에서 그녀가 얽혀들었던 것들을 파괴할 수 있다"(*Threefold Life*, xii. 25).

영혼의 의지가 세상을 사는 동안 반-기독교적으로 되었다면, 다시 말해서 악한 정신성 안에서 비뚤어지게 되었다면, 영혼의 악한 본성 역시 비뚤어지게 될 테고, 반-기독교적으로 될 것이다. 그리고 이 비뚤어진 본질은 다른 삶에서도 악한 모습과 악한 힘으로 그 자신을 드러낼 것이다.

> "어떤 사람이 그의 진정한 본성과 다른 의지 안에 머무르고, 거룩한 말씀 안에 들어가서 치유 받기를 원하지 않는 한, 그의 이질적인 존재는 그 안에 실체를 갖고 천상의 본질을 복종시킬 것이다. 그리하여 죽은 다음에 천상의 본질은 간

히게 되고, 하느님의 나라에 도달할 수 없게 돼서, 영원한 죽음이 찾아올 것이다"(*Mysterium*, xxiv. 13).

"각 사람은 단지 자신의 특성을 검토하고, 자신의 의지에 의해서 어떤 방향으로 나아가는지 살펴볼 필요가 있다. 그러면 그는 그가 어떤 왕국에 속해 있으며, 그가 생각하고, 주장하는 대로 실제로 그런 사람인지(하느님의 형상 안에 있는지), 아니면 어둠의 세계의 피조물, 말하자면 탐욕스러운 개, 허영심 많은 비둘기, 음탕한 원숭이, 또는 독이 많은 뱀인지 알게 될 것이다"(*Six Theosophical Points*, vii. 37).

인간의 신체적인 몸을 구성하는 물질의 유연성이 부족하기 때문에 그런 사람에게 지배적인 동물적 특성은 세상을 사는 동안 그의 겉모습에서 완전히 나타나지는 않는다. 그러나 영혼은 더 유연하고, 그녀의 내적 성격의 산물이며, 표현이기 때문에 몸이 죽은 다음에도 그녀 안에서 그의 성격으로 있는 동물이나 괴물의 형태를 보여준다.

"어떤 사람이 본래의 원리 안에서 거듭나지 못한 상태로 남아 있다면, 그가 세상을 사는 동안 획득한 의지(성격)의 특성에 해당하는 것과 같은 피조물이 형태가 파열돼서 나타날 것이다. 예를 들어서 말하자면, 당신이 세상에 살았을 때 모든 사람에게 모든 것을 탐하는 개처럼 시기심 많은 소질이 있었다면, 개와 같은 성격은 몸이 죽은 다음에 그와 관련되는 모양으로 나타날 것이다. 이것에 따르면 동물의 영혼은 그 형상을 취하고, 이런 종류의 의지는 당신에게 영원히 남을 것이기 때문이다. 하느님의 빛으로 이끄는 심층의 문들은 그때 당신 앞에서 닫히기 때문이다"[2](*Three Principles*, xvi. 50).

영혼 안에 하느님의 빛이 없으면, 영원한 본성의 네 가지 낮은 특성들이 그 속에서 활성화돼서 그녀를 다양한 방식으로 괴롭힐 것이다.

"당신이 이 세상에서 사는 동안 당신의 영혼과 당신이 하느님의 빛 안에서 지고(至高)의 선으로부터 받은 영원한 영을 하느님의 빛 안에서 깨닫지 못했고, 그 영이 하느님의 실체성인 빛 안에서 다시 태어나지 못했다면, 신비 안에 있는 영혼은 자연의 중심으로 돌아가고, 영원한 자연의 네 가지 낮은 형태의 고뇌 속으로 들어갈 것이다. 거기에서 영혼은 모든 악마들과 함께 할 것이고, 억지로 그녀가 흔들어 놓았던 것들을 억지로 삼켜야 할 것이다”(*Menschwerdung*, xi. 6).

“영혼의 불이 하느님의 성령 안에서 실체화되지 못하고, 그의 욕망 안에서 실체를 추구하지도 않는다면, 그것은 커다란 고뇌와 공포 속에서 타오르는 어두운 불이다. 그때 그 구성 안에는 오직 자연의 네 가지 낮은 특성들만 있기 때문이다. 의지에 정말 겸손한 신적 능력이 들어있지 않다면, 의지는 죽음을 통해서 생명으로 들어갈 수 없다. 그때 영혼은 맹렬하게 돌아가는 바퀴처럼 계속해서 올라갔다가 다른 쪽으로 내려가려고 한다. 그 상태에는 일종의 불이 있는 것이 틀림없지만 불에 타는 것은 없다. 거기에는 지독한 가혹함과 쓰라림이 지배하기 때문이다. 그 쓰라림은 불을 찾고, 불을 더 크게 하려고 한다. 그러나 가혹함은 계속해서 그것을 가두고, 그에 따라서 거기에서는 끔찍한 불안이 나오고, 돌아가는 바퀴처럼 된다. 영원히 그 주위를 돌기만 하는 것이다”(*Forty Questions,* xviii. 14).

“본성의 본래적 상태의 네 가지 형태들은 일반적인 고뇌의 원천이다. 각 사람은 그의 혼란한 특성을 따라서 어떤 사람은 이렇게, 또 다른 사람은 저렇게 느낀다. 예를 들자면, 탐욕스러운 사람은 추위로부터 고통을 느끼고, 화를 내는 사람은 뜨거움으로부터 고통을 느끼며, 시기심 많은 사람은 쓰라림을 경험하고, 자부심이 많은 사람은 계속해서 하늘을 날았다가 심연에 빠진다”(*Forty Questions,* xviii. 21).

더 나아가서, 영혼의 의식(consciousness of the soul)에는 과거에 했던 것들과 실수들, 그가 상처를 주었던 사람들의 비난에 대한 기억들이 들어있고, 이 주관적인 조건 속에 모든 주관적인 이미지들이 객관적으로 존재하기 때문에 영혼은 그 자신이 만들었던 비참함 속에서 산다. 이것에 더해서, 살아있는 것들(의지의 투사)의 저주가 영혼에 닿아서 영혼을 고통스럽게 한다.

> "모든 죄는 영혼의 팅크제 안에서 객관적으로 보인다. 영혼이 하나님의 나라—물론 영혼이 그것을 보지도, 알지도 못하지만—를 기억한다면, 영혼은 자신이 고통당하는 이유를 알 것이다. 그녀 자신이 그 이유를 만들었기 때문이다. 그녀의 팅크제 안에는 그녀가 해를 끼쳤던 사람들의 모든 눈물들이 들어있고, 그것들은 화염을 뿜으며, 쏘고, 불타며, 갉고, 본질 속에서 영원한 절망과 하나님을 향한 적대적인 의지를 야기한다"(*Three Principles*, xix. 24).
>
> "주인이 그의 종들에게 악한 본을 보이고 악한 길로 들어가게 하였으면, 그는 그들에게 반드시 갚아야 할 것이 있다. 그때 그 불쌍한 영혼은 자기 주인을 향하여 절망에 빠져서 부르짖을 것이다. 이 모든 것은 팅크제 속에서 그녀 앞에 객관적으로 일어난 것이기 때문이다"(*Three Principlcs*, xxiv. 20).
>
> "불경건한 사람이 자신의 무덤에 지옥의 팅크제를 불러올 만큼 엄청난 거짓과 속임수를 남겨놓는다면, 그 저주는 그의 영혼 속에까지 파고들 것이다. 그는 이 저주를 먹어야만 한다. 그것은 그의 삶이 그에게 보낸 양식이기 때문이다. 그러나 저주를 그렇게 보내는 것은 하느님의 자녀에게는 해당되지 않는다. 사람들은 다른 이에게 저주를 퍼부음으로써 하느님의 진노 안에서 지옥의 씨를 뿌리는 것이다. 모든 사람들이 그것을 조심하게 해야 한다. 사람들은 자기가 뿌린 것을 거두기 때문이다"(*Forty Questions*, xxiv. 4).

세상을 사는 동안 양심의 소리는 외적 삶의 소란 속에 빠져버릴 수 있고, 그 자신을 감각적 쾌락에 빠지게 함으로써 악행에 대한 기억을 쫓아낼 수도 있다. 그러나 죽은 다음에는 과거를 기억하거나 기억하지 않는 것이 더 이상 영혼의 의지에 달려있지 않고, 이런 모든 외적인 조건들이 없어서 영혼의 회한은 엄청나게 크게 된다. 영혼의 사악한 본능을 충족시키려는 욕망은 여전히 그녀 속에 있지만 그것을 충족시킬 수 있는 수단은 존재하지 않는다.

> "세상을 사는 동안 하느님이 없는 사람들은 그들의 거짓된 양심 속에 지옥이 현존한다는 사실을 느끼지만, 그것을 이해하지는 못한다. 그는 아직도 세상의 허영 속에서 살기 때문이다. 그는 그것을 즐기고, 그것은 그에게 쾌락을 주며, 탐욕을 느낀다. 더구나 그의 외적 생명은 외적 본성의 빛에 사로잡혀 있고, 그의 영혼은 내적 고통이 드러나지 않도록 흥청거리면서 즐긴다. 그러나 몸이 죽으면, 영혼은 이제 더 이상 그런 보호와 한시적인 쾌락을 즐기지 못한다. 여기에 더해서 외적인 빛은 그녀에게 꺼지게 된다. 그때 영혼은 영원 속에서 그녀가 세상을 살 때 몰두했던 그런 허영을 갈망하게 된다. 그러나 영혼은 그녀 자신의 거짓된 의지밖에는 아무것에도 도달하지 못한다. 이제 그녀에게는 그 전에 그녀가 너무 많이 가졌었지만 만족하지 못했던 것을 너무 가지지 못하기 때문이다"(*Supernatural Life*, xxxix).

이제 하느님이 없는 영혼에는 그녀 자신의 악행으로 가득 차 있고, 그녀 안에는 신앙의 구원하는 능력이 들어설 곳이 없다.

> "인간 자신의 죄, 즉 인간의 타락과 하느님을 거부하는 악덕은 인간의 지옥불이며, 인간을 영원히 갉아먹는다. 이제 그가 하느님을 조롱했던 것은 그의 눈앞에 있고, 그의 영혼에 단 하나의 좋은 생각도 감히 들어가게 하지 않는다. 그에게 선(善)은 천사와 같고, 그가 너무 사악하기 때문에 그의 영혼은 선과 접촉할 수 없고, 선을 볼 수도 없기 때문이다. 그러나 그는 이제 자신의 모든 악덕과 죄악과 함께 자신의 조롱을 자신 안에서 영원히 소화시켜야 하며, 영원히 절망해야 한다"[3](*Three Principles*, xxiv. 29).
>
> "하느님이 없는 사람들은 자유롭다. 그들을 가두는 것은 아무것도 없다. 그들은 그들이 좋아하는 어디나 갈 수 있다. 그러나 그들이 있는 모든 곳은 심연이고, 어둠이 될 것이고, 그들은 언제나 똑같은 곳에 있다. 그들이 더 깊은 곳을 가려고 하면, 그들은 더 깊이 떨어질 것이다. 그럼에도 불구하고, 그들은 그 어느 곳에도 닿지 못한다. 거기에는 바닥도 없고, 끝도 없기 때문이다"(*Forty Questions*, xxxiv. 5).

모든 존재는 그것이 속한 원소에서만 살 수 있다. 물고기는 공기 중에서 고통 받고, 사람은 물 속에서 고통 받는다. 이와 마찬가지로, 하느님의 신적인 빛은 지옥에서 악마들 때문에 고통을 느끼고, 그들에게 분노를 보인다.

> "하느님은 하느님이 없는 영혼의 심연에도 계시지만, 영혼은 진노 이외의 그 어떤 방법으로도 하느님을 알 수 없다. 이것이 '성도들에게 당신은 거룩하지만, 비뚤어진 자에게 당신은 비뚤어지게 나타납니다'라고 기록된 말의 의미이다"(*Mysterium*, lx. 44).
>
> "영원히 생기고, 말씀하시는 똑같은 말씀은 천국에서도, 즉 빛의 능력 안에서도 거룩한 지혜(기쁨)로 발화(發話)된다. 그러나 지옥에서, 다시 말해서, 어둠 속에서 그것은 그 자신을 고통의 불꽃으로 드러낸다"(*Mysterium*, lxi. 31).

하느님이 없는 영혼은 그 어디에서도 위로나 도움을 발견하지 못한다. 그녀는 궁극적으로 그녀 자신을 온통 악마에게 굴복시킨다. 다시 말해서, 그녀 자신의 악한 의지에 굴복시키는 것이다.[4]

> "영혼은 커다란 고뇌와 고통 속에서 존재에 대해서 꿈을 꾸는 사람과 같은데, 그는 모든 곳에서 위안을 찾지만 그것을 발견하지 못한다. 그때 그 사람은 절망하고, 아무 도움도 보지 못해서 그 자신을 그의 욕동(그를 이끌어가는 내면의 충동)에 굴복시키며, 욕동은 그가 선택한 것을 하게 된다. 따라서 모든 것을 포기한 영혼은 그녀가 따를 수 없거나 그녀 자신의 성향을 따르도록 할 수 없는 악마의 권세 속으로 떨어진다. 그러나 그녀는 악마가 하는 모든 것을 어쩔 수 없이 하게 된다. 그러므로 영혼은 하느님의 원수가 되고, 교만과 맹렬함을 가지고 천사들의 왕좌 위에 서려고 한다. 영혼은 땅에서 살고, 그녀의 신체적인 몸에 있는 동안, 그녀 자신을 바보로 만들었고, 이제는 바보이자 사기꾼으로 산다. 그리고 그녀가 그녀의 삶에서 그 어떤 바보 같은 짓을 했을지라도, 거기에서 그것을 한다. 그것은 그녀의 보물에도 마찬가지다. 그리스도가 말한 대로 그녀의 마음과 의지가 있는 곳에 보물이 있는 것이다"(*Threefold Life,* xviii. 10).

그럼에도 불구하고, 악마적인 영혼은 사악함 속에서 결코 만족하지 못한다. 그녀는 계속해서 심판 날에 대한 두려움에 떨고, 그녀는 오직 악한 행위와 악한 인류의 성향 고취시키고, 조장하면서 하느님에 대한 저항에서밖에 기쁨을 발견하지 못한다.

> "유죄 선고(자기-선고)를 받은 영혼들은 심판의 날이 될 때까지 괴로워하면서 고통 받는 감옥에 갇힌 죄수와 같다. 그들은 계속해서 엿들으며, 조금이라도 무슨 움직임이 있을 때마다 형리(刑吏)가 와서 그들을 재판에 넘기고, 그들에게 합당한 벌을 내리지 않을까 하고 생각한다. 이런 영혼들의 양심은 비뚤어져 있어서 고통을 받는다. 그들의 죄가 언제나 그들의 눈앞에 있기 때문이다. 그들은 그들의 모든 부정의와 천박함과 그들에게서 비롯된 자부심과 비참함, 경멸, 교만을 본다. 그러나 그들의 자신감은 날아가고 없다"(*Forty Questions*, xxii. 17).
>
> "그러나 가장 타락한 영혼은 매우 대담하다. 그들은 하느님을 거부하고, 저주하며, 하느님의 가장 고약한 원수들이다. 그들은 그들이 올바르고, 그들이 하느님께 반역하며, 하느님보다 위에 올라서고, 그런 기적을 이룰 것이라고 그들 자신에게 거짓말을 한다"(*Forty Questions*, xxii. 21).
>
> "유죄 선고를 받은 영혼은 마술적으로 하느님이 없는 본질 속으로 들어가고, 그것을 즐기며, 사람들에게 온갖 해악을 행하는 방법을 가르친다. 그녀가 악마를 섬기기 때문이다. 어떤 악한 사람이 무엇인가를 열심히 바라면, 악마는 기꺼이 그를 도와준다. 그가 그 사람을 떠나는 것보다 더 쉽게 그 사람의 영혼을 통해서 일을 도모할 수 있기 때문이다"(*Forty Questions*, xxvi. 18).

우리는 이제 악을 의식하게 된 불행한 영혼들의 운명에 대해서 생각해 보았다. 그렇지 않으면 다른 말로 해서, 그들의 영성이 그들의 더 낮은 특성들 안에 갇혔던 사람들에 대해서 생각해 보았다. 그런 사람들은 종종 단지 그것으로부터 즐거움을 얻고 싶어서 아주 고약한 짓을 하는 단순히 사악한 영혼으로부터 비밀의 지식을 획득하여 자신의 영적 능력을 사악하고 이기적인 목적을 위해서 이용하는 악마가 육화된 존재에 이르기까지 매우 다양한 정도의 '흑 마술사'라고 일컬어지기도 한다. 그러나 세상을 사는 동안 악에서 그 어떤 내적인 쾌락도 발견하지 못하였고, 그들의 사악한 욕망들과 싸웠으며, 사악한 경향을 정복하려고 그들 속에 있는 선을 도우려고 분투했던 사람들의 조건은 그들이 이 세상을 떠날 때 앞에서 말했던 사람들의 그것과 매우 다르다.

> "내면의 의지가 매일, 매순간 그를 괴롭히는 사악한 특성들과 싸우고, 그 의지가 그것들을 소멸시켜서 실체를 가지지 못하게 하지만, 그와 동시에 사악한 특성들이 그를 가로막아서 언제나 선한 의지를 따라서 행동하지 못하게 한다면, 그런 사람은 하느님의 불이 그의 안에서 타오르며, 빛이 되려고 애쓰고 있음을 믿고, 확실히 알 수 있다. 그리고 그의 사악한 조건과 함께 사악한 몸이 타오르는 불로부터 불꽃이 타지 못하게 하지 못하도록 파괴할 때마다, 하느님의 불은 그의 본질로부터 불꽃을 피우며 타오르고, 하느님의 형상은 그가 그의 욕망 안에 끌어들인 가장 강한 특성을 따라서 다시 만들어질 것이다"(*Six Theosophical Points,* vii. 41).
>
> "어떤 사람이 하느님에 대한 욕망을 꾸준히 가지고 있으며, 악한 본질들이 그를 불태우려고 할 때마다 그 욕망이 그것들을 깨부수고, 부드러움으로 변화시킬 수 있을 만큼 강력하다면, 또한 그가 여기에서 빛나고, 유혹하는 모든 것을 포기할 수 있으며, 악을 선으로 갚을 수 있다면, 그것이 돈이든, 재화든 그의 외부에 속한 모든 것을 가난한 사람에게 줄 수 있을 만큼 그가 충분히 강력하다면, 그리고 그가 하느님을 위해서 모든 것을 기꺼이 버릴 준비가 되어 있고, 영원을 위한 어떤 희망을 가지고 비참한 상태에 들어갈 준비가 되어 있다면, 그의 내면에서 신적 능력이 일어나 그 안에서 기쁨의 왕국을 일깨우고, 하느님을 맛볼 수 있다면, 그런 사람은 이 세상에서 사는 동안에도 그 자신 안에 천상적 본질을 담은 하느님의 이미지, 즉 그 안에 동정녀로부터 태어난 예수의 이미지를 나르고 있다"(*Six Theosophical Points,* vii. 44).

그런 사람들은 이 세상을 사는 동안은 물론 그들의 몸이 죽은 다음에도 하느님의 빛과 능력으로 가득 차 있다. 이 빛은 그들 속에서 여전히 활성화된 불같은 의지에서 나온 행동을 조절하고, 그들이 했던 선행의 축복들은 그들을 둘러싸며, 삶에서 더 커다란 기쁨을 누릴 희망을 가지고, 그들을 고통스럽게 했던 환난과 박해로부터 순수한 기쁨이 솟아나온다.

> "영혼의 기반이 되는 아버지의 원리는 빛을 발하며 타는 불이고, 이 빛 안에서 하느님의 고귀한 형상이 쉽니다. 이 빛은 자연과 생명을 이롭게 하려고 사랑의 실체를 가지고 타오르는 불을 조절합니다"(*Letters*, viii. 78).
>
> "십자가 아래서 하느님의 몸인 그리스도를 받으면서 하느님의 의지 안에서 그의 놀라운 일들을 행하고, 정의와 진리 안에서 걸었던 열심 있는 사람들의 모든 행동은 그들의 강력한 의지와 욕망 안에서 그들을 따랐던 것들이고, 그들은 그들을 언제나 둘러싸고 있는 하느님의 사랑과 자비 안에서 말로 표현할 수 없는 기쁨을 체험한다. 하느님의 경이들은 그들의 양식이다. 그들은 필설로 다 표현할 수 없는 그와 같은 영광, 권세, 강함 속에서 산다"(*Threefold Life*, xviii. 12).
>
> "축복 받은 영혼은 그들이 여기에서 행했던 일들에 의해서 행복을 얻고, 진리 때문에 수많은 박해를 받은 사람들은 심판의 날 그들의 새로운 몸을 장식할 승리의 화환을 볼 것이다. 그들이 장래를 바라볼 때마다 그들 속에서는 계속해서 기쁨이 솟아오른다. 돈을 많이 번 일용직 노동자는 상급을 받고 기뻐한다. 따라서 그것은 거기에 있다. 그들 안에는 기쁨이 들어 있는 것이다. 그들이 받았던 모든 비난들과 그들에게 잘못 다가왔던 모든 고소들은 그들에게 커다란 승리의 영예이다. 그들이 자주 하는 기도들과 선한 생각들과 이웃에게 베푸는 선행들은 그들의 천상의 몸이 장차 낙원의 열매를 먹을 때까지 그들이 취할 양식이다"(*Forty Questions*, xxii. 4).
>
> "타락한 사람을 돕는 사람은 그 자신을 축복하는 것이다. 그가 그에게 모든 것이 잘되기를 바라고, 하느님에게 그의 몸과 영혼을 축복하시도록 기도를 드리기 때문이다. 따라서 그의 욕망과 축복은 신비 속에서 그 자신에게 되돌아오고, 그를 둘러쌀 테고, 하느님 안에서 태어난 선행으로 그를 따라올 것이다. 이것이

그가 그와 함께 취하는 보물이고, 그가 그의 뒤에 남겨 놓을 지상에서의 보물이다"(*Menschwerdung*, cxi. 4).

죄가 없는 사람은 하나도 없고, 그가 행했던 모든 일이 그를 무덤의 저편으로 끌고 갈 때, 그의 죄들도 그와 함께 간다. 그러나 그가 그의 죄들을 용서 받을 수 있는 방법을 알았다면, 그의 행복은 그것들에 의해서 침해되지 않을 것이다.[5]

"사람에게는 그가 한 일들이 따라다니고, 그가 그의 악의와 어리석음에서 벗어나 예수 그리스도의 피에 의하여 태어나지 않는 한, 그것들은 영원히 그의 눈앞에 있고, 그는 그 안에서 산다. 그렇게 되면, 그는 이 땅과 지옥의 형상을 깨부수고 천사의 형상으로 들어갈 것이다. 그의 불완전성들이 따라올 수 없는 또 다른 왕국으로 들어가는 것이다. 그러면 하느님의 형상은 세상과 지옥의 형태에서 나와서 회복될 것이다"(*Three Principles*, xvi. 47).

축복받았지만 죽은 영혼들은 지옥에 속한 것이나 그 어떤 종류의 땅에 속한 것들에 의해서도 어려움을 당하지 않는다. 그들의 실존은 행복한 꿈을 즐기는 사람의 실존과 비슷하다.

"영혼의 쉼은 달콤한 잠을 자는 사람의 쉼과 비슷하다"(*Forty Questions*, xxix. 1).

"그리스도 안, 말하자면 아브라함의 품 안에서—다시 말해서 천상의 본질 안에서—쉬는 행복한 영혼들은 그들이 그것을 스스로 원하지 않는 한, 또한 그들이 자신의 삶과 조화를 이루는 특별한 사람에게 아주 호의적인 경향이 있는 경우, 그 누구로부터도 방해 받지 않는다. 그들은 그것이 하느님께 영광을 돌리는 것이 아닌 한, 세상의 것들을 가지고 스스로를 괴롭히지 않는 것이다. 그럴 경우, 그들은 마술적인 방법으로 사물들을 드러내는 데 지치지 않을 것이다"(*Forty Questions*, xxvi. 22).

죽을 수밖에 없는 존재와 영들 사이의 교류에 관해서 뵈메는 편지에서 이렇게 말한다.

> "당신은 나에게 내가 알 수 없는 것을 묻는다. 그렇게 하기 위해서는 나 자신이 세상을 떠난 영혼 속에 있어야 하고, 그 영혼의 영이 내것으로 되어야 하기 때문이다. 그러나 우리 모두는 그리스도 안에서 하나의 몸과 하나의 영을 가지고 있어서 우리 모두는 그리스도 안에서 하나의 영으로 보고, 그의 지식을 즐긴다. 따라서 우리 영혼은 죽은 이들의 영혼과의 관계 속에 있다. 그들은 우리에게 올 수 없지만, 우리는 그들 속을 꿰뚫고 갈 수 있다"(*Forty Questions*, xxv. 1).

대단히 많이 거룩해진 영혼들에게는 엄청난 양의 자기-지식이 있다. 그러나 다른 영혼들은 그렇지 않다.

> "몸 안에 있지만 새로운 탄생으로 들어갔고, 심층의 문을 통해서 하느님을 꿰뚫고 들어간 사람에게는 수많은 지혜와 지식, 심지어 천국에 관한 것들이 많이 있다. 그 영혼은 그 안에서 하느님의 영원한 기적들이 펼쳐지는 동정녀의 자궁에서 왔고, 성 삼위일체의 광채가 그녀로부터 비쳐오기 때문이다. 그러나 우리가 하느님의 지혜에 대해서 거의 관심을 가지지 않았고, 오직 자신의 욕망들만 좇아다니다가 세상을 떠난 다음 악마의 손아귀에서 거의 벗어나지 못한 사람에게 위대한 지혜를 기대한다면 잘못을 저지르는 것이 된다"(*Three Principles*, xix. 61).

세상을 떠난 하느님의 성도들의 영혼이 우리의 생필품을 위해서 간구할 수 있거나 하느님에게 항의하거나 그렇지 않으면 하느님의 영원하고, 무한한 자비에 어떤 작용을 할 수 있다고 믿는 것은 말도 되지 않는 소리이다.

> "죽은 영혼들은 우리를 위해서 하느님께 청원하지 않는다. 그들이 왜 그렇게 하겠는가? 우리의 구원은 그들이 비는데 달려 있지 않고, 우리가 들어가는데

달려 있다. 어떤 사람이라도 자신의 의지를 하느님에게 두면 하느님이 그를 돕는다. 하느님의 팔은 낮이나 밤이나 그를 도우려고 뻗쳐진다. 그때 사람들은 주제넘게도 하느님이 회개한 죄인을 받아들이지 않는 매우 엄격한 심판자라고 생각할 수 있을까?"(*Forty Questions*, xxvi. 23).

성도들의 죽은 영혼들은 소위 "기적"이라고 부르는 것들을 완수했다고 설명할 수 있다. 그러나 이것은 사람들이 보통 믿는 일상적인 방식으로 이루어지지 않고, 산 사람들의 믿음(신앙)과 죽은 이들의 믿음이 합쳐지는 방식으로 이루어진다.

"우리는 (천주교에서 가르치는 대로) 돌아가신 위대한 성인들은 수많은 사람들에게 나타났었고, 기적들을 행했다는 사실을 부정하지 않는다. 오늘날 많은 사람들이 부정하지만, 이것은 사실이다. 그러나 그것은 그것을 긍정하는 사람들이나 부정하는 사람들에게 알려진 것과 전혀 다른 문법(신비학의 다른 분야)에 속해 있다"(*Forty Questions*, xix. 63).

"우리 조상들이 돌아가신 다음에 때때로 어떤 놀라운 방식으로 나타났었던 이유는 산 사람들의 신앙 속에서 발견된다. 신앙에는 산들을 옮길 수 있는 힘이 있기 때문이다. 살아있는 이 사람들의 신앙은 여전히 좋고, 순수하다. 그리고 그들은 그들의 배를 섬기거나 세상적인 구경거리도 숭배하지 않는다. 따라서 그들의 신앙은 천국에까지 닿는다. 다시 말해서, 성도들에게까지 닿는 것이다. 그러므로 하나의 신앙이 다른 신앙을 붙잡는다. 그 성도들 역시 강력한 신앙, 특히 세상에 살아있을 때 많은 사람들을 하느님에게 회개시킨 성도들에게 반응하기 때문이다. 이렇게 어떤 놀라운 일들은 그들의 기억을 불러일으키면서 이루어진다"(*Three Principles*, xviii. 80).

"하나의 신앙은 다른 신앙을 붙잡는다. 살아있는 사람의 신앙은 성도들의 신앙을 붙잡고, 그 신앙은 기적을 만든다. 신앙은 산들을 던질 수도 있다. 하느님이 그렇게 명령하시면, 나는 세상을 파괴할 수도 있었다"[6](*Forty Questions*, xxvi).

위에서 우리는 인간의 영이나 영혼의 두 가지 다른 종류에 대해서 살펴보았다. 그 안에서 어둠과 악의 원리가 현저하게 드러나고, 궁극적으로 "악마"라고 부르는 원리와 동일시한 사람들과 그 안에서 빛이나 악의 원리가 현저하게 드러난 사람들을 기다리는 운명에 대해서 살펴보았던 것이다. 그러나 영원한 자연의 네 번째 형태 안에서 선과 악의 원리가 분리되지 않은 더 많은 수의 사람들을 만날 수 있다. 그런 사람들은 동양에서는 카마 로카(*Kama loca*: 아스트랄 지역으로 스콜라 신학의 연옥, 고대인의 하데스과 비슷하다—역자 주), 서양에서는 연옥이라고 부른 상태에 있다. 그러나 카마 로카와 연옥의 의미가 완전히 동일한 것은 아니다.

> "그 안에서 의심과 믿음이 뒤섞여 있는 사람들은 그들의 기초를 천국이나 지옥에 두지 않고, 불과 빛이 서로 분리되는 현관의 가운데 서 있다. 그들은 혼란에 빠져 있다. 수많은 사람들은 상당히 오랫동안 거기에 있다. 그러나 진노는 그들이 가진 신앙의 작은 불꽃을 삼키지 못하고, 결국 그들을 놓아 준다. 이것(고통)이 의미하는 것은 사람들이 일부러 끝까지 죄에 머물다가, 나중에 구원 받으려고 하는 것이다"(*Forty Questions*, xxiv. 5).
>
> "그런 사람들이 그들의 작은 사랑의 불꽃에 의해서 영생에 들어갈 수 있기 전에 어떤 종류의 연옥을 통과해야 하는지는 기술할 수 없다. 세상 사람들은 그런 설명을 믿지도 않을 것이다. 사람들은 너무 영리하거나, 너무 어리석어서 그것을 이해하지 못할 것이다. 사람들은 영원히 문자에만 매달릴 것이다. 나는 하느님께 바란다. 어느 누구도 그와 같은 것을 경험하게 하지 말라고 말이다. 그래서 나는 그것을 그만 말하고, 거기에 대해서 아무 말도 하지 않을 것이다"(*Forty Questions*, xviii).

물론 더 높은 원리들이 완전히 떠났던 영혼은 그 어떤 고통도 당하지 않는다. 그녀에게는 영적 지성이 없기 때문이다. 그런 존재는 단지 아스트랄 같은 몸일 뿐이다. 그는 의식이 없는 신체적인 몸이 파손된다고 할지라도 무감각한 것처럼 아스트랄 요소들의 파괴적인 영향을 더 이상 받지 않는다. 그러나 아스트랄 형태에 그 어떤 영적 지성이 아직도 남아 있으면, 그것은 강하고, 고통스러운 분리를 통과해야 할 것이다.

> "많은 영혼은 그녀가 커다란 죄로 자신을 더럽혔다면, 이 세상을 떠난 다음 수많은 시간 동안 연옥에 머물러야 한다. 그리고 현세적 명예와 권력을 가진 사람들의 경우 영혼이 진정으로 거듭나지 않고 단지 어느 정도 맛만 보기도 하는데, 그때 그들의 주장은 정의를 대체하고, 지혜가 아니라 악의로 되면서 심판받는다. 죽을 때가 가까이 오고, 양심이 깨어날 때, 그런 영혼은 지옥에 대한 커다란 공포 때문에 떨고, 구원 받으려고 한다. 그러나 그녀에게는 신앙의 구원의 능력은 지극히 적게 있을 뿐이고, 그녀 앞에는 부정의와 거짓, 세속적 탐욕과 땅에 짓밟히는 눈물과 한숨만 있다. 그녀의 욕망은 어느 정도 하느님을 향해서 나아가지만, 그녀가 저지른 죄는 계속해서 나아가고, 그녀 안에서는 커다란 의심과 근심이 일어난다. 그때 많은 사람들은 가느다란 실 같은 구원의 능력에 매달린다. 그러다가 죽음이 실제로 닥치고, 영혼이 몸으로부터 분리되는 때가 오면, 가련한 영혼은 그 실에 매달리고, 그것을 놓지 않으려고 한다. 그러나 그녀의 모든 본질은 아직도 하느님의 진노 속에 깊이 잠겨 있다. 그녀는 그녀의 커다란 죄 때문에 고통 받고, 새로 태어난 아기의 신앙의 실(탯줄)은 너무 약하다.[7] 따라서 신랑이 '오라'고 말하면, 가련한 영혼은 '그럴 수 없어요! 나에게 등잔이 마련되지 않았어요'라고 말한다. 그러나 그녀는 그 실에 매달리고, 상상력을 동원하여 하느님의 마음속으로 들어가려고 한다. 그래서 결국 그녀 안에 있는 그리스도의 고통에 의하여 썩은 물로부터 구속(救贖)을 받는다. 그녀는 하느님의 진노 속에서 타오르는 끔찍한 죄로부터 구속되는 것이다"(*Three Principles,* xix. 41).

자신의 신성을 마치 자신의 주위에 빛의 외투처럼 쌓았고, 세상의 유혹으로부터 단절시킨 영혼은 세상으로 되돌아가고 싶은 욕망을 느끼지 못하고, 세상일에 아무 관심도 없다. 그의 영혼은 마치 잠이 들면 외적인 환경을 모두 망각한 사람처럼 되는 것이다. 그러나 그 영혼은 여전히 세상적인 본질 속에 사로잡혀 있으며, 그는 개인적인 소망에 대한 만족을 추구할 목적으로 죽을 수밖에 없는 사람들 사이에서 아스트랄 체로 다시 나타날 수 있다. 그런 영혼은 때때로 산 사람들에게 기도로 그들을 도와달라고 부탁하려고 되돌아온다.

"사람이 죽으면 외적인 몸은 분해되어 본래의 몸으로 돌아가지만, 영원한 본성에서 태어났고, 하느님의 성령에 의해서 아담의 본질 속으로 들어간 영혼은 죽을 수 없습니다. 영혼은 시간에서 비롯되지 않았고, 영원한 세대로부터 비롯되었기 때문입니다. 영혼이 한시적인 사물에 그녀의 의지를 집어넣었다면, 그녀는 그것들의 특성을 그녀의 욕망 안에서 생각하고, 그것들을 마치 실체적으로 소유한 것처럼 마술적으로 붙들 것입니다. 물론 영혼은 원소로 된 (신체적인) 몸을 유지할 수 없지만, 배열(아스트랄적 원소)에 의해서 소실될 때까지 그녀의 아스트랄체를 가질 수 있습니다. 따라서 사람들이 죽은 다음에도 그들의 집이나 그들 자신의 몸에서 볼 수 있는 일이 종종 일어납니다. 그러나 그 몸은 차고, 죽었으며, 뻣뻣합니다. 그리고 영혼-영(soul-spirit)은 신체적인 몸이 분해될 때까지 오직 아스트랄 영을 통해서만 그것을 잡아당깁니다"(*Letters*, xxii. 8).

"천국에 아직 가지 못한 영혼들은 아직도 그들의 행위들과 붙어서 그것들과 함께 인간의 상태에 남아 있다. 따라서 그런 종류의 많은 영혼들은 그녀들의 아스트랄 같은 형태 속으로 돌아가고, 그녀의 집 주위를 배회하며, 사람의 모습으로 보인다. 그때 그 영혼은 이것이나 저것을 물어보고, 그녀의 안식을 위해서 성도들의 축복(그녀가 기원하는 기도를 통해서)을 얻을 수 있을 것이라고 생각하기도 하고, 그녀는 자녀나 친구에 대해서 걱정할 수도 있다. 그러나 이 모든 것들은 그녀의 아스트랄체 영이 소실될 때까지만 그렇고, 때가 되면 안식으로 들어간다. 그 다음에 모든 슬픔과 고난 이끝나는데, 거기에 대해서는 더 이상 알지 못한다.그녀는 단지 그것을 마술적 경이, 즉 마기아(*magia*) 속에서 본다"(*Forty Questions*, xxvi. 8).

"그리스도는 '너의 보물이 있는 곳에 너의 마음이 있다'고 말하였다. 그러므로 불운한 영혼들이 그들이 살았던 공동체에 다시 나타나서 기도를 통하여 도와 달라고 부탁하고, 그렇게 해서 그들이 안식을 찾을 수 있을 것이라고 생각하는 경우가 종종 있었다. 그런 생각 때문에 연옥에 대한 교리가 생겼다"(*Threefold Life*, xii. 240).

당연히 그 어떤 죽은 영혼도 기도에 의해서 살아날 수 없고, 단지 입으로 드리는 기도나 그 어떤 헛된 예식도 그녀를 물질의 속박으로부터 벗어나게 할 수 없다. 그러나 산 사람들은 진실한 기도를 통해서 "죽은 이", 특히 죽어가는 이를 도울 수 있다. 다시 말해서, 그들 속에 있는 영적인 의지(하느님에 대한 열망)에 의해서 도울 수 있는 것이다. 따라서 기도드리는 사람이 열심 있고, 신앙으로 가득 차 있으면 그의 기도는 죽은 이들이 어둠의 세력과 싸우는데 도움을 줄 수 있을 것이다.

"우리는 그리스도교 공동체가 마치 거룩한 사람들과 사제들이 여전히 살고 있던 초대 기독교 공동체에서 그랬던 것처럼 그 사람들이 그들에게 맡겨진 일들을 열심히 한다면 그들이 영혼을 구속하는 커다란 능력을 가지고 있을 것이라고 인정한다. 그때는 정말 그럴 수 있었다. 그러나 자기가 그 열쇠를 가지고 있으며, 그것을 통해서 자기-만족을 얻고, 그들이 받은 돈의 액수에 따라서 영혼들을 연옥에서 나오게 할 수 있다고 주장하는 사람들은 그렇지 않다. 그런 사람들에게는 차라리 그런 돈도 받지 않아서 그들의 욕망에 매달리지 않는 편이 더 좋을 것이다"(*Forty Questions*, xxiv. 12).

"죽은 사람을 위한 산 사람의 기도는 그가 (그의 마음에서) 진실한 그리스도인이고, 거듭난 사람이라면 유용하다. 가련한 영혼이 벌레나 동물처럼 완전히 잔인하게 변한 것이 아니라, 단지 자신의 욕망을 가지고 아직도 하느님과의 관계 속으로 들어가서 여전히 거듭남의 실을 가지고 하느님과 관계를 맺는다면, 그리고 기도하는 사람의 영-영혼과 가련한 영혼의 열렬한 사랑으로 돌아서서 하느님께 다가간다면, 기도하는 이는 가련한 영혼이 어둠의 요소들과 싸우는 것을 도와서 악마의 사슬을 부술 수 있을 것이다. 이것은 특히 영이 정신과 분리되는 순간, 두드러지게는 부모, 자녀 또는 피붙이들의 관계에서 그렇다. 서로 혈연 관계에 있는 사람들 사이에서는 팅크제가 필요한 조화(공진동)에 더 쉽게 들어가고, 그러면 영은 싸움에 더 기꺼이 참여한다. 그때 낯선 사람만 있을 때보다 정복하기가 더 쉬워지기 때문이다. 그러나 이 모든 것들은 이 사람들 자신이 거듭난 상태에 있지 않는 한 소용이 없다. 악마는 다른 악마를 파괴할 수 없기 때문이다. 죽어가는 사람의 영혼이 그녀를 그리스도와 묶는 것으로부터 완전히 분리되고, 영혼이 그녀 자신의 노력으로 그 실에 닿지 못한다면, 다른 사람들의 기도는 아무 쓸모가 없다"[8](*Three Principles*, xix. 55).

결론

"오랫동안 창녀를 동정녀로 변환시키려는 노력들이 행해졌지만 그것에 의해서 그녀의 매춘 행위는 단지 미화되고 증가되었을 뿐이다. 이 창녀가 망한다면, 모든 종파들은 그녀가 그 위에 올라탄 동물과 함께 망해야 할 것이다. 그것들 모두는 단지 그 창녀의 형상일 뿐이기 때문이다"(Myster. Magn., xxxvi. 69).
"교회 밖에는 구원이 없다"(Extra Ecclesiam nulla salus).

우리가 앞으로 살펴볼 것은 야콥 뵈메가 쓴 교리를 요약하거나 간단하게 검토한 것인데, 그것은 그의 저작들에 대한 연구를 더 고취하려는 목적에서이다. 그가 쓴 것들에 대한 의미를 파악한 사람들은 교회 당국에게 그의 교리가 참되다는 확증을 구하려고 하지 않고, 그리스도 안에서 확인하게 될 것이다. 다른 한편, 어떤 책을 아무리 많이 읽었을지라도, 영원한 진리에 대한 개념에 눈을 뜰 수 없고, 자신의 내면에 있는 하느님의 빛의 능력으로 신적인 빛을 볼 수 없는 사람은 언제나 뵈메의 교리를 의심할 것이다. 그러므로 그리스도를 교회의 바깥, 즉 그리스도의 바깥에서 찾으려는, 정신없는 "자유사상가"들은 눈이 먼 사람과 같을 것이다. 그들은 진리를 진리 자체 안에서가 아니라 바깥에 있는 사물, 말하자면 책이나, 권위자에게 찾으면서 어둠 속에서 넘어진다. 그는 오늘 어떤 책을 읽다가 그것이 그의 흥미에 맞으면 그것이 진리라고 생각하다가, 그 다음날 다른 책을 들고서 거기에 반대되는 주장들이 있는데도, 그것이 첫 번째 책보다 더 그럴 듯하면 첫 번째 책을 내던지고, 먼 미래에 그 책보다 더 그럴 듯한 책이 나와서 그것을 받아들일 때까지 그 책에 악담을 퍼붓는다.

"나는 그 사람의 신적 자기-인식이 들어있지 않은 공상이나 견해로부터 도출된

> 단편들, 그렇지만 그것으로부터 그가 결론을 끌어낸 것은 지혜가 아니라 바벨탑에 불과한 것이라는 점을 공개적으로 말한다. 실제로 행해져야 하는 일은 그럴 듯한 것이나 공상에 의해서가 아니라 성령 안에 뿌리박은 자기-인식에 의해서 이루어져야 하기 때문이다"(*Epistl.* xi.39).
>
> "우리는 그들이 너무 눈이 멀었고, 하느님에 대해서 너무 몰랐다고 바벨탑을 만든 사람들을 비난한다. 그들은 기술과 철학을 쓸모없이 만들었고, 적그리스도를 받아들였다. 이제 그들에게는 이해가 부족하다. 그들에게 앎은 있지만, 그것은 진정한 인식이 아니다. 그들은 거울을 깨버렸고, 광경을 통해서 본다"(*Forty Questions,* xxi. 16).

그렇다면 불쌍한 인류는 무엇을 믿어야 하는가 하고 사람들은 묻는다. 사람들이 무엇이 진리이고, 무엇이 거짓인지 결정할 근거가 되는 길은 없는가? 그들은 "기독교" 교회나 "밀교적 불교"나 어떤 동양신학이나 소위 "신지학적" 교리를 믿어야 하는가? 그것도 아니면 그들은 모든 것을 내버리고, 아무것도 읽지 않고, 그들의 한시적인 위안 이외에 아무 관심도 가지지 말아야 하는가?

이것에 대해서 우리는 그리스도 이외에 그 어디에서도 구원은 없다고 답하려다. 진리가 그 자신 속에서 살아있고, 의식되지 않는 한, 어느 누구도 무엇이 진리이고 진리가 아닌지 실제로 알 수 없다. 우리는 모든 것을 시험할 수 있고, 가장 좋은 것을 취할 수 있다. 그러나 결국 어느 것이 가장 좋은 것인지 판단할 수 있는 것은 우리 자신이 선(善) 자체와 내적 관계를 맺어야 가능하다. 우리가 현명하지 않으면, 우리는 지혜와 어리석음 사이를 판단할 수 없다. 우리가 영원한 선의 기반에서 떠나면 우리는 정말 좋은 것이 어떤 것인지 알 수 없는 것이다.

> "다른 빛이 그 영을 비치지 않는 한, 이 세상의 영은 그 자신을 알지 못한다—그 빛은 마음이 편안하고 그 자신을 알 수 있게 하는 빛이다"(*Threefold Life,* v. 28).

"그리스도인의 시금석은 하느님과 인류를 향한 그의 사랑이다"(*Threefold Life*, xiii. 13).

"내면세계의 인도자와 외부 세계의 인도자를 아는 법을 배우시오. 그러면 두 세계의 마법의 학교를 알 수 있을 것이다. 그때 당신의 마음은 망상으로부터 자유로워질 것이다. 망상에는 완전한 것이 없기 때문이다. 영은 반드시 신비를 포착할 줄 알아야 한다. 하느님의 성령은 사람 안에 있는 욕망의 인도자이다. 그것이 없으면 인간은 단지 외적 신비 안에 있을 것이다. 다시 말해서, 인간의 영혼을 자주 강하게 불붙이고, 움직이는 별이 빛나는 외적 하늘 안에만 있게 될 것이다. 그때 그에게는 오직 단순하고, 어린이 같은 마음 안에만 있는 하느님의 마법의 학교가 주어지지 않는다"(*Epistl*. xi. 62).

"외부의 인도자는 단지 거울 안에서만 일하고 비추지만, 내적인 인도자는 본질적인 존재를 비춘다. 그리고 이것은 하느님의 성령의 인도가 없다면, 이루어질 수 없다. 그러므로 천상의 학교를 아는 사람은 하느님과 같이 있으며, 그가 하느님의 소유이고, 성령에 의해서 이끌린다면 커다란 노력을 기울이지 않더라도 마법사(*Magus*)가 될 것이다"(*Epistl*. xi. 62).

빛 안에서 살며, 그의 안에 빛이 살아있는 실재인 사람 이외에 어느 누구도 빛을 알거나 빛을 지각할 수 없다. 어둠 안에 있고, 언제나 어둠 안에 잠겼던 사람에게 빛의 본성에 대한 이론은 오직 이론일 뿐이다. 이것은 외적인 햇빛에 관해서나 영의 빛에 관해서나 똑같이 진실이다. 외적인 햇빛은 모든 외적 생명의 원인이고, 세상의 모든 존재들의 활동이다. 마찬가지로 하느님의 영적인 빛은 영혼의 생명이다. 그 빛의 영역은 유일한 진리이고, 오류가 없지만 알 수 없는데, 그것이 그리스도의 교회이다. 거기에서만 구원을 발견할 수 있다. 그것 이외에 인류를 구속할 수 있는 능력을 가진 다른 교회는 없다. 그 교회는 빛의 속성들을 묘사하는 하나의 체계가 아니라 빛 자체이다. 그 빛만이 어둠을 극복할 수 있기 때문이다. 빛은 스스로를 구속할 수 없다. 그 빛은 오직 자신 안에서만 발견될 수 있으며, 어둠에서는 발견될 수 없다. 그것이 아직 드러나지 않았기 때문이다.[1]

"진정한 그리스도의 교회"는 전체로서의 인간성의 영적이고, 신적인 측면을 의미하며, "그리스도인"이나 "비그리스도인"은 그가 어떤 교파에 속하든지 거기에 외적으로 속해 있을 수 있다. 그런데 그가 그 자신 안에서 그리스도의 진정한 빛, 즉 그의 양심을 발견하였다면, 그는 진정한 그리스도 교회의 구성원, "내적 서클의 구성원", "입문자", "숙련자"이다. 그러나 그가 자신 안에서 그리스도를 발견하지 못했다면, 그의 모든 호칭과 주장들은 아무 가치도 없고, 우스꽝스럽기까지 하다.

이 빛은 영원히 마음(*Manas*) 속을 비추는 아트마-부디(*Atma-Buddhi*: *Atma*는 Self를 의미하고, *Buddhi*는 spiritual soul를 의미한다. *Atma-Buddhi*는 신지학에서 영혼의 매개체를 통해 행동하는 정신을 말한다—역자 주)이다. 그것은 부처의 빛이다. 그 빛이 없었다면 고타마(Gautama)는 부처, 즉 "깨달은 사람"(覺者)이 되지 못했을 것이기 때문이다. 또한 그것은 나자렛 예수의 빛이다. 그 빛이 없었다면, 편안한 구석에서 잠자던 신성의 싹, 즉 인간의 영혼 안에 있는 신비한 "베들레헴"인 그 아이 역시 그리스도가 되지 못했을 것이다. 또한 그것은 모든 사람의 빛이다. 그것이 그 자신의 영생의 중심이자 태양이기 때문이다. 그리고 그것은 그의 모든 지식의 샘물이다. 오직 그 빛 안에서만 영원한 진리의 인식이 머물기 때문이다.

> "하느님의 뜻은 사람들이 그것을 무엇이라고 부르든지 간에 모든 사람들에게 열려 있다. ... 자기 인식에 도달한 사람에게 신조(信條)와 견해(見解)는 무슨 소용이 있는가? 견해들은 생명을 주는 그리스도의 성령이 아니다. 그러나 그리스도의 성령은 우리 영에게 우리가 하느님의 자녀라고 증언한다. 그는 우리 안에 있고, 우리는 그를 견해들 속에서 찾을 필요가 없다"(*Threefold Life,* ix. 82).
>
> "당신은 성령을 찾으려고 그 어떤 장소나 지역을 물색할 필요가 없다. 해가 질 때까지 뜨고 빛을 비추듯이, 그리스도가 모든 장소와 감춰진 구석까지 인류의 시초로부터 영원까지 비추기 때문이다. 그리스도의 공동체는 이 세상의 모든 곳과 모든 나라들, 즉 남자들이나 여자들이 죄를 버리고, 하느님의 뜻에 귀의하

는 어디에나 존재한다"(*Threefold Life*, xi. 88).

그리스도는 나무와 같다. 그리스도는 나무 기둥이고, 개인적 영혼들은 가지이며, 땅 위에 계속해서 나타나는 영원히 변하는 인격들은 잎들이다. 그 나무 기둥 안에서 모든 것들은 하나이다. 가지들은 모양이 다르다. 어떤 것은 크고, 다른 것은 작지만 해마다 더 크게 자란다. 그러나 잎들은 가을에 떨어지고, 그 다음해 봄에 다시 나온다. 그것들은 바람이 불 때 살랑거리고, 서로 반대되는 방향으로 나부낄지 모른다. 그것들은 서로 떨어지고, 다른 관심 때문에 싸우는 것이다. 그러나 나무는 하나로 남아 있다. 나무는 개별적인 잎사귀들이 없어도 살 수 있지만, 잎사귀들은 나무가 없으면 존속할 수 없다. 우리는 나누어진 잎사귀들의 모임 안에서가 아니라 오직 나무의 기둥 안에서만 우리 생명의 원천과 기원을 발견할 수 있고, 우리의 진정한 본성에 대해서 알 수 있다. 그러므로 뵈메는 계속해서 우리에게 우리 생명의 나무의 기둥을 찾고, 영원한 빛과 생명의 원천을 얻으려고 애써야 한다고 조언한다. 뵈메의 책에서 자신의 호기심을 충족시킬 수 있는 정보를 찾으려는 사람들은 보통 실망한다. 그가 그리스도 외에는 그 어떤 것도 말하지 않거나 우리가 뵈메처럼 우리 내면의 샘에서 찾을 때 우리 자신 안에서 찾을 수 없는 그 어떤 지식도 전해 주지 않기 때문이다. 더구나 그는 그리스도 안에 있지 않은 것이면 그 어떤 것을 알려고 하는 것에 반대하고, 그리스도 안에서 볼 수 없는 그런 것들은 아무 가치도 없고, 헛된 것이라고 말한다.

"그리스도"는 길과 진리이다. 그것은 인류와 모든 개인들을 위한 영원한 생명을 의미한다. 어느 누구도 자신의 내면의 영혼이 아닌 다른 곳에서 자신의 생명의 근원을 찾을 생각을 하지 않을 것이다. 우주적 생명은 자신 안에서 활동하는 한에서만 그를 기다리기 때문이다.

그럼에도 불구하고, 이것은 바벨의 주민들이 보려고 하지 않는 바로 그것이다.[2] 그들은 그들 자신 속에서 잠자는 신성을 제외하고 모든 곳에서 하느님을 찾으려고 한다. 그들은 그들에게 와서, 그들을 구원해 줄 어떤 하느님을 하늘에서 꿈꾼다. 그러면서 그들은 그들 자신의 구원을 소홀히 한다. 그들은 책에서 정보를 찾으려고 하지만, 그 자신의 힘으로 만유가 창조되었고, 그들 자신의 마음속에서 말하는 말씀의 소리를 듣지 못한다.

인류의 진정한 구속자에 관한 이런 이해의 부족은 현재 인류가 겪는 모든 사회적 문제의 원인이다. 왜냐하면 사람들은 모든 진정한 구원은 외부로부터가 아니라 내면에서부터 온다는 것을 알지 못하고, 모든 악의 뿌리인 인간의 이기심이 그 안에서 개혁되지 않는 한 외면적인 개혁들은 아무 가치도 없다는 사실을 모르기 때문이다.

그리스도의 거룩한 이름은 "그리스도인들"과 "반-그리스도인들"에 의해서 그들의 편견과 합리주의 때문에 끊임없이 오해받았고, 잘못 적용되었으며, 악용되었다는 사실은 그가 세상의 영적인 빛이며, 모든 개인적인 존재들, 즉 남자, 여자, 어린이들의 영혼 속에 있는 영적인 빛이라는 진리를 변화시키지 않는다. 그리스도를 자기(自己) 속, 즉 꿈이나 비전이 아니라 자기 내면의 양심에서 찾고, 다른 생각과 욕망에서 벗어나 오직 그분께 매달리는 힘을 실천하는 것은 신비니다. 즉 저속하고 낮은 모든 것을 물리치는 계속적인 실천을 요구하는 실행은 주목할 만한 유일한 "실천적 신비주의"인 것이다.

그리스도 교회를 향한 정당하거나 정당하지 못한 모든 비난들과 교회 지도자들에게 퍼부어졌던 모든 욕설들과 저주들은 마치 나무 잎사귀에 부는 바람의 숨결처럼 진정한 그리스도 교회에 커다란 영향을 미치지 못했다. 외적인 교회는 현세적 권력과 권위에 대한 욕망을 가지고, 교만과 이기심으로 만들어진 야수 위에 올라탄 커다란 창녀로 영원히 남겠지만, 그리스도의 영적인 교회는 하느님 안에서 안전하게 영원한 침묵 속에 머물기 때문이다. 이 교회는 신적이고, 내면적이며, 눈에 보이지 않기 때문에 외부의 그 어떤 원천으로부터의 공격으로도 다가갈 수 없다. "그리스도교 교회"가 비난을 샀던 모든 과오들과 교회가 그리스도의 학대받는 이름으로 흘린 모든 무고한 피와 그 교회들의 악행에 의해서 스스로 져야 했던 모든 저주들은 진정한 그리스도 교회와 아무 상관이 없다. 그것들은 성자의 손에 잡혀서 행진하는 악마에게 속할 뿐이다. 그동안의 교회의 그 편협했던 역사는 마땅히 그리스도교라고 불릴 만한 교회의 역사가 아니다. 그것들은 오히려 인간의 무지, 악행, 미신의 역사이다. 그와 같은 부패는 사람의 몸에 난 사마귀가 그의 지성과 아무 관계가 없듯이 진정한 기독교 정신과 아무 관계도 없다. 교파와 분파주의는 교회, 즉 그리스도의 외적인 몸이 아니다. 그것들은 자연스럽지 않은 이유들 때문에 생긴 필연적인 결과이고, 그렇기 때문에 세계의 정신적이고 영적인 어둠이 진리의 빛에 의해서 해결될 때까지 존속할 것이다. 그 진리는 인간의 유일한 구속자로 존재하고, 영원히 존재할 것이다. 이 빛이 일단 영혼의 모든 심층을 뚫고 들어가기만 하면, 어둠은 존재하기를 그치고, 사람들은 그것에 의해서 진정한 자기-인식을 얻게 되며, 알지 못하는 것이 없게 될 것이다. 그때 사람 자신이 진리, 즉 그리스도로 될 것이기 때문이다. 만유는 그리스도 안에서 그리스도에게 삼킨 바 되었는데, 그리스도는 만유의 주[240]이다. 그래서 뵈메는 다음과 같이 말한다.

> "인간-그리스도(인간이 되신 그리스도에 의해서 그리스도로 된 인간)는 만유의 주이고, 그의 안에 신적 실존의 모든 것을 지니고 있다. 그러면 우리가 하느님을 인식할 수 있는 것은 우리 안에 있는 그리스도의 실체 속이 아니라면 아무 데도 없다. 그 안에만 신성의 충만함이 실체적으로 머무르기 때문이다"(Questions, i. 153)
>
> "하느님 아버지의 모든 것과 그의 안에 있는 모든 것은 내 속에서—다시 말해서 인간 속에서—하나의 형태, 즉 신적 세계의 본질의 이미지로 나타날 것이다. 그의 영원한 지혜의 모든 빛깔들, 힘들, 덕성들이 내 속에 그의 진정한 이미지 속에서 드러날 것이다. 나 자신은 하느님의 영적 세계의 표현이고, 하느님은 그 자신과 함께 행하는 하느님의 성령의 도구가 될 것이다. 나는 그의 현악기이며, 천상의 하프가 될 것이다. '나'만이 아니라 영광스럽게 만들어진 하느님의 현악기 합주단의 모든 나의 동료들도 그럴 것이다"(*Signature*, xii).

신적인 빛(*Atma-Buddhi*, 또는 인류 안에 있는 "그리스도")이 인간의 마음(*Manas*) 속에 충만하게 드러나면, 인간은 그 빛에 의해서 환해질 테고, 그 자신이 그 빛, 즉 *Atma-Buddhi Manas*나 그리스도가 될 것이다. 따라서 사람이 신적 지혜의 빛의 영적 영역인 진정한 교회 안에 들어갈 때, 신적 지혜의 빛은 그를 꿰뚫고 들어갈 것이다. 그리고 모든 마음으로 된 인간은 그것에 의해서 스스로 빛을 얻고, 자기-인식을 얻게 될 것이다. 사람이 그런 상태에 들어가지 못하게 방해하는 모든 것들은 그의 이기적인 의지와 이기심이다. 따라서 사람이 그 자신의 (그 자신의 세상적 자기를 구성하는) 이기적인 의지에 상대화되어 마치 십자가에 못 박힌 것 같이 완전히 무력해질 때, 그리고 그의 이기적인 의지가 십자가에서 죽었다면, 신적인 존재로서 그의 영광스러운 부활, 심지어 그리스도 자신으로서의 부활이 일어날 것이다. 그러면 그가 그 전에 자기는 소외된 존재이고, 인류의 나머지로부터 분리된 사물이라고 생각했던 환상은 사라지고, 그는 하느님을 그의 안에서 인식하고, 그 자신이 만유를 꿰뚫고 들어가는 빛 안에서 사는 신으로 인식하게 될 것이다. 또한 그 자신이 만유이며, 생명의 십자가 위에 팔 뻗고 신성한 사랑의 힘으로 모든 인간을 그의 마음으로 이끄는 신으로 인식하게 될 것이다.

이 신적인 사랑은 환상도, 꿈도 아니고, 이에 대한 믿음도 미신이 아니라 가장 실질적인 현실이다. 그것이 세계 창조의 본질이기 때문이다. 사람은 그 아름다움을 그 자신 안에 있는 아름다운 것을 통하여 모든 것들 속에서 느낄 수 있고, 영혼은 그것이 그와 닿을 때 접할 수 있다. 그것은 투박한 물질적 몸속에 제한되지 않고, 모든 것보다 위에 있다. 그것은 스스로 존재하고, 자유로우며, 영혼과 빛이 어두운 불같은 의지로부터 일어나게 하는데, 검은 땅에서 자라는 아름다운 식물과 비교할 만하다. 그것은 무의식적이고, 기계적인 힘이나 매력이 아니다. 오히려 신적 의지이고, 자기-의식이다. 다른 말로 해서 하느님의 성령인 것이다.

하느님의 이 사랑과 빛의 영역만이 진정한 교회이고, 이것 밖에서는 그 어떤 구원도 얻을 수 없다. 과학적으로 얻을 수 없고, 하느님의 사랑보다 더 열등한 그 어떤 것으로도 얻을 수 없다. 모든 인간의 진정한 신적인 자기는 교회의 구성원이고, 거주자이며, 그것과의 관계를 끊는 사람은 그 자신의 생명을 버리는 것이다.

과학은 각각의 사물에는 그것의 특성을 드러내는 알 수 없는 범위의 아우라가 있으며, 똑같은 진리도 각각의 사물과 존재가 특성을 가지고 있다고 말한다. 또한 그것은 그 안에 이런 특성들이 드러난 어떤 형태나 유기체가 진화된 알 수 없는 크기의 개별적인 힘의 일부라고 말하는 것이 더 정확한 표현이라고 말한다. 따라서 우리 눈에 보이는 물질적인 몸은 단지 빛의 왕국에서 사는 진정한 인간의 한 부분이 드러난 것일 뿐이다. 진정한 인간은 천국의 거주자이고, 물질적인 몸은 죽을 수밖에 없는 형태로 땅 위에서 걷는 그의 그림자이다.

우리 자신을 그 그림자와 동일시하지 않고, 우리의 천상적 자기에 대한 지식에 도달하는 것이 지상 생활에서의 목적이나.

그 자신의 신적인 자기가 불멸하는 존재라는 이 인식은 그 또는 그녀 자신의 능력에 의해서 얻어진다. 사람 속에 있는 불멸하는 것만이 그 자신을 불멸의 존재로 인식할 수 있기 때문이다. 영원한 진리의 현존 없이는 진리를 인식할 수 없고, 빛의 부재 속에서는 어둠도 그 자신을 비출 수 없다.

그러므로 그림자인 죄 많은 인간은 진정한 빛인 그리스도를 알 수 없지만, 그리스도는 그 자신의 신적 형상을 인간 속에서 인식한다. 따라서 그리스도는 인간의 지성소에서 살고, 사람 속에서 그의 안에 있는 그리스도를 인식할 수 있는 모든 것은 그리스도 안에서 산다. 그러나 사람이 그리스도 안에 있는 상태에 도달했다면, 그때 그는 단지 인간이기를 그치고, 자기에 대한 환상에서 벗어나서, 그 자신이 하느님인 것을 알게 될 것이다. 그러면 그는 이제 더 이상 어떤 것에 도달하려고 하거나 어떤 것이 되려고 하지 않고, 그의 그림자 같은 자기가 단지 망상이고, 그의 신적인 자기가 그리스도 안에 있는 모든 것이라는 사실을 인식하면서 그 자신의 신적 자기-인식 안에서 편히 쉴 것이다.

찾아보기

제1부 야콥 뵈메의 생애

1 이 전기는 뵈메에 대해서 쓰인 최초의 전기(傳記)이다.

2 그는 1599년 괴를리츠에 사는 카타리나와 결혼하여 야콥, 마이클, 엘리아스, 토비아스라는 아들들을 두었다.

3 뵈메는 그에 대한 가장 커다란 예찬자를 1617년에 만나게 된다. 그는 신비가들이 쓴 것들을 소개하려고 하였다(cf. *Epistolae Theosophicae*). 뵈메는 그에게 질문해오는 것들에 대한 답변으로 1620년 그의 교리에 대해서 "가장 위대한 신비에 대한 간단한 설명"이라는 일종의 요약을 발표한다.

4 그레고리우스 리히터(1560-1624)는 1606년부터 괴를리츠의 목사로 봉직하였다. 성격이 냉정했던 리히터 목사에게는 몇 권의 저술이 있다.

5 이 시기는 뵈메의 삶에서 가장 슬픈 시기일 것이다. 그 당시의 기록은 74편으로 된 뵈메의 『신지학에 관한 서신』(*Epistolae Theosophicae*)에 잘 나타나 있다. 뵈메는 발타자 박사의 질문들에 대답하기 위하여 그의 교리들을 기록한 일종의 요약서를 『위대한 신비의 애호가 발타자 발터 박사가 제기한 40개의 질문』이라는 이름으로 썼다.

6 발터는 뵈메의 찬양자 가운데 하나인데, 뵈메를 1617년 처음 만났다.

7 여기에서 말하는 막시밀리언 1세(1573-1651)는 신성로마제국의 황제 막시밀리언 1세(1493-151)를 가리키는 것이 아니라 바이에른 공 막시밀리언 1세를 가리키는 듯하다.

8 뵈메는 야곱에 대해서 『거대한 신비』(Mysterium Magnum)에서 다루었다.

9 음악은 죽어가는 사람과 사랑의 유대를 나누며, 저 먼 저승의 최초이며 매우 감미로운 선율을 가지고 있다. 야콥 뵈메는 죽어가는 사람 이외에는 어느 누구도 듣지 못하는, 멀리서 오는 음악을 들으면서 영원히 잠들었다.

10 Johann Rudolf Camerer은 17세기 독일의 유명한 의사이다.

11 그에 관한 더 자세한 것들은 *Biographie universelle*(Paris, Michaud, 1814) XI에 나와 있다.

12 여기에서 "보았노라"라는 말은 쥴리어스 시저가 "*Veni, Vidi, Vici*"(왔노라, 보았노라, 이겼노라"라고 했던 말을 연상시킨다.

13 여기에서 사자는 "영혼 안에 있는 하느님의 말씀이 가진 힘"을 가리킨다. 뵈메는 화염검에 대해서 『거대한 신비』에서 이렇게 말하였다. "이 검(劍)은 사람이 그가 지었던 죄를 회개하고, 허영을 버리며, 어린아이와 같이 될 때 사람에게 주어질 수 있다. 그때 새벽별은 여태까지 그의 내면에 있던 순결한 존재, 즉 그의 진정한 여성적 자손인 그리스도의 영 안에서 떠오른다."

제2부 야곱 뵈메의 사상

제1장 서문

1 뵈메가 이 글을 썼을 때, 그는 다른 사람들과 마찬가지로 아직 하느님이 그 자신의 마음 안에 계신 것을 알지 못해서 그의 마음이 자연에 나타난 하느님의 우주적 능력의 거대함에 비교할 때 아무것도 아니라는 느낌이 들었기 때문에 그의 세속적 인격을 그의 진정한 자기라고 잘못 알고 있었다. 그는 결국 그 자신이 우주적인 하느님은 물론 그의 마음속에 계신 하느님과 하나이고, 그의 인격은 하느님이 그것을 통하여 자신의 능력을 나타내는 그와 비슷한 수백만 개의 도구나 체계 가운데 하나에 불과하다는 깨달음을 얻을 때까지 그렇게 생각하였다.

2 "악마"와 "어둠의 세력들"은 그들이 만든 악한 산물들과 함께 악의 "천신"인 루시퍼에서 나온 고약하고, 맹렬한 의지들이다. 그러나 타락하기 전에는 가장 강력한 천사였다.

3 "기뻐하고, 즐거워하며, 무엇보다도 먼저 주님을 찬양하라. 그의 이름이 모든 산과 언덕 위에 영광 속에서 떠오르기 때문이다. 그의 이름은 새싹처럼 자라고, 위대한 기적들을 만든다. 누가 그것을 막을 것인가?"(*Apologia*).

제3장 자연의 일곱 가지 특성이나 특질

1 야콥 뵈메가 어떻게 우주에서 일어나는 눈에 보이지 않는 영적 과정들에 대

해서 알 수 있었는지에 대한 질문이 제기되었다면, 그 답변은 인간의 영과 우주는 하나이고, 그가 우주 전체를 아는 그 자신의 신적 자기에 대해서 알기 때문이라는 것이 될 것이다. 영적인 관점에서 볼 때, 우주적 몸체 안에서 이루어지는 보편적인 우주적 과정들은 대우주적 인간의 유기체 안에서 일어나는 내적 과정들이라고 할 수 있다. 그것은 개인의 소우주 안에 반영되고 영원히 반복돼서 일어난다. 우주의 역사가 인간의 역사인 것이다.

제5장 천사

1 "무(Nothing)를 원하는 것"은 사람이 잠을 자려고 할 때처럼 모든 것에서 무의식적으로 되는 것을 의미하지 않고, "만족"하기를 원하며, 만유를 가지고, 존재에 대한 자기-의식 안에서 발견되는 완전과 행복의 상태를 의미한다.

2 진정한 겸손은 결코 그 자신을 낮추지만은 않는다. 오히려 그의 낮은 자기를 완전히 희생시키는 가운데서 하느님의 능력과 위엄이 그의 안에서 드러난다.

3 지옥은 사람들에게 자기-의식과 자기-의가 의식되고, 자신의 내면에 있는 신적 의지에 복종하기를 거부하려는 마음이 생길 때 만들어진다.

4 선한 천사들이 루시퍼와 싸우려고 "마음먹었다"고 생각해서는 안 된다. 이런 분리는 물이 불과 반대되는 것처럼 자연 법칙을 따른 것이다.

5 우리는 선을 부여받았지만 그것을 알지 못한다. 그것이 아무 고통을 주지 않기 때문이다. 어느 누구도 그가 받을 만한 것보다 더 축복 받았다고 불평하지 않는다. 그러나 우리에게 마땅한 악은 고통을 초래하고, 부당한 악은 아주 화가 난다.

6 여기에서 "고통"(torment)이라는 단어는 "아픔"(pain)을 의미하지 않고 "의식"을 의미한다. "악마"는 그가 자신의 원소들 안에만 있는 한 고통당하지 않기 때문이다.

7 악의 안에서 이루어진 자기-의식은 그 사람이 자신의 악한 자기를 의식하지 않고서는 선으로 바뀔 수 없다.

제6장 본성의 회복과 인간의 발생

1 루시퍼를 이 세상 안에 있는 분리된 존재로 생각해서는 안 되고, 눈에 보이는

모든 우주에 스며드는 힘으로 생각해야 한다. 그것은 지금 우주가 마치 우주적인 영적 인간의 몸처럼 생각되는 것과 마찬가지이다.

2 다른 말로 해서, 영적 원리의 성향은 만물의 내면을 활성화시킴으로써 그것들을 영적으로 만들고, 비추려고 한다.

3 똑같은 의미에서 나무로 자라날 씨앗의 힘은 그 조건이 모두 드러날 때까지 수많은 세월 동안 잠복되어 있다.

4 그러므로 열정의 불은 겸손으로부터 나온 영원한 생명의 "물"에 의하여 사람 안에서 진정되고, 그것은 영혼에 세례를 부어서 동요하던 원소들을 잠잠하게 만들었다.

5 이것은 영적 세계와 물질적 세계 사이에 있는 밀접한 관계들에 대해서 보여준다. 이 세상에는 "영적인" 물과 "물질적인" 물이 있는데, 그것들은 모두 하나의 원소에서 나온 것이다.

6 사람의 마음이 그의 안에 있는 신적 중심에서 나오는 신적 지혜의 빛으로 밝혀질 때 똑같은 것이 사람의 마음 안에도 생긴다.

7 6일은 시간에 속해 있고, 일곱 번째 날은 영원에 속하기 때문에 우리 행성에서 일곱 번째 "날"은 언제나, 아직 이르지 못하였다.

8 6일은 영원한 본성의 일곱 개의 형태의 활동들이다. 일곱 번째는 그들의 중심이거나 휴식 또는 "온도"이다. 일곱 번째 날에 "하느님은 그리스도로 나타난다"(*Grace*, iii. 39).

9 3은 형상의 숫자이다. 그래서 세 번째 "날"이다. 그리고 세 번째 원리에 의해서 3차원적 형상들이 객관적 실존 속으로 왔다. 그리고 계속해서 올 것이다.

10 사람은 그 자신을 심판한다. 그의 양심을 따라서 저울의 척도들이 바뀔 것이다. 그의 안에 있는 심판의 영들이 깨어날 때 심판의 날이 온다.

11 과거의 모든 계몽된 철학자들은 오직 일곱 개의 행성에 대해서 말한다. 우리가 만일 영적 지각의 가능성을 받아들이고, 이 지각이 진실이라는 데 동의한다면, 우리 태양계에는 본래의 일곱 개의 행성보다 더 있을 수 없으며, 나머지 두 개는 예외나 그림자로 간주될 수 있다. 그리고 적어도 그 가운데 하나로부터 점성가들이 잘 아는 해로운 영향이 나타날 것이다.

12 원소들의 세계의 주민에 대한 자세한 내용은 파라켈수스(Paracelsus)를 참

조하시오.

13 이 모든 것들은 우리 눈에 보이는 것들에 대해서 뿐만 아니라 창조의 또 다른 측면에 존재하고 그에 따라서 우리 눈에 보이는 것들에 대해서도 언급한다. 세상에는 존재의 남성적 요소들과 여성적 요소들이 있고, 자연에는 긍정적인 세력들과 부정적인 세력들이 있으며, 영적인 측면으로부터 지극히 물질적인 측면도 있다. 모든 피조물들에서 의지는 실행하는 여성적 요소이며, 상상력은 감독하고 지시하는 남성적 요소이다.

14 "사람을 만든 재료"에 대해서 테오프라스투스 파라켈수스는 이렇게 말한다: "그것은 하늘과 땅 위에 존재하는 모든 존재들로부터 뽑은 추출물이다. 모든 것들, 즉 피조물들, 영들, 원소들의 영혼에서 나온 추출물인 것이다. 말하자면, 그것은 각각의 형태들 안에 있는 영적 중심에 초점을 맞춰서 모은 마음에서 나온 것이다. 그것은 만유(萬有)의 정수이다. 그리고 인간은 대우주가 단지 그 이미지, 질서, 모양이 다르게 구성되어 있다는 의미에서만 서로 다른 또 하나의 소우주이다. 인간에게는 우주에 활성화되어 있거나 잠재적으로 존재하는 모든 가능성들과 특성들이 들어 있다. 그의 세상적 실체는 땅에서 비롯되었고, 정신 작용은 우주적 마음에서 비롯되었으며, 세속적 지혜는 자연의 빛으로부터 비롯되었지만, 그의 신적 지혜는 하느님에게 속해 있다."

15 우리가 내적 인간을 분석하고, 그 생리에 대해서 연구할 때는 다음과 같은 것을 기억해야 한다. 우리는 인간론과 우주론을 영적인 관점에서 다루면서 과학에서 오직 외적 모양만을 살펴보면서 소위 "물질"이라고 하는 세속적 관념을 마음에서 씻어내야 하는 것이다. 따라서 우리는 만유(萬有)는 존재의 내적이거나 외적인 측면에서 작용하는 우주적 의식의 표현으로 살펴보아야 한다. 우리 눈에 보이는 형태는 단지 지나가버리는 외관일 뿐이다.

16 그 어떤 것이라도 깨닫는 사람은 추상적인 의미에서 "사람"이 아니다. 사람들이 외부에 있는 다른 것과 접촉했을 때 그 자신의 외적 본성에 대응하는 것에 대해서 깨닫는 것은 언제나 사람들 속에서 활성화된 어떤 원리이다. 그래서 자신의 내면에 빛이 있는 사람만 빛을 볼 수 있고, 자신 안에 사랑의 요소가 있는 사람만 사랑을 느낄 수 있으며, 자신 안에 신성이 있는 사람만 다른 사람 안에서, 그리

고 다른 사람을 통해서 하느님을 발견할 수 있다.

17 그래서 파라켈수스는 다음과 같이 말한다. "자연적 인간은 세상으로부터 만들어졌다. 세상이 그로부터 만들어진 것이 아니다. 그는 자연의 아이이고, 그에게는 그의 어머니의 모든 특성들이 꼭 그만큼 들어있다. 그러나 진정한 영적 인간은 하느님의 아들이다. 자연의 지혜는 하느님의 지혜가 아니다. 하느님의 지혜는 모든 것 위에 있다.

18 그러므로 바로 이 날 아직 영 안에서 거듭나기 시작하지 않은 각 사람은 하느님의 성령이 그의 안에 숨을 불어 넣기 이전의 아담과 똑같은 조건에 있다. 인간의 영혼은 의식적인 불멸성의 잠재능력을 무의식적 상태에 담아 놓은 씨앗과 비슷한 것이다. 하느님을 제외하고 사람 속에 불멸한 것은 아무것도 없고, 사람 속에 있는 신적인 것이 깨어나야만 그 자신의 불멸성을 의식하게 된다.

제7장 인간

1 "낙원"(paradise)이라는 말은 순수하고, 순전하며, 행복한 상태를 의미하지만, 반드시 지적인 것은 아니다. 사람이 선을 실현할 수 있으려면 반드시 악이 무엇인지 배워야 한다.

2 그의 생각들과 의지는 순수하다. 따라서 그의 영(의지와 생각의 통합)은 그 자신을 순수하고 밝은 형상을 만들면서 나타난다. 그러나 지금 인간 존재의 몸을 구성하는 비천한 요소들의 부담을 느끼지는 않는다. 따라서 그의 몸은 이제 그 자신의 생각들의 산물이다.

3 우리가 사물의 본성에 대해서 알지 못하는 한 논리적 증거만이 유용할 뿐이다. 그것이 우리 자신의 일부가 되고, 우리가 그것에 대해서 알게 된 다음, 그 존재에 대한 또 다른 증거는 필요하지 않게 된다.

4 아담은 창조와 조화를 이루었고, 모든 자연과 하나 같았다. 그러므로 그는 자연에 있는 모든 존재들이 그의 내면에 있는 것 같이 느낄 수 있었고, 그것들을 그에 따라서 표현하였다.

5 오늘날에도 사람은 그의 의식이 있는 곳에 존재한다. 그러나 그의 육신적인 몸은 그의 생각의 움직임을 따라가기에는 너무 조야(粗野)해서, 그의 의식이 다른

곳에 집중될 때마다 무의식적으로 된다.

6 이것이 신적 인간이다. 그로부터 세상이 창조되었다. 그러나 자연적 인간은 세상의 산물이다.

7 모든 것들이 그 자신의 의지, 즉 그 자신 안에 있었기 때문이다.

8 천상의 이 아담은 죽지 않았고, 아직도 우리 모두의 안에 있다. 그러나 더 낮은 원리들의 유혹에 의해서 비롯된 타락한 상태 때문에 우리는 우리의 신적 본성을 망각하였다.

9 그 자신을 위해서 에덴을 만든 것은 아담 자신의 감정과 생각을 통해서였다. 그러므로 모든 사람들은 그 또는 그녀 자신의 낙원을 만든다.

10 동방의 서적에서는 이 낙원(Deva-loca 또는 Devachan)을 환상이라고 한다. 그러나 그 거주민들에게는 결코 환상이 아니다. 그것은 그들이 꿈을 실제적인 것이라고 하지만 우리에게 환상인 것과 마찬가지다. 그 반면에 낙원은 지상의 세계보다 훨씬 더 영원하고, 아름답다.

11 이것은 영혼이 성자나 하느님의 마음을 그 자신의 영역 바깥이나 영혼과 아무 관계도 없는 데서 찾으려고 한다면 아무것도 할 수 없다는 것을 말한다. "오직 하느님만을 경배하라"는 말은 "그 자신을 당신 자신의 양심 안에서 드러내시려는 그분 이외에 그 어느 다른 하느님을 믿지 말고, 사람들의 상상력 안에 있는 그 어느 다른 우상도 경배하지 말라"는 것을 의미한다.

12 하나이신 하느님에게는 그의 아들을 낳고, 그의 선포된 말씀을 사람에게 지혜로 나타내시려는 것 이외에 그 어떤 다른 뜻도 없다.

13 인간의 영적 의지는 자유이다. 그러나 반(半)-동물적인 인간의 의지는 그렇지 않다. 왜냐하면 자유는 지식의 정도에 달려 있기 때문이다.

14 인간은 그 자신에게 하느님의 능력으로 물질적 요소들을 능가하여 일어나는 힘을 주기 위하여 물질적인(동물적인) 요소를 요청한다. 인간은 아마 동물 속에 있는 십자가에 못 박힌 신으로 생각될 수 있다. 그 신은 인간에게 지혜를 주었고, 동물은 강함을 주었다. 우리는 하느님의 지혜로 우리 안에 있는 동물을 극복해야 한다. 우리가 가장 높은 수준에 도달하지 못하는 한 사물들 위로 올라갈 수 없다.

15 아담이 했어야 하는 것과 하지 말았어야 하는 것에 대해서 걱정하는 것은 어

리석은 일이다.

16 본래적 인간이 순수하게 영적인 상태에서 타락하지 않았다면, 그는 창조의 경이와 세 번째 원리의 전개에 대해서 배웠을 것이다. 우리가 아는 외부세계는 아담의 타락에 의해서 창조된 것이다.

17 "악마"는 뒤틀린 영적 의지를 의미한다. 그것이 개인적 존재 안에서 뒤틀려 있으면, 그것은 개인적인 악마로 된다.

18 하느님(그리스도), 자연, 악마(적그리스도, 즉 뒤틀린 그리스도)는 사람 안에서 자기-의식에 도달하려고 애쓴다. 그러므로 인간의 의식은 끊임없이 변하며, 사실 그 자신의 것이 아니다. 오직 선이나 악의 원리가 사람 안에서 자기-의식으로 되고, 그가 그것과 동일시하게 될 때에야 비로소 그의 진정한 비인격적인 자기(self)에 대해서 알게 될 것이다. 그때에야 비로소 그는 자유롭고, 책임감 있는 요인으로 될 수 있는 것이다.

19 더 낮은 특성들이 그 자신의 본성을 따라서 그의 안에서 의시화되도록 하려는 것이 악마가 바라는 것이다.

20 이것이 지상에서의 삶과 자연의 천상적 상태에서의 삶과의 차이점이다. 지상에서의 삶은 형태들로 분화돼서 각각의 것들은 자신의 환상적 자기를 의식하며 살기를 좋아한다. 고립되고, 분리된 상태에서 그 자신의 특성을 즐기면서 살기를 바라는 것이다. 그러나 천상의 상태에서 개별적인 힘들은 각각의 것들과 뒤섞여 있다. 말하자면, 의식 안에서 다른 생명을 통하여 자신을 즐기기를 바란다. 모든 것들은 수많은 가지들과 이파리들이 그들의 생명 모두를 같은 나무 기둥에서 공급 받는 나무처럼 모든 충동이 통일을 향해 나아가고, 그 안에 있기를 바란다.

21 이 "유혹의 나무"는 유비적인 의미에서의 "아담"인 모든 사람들 속에서 여전히 자라고 있다. 사람의 더 낮은 특성들이 밖으로 드러나려는 것이다. 그것을 극복하는 것은 그가 더 높은 존재가 돼서 그것들 위에 서는 수밖에 없다.

22 사람이 어떤 것에 주의를 기울이면, 그것을 통해서 그것에 대해서 알 수 있는 것은 분명하다. 그렇게 하려면 그는 거기에 의식을 기울여야 한다. 그때 인간의 의식은 감각 세계를 구성하는 더 낮은 원리들에 중심을 잡고, 그에 따라서 그것은 지고자(至高者)를 향했던 중력의 중심과 자리를 잃게 된다. 물질세계가 그에게 행

사하는 이 매력이 없었더라면, 그는 더 낮은 것에 빠져서 절대적인 악, 즉 루시퍼의 왕국에 다가갔을 것이다.

23 아담이 그의 죄 때문에 지옥 같은 상태로 뒤틀어진 천상적 상태 이외에 또 다른 것, 즉 지상의 영역을 가지고 있지 않았더라면, 지옥의 바닥을 모르는 심연으로 빠졌을 것이다.

24 하느님(신적 자기-의식)은 주무시지 않는다. 그가 잠을 자거나 그를 다시 깨우게 하는 것은 오직 사람 속에 있는 본성뿐이다. 사람이 그 자신의 신을 찾지 못하는 한 그 어느 사람도 완전히 깨어나거나 자기-의식적으로 되지 못한다.

25 "아담의 이야기"는 전체로서의 인류의 이야기이다. 그 진리는 자기-검토를 할 수 있는 모든 사람들에게 인정받을 수 있다.

26 아담이 진정한 여성, 즉 그의 안에 있는 영원한 동정녀를 깨닫는 능력을 상실하자 그는 필연적으로 그의 사랑의 능력을 자극하여 그를 매혹시킬 외부의 객관적 대체물을 가질 수밖에 없었다. 그런 대상이 없었더라면 그 능력은 완전히 소멸되었거나, 아니면 발달의 규모에서 훨씬 더 낮은 존재에 대한 욕망으로 변하여 그를 더 낮은 수준으로 타락시켰을 것이다.

27 그런 타락으로부터 원숭이 같은 종족들이 생겼을 것이다.

28 "소금-초석"(Sal-nitre)은 그 안에 그의 감각적 매력이 담긴 사람 속에 있는 불같은 물질적 요소이다. 다른 말로 해서 그의 카마-루파(Kama-rupa. 산스크리트어로 "욕망, 소원, 열정, 갈망, 즐거움"을 의미한다—역자 주)인 것이다.

29 여성은 남성의 더 세련되고, 영적인 본질로부터 만들어졌다. 그런 이유 때문에 여성은 오늘날에도 남성보다 더 세련되고 직관적이다. 남성의 마음과 신체 조직은 대체로 더 거칠고, 물질적이며, 여성이 인식하는 것을 남성은 추론한다. 여성이 창조될 때 여성의 모든 요소가 다 남성으로부터 온 것은 아니다. 남성에게 그런 요소들이 없었다면, 남성은 더 무감각했을 것이다. 여성의 조직에 아담의 남성적이고, 거친 물질적 요소가 하나도 없다면 그 어떤 여성도 눈에 보이거나 만질 수 없고, 남성의 동료가 될 수도 없었을 것이다.

30 이브를 창조할 때 아담으로부터 더 높고, 천상적인 원소들이 떠나갔다.

31 야콥 뵈메가 살았던 시대에 성서의 알레고리들을 문자적으로, 그리고 외적

으로 해석하는 것을 믿지 않는 것이 죄로 여겨졌다는 사실을 잊지 않아야 한다.

32 삶의 모든 영역에서 여성은 남성의 구원자이다. 가장 타락한 여성일지라도 그녀보다 더 타락한 남성 속에 이상—더 낮은 이상에 대한 느낌이 살아 있게 하면서 그의 구원자가 될 수 있다. 그것은 사실이다. 그것은 그가 너 낮은 심연으로 가라앉지 않게 해 주는데, 그것은 더 나아지게 해 준다. 남성을 구원하는 여성의 임무는 남성이 그 자신의 내면에서 천상의 동정녀를 발견할 때에만 그치게 된다.

33 뱀은 영묘한(astral) 빛인데, 그 안에 인간의 의지와 유혹이 얽혀 있다.

34 사악한 욕망들은 뱀이 똬리를 틀듯이 영혼이 그 안에 똬리를 틀 때까지 사람의 마음 안에 조용히 벌레처럼 들어온다.

35 뱀(serpent) 자체는 악마가 아니지만 악마는 뱀을 움직이게 하는 악한 의지이다.

36 지상에 살아 있는 동안 욕망을 불러일으키는 뱀이 생명의 나무를 두고 유혹하지 않는 필멸(必滅)의 존재인 사람은 하나도 없을 것이다.

37 여성이 의지를 나타내고 남성이 진체적으로 인류의 지적 능력을 나타낸다면, 지성이 발휘되기 전에 의지가 욕망에 유혹당하는 것은 자연히 일어나는 현상이다. 지성이 먼저 유혹 당했다면, 그것은 그가 "여성"과 분리되었기 때문이다. 그때 남성은 어리석은 바보, 지적 미치광이, 그 어떤 영혼이나 믿음도 없는 정신없고, 교활한 과학자—유물론자로 된다.

38 사람이 더 외적이고 감각적인 것들로부터 그의 존재의 목적을 찾으려고 할수록, 그는 더 그의 영적 신앙으로부터 떨어져 나오고, 그의 무게 중심이 그 자신의 신적 중심으로부터 떨어져 나온다. 그래서 그는 외적이고 피상적인 것들을 경험하게 되고, 정말 실제적이고 신적인 것들을 보지 못하게 된다. 그래서 그는 불멸 대신 그의 인격을 주장하기 시작하고, 잔인하며, 이기적이고, 정열적으로 된다. 그가 그의 내면에 있는 영성을 일깨워서 구속받지 못하는 한, 그는 그의 내면에 있는 "불의 기반", 즉 악의 원리인 "악마"가 깨어난 가운데서 끝을 맞게 된다.

제8장 자연 또는 세 번째 원리

1 외적 의식은 나무의 성격이 씨앗에 감춰져 있는 것처럼 내적 의식 안에 감춰져 있다.

2　우리는 자연의 모든 부분에서 똑같이 근본적인 법칙을 볼 수 있다. 새로운 세계도 그것이 무엇인가를 만드는 중심점을 가지지 않는 한 단지 하나의 "모호한 점", 즉 우주적 물질의 먼지에 불과할 것이다. 마찬가지로 사람도 우리가 단지 그 껍질(신체적인 몸)만 볼 수 있는 무한하게 확산되는 "별의 안개" 같아서 성령이 그의 영혼 안에서 보편적인 형상을 취할 때만 영적인 존재로 존재하기 시작한다.

3　하늘에 있는 눈에 보이는 해는 눈에 보이지 않는 영적인 힘이 외적으로 드러난 것이다. 눈에 보이는 햇빛이 늪을 마르게 하고, 불결한 것들을 파괴하듯이 영적인 햇빛은 아스트랄계에서 일어나는 악한 영향들에 맞선다.

4　자연은 우주적 인간 속에 존재하고, 존재는 자연 속에 존재한다. 자연은 인간으로부터 의식을 받았고, 인간 안에 있는 의지가 악한 욕망으로 물든 것처럼 자연(인간의 상상의 산물)도 마찬가지로 악으로 물들었다.

5　세상 사람들이 흔히 그렇게 해석하듯이, 그리스도나 루시퍼나 적그리스도는 세계의 영혼 바깥에 있지 않고, 그 안에서 활발하게 작용한다. 그것은 사람이 병들었을 때 병이 몸 바깥에 있는 것이 아니라 그 안에 있는 것과 마찬가지이다.

6　루시퍼의 유혹과 아담의 타락이 없었다면, 본래적 인간은 다행히 영적인 상태에서 영원히 더 낮은 특성들을 알지 못한 상태에 머물러 있었을 것이다. 그러나 그는 그것과 반대되는 것, 즉 고통을 몰랐기 때문에 영적인 상태를 충분히 누리지 못하였다. 그래서 악마는 세상에 고통을 가져왔고, 그에 따라서 악마는 사람들에게 은혜를 베푼 셈이 된다. 그가 이렇게 주어지는 경험을 통해서 배운다면, 그는 악에 빨려 들어가지 않고, 악을 정복할 것이다.

7　더 우월한 선의 힘이 무소부재하지 않다면, 사람은 그의 악한 욕망들을 정복하지 못했을 것이다. 이 절대선은 하나이고, 그것이 없다면 둘(상대적인 선과 악)도 존재할 수 없었을 것이다.

8　지구는 다른 모든 우주적 몸체처럼 의지를 나타내는 형태이고, 그 나름대로의 감각을 가지고 있다. 지구의 모든 부분은 자비로운 햇살을 모두 즐기려고 하며, 극점에 도달했을 때 지구는 하늘의 천체의 영광을 말없이 경배하고 찬송하는 듯이 움직이지 않는다.

9　세계는 우주적 인간의 몸이다. 영적인 해는 그의 가슴이고, 달은 그의 상상력

(또는 공상)의 상징이다.

10 야콥 뵈메의 시대에는 아직 해가 수소의 대기를 가지고 있고, 물이 산소와 수소 같이 잘 타는 가스들로 구성되어 있다는 사실을 일반적으로 알지 못했을 것이라는 사실을 지적해야 한다.

11 이와 똑같은 교리를 성령의 빛에도 적용시킬 수 있다. 그리스도의 영은 어디에나 있다. 그러나 그것은 모든 사람에게 드러나지는 않는다. 시각 장애인들은 다른 사람들이 말하는 것을 통해서 빛을 아는 것은 거의 도움이 되지 않을 것이다. 또한 "그리스도인들"이 역사적 그리스도에 대해서 알지만 그들 자신의 영혼에 있는 '아트마-부디'(Atma Buddhi, 영혼에 대한 순수한 의식)의 영광과 장엄함을 인식할 수 없다면 거의 아무런 도움이 되지 않을 것이다.

12 사람의 마음도 마찬가지다. "별들의 성좌로서 사람은 그의 생각들과 정신력으로 산다." 그는 그의 빛을 그 자신의 존재의 중심에 비치는 신적 태양으로부터 받는다. 우리가 의식하는 생각들이 있고, 정신에 있는 힘에 의해 불려올 때까지 감춰져 있는 생각들도 있다.

13 씨네트(Sinnett)도 밀교적 불교(Esoteric Buddhism)에서 같은 주장을 한다.

14 대우주와 소우주 사이에 있는 관계를 이해하려면 사람들은 그들 자신의 실존이 대우주적 존재라는 사실을 알아야 한다. 그런 실제적인 깨달음 없이 그런 신비를 단지 이론적으로만 탐구하는 것은 힘들뿐더러 커다란 도움도 되지 않는다.

15 모든 물질적인 형태들은 생각에 의해서 형태를 갖추고, 모든 것들 속에 내재한 의지의 힘으로 자라며, 객관적으로 되는 생각들의 궁극적 표현일 뿐이다.

16 보편적인 삶은 오직 하나밖에 없다. 그 행동은 분화되고, 개인의 특성에 의해서 개인적 형태로 변화된다. 그래서 그것은 본질에 있어서가 아니라 서로가 다른 형태의 특성에 의해서 달라지면서 서로 구별되고 분리된 생명으로 그 안에 들어간다. 이 개별적인 생명은 그 형태의 개인성을 구성한다. 이 개별적 생명의 행동으로부터 비롯된 외적 표현은 그의 인격을 구성한다.

17 세계 전체가 의식의 표현이라면 그 안에 절대적으로 무의식적인 것은 하나도 없다. 각각의 것은 그 자신의 의식 상태를 가지고 있다. 그러나 언제나 그 자신의 특성들을 의식하거나 인지하는 것은 아니다. 사실이 그렇다면, 세상은 지옥으

로 될 것이다.

18 이와 똑같은 질서가 인간의 소우주에서도 관찰된다. 처음에 불같은 본성을 가진 욕망이 나오고, 그 다음에 아직 바람 같고 무한하지만 '물 같은 원소'의 도움으로 구체적인 사고로 되는 생각이 나온다. 마지막으로 그것으로부터 행동이나 물질적 형체화가 이루어진다.

19 광물의 왕국에서 귀중한 돌들은 동물의 왕국에서 눈과 비교될 수 있을 것이다. 똑같은 것이 영혼의 거울, 즉 내적 특성의 거울이라면 말이다.

20 모든 형태들은 본래 영적 능력의 표현이고, 각 능력의 특성들은 다른 물질적 실체들보다 값비싼 돌들 속에서 더 드러난다.

21 그러므로 이렇게 되려면 연금술을 하는 신적 능력에 사로잡혀야 한다. 연금술은 단지 "자연의" 과학이 아니라 신적 과학이다.

22 값비싼 돌들의 의미와 능력을 위해서는 *In the Promos of the Temple of Wisdom*을 참조하시오.

23 아스트랄계에 사는 것들에 관해서는 파라켈수스(Paracelsus)를 참조하시오.

24 영적인 것은 물리적 형태로 용해되지 않고, 주기적으로 '재육화'된다.

25 다시 말해서, 각 사물들은 의지력의 표현이다. 그러나 의지만으로는 그것의 진정한 의식을 구성하지 않는다. 의식은 상상에 근거한 의지의 작용 결과이다.

제9장 발생

1 사람 안에 있는 빛의 원리는 사람이 빛을 찾고, 빛이 드러나기를 바라게 한다. 사람이 하느님과 완전히 다른 존재이고, 그에 따라서 사람 안에 신적인 것이 하나도 없다면, 사람은 정의나 진리를 생각할 수 없다. 무신론자는 신적인 것이 어떤 것인지 이해하지 못하고, 바라지도 못할 것이다.

2 인간의 의지가 이성에 의해서 통제되지 않는 정도에 따라서 그 의지는 비합리적으로 되고, 의지의 낮은 충동들이 따라올 것이다.

3 이것을 다른 말로 하면, 우리는 인간의 의지는 그 자신의 더 높은 본성, 즉 신적 지혜의 천상의 동정녀 안에서 작용하기를 멈출 것이라고 말할 수 있다.

4 인간의 상상력이 주변 세계의 대상이 그의 마음에 외적 감각을 동원하여 불

러오는 그림 같은 표현들에 자극 받지 않고, 그의 정신적 활동이 그 자신의 힘에 의하여 이미지들을 만들지 않는다면, 그의 신적인 신부에 대한 인식에서 출발한 불같은 의지는 그가 악(惡) 속에서도 자기-의식을 가지게 할 것이다. 이런 이유 때문에 금욕주의는 신적 지혜가 없다면 흑마술적 능력을 얻게 될 것이다.

5 인간은 그 안에서 자연의 힘이 활동하는 유기체가 되었고, 그 자신과 자연을 동일시하면서 자연과 더불어 즐기고, 고통 받기 시작하였다.

6 사람은 낙원처럼 이루어져 있다. 그 안에는 모든 종류의 씨앗들과 선과 악이 뿌려졌다. 그가 재배하고, 열중하는 것은 그의 안에서 지배적으로 된다.

7 이브가 아담을 위하여 선악과로부터 열매를 따지 않았다면, 다시 말해서 아담이 그 열매를 그의 상상력 속에서 원하지 않았고, 그 자신의 불같은 의지로 그 안에 들어가면서 선악과를 땄다면, 그 결과는 그에게 훨씬 더 재난적이었을 것이다. 그때 보편적 인간(아담)은 반쯤만 동물적인 인간 존재가 되는 대신 악마가 되었을 것이다.

8 이것은 정말 신적이고 불멸하는 인간이 그의 불멸성을 상실하였다는 것을 의미하는 것이 아니라 그가 인간 존재로서 자신의 불멸성에 대해서 무의식적으로 되었고, 이제는 자신 안에 어떤 불멸성이 있다는 것을 확신하기 위하여 그것의 영원한 증거를 찾게 되었다는 것을 의미한다.

9 사람이 그 자신을 그의 몸과 몸의 더 낮은 원리들과 동일시할수록 그의 의지는 죽는다. 그 자신을 그의 내면에 있는 불멸하는 부분과 동일시하는 부분은 불멸하는 부분과 함께 불멸하게 된다. 그러므로 사람은 그 자신을 생각과 의지의 면에서 그의 더 낮은 원소들과 동일시하지 않고, 그의 힘을 그의 영성이 펼쳐지는데 사용해야 한다.

10 동물의 왕국 전체가 대우주적 인간 안에 존재하듯이 모든 동물들의 대표적 형상이나 배아(胚芽)가 소우주적 인간의 동물적 영혼 안에 존재하고, 그것들은 그의 안에서 그의 우세한 동물적 경향이나 욕망을 따라서 그의 안에서 자라고, 우세해진다. 그것들은 하느님이 없는 사람을 사로잡고 그를 자기들의 뜻에 복종하게 만드는 정령들이다.

11 사람이 그 자신의 신적 상태를 실현시킨다면, 그의 반(半)-동물적인 몸에 있

는 그의 의지에 반해서 그를 붙잡을 힘은 없다. 그때 그는 그가 오랫동안 되고자 갈망했던 신이 될 것이다.

12 똑같은 의미에서, 우리가 오직 외적인 추구에 몰두할수록 우리는 더 내적 진리의 진정한 인식의 힘을 잃게 되고, 이런 이유 때문에 우리는 우리에게 잘 알려진 것 가운데서 영성과 직관을 거의 찾지 못하게 된다. 우리의 눈이 더 닫힐수록, 우리는 더 볼 수 없게 된다.

13 사람의 감각들이 진실하고, 신적인 것을 사랑하도록 교육 받았다면, 내면의 영역은 그의 완전성에 개방될 테고, 그는 "초감각적인 것들"에 대해서 알 것이다.

14 모든 성격은 그것이 표현될 때 어떤 형태 속에서 표현된다. 이 세상에 있는 모든 동물들은 어떤 성격들의 육화이다. 이와 마찬가지로 동물적 인간의 성격은 동물적 형태에 반응하면서 그의 동물적 영혼 안에서 표현된다.

15 창세기에서는 사람들의 인격을 이렇게 말한다.

16 "여자"가 남자로부터 나왔기 때문에 남자의 생식 방식은 필연적으로 외적이고, 동물적이다.

17 각각의 성은 다른 이에게서 자신에게 부족한 것을 찾는다. 따라서 영적인 관점에서 보았을 때 모든 성적 사랑은 이기심의 표현으로 간주될 수 있다.

18 "죄"(sin)는 자연의 법칙이기도 한 하느님의 의지를 거슬러서 복종하지 않는 것이다. 자신의 동물적 본성 위로 올라갈 수 없으면서 자연의 법칙에 저항하는 사람은 자연에 대해서 죄(crime)를 짓고, 하느님에 대해서도 죄를 짓는 것이다. 그러나 우리가 동물적 수준을 넘어서 감정과 생각의 더 높은 영역으로 들어가면, 우리는 동물적 본성이 지배하는 법에 지배 받지 않고, 그 어떤 저항도 필요하지 않을 것이다.

19 여기에서 야콥 뵈메가 말하는 것은 인간의 영혼(Manas)이지, 영적 영혼(Buddhi)이 아니다. 영적 영혼은 모든 새로운 환생에 그림자를 드리운다.

20 사람 안에 있는 영적 영혼은 하느님에게 기원을 두고 있으며, 그의 개별적 특성은 그 전에 있었던 육화의 경험 안에서의 개화로부터 모아진다. 그러나 인간과 동물의 영혼은 부모의 몸을 통해서 작용하는 정신적 영향들과 별의 영향의 산물이다. 그리고 눈에 보이는 물질적 형태는 땅의 원소들로부터 만들어진다.

21 인간 존재가 누릴 수 있는 가장 커다란 감각적 쾌락은 부부생활을 하는 동안 얻어진다. 그러나 이 행동이 아직도 남성의 지배 안에 있는 최고의 힘, 말하자면 그 자신을 닮은 존재를 만드는 힘의 행사를 구성하기 때문에 이 힘은 감각적 욕망을 충족시키려는 것 같은 저급한 동기를 위해서 사용되어서는 안 된다.

22 남성 안에는 불의 본질(의지 또는 고집), 여성 안에는 빛의 본질(영성 또는 부드러움)이 나타난다. 하지만 성적 차이는 외적인 몸에만 예외적으로 속하지 않고, 내면의 인간에도 들어 있으며, 외적 인간이 언제나 올바른 이미지는 아니다. 그를 만들 때 들어가는 것은 진정한 영혼 이외에 다른 요소들도 있기 때문이다. 따라서 외적인 몸의 성(性)이 내면의 인간의 성에 해당되지 않는 듯한 경우가 종종 있다. 우리는 그의 흥미나 성향이 뚜렷하게 여성의 영혼에 해당되는 남성을 만나기도 한다. 이와 반대도 마찬가지다. .

23 인간의 구성은 단지 하나의 원리의 작용 결과가 아니라 세 가지 원리들이 영원한 본성의 일곱 가지 특성들 속에서 그 자신을 드러내면서 일곱 가지 다른 형태로 나타난 것이라는 사실을 잊지 않아야 한다. 따라서 그의 외적인 몸은 오직 하나의 원리의 표현이 아니라 세 가지 원리의 표현이다. 그의 정신은 가장 내밀한 원천에서 왔고, 그의 영혼은 내적 세계, 그의 몸은 외적 자연에서 왔다.

24 현대어에서 내적 사실을 이해할 수 있게 하는 단어의 부재는 계속해서 용어의 혼란을 불러온다. 따라서 여기에서 “영혼”이라고 한 말은 하느님으로부터 직접 나오는 신적 영혼이 아니고, 사람에게 재육화된 사람의 일부(즉 *Karana Sarira*; 힌두교에서 일반적으로 삶의 경험과 경향의 본질을 담는 그릇인 자아인 *atman*을 의미하며, "더 높은 마음"이라고 할 수 있다—역자 주)가 아니라 “내적 인간”을 의미한다.

25 각각의 영혼은 개인을 구성하지만 독립적이지 않고, 생명나무의 일부이다. 나무 등걸(그리스도)은 남아 있지만 잎들(남성과 여성의 인격)은 떨어진다. 가지들(개별적 인간의 영)은 매년 자라고, 가지가 나무 등걸로부터 받는 수액의 힘에 의하여 그것들은 매년 봄 새로운 잎들(인격들)을 만들어낸다. 그러므로 재육화되는 것은 그리스도, 즉 신적 인간이 아니다. 오히려 인간의 영(그의 더 높은 *Manas*: 힌두교에서 마음 전체 또는 의지로 나타나는 사고 능력을 의미한다—역자 주)은

그리스도(*Atma-Buddhi*)의 능력을 통하여 새로운 인격을 낳는다. 그 인격 안에서 영이 하느님으로부터 받는 능력이 나타난다.

26 각각의 영혼은 선하고 악한 영향을 받지만 특히 그녀 자신의 본성에서 우세한 것의 영향을 받는다. 영혼이 그 자신 속에서 악을 극복할 수 있는 욕망이나 능력을 물려받았거나 아니거나, 또는 영혼이 악을 더 따르려고 하거나 아니거나 하는 것은 그녀의 그 전의 육화에 의해서 얻은 업(*Karma*)에 달려 있다.

제10장 그리스도

1 이것은 그 어떤 우주 바깥에 있는 신이 그가 인류를 구원할 수 있는 방법을 찾으려고 근심하거나 "연구하려고" 한다는 것을 의미하지 않고, 하느님 자신의 사랑이 작용하여 하느님의 "마음"이 움직인다는 것을 의미한다.

2 이와 같은 사건이 1900년 전이나 다른 어떤 때 일어나서 역사가들이 그것을 발견했을 수도 있다. 그 모든 사건들에 대한 성서의 언급은 하느님이 그의 빛의 광선을 투입하여 세상을 영적 무지로부터 구속시키고, 사람을 영적으로 재생시키는 것에 대해서 기술한 것이다.

3 여기에서 "하느님"이라는 표현은 본래적인 절대적 의지라고 생각될 것이 아니라 성부로서의 측면을 가진 하느님이라고 생각되어야 한다.

4 하느님은 결코 보편적 인간의 바깥에 나가지 않으셨고, 그의 빛도 그의 안에서 꺼지지 않았다.

5 그러므로 진정한 그리스도는 "장인"(匠人)이나 "마하트마", 또는 개혁자나 도덕적 인간, 아니면 하느님과 다른 그 어떤 존재도 아니라 그 자신을 인류에게 드러냈고, 그에 의해서 인류 전체를 구원한 신성(divinity)이다. 각 개인은 인류나 그러한 개인이 각각 하느님을 마음으로 영접하는 한 무지와 고통으로부터 구원 받는다. 그런데 영적 어둠으로부터의 구속은 어둠 자체 안에 있는 영적 빛의 구속하는 능력의 현존에 따라서 다르다.

6 두 번째 아담인 미래의 거듭난 인간은 첫 번째 아담 안에 감춰져 있다. 이와 마찬가지로 예수의 이름은 여호와의 이름 안에 감춰져 있는데, 여호와 자신은 보편적 인간이다.

7 그리스도(*Atma-Buddhi*)는 인간 속에 있는 신성으로서 그 이외에 또 다른 구속자는 있을 수 없다. 인간은 불멸로 되는 것 이외에 죽음으로부터 구원 받을 수 없기 때문이다. 더구나 인간은 신적으로 되지 않는 한 불멸할 수 없다.

8 아담이 율법을 어기지 않는 한 그의 안에서 양심의 소리가 말할 기회는 없었다.

9 영원 전부터 사람 안에는 신적으로 될 수 있는 능력이 잠재되어 있었다. 그러나 그 능력이 자극될 계기가 마련되지 않는 한 그것은 작동되지 않았다.

10 "예수"는 "지혜"를 의미하며, 하느님의 지혜는 사랑이다.

11 여성은 남자보다 더 섬세하고, 순종적이라서 진정한 영성의 싹을 더 잘 받아들인다.

12 남성이든지 여성이든지, 구속하는 사랑-빛의 신적인 능력이 최초로 드러나는 것은 그 또는 그녀의 요소(불같은 의지가 아니라 직관의 기능) 속에서이다.

13 "여인의 자손"은 그 반영과 표현이 이 땅에 사는 세상적 여성들에게서 볼 수 있는 천상의 이미지인 일반적인 여성 원리이다. 따라서 여성은 남성보다 더 아름답다. 부드러움이 없는 강함(경직성)은 아름다울 수 없다.

14 이브는 하느님의 정신의 운반자인 천상적 여성을 의미한다. 그 안에서 신적 의지는 세상적인 측면에서 움직인다.

15 나자렛 예수는 사람 안에 있는 신적 로고스의 성육신, 의인화, 열매를 나타낸다. 이와 마찬가지로 마리아는 천상의 동정녀-어머니의 의인화, 즉 인간성 안에서 신성이 펼쳐지는데 필요한 조건을 주시는 우주적인 천상적 왕국을 나타낸다.

16 보편적 인간(Universal Man)이 그의 외적인 형태 안에서 개인적 능력이나 인간 존재로 더욱더 분화될 때 그의 내면에 있는 본래적인 능력은 그의 모든 후손들에게도 역시 담겨 있어야 한다.

17 아담은 인류를 나타내는 나무의 본체이다. 그는 본래적 인간이나 최초의 "인간 존재"(원숭이가 아닌 정신)의 집단성이며, 에테르 같은 존재이다. 아벨과 카인은 그 나무의 두 줄기이다. 카인은 외적이고, 감각적인 영역이고, 아벨은 초자연적, 즉 초월적 왕국이다.

18 "그리스도"는 그 안에 실체적으로가 아니라 본질적으로 존재했던 빛이다. 그것은 이해가 아니라 감정의 상태이다. 그것은 몸을 덥게 하는 몸 안에 있는 열

과 비교 가능하다. 그러나 발화가 일어날 때까지 빛나지 않는다.

19 세계의 영혼인 "이브"는 신적 존재들을 낳을 수 있을 만큼 영적으로 충분히 깨어나지 않았다.

20 이브는 카인 안에 그녀가 미래의 외적 세계의 왕인 여호와를 낳을 것이라고 생각하였다. 이와 비슷하게 사도들은 그리스도가 외적인 왕국을 세울 것이라고 생각하였다.

21 이 비유적인 이름들은 개별적인 사람을 지칭하는 것이 아니라 보편적인 마음 상태를 말하는 것이라는 사실을 잊지 말아야 한다.

22 세트는 불같은 의지에서 빠져나오는 사랑의 빛의 광선이다.

23 카인, 즉 외적인 "교회"가 소멸되었다면, 거기에서 그 다음의 진전은 없었을 것이다. 지성의 파괴는 그것이 영적으로 될 수 있는 모든 전망도 종식시킨다.

24 셈 : 신적 능력의 발산. 함 : 육신 속에 잉태된 자연의 중심으로부터의 숨결. 야벳 : 빛이 꿰뚫고 들어간 의지.

25 성서의 비유에 대해서 뵈메는 다음과 같이 말하였다. "쓰인 말씀은 단지 성령의 인도에 의한 도구일 뿐이다. 그 문학적 형태 속에 성령은 살아있는 것이 틀림없다. 성령이 없다면 하느님의 교사는 있을 수 없고, 단지 문자의 교사만 있을 수 있어서 오직 이야기들만 되뇌일 것이다"(*Regeneration*, viii. 6).

26 그들은 그 안에 그리스도의 빛이 사는, 하느님의 사랑 받는 사람들이다. 그들은 그들의 영혼을 악마에게 사로잡혀 있으면서도 "주님, 주님" 하면서 그리스도의 이름을 헛되게 외치는 사람들이 아니다.

27 아브라함은 한 무리의 사람들을 의미하는데, 그의 안에서 영성은 명백해졌다(*Mysterium Magnum*, xxli, 1을 참조하시오).

28 이것은 다시 이러한 우주 내적인 세력과 과정에 대한 뵈메의 관념이 정통적인 기독교의 좁은 관점과 전혀 같지 않다는 것을 보여준다. 정통적인 기독교는 성경의 인물들을 오직 지상의 남성과 여성만으로 보기 때문이다.

29 성경의 인물로 나타난 이런 우주 내적인 세력의 표현은 비록 이름은 다르지만 모두 이교도의 신통계보학에서도 찾아볼 수 있다. "성인들은 가르침과 기록하는 데서 모두 같은 말을 사용하지 않았지만, 그들이 가르치고 기록한 것은 모두 하나의

영에서 나왔다"(*Three Principles*, xxiv. 19).

"당신은 이성(理性)이 그 자신을 서로 다른 많은 형태로 표명하고, 하나 속에서도 서로 다른 방식으로 나타나며, 하느님의 자녀들이 모두 똑같은 언어와 단어로 말하지 않는다는 사실에 놀랄 필요가 없다. 각 사람은 무수하게 많은 어머니의 지혜를 따라서 말한다. 그것들의 목표는 그들 모두가 만나는 하느님의 마음이다. 그때 이것은 그 영이 하느님으로부터 말하는지, 아니면 악마로부터 말하는지 당신이 반드시 알아야 하는 기준이 된다"(*Threefold Life*, v. 73).

30 에서는 거칠고, 감각적 본성이다(*Mysterium Magnum*, vi).

31 성경의 모든 알레고리들은 세상의 역사에서 실제로 일어났던 우주적 과정들을 나타내는 것이 분명하다. 그것들은 시간이 찰 때 신성이 드러날 인류의 계보이다.

32 따라서 그 "이방인"은 마술적 기술들을 영위했던 전-역사적 종족인 듯하다.

33 "선사시대 사람들이 우리에게 낯선 것만큼 자연의 신비가 그들에게 그렇게 깊이 감춰져 있지는 않았다. 그들이 죄와 물질성에 깊이 잠겨 있지(감춰져 있지) 않았기 때문이다. 따라서 그들은 자연의 낙원 같은 미묘한 형태들과 그것들의 눈에 보이는 구현(具現) 사이의 관계에 대해서 알고 있었다. 그들은 동물들뿐만 아니라 식물들과 광물들의 진정한 본성과 특성들을 알았던 것이다. 인간 자체는 만유의 중심이며, 인간이 그것들을 창조하였다. 그러므로 그는 마치 그 자신이 이것들 속에 있으며, 그것들의 조건 자체를 느끼고 체험하는 것처럼 각각의 것들에게 알맞은 이름을 붙여 주었다"(*Three Principles*, xi. 8).

34 그러므로 한 사람의 진정한 기독교인은 그 또는 그녀의 신학에 대한 학식에는 물론 그가 어떤 신조(또는 믿음)에 가입하거나 어떤 예식을 하는가에 달려 있지 않고, 그가 그리스도를 구성하고 있는 지혜와 사랑의 원리에 관통 당했다는 것에 달려 있다.

"하느님의 은사들이 사람들에게 서로 다른 방식으로 나타날 때마다, 그리고 그들이 모두 동일한 수준의 지식을 가지고 있지 않다고 해서, 세상을 욕하고, 질문을 퍼부으며, 모독하고, 비난하는 것을 보는 것은 매우 개탄스러운 일입니다. 그것이 그 자신의 안에서 나오지 않는다면, 사람들은 어떻게 그것을 취할 수 있겠습니까? 이것(그의 이해하는 정도)은 그가 선택할 문제가 아니고, 그의 하늘(그의 정신적 구성)에 달린 문제입니다. 하느님은 그에게 그렇게 계시됩니다"(*Letters*, i. 14).

"우리는 우리에게 주어진 은사가 서로 다르다고 해서 서로를 핍박하지 않아야 한다. 오히려 하느님의 지혜가 무한한 것을 보고 서로에 대한 사랑 안에서 즐거워해야 한다. 그리고 우리는 그것에 의하여 미래에 대하여, 즉 모든 지식이 오직 하나에 의해서, 그리고 하나의 단일한 영혼 안에 드러나면 우리에게 어떤 일이 생길지에 대하여 생각해 보아야 한다"(*Grace*, xiii. 21).

"하느님에게 가르침을 잘 받고, 그리스도의 영 안에서 거듭나서 함께 모인 수천 명의 사람들이 있고, 그들 각자가 하느님 안에서 그들만의 특별한 은사와 지식을 가지고 있지만, 그들은 그리스도의 뿌리 안에서 모두 하나이며, 그들 각자는 오직 그리스도 안에서 하느님의 사랑을 바랄 것이다. 세상에는 그 자신의 스승보다 자신을 더 높일 제자가 하나도 없을 것이기 때문이다. 그래서 우리가 그리스도 안에서 하나의 몸이라면, 어느 한 지체가 왜 다른 지체에게 음식물을 가지고 논쟁을 하겠는가? 입이 먹기를 바란다면, 모든 지체들은 강건해지고, 각 지체들은 그 나름대로 하느님의 경이를 펼칠 그 나름대로의 직무를 가지고 있다. 우리 모두는 똑같이 하나로만 표현하지 않지만, 우리 모두는 그리스도 안에서 오직 하나의 영을 가지고 있다. 각자에게는 그가 하느님 안에서 펼쳐야 하는 것이 주어져 있어서 하느님의 위대한 신비는 드러나게 될 테고, 영원 전부터 있는 그의 지혜안에 있는 그의 경이(驚異)가 계시될 것이다"(*Threefold Life*, xvi. 24).

35 내적이고 영적인 하느님이 내적이고 영적인 것 이외에 다른 그 어떤 희생도 바라지 않는 것은 틀림없다. 사람 안에 있는 동물들, 말하자면 시기심이라는 뱀과 허영이라는 비둘기, 자기-의지라는 황소 등은 하느님이 그 자신을 순수한 영혼 안에서 드러내실 수 있도록 반드시 죽임을 당해야 한다. 그 어떤 외적 희생도 기껏해야 내적 희생의 상징일 수 있다.

36 이와 같은 희생은 사람들이 그들의 감각적 욕망들을 죽이고, 그것들을 영혼의 제단에서 희생제를 지낼 때 여전히 행해지고 있다.

37 성자인 지혜의 빛이 성부인 불같은 의지 속에 들어가면, 성자는 성부와 함께 하나가 되고, 성부의 진노는 빛과 화해하여 빛 속에서 변화되는데, 그 빛은 사랑이다.

제11장 성육신 - 천상의 동정녀

1 로고스는 어디에나 존재하며, 그 어떤 외부의 것에서 들어오지 않는다. 마찬가지로 해가 하늘의 어떤 한 지역에서 빛을 비추지만 해의 몸체는 어디에나 있다.

2 그리스도의 본성에 대한 모든 논쟁은 논쟁자들이 모두 그리스도인이 아니라는 것을 입증할 뿐이다. 그들이 정말 그리스도를 따르는 사람들이라면, 그들 속에 살아계신 그리스도가 계시고, 그들이 그리스도의 진정한 본성에 대해서 알 것이기 때문이다. 그리스도에 대한 "그리스도인들"의 오해는 그들이 그리스도를 어떤 외적이고, 인간적인 본성과 겹쳐질 수 없는 것으로 간주하기 때문이다. 이 신비에 대한 그 어떤 단지 이론적이기만 한 추구도 결코 만족할 만한 결과로 이끌지 못한다. 이 문제가 단번에 영원히 해결될 수 있는 유일한 길은 그리스도의 신성에 대해서 의심을 품은 사람들이 그리스도가 그들에게 계시될 때, 그들 자신의 영혼 속에 있는 그의 무덤에서 그리스도를 일으키는데 성공하는 것밖에 없다.

"모든 사람이 지적으로는 그리스도의 자녀가 되기를 원하지만, 불순종과 불신앙의 측면에서는 이 민족이나 저 민족이 똑같이 크다. 그리스도가 유일회적으로 태어나, 나를 위해서 죽었고, 죽음으로부터 일어났다는 믿음은 나를 그리스도의 자녀가 되게 하지 못한다. 악마도 그것을 안다. 그것은 나에게 아무 도움이 되지 못한다. 나는 신앙의 욕망을 가지고 그리스도를 덧입어야 한다. 나 자신을 그의 순종, 성육신, 고통과 죽음 속에 집어넣어야 하는 것이다. 그리고 그리스도의 순종을 받아들이고, 그리스도 안에서 내가 일어나야 한다. 오직 이것만이 내가 그리스도인이 될 수 있는 길이다. 이것 이외에 다른 방법은 없다"(*Mysterium*, li. 43).

3 가브리엘은 천사, 또는 음성의 신, 내적인 영의 원천이다(*Aurora*, xii. 86).

4 어떤 이들이 그렇게 말하는 것처럼, 구속자의 하강에 대한 전설은 점성술적 과정의 기술이다. 그러나 이 이론은 신적 지혜가 인간의 형상 안에 성육되었다는 사실을 반박하기는커녕 그것을 확증해 준다. 대우주에서 일어난 것은 그에 대응하는 결과를 소우주 안에 만들기 때문이다. 사람 안에는 해와 달과 별들과 12궁도의 모든 것들이 들어있다. 소우주 안에는 대우주의 모든 부분들이 그의 물질적이고, 영적인 측면 안에 드러나 있는 것이다. 사람이 외부 세계에서 해가 뜨는 것을 볼 때, 그의 내면에 있는 해도 떠서 마음에 기쁨을 준다. 그러므로 그 어떤 개인적

인 사람, 그렇지 않으면 모든 인류는 신을 육화시키거나 악마를 육화시킬 수 있다.
5 그리스도, 또는 우주적 로고스는 그 용어의 통상적인 의미에서의 인격이 아니다. 오히려 그가 인간 안에 의인화될 때 개인적으로 된다. 이와 마찬가지로 천상의 동정녀는 햇빛이 꽃, 다이아몬드, 보석 속에 개별화되는 것과 똑같은 의미에서 여성 속에 의인화된다.
6 영은 몸의 바깥에서는 자신의 완전성을 유지할 수 없다. 그것이 형태에서 분리되자마자 자신의 법칙을 잃어버리기 때문이다. 몸은 영의 어머니이다. 영은 몸에서 태어나고, 그 안에서 그의 능력과 강함을 받는다. 영이 몸과 분리되더라도 계속해서 영으로 있을 수 있지만, 자신을 다스리는 힘을 잃는다"(*Aurora*, xxvi. 50).
7 인간 안에 있는 신성은 자기-의지가 죽고, 그리스도가 그 자신의 빛으로 일어설 때까지 그의 내면에서 계속하여 십자가에 못 박힌다.
8 그리스도는 불순한 영혼 안에서 태어날 수 없고, 계시될 수도 없다. 그 안에서 거듭남이 이루어지는 영혼은 그 어떤 외적인 신과도 교접하지 않고, 그녀 안에 있는 하느님의 의지를 수행하는 흠이 없는 동정녀이어야 한다.
9 "안나"는 별빛이라는 의미의 갈대아 이름이다. "자연의 언어로 '마리아'라는 이름은 '이 눈물의 골짜기로부터의 구원'을 의미한다"(*Principles*, xviii. 37). 어느 누구도 마리아의 은혜 없이, 다시 말해서 그의 안에 고상하고, 높임을 받으며, 신성함이 없이는 구원 받을 수 없다.
"인간의 이성은 그리스도의 왕국은 물론 그의 인격이나 직무에 대해서 아무것도 이해할 수 없다. 그리스도의 약속은 천상적인 데 반해서, 인간의 추론은 세상적이기 때문이다. 그리스도는 오직 영원 속에서만 발견되는데, 인간의 추론은 그를 시간 속에서 찾는다."
"모든 오해는 그리스도가 하느님의 오른쪽에 좌정해 있는 하늘나라를 이해할 수 없는 상황에서 비롯된다. 왜냐하면 하늘나라가 세상 안에 있고, 이 세상이 하늘나라에 뿌리박고 있다는 것을 알지 못하기 때문이다. 이 세상과 하늘나라는 낮과 밤이 그렇듯이, 서로가 서로 안에 있다"(*Baptism*, i).
10 영적인 영혼은 사람 안에서 동물적 영혼으로 되지 않고, 동물적 영혼 안에 들어갈 독립된 실체도 아니다. 빛의 진동이 어둠 속에 있는 에테르 안에서 그에

대응하는 진동을 일깨우듯이 우주의 영적인 영혼 안에 있는 신적 조화는 인간의 영혼 속에 있는 그에 대응하는 조화를 일깨운다.

11 똑같은 생각은 아마 다음과 같은 말에서도 확인될 수 있다: 영원한 자연의 일곱 가지 특성 안에서 악한 의지가 작용하여 혼란에 빠진 자연의 원래 질서의 근간이 되는 신성한 조화는 마리아의 영혼 안에 조화의 중심을 만들었고, 그것은 안에서 바깥으로 확장되면서 그녀의 본성 전체가 조화롭고 영적으로 되게 하였다.

12 지혜의 햇빛(자기-인식과 자기-지각)은 상상적이고, 색다르며, 환상적이기만 한 모든 것들보다 더 낫다. 지혜는 환상을 알지만, 거기에 사로잡히지 않는다.

13 그 어떤 영혼도 단순히 하느님이 그녀와 다른 어떤 것이라는 것을 관상하는 것에 의해서 신적으로 되거나 신이 되지 않는다. 하느님은 영혼 안에서 실체화되고, 합체되어야 한다. 단순한 이상주의자는 상상력 속에서 이상(理想)의 아름다움을 즐기며 만족하고, 그것을 자신 속에서 구현하지 않는다. 소위 "현실주의자"라고 하는 이는 그가 실제라고 믿는 것에만 만족하고, 그가 이미 가지고 있는 것보다 더 나은 것은 아무것도 얻지 못하는 것이다. 그러나 진정한 그리스도인, 즉 "이상적-현실주의자"는 이상을 실현시키려고 해서 이상이 그 자신의 일부로 된다.

14 마나스(*Manas*)는 부디(*Buddhi*) 안에 흡수되었다.

15 하느님은 인간 속에서도 산다(*Threefold Life*, xi. 106). 각각의 인간 존재는 (그에게 신이 없지 않는 한) 하느님, 그리스도, 성령, 동정녀 마리아는 물론 그들과 함께 그 자신 안에 있는 천사 가브리엘과 다른 천사들 및 영들을 나른다.

16 하느님의 영, 즉 각 사람이나 이 땅 위에서 사는 그 어떤 개인의 영적 의식은 물질적 마음이나 사람 속에 갇히거나 육화되거나 재육화되거나 흡수되었거나, 흡수되거나, 앞으로 흡수되지도 않을 것이다. 그 영은 영원히 하늘에 있을 것이다. 그 자신의 천상적 상태 속에 머물 것이라는 말이다. 몸과 마음은 단지 그것이 "물질" 안에서 비출 때 그 영의 빛의 반영일 뿐이다. 진정한 인간은 하늘에 있으며, 그의 그림자가 지상을 걷고 있다.

17 내가 인간 그리스도와 삼위일체 하느님에 대하여 말할 때마다 나는 우리 인간 존재로부터 나온 피조물인 인간과 삼위일체 신성, 즉 능력과 전능의 계시된 말씀 사이를 구별한다. 그것들은 서로가 분리되어 있지 않다. 다만 하느님의 성령이

그가 숨을 내뿜은 말씀 안에 낳은 존재보다 더 높을 뿐이다. 나는 달콤하고, 사랑이 많으신 그리스도가 인간이라고 말하지 않는다. 다만 그는 인간 안에 있는 사랑의 불꽃 안에 있는 거룩한 햇빛이라고 말한다. 왜냐하면 내가 거룩한 그리스도인이 서 있거나 걸을 때 "여기 그리스도가 서 있거나 걷는다"고 말하지 않고, "여기 그 안에서 그리스도의 해가 비치는 그리스도인이 서 있고, 걷는다"고 말하기 때문이다(*Stief*, 421).

18 그것은 하나님의 그것이 그런 것처럼 개인적인 것임에도 불구하고 보편적이다.

19 이것은 나무의 등걸이 잎사귀 속에 있는 것과 똑같이 생각할 수 있다.

20 보편적인 생명과 개인적인 생명은 오직 하나의 원리이다.

21 당신은 우리가 쓴 글들 속에서 그 어떤 역사적 지식도 찾아서는 안 된다. 하느님을 지상의 눈으로 볼 수 없는 것이다. 따라서 깨닫지 못한 사람들은 하늘의 생각들과 감각들을 그것들의 세상적인 도구로 이해하기는 불가능하다. 비슷한 것은 오직 비슷한 것에 의해서만 포착될 수 있다.

제12장 구속

1 우리가 구속사(救贖史)를 일반적인 신학적 관점에서 생각하며, 그것을 우주 바깥에 있는 하느님이 자신이 공격 당했다고 하면서 화를 냈다가 그의 아들을 인간에게 살해당하게 함으로써 화해하는 사역으로 본다면, 그것은 즉시 모순되고, 믿을 수 없는 것으로 된다. 그러나 우리가 그것을 진정한 빛 안에서 본다면, 즉 그것을 대우주적이고, 소우주적인 인간의 몸에서 진행되는 우주-내적인 과정을 묘사하는 우화로 본다면 이해할 수 있게 된다. 인간 속에 있는 신적 의지를 깨닫게 함으로써 인류가 구원 받게 하려고 했던 것은 우주 바깥에 있는 신성이 아니라 인류의 마음 안에서 작용하는 신적 의지인 것이다. 그리고 그와 똑같은 과정은 지금도 영적 어둠에서 빛으로 들어갈 때 모든 개인의 유기체 안에서 일어나고 있다.

2 물론 "몸"이라는 용어는 단지 내부 거주자를 위한 도구에 불과할 뿐인 땅 위에 사는 눈에 보이는 형태를 말하는 것이 아니라 그 형태가 외적으로 드러난 원리를 말하는 것이다.

3 다시 말해서, 질서를 회복하는 데는 복원 이외에 다른 방법이 없다.

4 빛이 표면에만 비치면, 그것은 깊은 곳까지 뚫고 들어가지 못한다. 의지는 육신 안에서 활성화되어야 한다. 이 신적 의지는 사랑이다. 그것은 단지 꿈만이 아니라 실체이다.

5 인간이 일어나야 하는 무덤은 잘못, 열정, 유혹이다.

6 빛은 어둠 속에 들어가는 것 이외에 어떤 방법으로도 어둠을 구속할 수 없었고, 완전히 영적이고, 비실체적인 그 어떤 것도 물질에 대해 작용할 수 없었다.

7 그 자신의 유혹에 굴복하면서 다른 사람이 그의 유혹을 극복할 것이라고 믿는 것은 아무 소용이 없다. 자신의 내면에 있는 죽고 말 것을 정복하는 사람은 죽음도 정복한다.

8 모든 사람이 거듭남의 여정에서 받는 최초의 유혹은 그의 내면에 있는 더 낮은 특성에서 나오는 허기이다.

9 거듭나는 과정에 있는 사람에게서 보이는 세 번째 유혹은 그의 영혼이 신적이지 않은 목적을 위하여 자신이 얻은 영적 능력들을 사용하려고 생각하는 것이다. 다시 말해서 루시퍼의 경우처럼 더 낮은 특성의 근원적인 영을 일깨워서 하느님보다 머리를 더 높이 들려는 것이다.

10 지혜의 태양은 상상력의 달보다 더 높다.

11 그러므로 각 사람이 이런저런 경우의 유혹을 극복하는 것은 영원한 구원을 위해서 충분하지 않다. 악의 싹이 존재하는 한 그것이 다시 돋아나기 때문이다. 궁극적인 안전은 오직 싸움 다음에만 도달할 수 있다. 그때 악의 뿌리는 심장에서부터 파열된다.

12 그것을 더 현대적인 방식으로 표현하면 다음과 같이 된다: 그 제자들이 "입문자"(Chela)로 받아들여졌을 때, 그의 악한 업보(*Karma*)는 그 자신을 주장하기 시작한다. 다른 말로 해서, 유기체 안에 있는 새로운 생명의 각성은 그것이 한 사람이 되었든지 민족이 되었든지 전 세계가 되었든지 그 안에 있던 더 낮은 특성들을 자극하는 것이 된다.

13 사람 안에 있는 죽을 수밖에 없는 것이 죽으면, 그의 안에 있는 죽지 않는 것은 자유로 되돌아온다.

14 그러므로 모든 사람은 하느님에게 그의 모든 행동, 생각, 의지를 희생시켜

야 한다. 그는 그 어떤 것도 자신의 능력으로 하지 말고, 하느님의 능력을 일단 인식한 다음에 하느님의 능력으로 해야 한다. 간질이나 발작 같은 질병 상태 이외에 신체적인 몸이 그 어떤 동작도 개인의 의지에서 나오는 것처럼 완수하지 않듯이, 거듭난 사람도 그 안에 있는 하느님에 의해 행동하도록 만들어진 대로만 행동한다. 죽을 수밖에 없고, 죄 많은 인간은 그 어떤 정말 선한 일도 그의 능력으로 수행할 수 없다. 그렇게 하려는 것조차 무례하고, 교만한 일이다. 선한 모든 것들이 하느님에게 속해 있기 때문이다. 인간은 단지 하느님의 능력을 위한 도구일 뿐이다.

15 사람 안에서 자기-의지가 하느님의 의지에 완전히 희생제로 바쳐지면, 인간의 의지는 멸절되는 것이 아니라 그 자체가 신적으로 된다.

16 역사를 탐구하는 호기심 많은 사람이 그와 같은 사건이 유대 민족의 역사에서 실제로 일어났는지, 아니면 언제 일어났는지에 대해서 아는 것이 그에게 얼마나 커다란 기쁨을 줄지 몰라도, 그와 같은 역사적 믿음은 그가 그의 내적 의식에서 그의 죽을 수밖에 없는 본성의 죽음이 그의 안에 있는 불멸하는 본성에 어떤 영향을 주는지 이해할 수 없다면 아무 도움도 주지 못할 것이다.

17 세상적인 몸은 세상적인 인간 안에 있는 원소들이다. 그것의 궁극적 표현은 눈에 보이는 그의 형태이다.

“사람 안에는 두 가지 존재(본성)가 있다. 영-생명은 안쪽을 향하고, 자연적인 생명은 바깥 방향 안에서 행동한다”(*Text.* v. 1).

18 “아담의 육신”은 그리스도의 영적인 몸처럼 우리에게 보이지 않는다. 우리의 외적인 눈에 보이는 것은 단지 외관일 뿐이다.

19 사람의 영혼 안에 있는 그리스도의 빛이 그의 불같은 의지의 내적 기반 속으로 꿰뚫고 들어갈 때마다 의지는 달콤한 사랑으로 변하고, 영혼은 자기의 멍에로부터 자유 속으로 들어온다.

20 인간의 깨끗해진 영혼이 그것이 유래했던 신적 원천으로 들어가면, 영혼은 그녀가 세상적 실존 동안 모아두었던 빛과 함께 그것은 불에 새로운 기름을 붓는 것처럼 되고, 세상의 영혼 속에서 빛의 새로운 광채와 영광이 생겨날 것이다.

21 이와 마찬가지로 각 개인들 안에서는 그리스도가 그들 안에서 일어났을 때 지상의 빛이 그들의 시야에서 사라질 것이다. 그리스도 자신이 빛이고, 외적 자연

의 빛을 뛰어넘기 때문이다. 그 신적인 빛이 그의 안에서 일어나면, 그의 영혼 안에서 지배적이었던 천상의 영이 일어나고, 움직이며, 즐거워 할 것이다.

22 그 안에 속사람을 마치 무덤처럼 가둔 그 어떤 사람의 신체적인 몸도 그 죄수가 영적인 자기-지식 안에 있는 무지(無知)의 암흑으로부터 일어난 다음 그 죄수가 도망가지 못하도록 장애물을 설치하지 못할 것이다.

23 인간성 안에서 그리스도와 하나가 되었던 인간은 신성 안에서 그의 능력을 나눌 필요가 있다. 그때 성부의 뜻은 그의 것으로 되고, 그는 성자 안에서 영적 왕국의 주인으로 다스리고, 내면세계를 통하여 외부 세계를 다스린다.

24 영혼은 왜 자신의 고통을 증가시키면서 그녀 자신을 괴롭히고, 그 자신의 힘과 의지를 추구하는가? 더 염려스러운 것은 그녀의 고통이 더 커질수록, 그녀에게 아무런 쉼이 없다는 것이다. 죽어가는 식물은 싹을 틔우지 못하며, 그 자신만의 힘으로 수액을 얻지도 못한다. 이와 마찬가지로 영혼은 그 자신만의 힘으로 하느님의 나라에 가지 못한다. 그녀는 아무것도 하지 말고, 단지 그녀 자신의 이기적인 의지를 포기해야 한다. 그러면 악한 특성들은 약해지고, 그녀의 의지는 그가 처음 왔던 곳으로 돌아간다. 여기서 하느님은 그의 지고의 사랑이 그녀를 만나도록 보낼 것이다. 인류에게 계시된 그 사랑은 그리스도 안에 있다"(*Illumined Soul*, 46).

제13장 거듭남

1 독일어에서 Gebet(기도)라는 단어는 geben(주다, give)에서 나왔으며, 그에 따라서 하느님에게 어떤 선물이나 희생제물을 주는 것을 의미한다. 그것은 이기적으로 청원하거나 개인적 호의를 청하는 것을 의미하지 않는다. 그러나 우리가 우리 자신을 모두 하느님께 바치고, 우리가 그에게 받아들여지면, 우리는 사실 하느님의 한 부분이 되고, 그에 따라서 그의 신적 능력을 나누어 갖는다. 그때 그런 신적인 상태에서 우리에게 혹시라도 그 어떤 종류의 개인적 욕망의 여지가 있다면 우리 자신의 욕망들이 성취되는 것은 어렵지 않다.

2 진정한 기도는 하느님의 성령의 능력에 의해서 자신에게 의지와 생각과 말씀을 가져온다.

3 여기에서 우리는 사람들이 모든 것 안에 숨어 있는 악마의 이런 위험을 감지

하지 못한다면 그가 자기 마음대로 모든 종류의 위험들을 상상하는 것이 매우 어리석을 것이라고 말해야 한다. 그때 그는 수많은 두려움과 난처한 것들만 만들어내고, 세상보다 뛰어나지 못하며, 세상을 두려워하기만 한다. 신성한 깨달음을 추구하는 사람들이 그리는 주요한 그림은 그의 "중력점"을 신적인 자립심에 두고 계속해서 유지하며, 그의 진정한 위엄과 인간성을 하느님 안에서 찾은 사람이 악마보다 뛰어나다는 사실과 우주에서 그에게 정말 두려워해야 할 것을 알려주는 것은 (하느님 이외에) 아무것도 없다는 사실을 기억하는 것이다.

4　cf. Jehoshua, *The Prophet of Nazareth.*

5　하느님의 영과의 관계 속에서 인간의 지성은 그 빛을 해로부터 받는 달과 비교될 수 있다. 해가 진정한 빛인 반면, 달은 그 어떤 경우에도 단지 반사에 지나지 않는다. 그러나 반사를 진정한 빛으로 잘못 생각하고, 그들 자신의 생각을 하느님의 지혜로 착각하는 사람들이 많다. 그리고 이것으로부터 하느님의 일꾼이라고 으스대는 사람들 가운데서 볼 수 있는 반드시 격퇴되어야 하는 자만심이 일어난다.

6　그들이 그들의 신체적인 몸을 극복하기만 하면 완전의 정상에 도달할 수 있을 것이라고 상상하는 "그리스도인", "불교인" 등이 많이 있다. 심지어 어떤 사람들은 그들에게 영혼이 있다는 사실까지 반대한다. 신성 자체가 스스로 존재하고, 영원하게 되기 위해서 신체적인 몸은 물론 영혼을 필요로 하지 않는다는 사실은 분명하다. 그러나 신성의 빛이 사람에게 계시될 수 있으려면 인간에게 이 모든 것들은 필요하다. 그것들 없이 인간이 존속될 수 있으려면, 그는 그의 존재에 대해서 무의식적이어야 한다. 그의 정신은 그에 대해서 아무것도 모르거나 아무것도 경험하지 못할 것이라는 말이다. 불사성은 어떤 사람이 단지 죽지 않는 것에 대해서 생각함으로써만 얻어지지 않는다. 또한 그에게 신이 없으므로, 신이 불멸하다고 믿지 않는 것에도 큰 만족이 있을 수 없다. 고타마 자신은 그가 깨달을 수 있는 영혼을 가지고 있지 않았더라면 각자(Buddha), 즉 "깨달은 사람"이 될 수 없었을 것이다. 이 신적인 영혼이 그리스도의 몸이다.

7　이와 완전히 똑같은 생각이 바가바드기타에 표현돼 있다. 거기에서 사람들은 그들이 크리슈나와 하나라는 사실을 인식하도록 조언 받는다. 그리고 그것을 인식하면, 그는 이제 더 이상 그의 안에 있는 신성인 그의 진정한 자기와 아무 상

관도 없는 전쟁의 참가자가 아니라 단지 구경꾼일 뿐이다. 그러나 그 어떤 사람도 그의 인간적인 힘에 의해서 자신을 크리슈나나 그리스도와 동일시할 수 없다. 이것은 언제나 그리스도의 현존과 능력, 또는 크리슈나 자신을 요청한다. 다른 말로 해서, 그것은 뵈메가 말했듯이 "하느님의 은혜"를 요청하는 것이다. "그러나 하느님의 은혜는 더 이상 악을 원하지 않는 모든 사람들에게서 찾아볼 수 있다"(*Mysterium*, lxi. 57).

뵈메는 이렇게 말한다: "어느 누구도 그 자신을 하느님의 자녀로 만들 수 없다. 그는 다만 그 자신을 온전히 하느님께 완전하게 복종하는 상태 속에 던져야 한다. 그때 하느님은 그를 그의 자녀로 만드신다. 그는 반드시 (그 자신에 대한 모든 감각에서) 죽어야 한다. 그때 그리스도 안에 계신 하느님은 그의 내면에서 살게 될 것이다"(*Tilk*, i. 398).

"어느 누구도 그 자신의 힘에 의해서 그를 그의 의지 안에서 꺼진 빛 속으로 들어올릴 수 없다. 그러나 그는 빛을 생산하는 마당 안에 들어갈 수 있고, 그 안에는 그 어떤 선이나 악도 숨겨져 있지 않다. 그 자신이 그 기반(원인)이기 때문이다. 그때 그가 그의 상상 속에서 심연에 잠기면, 그는 이미 거기 있으며, 이 심연 속에 그의 진주(천상의 보물)가 있다"(*Grace*, ii. 43).

8 이것은 다음과 같은 말로 달리 표현될 수 있을 것이다. 즉 욕망은 어떤 생각을 하게 하고, 이 생각은 의지에 의해서 생생해지며, 실체와 행동화됨으로써 살아 있을 권리를 얻는다. 그런 요소를 만들지 않는 것이 그것이 만들어진 다음에 그것을 없애는 것보다 더 쉽다. 그와 같은 존재가 우리 자신의 자기의 일부이고, 그것을 파괴하는 것에 고통이 따르기 때문이다.

9 여기서 물질적 매력에 대한 욕망을 치유하는 데는 욕망에 대한 이론적 지식을 아는 것만으로는 아무 소용이 없다는 사실을 지적할 수 있다. 다른 모든 경우에서와 마찬가지로, 여기에서는 실제적인 경험에서 나오는 것을 제외하고 그 어떤 진정한 자기-인식도 있을 수 없다.

10 진정한 "회개"는 그의 마음이 아직도 다시 죄를 지으려고 하는데도 과거에 지은 죄 때문에 예상되는 결과를 안타까워하는 그 자신을 생각하거나, 지금 어떤 것이 되었어야만 했고, 되지 않을 수 없었던 것을 염려하는데 있지 않다. 오히

려 그것은 죄 많고 악한 것에서 돌아서고, 하느님의 불변하는 뜻에 그 자신과 잘못과 모든 것을 희생하고 복종하겠다는 확고한 결심을 형성하는 것이다("참된 회개"(*True Repentance*, i과 비교하시오).

11 빛이 그의 내면에서 활성화되지 않는 한, 그 어떤 사람도 그 자신이 아무 가치도 없다는 사실을 진정으로 깨닫지 못한다.

12 우리는 우리의 자기성이 죽지 않고 하느님을 섬기는데 힘쓸 수 없다. "하느님을 섬기는데 힘쓰는 것"은 예를 들어서 말하자면, "목사로서의 나, 또는 교수로서의 나, 또는 이런저런 책의 저자로서의 나, 다시 말해서 하느님으로부터 떨어져 나왔고, 구별되는 어떤 것으로 여겨지는 나의 인간적 성격 안에서, 나의 인간적 총명으로 신적인 것 바깥에서 섬기거나, 그 신을 기쁘게 하거나, 어떤 것을 하라고 조언하는 것"을 의미하지 않는다. 오히려 우리가 자기와 인격이라는 모든 개념 위에 올라서서 하느님 자신과 일치될 때, 하느님이 '우리'라는 도구를 통하여 그 자신을 섬기면서 그 자신이 하는 것이다. 이런 이유 때문에 그들이 섬긴다고 하는 하느님의 권위와 동떨어진 권위를 만들어 놓은 모든 성직자의 주제넘은 태도와 가식은 인간의 종교적 본능에서 배척될 수밖에 없다.

13 성도들이나 추종자들이 종종 "자녀들"이라고 불린다면, 이것은 올바른 이유 없이 단순히 꾸며낸 것이 아니라 그 안에 깊은 의미가 담겨져 있다. 그것은 사람들이 어린이 같이 되지 않으면, 어느 누구도 하느님의 나라를 물려받지 못하기 때문이다. 그런데 어린아이는 영의 영역에 대해서는 아무것도 모른다.

제14장 죽음과 영원한 삶

1 마치 영혼이 이미 해체돼서 그것을 구성하는 원소들을 따라서 다른 유기체 속으로 넘어간 신체적인 몸의 부활을 기다리는 것처럼 이것이 외적이고, 피상적인 의미에서 취해지는 것이 아니라고 말할 필요는 거의 없을 것이다. 그러나 이것은 신비적인 성격에 관한 다른 모든 문서들처럼 내적이고, 영적인 의미로 취해져야 한다. 우리는 그것을 회의적인 사고로서가 아니라 영적으로 포착하도록 해야 하는 것이다. 그것은 그 상태에 있는 동안 영혼 안에 잠재된 제3의 원리의 전개를 언급한다.

2 이 세상에는 인간의 영혼 안에서 형성될 수 있는 모든 악한 성격의 조합을 나타낼 수 있는 동물들의 수가 충분히 많지 않다. 그런 괴물 같은 형태는 해부학적, 생리학적 법칙으로 인해 물질계에 존재할 수도 없다. 그러나 인간의 요소와 동물의 본질이 혼합되는 지옥 같은 세상에서는 반쯤은 인간이고, 반쯤은 동물인 모든 종류의 괴물들을 발견할 수 있다. 그러므로 지옥의 끔찍한 모습은 단지 시인이나 환상가들이 만든 것이 아니다. 그것들이 실제로 존재하지 못할 이유가 없는 것이다. 하느님의 영의 관점에서 볼 때, 모든 것이 환상인 것은 틀림없다. 그리고 인간이 그 영에 뿌리박고 있는 한, 그는 그것들을 그렇게 인식할 것이다. 그러나 신이 없이 사는 사람들에게 그것들은 지상적인 세상의 이미지들이 우리에게 사실처럼 보이듯이 끔찍한 실재(實在)들로 보일 것이다.

3 "영원히"라는 단어는 끝이 없이 지속되는 시간이 아니라, 그 안에 그 어떤 시간에 대한 개념이 없는 상태이다.

4 하느님의 자녀에게 하느님은 결코 객관적이지 않고, 하느님 자신의 중심에 존재한다. 세상적인 인간은 하느님이나 구원을 찾는 과정에서 실망과 고통을 통하여 궁극적으로 하느님을 실현하게 된다. 참된 삶과 진리는 다른 어느 곳에서가 아니라 그 자신의 신적 자기 속에서 발견되는 것이다. 그때 그는 그 자신 속에서 하느님을 찾게 되고, 하느님을 발견함으로써 하느님과 동일시되거나 하느님이 된다. 마찬가지로 하느님이 없는 영혼은 바깥에 있는 사물이나 존재들 속에서 위로와 위안을 찾다가 결국 그 자신의 자기에게 돌아가지만 거기에서 그 어떤 좋은 것도 발견하지 못하고, 필연적으로 그녀를 그녀 자신의 사악한 의지와 동일시하고, 악마가 된다.

5 이 "죄 사함"의 의미는 일반적으로 받아들여지는 것과 매우 다르다. 어느 누구도 다른 사람의 죄를 사할 수 없기 때문이다. 죄인 자신은 그의 죄로부터 벗어나야 한다.

"죄는 조개껍질과 같다. 그것으로부터 새 사람이 자라고, 그는 그 조개껍질을 던져버린다. 이것을 '용서'라고 부른다. 사람 속에 있는 하느님이 죄로 가득 찬 것을 가져가기 때문이다"(*Menschwerdung*, xi. 10).

"사람 안에 있는 그리스도밖에는 어느 누구도 죄를 사할 수 없다. 그리스도가 사람 안에 살 때마다 죄 사함이 있다"(*Grace*, xiii. 11).

6 오늘날 신앙의 힘으로 기적을 행할 수 있는 사람이 하나도 없다면, 이것은 정말 살아있는 신앙에 있다고 하는 모든 영적 능력의 특성들이 부정되어야 하는 것을 말하지 않고, 오히려 현 세대의 타락한 상태를 암시하는 것이라고 해야 한다.

7 동양에서는 그런 영혼을 "영(靈)의 실"(*sutratma;* 그 위에 그의 무수한 인격체들이 끈에 구슬처럼 매달려 있으면서 그 사람 안에 육화되는 개별성, 불멸의 자아--역자 주)이라고 부른다.

8 영혼을 신적인 상태와 묶는 끈은 영적인 사랑의 능력이다. 죽을 때 그 능력의 실이 영혼을 신성으로 잡아당길 수 있을 만큼 강하면, 영혼은 그녀 자신을 그녀의 병적인 자기로부터 벗어나 천국에 들어가게 할 것이다. 따라서 그 여성(영혼)이 많이 사랑했기 때문에 그녀의 죄는 사함을 받았다고 기록되었다. 그의 마음에 하느님의 사랑을 가진 무지한 사람도 그의 사랑과 깨달음의 정도에 따라서 영원한 삶을 누릴 수 있다. 그러나 학식이 많지만 그 어떤 사랑도 없는 사람은 악마의 자식이다.

"하느님의 길들은 사람의 길들과 다르다. 사람의 사랑 속에 하느님은 숨어계신다"(*Myster. Magn.*, lvii. 17).

결론

1 "아벨은 하느님을 나타내는 기본적인 교회이다. 카인의 교회는 아벨을 통해서 전환되어야 한다. 그러므로 하느님은 카인의 교회의 구성원들을 기꺼이 받아들이지 않았지만, 카인의 교회를 거부하지도 않았다. 진정한 교회는 그 교회를 구성하는 구성원들의 본성이 늑대 같기 때문에 늑대 가운데 있는 양 같다"(*Three Principles*, xx. 89).

"자기네들은 위대한 신비를 접촉하도록 허락받지 않았고, 오직 사람들이 세운 사제들에게만 가능했다고 상상한 사람들은 얼마나 눈먼 사람인가? 진정한 그리스도인들이 모인 모든 곳에 하느님의 성전이 있다." "당신들 모두는 교회와 좋은 관계에 있지만, 어느 누구도 하느님의 성전에 기꺼이 들어가려고 하지 않는다. 그럼에도 불구하고, 죽음에서 나와서 생명으로 들어가는 것 이외에 다른 구원은 없다.

당신이 그렇게 하지 않으면, 당신은 영원히 어둠 속에 있을 것이다"(*Threefold Life*, xi. 81).

2 모든 사람들은 자신이 바벨에 속해 있지 않다고 생각하지만, 바벨은 이 세상만큼 크다.

3 오직 하나의 의지만 가진 통일체는 그 자신과 싸우지 않지만, 하나의 것에 여러 종류의 의지가 있으면, 각각의 의지들은 스스로의 길을 따라서 가려고 한다. 하나의 의지가 다른 것들을 능가하고, 그것들이 모두 자신의 능력 안에 있는 주님이라면 그것이 아무리 복합적일지라도 오직 하나의 존재로만 될 것이다. 그 많은 의지들이 그들의 주인에게 복종할 것이기 때문이다. 따라서 삶에는 여러 가지 의지들이 존재하고, 각각의 본질에는 실행되려는 그 나름대로의 의지가 있기 때문에 고통의 원인이 된다. 인간의 생명도 그 자신에게 적이고, 하나는 다른 것과 싸우려고 한다. 그리고 그것은 사람의 경우에만 그런 것이 아니라 모든 피조물에게도 마찬가지다. 사실이 그렇다면, 생명의 형태들은 부드럽고, 사랑스러운 주인을 가지고 있으며, 그것들은 그의 힘에 복종해야 한다. 그는 그들의 자기-의지와 힘을 분쇄할 수 있다. 이 주인이 생명의 빛, 즉 모든 특성들의 주인이다. 그는 그것들 모두를 길들일 수 있고, 그것들은 모두 그에게 복종하려고 한다. 그 빛이 그들에게 부드러움과 힘을 주기 때문이다. 그것들은 그들의 의지를 생명의 빛에 드리고, 그것은 그들에게 부드러움을 준다"(*Six Points*, iv. 4).